V&R

Die DDR im Blick der Stasi
Die geheimen Berichte an die SED-Führung
Herausgegeben von Daniela Münkel
im Auftrag des Bundesarchivs

Die DDR im Blick der Stasi 1985

Die geheimen Berichte an die SED-Führung

Bearbeitet von Florian Schikowski

Vandenhoeck & Ruprecht

Mit 9 Abbildungen

Hinweis:
Der gesamte Berichtsjahrgang 1985 ist unter https://1985.ddr-im-blick.de in Form einer elektronischen Datenbank abrufbar, die komfortable Recherchemöglichkeiten bietet.

Umschlagabbildung: Sonderbriefmarke anlässlich des 40. Jahrestages des »Sieges über den Hitlerfaschismus«, gestaltet von Hans Detlefsen 1985; dargestellt ist das »Ehrenmal für die gefallenen Helden der Sowjetarmee in Berlin-Treptow«.

Informationen zum Stasi-Unterlagen-Archiv im Bundesarchiv und zur Edition: www.stasi-unterlagen-archiv.de und www.ddr-im-blick.de

Bibliografische Information der Deutschen Nationalbibliothek:
Die Deutsche Nationalbibliothek verzeichnet diese Publikation in der Deutschen Nationalbibliografie; detaillierte bibliografische Daten sind im Internet über https://dnb.de abrufbar.

© 2024 Vandenhoeck & Ruprecht, Robert-Bosch-Breite 10, D-37079 Göttingen, ein Imprint der Brill-Gruppe
(Koninklijke Brill BV, Leiden, Niederlande; Brill USA Inc., Boston MA, USA; Brill Asia Pte Ltd, Singapore; Brill Deutschland GmbH, Paderborn, Deutschland; Brill Österreich GmbH, Wien, Österreich)
Koninklijke Brill BV umfasst die Imprints Brill, Brill Nijhoff, Brill Schöningh, Brill Fink, Brill mentis, Brill Wageningen Academic, Vandenhoeck & Ruprecht, Böhlau, V&R unipress.

Alle Rechte vorbehalten. Das Werk und seine Teile sind urheberrechtlich geschützt. Jede Verwertung in anderen als den gesetzlich zugelassenen Fällen bedarf der vorherigen schriftlichen Einwilligung des Verlages.

Satz: SchwabScantechnik, Göttingen
Druck und Bindung: CPI books, Ulm
Diese Publikation und die Online-Datenbank wurden mit EB.Suite realisiert.
© Ovidius GmbH, Berlin, 2017
Printed in the EU

Vandenhoeck & Ruprecht Verlage | www.vandenhoeck-ruprecht-verlage.com

ISSN 2198-4301
ISBN 978-3-525-30291-0

Inhalt

Vorwort	7
Einleitung 1985	13
1. Das Jahr 1985: ein historischer Überblick	13
2. Ausgewählte Themenfelder der Berichte	22
2.1 Überragendes Thema für das MfS: die evangelische Kirche	22
2.2 Die kirchennahen Basisgruppen im Umbruch	29
2.3 Wirtschaft: Krise als Alltag	31
2.4 Das Grenzregime: Berichte als Reaktion auf (westliche) Medienöffentlichkeit	35
2.5 Die Sowjetarmee in der DDR: die »Freunde« als Belastung	39
3. Die ZAIG im Jahr 1985	43
4. Die Berichtsserien der ZAIG im Jahr 1985	45
5. Adressaten der Berichte	47
6. Druckauswahl und Formalia	48
7. Schlussbetrachtung	49
8. Anhang: Adressaten der Berichte 1985	50
Editionsgrundsätze	63
Faksimiles von Dokumenten	68
Ausgewählte Dokumente	77
Abkürzungsverzeichnis	304
Gesamtübersicht der Dokumente 1985	308

Vorwort

Daniela Münkel

Die DDR im Blick der Stasi
Die geheimen Berichte an die SED-Führung 1953 bis 1989

1985: Die DDR ist im Krisenmodus, es scheint so gut wie nichts mehr zu funktionieren. Die Versorgungslage ist mehr als dürftig, die Volkswirtschaft im desolaten Zustand – daran haben auch die Milliardenkredite aus der Bundesrepublik nicht grundlegend etwas geändert. Hinzu kommen wachsende Umweltprobleme, die Teile der DDR-Bevölkerung zusehends beunruhigen. Die Menschen in der DDR werden immer unzufriedener und Tausende wollen das Land verlassen. Die Unzufriedenheit vieler Menschen in der DDR drückte sich auch durch den Zulauf bei Friedens-, Frauen- und Umweltinitiativen aus. All das alarmierte die DDR-Staatssicherheit. Da sich viele dieser Gruppierungen unter dem Dach der evangelischen Kirche trafen, war auch sie verstärkt im Visier der Staatssicherheit.

All das sind Themen, die sich in den 194 Berichten des Jahres 1985 widerspiegeln. Hinzu kommen Informationen über den 40. Jahrestag des Endes des Zweiten Weltkrieges, Probleme in verschiedenen Wirtschaftszweigen, unter anderem der Deutschen Reichsbahn, sowie allgemeine Stimmungsberichte. Diese waren in der angespannten Situation von besonderer Bedeutung für die Adressaten der Berichte: die SED-Führung. Auch die Auswirkungen des im März 1985 erfolgten Machtwechsels in der Sowjetunion auf die DDR beobachtete die Stasi im Jahr 1985 mit Argusaugen. Denn der neue Machthaber im Kreml Michail Gorbatschow sollte zum Hoffnungsträger für viele DDR-Bürger werden.

Die Berichte der ZAIG, die 36 Jahre lang in unterschiedlichen Formen und Frequenzen angefertigt wurden, sind eine zeitgeschichtliche Quelle von hohem historischem Wert. Sie offenbaren den spezifischen Blick der Stasi auf und in die DDR: Hinweise auf vermeintliches oder wirkliches oppositionelles Verhalten sind dort ebenso zu finden wie die Beschreibung von Problemlagen in Wirtschaft und Versorgung, die Wiedergabe von Stimmungen in der Bevölkerung sowie Statistiken zu Devisenumtausch, Ausreise- und Fluchtfällen. Scheinbar Triviales steht hier neben den größeren und kleineren »Schwierigkeiten«, die sich bei der Etablierung und Aufrechterhaltung der SED-Herrschaft und dem Aufbau des »real existierenden Sozialismus« ergaben. Es entfaltet sich ein breit gefächertes Spektrum, eine Art Tiefenbohrung in die DDR-Gesellschaft, geprägt von der geheimpolizeilichen Sicht, die vor allem darauf bedacht war, politisch abweichendes Verhalten und sicherheitsrelevante Probleme aufzudecken und zu neutralisieren. Darüber hinaus mussten die MfS-Verantwortlichen aber auch ihre besondere »Parteiergebenheit« und politisch-ideologische Festigkeit unter Beweis stellen, was ihren Blick trüben konnte und sie zeitweise daran hinderte, über politische Stimmungen und Missstände völlig ungeschminkt zu informieren. Dabei ist jedoch zeitlich zu differenzieren: In der Frühzeit waren die Berichte viel weniger ideologisch überformt und damit authentischer als in den 1970er-Jahren. Manche Berichte sind auch als Zeugnisse einer politisch-ideologischen Selbstvergewisserung zu verstehen. Der Wert der hier edierten Quelle ist ambivalent: In den unterschiedlichen Schwerpunkten, die die Staatssicherheit in ihrer Berichterstattung über die Jahrzehnte hinwegsetzte, spiegeln sich in komprimierter Form objektive Problemlagen von Gesellschaft, Politik und Ökonomie. Gleichzeitig offenbaren sich der spezifische Tunnelblick und die ideologisch bedingten Wahrnehmungsverzerrungen der Staatssicherheit. All dies schmälert nicht den Wert der Berichte, muss aber bei ihrer Interpretation berücksichtigt werden.[1]

Bei den geheimen Berichten des MfS an die SED-Führung handelt es sich, mit Ausnahme der ersten Jahre, nicht in erster Linie um allgemeine Stimmungs- und Lageberichte – diese sind zwar zu finden, aber selten in dichter Abfolge. Bei dem Gros der Texte handelt es sich um Meldungen von Einzelvorkommnissen und deren »Analyse«. Ein direkter Vergleich mit den vom Sicherheitsdienst der SS seit 1938 verfassten »Meldungen aus dem Reich« ist demzufolge nur bedingt möglich.[2]

Das Berichtswesen der DDR-Staatssicherheit an die SED-Führung unterlag zwischen 1953 und 1989 mannigfaltigen Veränderungen. Dies gilt für den Aufbau und den Charakter der Berichte genauso wie für den organisatorischen Rahmen ihrer Entstehung.[3] Auch hier lässt sich wie insgesamt für das Ministerium für Staatssicherheit ein Ausbau- und Professionalisierungsprozess konstatieren.

Am Beginn der regelmäßigen Berichtsserie an die SED-Führung standen der Aufstand vom 17. Juni 1953 und die daraus resultierenden Reaktionen der Partei- und Staatsführung. Um für nachfolgende Zeiten zu gewährleisten, dass die Parteiführung rechtzeitig über »sicherheitsrelevante« Entwicklungen informiert wird, installierte der neue Chef der Staatssicherheit, Ernst Woll-

---

[1] Zum Quellenwert von MfS-Unterlagen allgemein vgl. Engelmann, Roger: Zum Quellenwert der Unterlagen des Ministeriums für Staatssicherheit. In: Henke, Klaus-Dietmar; Engelmann, Roger (Hg.): Aktenlage. Die Bedeutung der Unterlagen des Staatssicherheitsdienstes für die Zeitgeschichtsforschung. Berlin 1995, S. 23–55; zu den ZAIG-Berichten vgl. u. a. Münkel, Daniela: Die DDR im Blick der Stasi 1989. In: APuZ 21–22/2009, S. 26–32.
[2] Vgl. Boberach, Heinz (Hg.): Meldungen aus dem Reich. Die geheimen Lageberichte des Sicherheitsdienstes der SS. 17 Bde., Herrsching 1984.
[3] Zu Veränderungen von Aufbau und Struktur der »Zentralen Auswertungs- und Informationsgruppe« (ZAIG) im MfS sowie zur Entwicklung des Berichtswesens vgl. ausführlich Engelmann, Roger; Joestel, Frank: Die Zentrale Auswertungs- und Informationsgruppe (MfS-Handbuch). Hg. BStU. Berlin 2009.

weber, im August 1953 ein hierarchisch von unten nach oben organisiertes Informationssystem: vom Kreis über den Bezirk bis hin zur Zentrale in Berlin. In der MfS-Zentrale und in den Bezirksverwaltungen wurden Informationsgruppen gebildet, die aus einer Vielzahl von Einzelinformationen die zur »Lagebeurteilung« relevanten Sachverhalte auswählen sollten. So entstand ein »Informationsdienst zur Beurteilung der Situation« mit einem festen Gliederungsschema, der bis Ende 1954 fast täglich, phasenweise auch mehrmals täglich, produziert wurde. Danach wurde die Berichtsfrequenz auf zweimal wöchentlich festgelegt und im November 1955 auf einmal alle zwei Wochen reduziert. Außerdem gab es in der Anfangszeit die Serie »Sonderinformationen«, die in der Edition als Vorläufer der Hauptserie »Informationen« behandelt wird, und eine »Analysen« genannte Serie von 14-täglichen Überblicksberichten bzw. ausführlichen, zeitlich übergreifenden Berichten zu Einzelthemen.

Im Jahr 1957 geriet die Informationstätigkeit der Stasi in den Strudel der Auseinandersetzungen zwischen Ernst Wollweber und Walter Ulbricht.[4] Letzterer war insbesondere über die Stimmungsberichte erbost,[5] die er als »Schädigung der Partei« und Instrument, welches die »Hetze des Feindes legal« verbreite, bezeichnete.[6] Der »Informationsdienst« wurde zum Ende des Jahres 1957 eingestellt, das Stimmungs- und Lageberichtswesen der Staatssicherheit stark eingeschränkt. Die Schwerpunkte der Berichterstattung wurden nunmehr auf die sogenannte Feindtätigkeit und Mängel in der Produktion gelegt.

Zu einer Neuordnung und Systematisierung des MfS-Berichtswesens kam es dann in den Jahren 1959/60: Die »Zentrale Informationsgruppe« (ZIG) war nun die zuständige Instanz für das gesamte Informationswesen der Staatssicherheit inklusive der HV A (Hauptverwaltung A – Aufklärung). Im Dezember 1960 erließ Erich Mielke, der seit November 1957 an der Spitze des Ministeriums für Staatssicherheit stand, den Befehl 584/60, mit dem die Informationstätigkeit des Ministeriums auf eine neue Grundlage gestellt wurde. Die »Informationsarbeit« wurde wieder als eine Kernaufgabe des MfS festgeschrieben. Hieraus resultierte auch eine personelle Expansion der ZIG. Die Berichte, die jetzt wieder Bevölkerungsstimmungen enthalten sollten, be-

---

4 Vgl. Engelmann, Roger; Schumann, Silke: Der Ausbau des Überwachungsstaates. Der Konflikt Ulbricht – Wollweber und die Neuausrichtung des Staatssicherheitsdienstes der DDR 1957. In: Vierteljahrshefte für Zeitgeschichte 43(1995)2, S. 341–378.
5 Zu den Stimmungsberichten vgl. ausführlich: Münkel, Daniela; Bispinck, Henrik (Hg.): Dem Volk auf der Spur … Staatliche Berichterstattung über Bevölkerungsstimmungen im Kommunismus. Deutschland – Osteuropa – China (Analysen und Dokumente; 50). Göttingen 2018.
6 Sitzung des Kollegiums des Ministeriums für Staatssicherheit vom 7. Februar 1957, dokumentiert in: Engelmann, Roger; Schumann, Silke: Der Ausbau des Überwachungsstaates. Der Konflikt Ulbricht – Wollweber und die Neuausrichtung des Staatssicherheitsdienstes der DDR 1957. In: Vierteljahrshefte für Zeitgeschichte 43(1995)2, S. 357.

fassten sich darüber hinaus vor allem mit den Themen »Feindtätigkeit«, »Republikflucht« sowie Missständen aller Art in der DDR-Ökonomie. Im Unterschied zur Anfangszeit des Berichtswesens der Staatssicherheit kam der Analyse jetzt ein stärkeres Gewicht im Rahmen der »Informationstätigkeit« zu.[7] Mit dieser Umstrukturierung ging eine besonders strenge Handhabung des Geheimschutzes der Berichterstattung einher, das heißt, die Berichte durften nur an namentlich genannte Adressaten oder deren engste Mitarbeiterinnen und Mitarbeiter ausgehändigt und mussten nach Kenntnisnahme zurückgegeben werden. Außerhalb der Führungshierarchie des MfS bekamen in der Regel Mitglieder des Politbüros, des Sekretariats des ZK der SED sowie des Ministerrates die Informationen zugestellt. Ein analoges Informationswesen bestand in den Bezirken und Kreisen.

Die nächste wichtige Veränderung folgte im Jahr 1965: Mit der Einrichtung eines einheitlichen Auswertungs- und Informationssystems im MfS wurde die ZIG in die »Zentrale Auswertungs- und Informationsgruppe« (ZAIG) umgebildet, was für die Diensteinheit einen bedeutenden Kompetenzzuwachs und längerfristig auch einen Expansionsschub zur Folge hatte. Neu war nun vor allem, dass Bewertung und Zuordnung von Informationen einen zentralen Stellenwert erhielten und die Informationsflüsse innerhalb des MfS-Apparates präzise geregelt wurden. Einen weiteren Einschnitt bildete die Zeit von 1969 bis 1974: Die ZAIG expandierte erneut und wurde nun endgültig zu einem »Funktionalorgan des Ministers« ausgebaut. Der Einsatz der EDV professionalisierte das Informations- und Auswertungswesen des MfS in den folgenden Jahren weiter. Im Jahr 1972 wurde das Aufgabenprofil der ZAIG dann nochmals neu konturiert: Zentral blieben die permanente Analyse der »politisch-operativen Lage« sowie die Informationstätigkeit für die Partei- und Staatsführung. Diese Aufgaben wurden im Bereich 1 der ZAIG thematisch spezialisierten Arbeitsgruppen zugeordnet, zu denen im Jahr 1981 noch eine weitere hinzukam, die sich überwiegend um die Themen Kirche, Kultur und politische Dissidenz kümmerte.[8] Nun hatte sich für das Informations- und Auswertungswesen der Staatssicherheit eine Struktur herausgebildet, die bis zu ihrer Auflösung Ende 1989 Bestand haben sollte.

Was die Form der Berichte betrifft, so unterlagen auch diese deutlichen Veränderungen. Ab Juni 1956 bildeten die Einzelinformationen eine durchnummerierte Reihe mit lückenlos überlieferten Verteilern, die erkennen lassen, dass der überwiegende Teil dieser Berichte neben den internen Empfängern auch an Vertreter der politischen Führung ging. Aus dieser Berichtsreihe ent-

---

7   Insgesamt wurden nun fünf Berichtsformen festgelegt: »Sofortmeldung«, »Ergänzungsmeldung«, »Einzelinformation«, »Bericht«, »Militärische Sonderinformation«. Alle diese Formen sind der Hauptserie der Berichterstattung, den »Informationen« zuzuordnen.
8   Die Zuständigkeitsbereiche der Arbeitsgruppen waren daneben u. a. folgende: internationale Themen, Spionage- und Terrorabwehr, Volkswirtschaft und Verkehr, Flucht, Ausreise, grenzüberschreitender Verkehr sowie Militärabwehr.

wickelten sich dann Ende der 1960er und Anfang der 1970er-Jahre drei nicht scharf voneinander abzugrenzende Serien: die Serie »Informationen«, die für die politische Führung bestimmt war, sowie die Serien »K« (Verschiedenes, ab 1969) und »O« (Reaktionen der Bevölkerung, ab 1972), in die hochrangige Berichte aufgenommen wurden. Die Reihen erschienen in unregelmäßigen Abständen mit einem Gesamtumfang von ca. 350 Berichten pro Jahr.

Die »Informationen« waren die zentrale Berichtsreihe des MfS, mit der vor allem die Mitglieder des SED-Politbüros über einzelne sicherheitspolitische Ereignisse und Vorgänge in Kenntnis gesetzt wurden. Die O-Reihe entstand möglicherweise deshalb, weil die Berichterstattung über die Bevölkerungsstimmung auch unter Erich Honecker eine heikle Angelegenheit blieb. Das MfS fertigte primär zur Information der eigenen Leitungsebene Berichte mit einem internen Verteiler über die Reaktionen der DDR-Bevölkerung auf bestimmte Ereignisse an. Dennoch gingen einige dieser Dokumente auch an Erich Honecker und andere hochrangige Vertreter der politischen Führung. Die Berichte, die nach der Prüfung durch die Verantwortlichen des MfS nicht als »Information« klassifiziert und ausgefertigt wurden, wurden in der ZAIG-Mappe K zur Ablage gebracht. Die übrigen Adressaten waren im Regelfall die Stellvertreter des Ministers für Staatssicherheit sowie andere hochrangige Leiter von MfS-Diensteinheiten.

Die Berichtsreihen, die sich auf das DDR-Inland beziehen, werden vollständig ediert. Nicht erfasst werden die Berichte, die sich mit dem Ausland, in der Regel dem westlichen Ausland – mit einem Schwerpunkt auf der Bundesrepublik –, befassen und von der HV A erstellt wurden.[9]

Dazu wird die Edition in zwei unterschiedlichen Publikationsformen zugänglich gemacht: einer Buchversion im Umfang von 320 Seiten, die eine ausführliche Einleitung und im Dokumententeil eine Auswahl des jeweiligen Gesamtjahrganges präsentiert, und einer Datenbank (https://1985.ddr-im-blick.de), auf der der komplette Jahrgang hinterlegt ist und die komfortable Recherchemöglichkeiten bietet. Ein Jahr nach Erscheinen eines Bandes wird der jeweilige Jahrgang auch im Internet unter www.ddr-im-blick.de zugänglich sein. Damit werden auch jahrgangsübergreifende Recherchen möglich.

Die Erstellung jedes einzelnen Jahrganges ist immer aufs Neue eine große Herausforderung, die nur mit einem funktionierenden Team zu leisten ist und jedem Einzelnen viel abfordert. Dafür sei allen gedankt. Mein ganz besonderer Dank geht an den Bearbeiter dieses Jahrgangs Florian Schikowski. Ein großer Dank geht auch an Martin Stief für vielfältige Unterstützung. Des Weiteren gilt es, Heike Thiel für ihr besonderes Engagement bei den Recherchen zu danken. Ebenso gilt mein Dank Oliver Lesting, Benjamin Fiechter, Ina Herrmanowski,

---

9 Die Listen der sogenannten Westberichte, die sehr große Überlieferungslücken von knapp 50 % aufweisen, sind mit Titel und Signatur auf der auf der Homepage des Stasi-Unterlagen-Archivs recherchierbar (www.stasi-unterlagen-archiv.de).

Sandra Golm und Kristina Steinmetz für ihre engagierte Mit- und Zuarbeit. Gleiches gilt für das Publikationssachgebiet mit Ralf Trinks, Wiebke Harlis und Christiane Neumicke sowie für die Kolleginnen der Bibliothek des Stasi-Unterlagen-Archivs, die nahezu jedes noch so abseitig erscheinende Buch beschafften.

Einleitung 1985

Florian Schikowski

1. Das Jahr 1985: ein historischer Überblick

Im Jahr 1985 gab es für die Stasi etwas zu feiern. Mit einem »eindrucksvollen Kampfmeeting« im Palast der Republik beging die Geheimpolizei am 6. Februar den 35. Jahrestag ihrer Gründung. Das SED-Zentralorgan »Neues Deutschland« hob das normalerweise im Geheimen agierende MfS, inklusive eines gemeinsamen Fotos von Erich Honecker und dem Minister für Staatssicherheit Erich Mielke auf die Titelseite. Für »vorbildliche Pflichterfüllung« verlieh der SED-Chef dem MfS mit dem Karl-Marx-Orden die höchste Auszeichnung der DDR und würdigte damit die »hervorragenden Leistungen der Angehörigen des Ministeriums im erfolgreichen Kampf für die Stärkung und den Schutz der Arbeiter-und-Bauern-Macht und die Erhaltung des Friedens«.[1] Damit lief der an staatlichen Ritualen und offiziellen Feierlichkeiten reiche sozialistische Alltag in der DDR im Jahr 1985 auch für das MfS vergleichsweise normal. Unterschwellig waren zu diesem Zeitpunkt jedoch schon die meisten Krisensymptome spürbar, die rund fünf Jahre später zum Ende der DDR führen sollten.

Retrospektiv betrachtet erscheint das Jahr 1985 in der DDR als ein Übergangsjahr. Auf der einen Seite waren die für die späte DDR prägenden Krisenerscheinungen, die seit dem Ende der 1970er-Jahre immer offener zutage traten, inzwischen zu einer gewissen Normalität geworden. Die DDR-Wirtschaft litt unter mangelnder Wettbewerbsfähigkeit am internationalen Markt, einem massiven Investitionsstau, der u. a. in den hohen Subventionen für Konsumgüter des alltäglichen Bedarfs begründet lag, und chronischem Devisenmangel.[2] Gleichzeitig erodierten die gesellschaftlichen Bindungskräfte der SED-Herrschaft kontinuierlich, ohne dass dies zeitgenössisch unbedingt als gravierende Entwicklung wahrgenommen werden musste. Vielmehr lassen sich im Rückblick subkutane Veränderungen anhand verschiedener Indikatoren zu einem Muster verdichten, das die gesamten 1980er-Jahre prägte.[3] So verzeichnete die SED seit den frühen 1980er-Jahren eine im Verhältnis zu ih-

---

1 Ministerium für Staatssicherheit mit dem Karl-Marx-Orden ausgezeichnet. In: ND v. 7.2.1985, S. 1.
2 Zur multiplen Krisensituation der späten DDR vgl. Kowalczuk, Ilko-Sascha: Endspiel. Die Revolution von 1989 in der DDR. München 2009, S. 111–142, sowie Scholz, Michael F.: Die DDR 1949–1990 (Handbuch der Deutschen Geschichte. Bd. 22). Stuttgart 2009, S. 508–514.
3 Vgl. Gieseke, Jens: Auf der Suche nach der schweigenden Mehrheit Ost. Die geheimen Infratest-Stellvertreterbefragungen und die DDR-Gesellschaft 1968–1989. In: Zeithistorische Forschungen/Studies in Contemporary History 12(2015)1, S. 66–97, hier 68 f.

ren absoluten Mitgliederzahlen zwar sehr kleine, aber wachsende Welle an Parteiaustritten und Parteiausschlussverfahren, 1988 musste sie sogar erstmals seit 1955 eine gesunkene Gesamtmitgliederzahl hinnehmen.[4] Unterdessen etablierten sich immer mehr »politisch alternative Gruppen«, die sich in der Regel im Umfeld der evangelischen Kirchen als Friedens-, Umwelt-, Frauen-, Menschenrechts- oder sogenannte Dritte-Welt-Gruppen stetig zu einem kleinen Milieu verfestigten, das den Nährboden für eine unabhängige Opposition gegen die SED-Herrschaft zu bilden begann.[5] Die angespannte Versorgungslage, die den Zugang zur D-Mark als Quasi-Zweitwährung immer wichtiger werden ließ, um Konsumbedürfnisse zu befriedigen, sorgte selbst bei SED-Kadern für wachsenden Unmut.[6] Dazu kamen die immer augenscheinlicher werdenden Umweltschäden, die zunehmend die Zukunftsfähigkeit der DDR-Wirtschaft sicht- und spürbar infrage stellten. Darüber hinaus demoralisierte die enge Kooperation mit dem antikommunistischen CSU-Politiker Franz-Josef Strauß die parteiloyalen Bevölkerungsteile, die bereits die Entspannungspolitik der 1970er-Jahre kritisch betrachtet hatten.[7] Zwar konnten die 1983 und 1984 von Strauß vermittelten Milliardenkredite aus der Bundesrepublik die DDR-Volkswirtschaft ein Stück weit stabilisieren, indem sie einen Staatsbankrott abwendeten, doch die grundlegenden strukturellen Probleme, in denen das Land steckte, waren damit nicht gelöst.[8]

Auf der anderen Seite hatten die Reformbemühungen des neuen KPdSU-Generalsekretärs Michail Gorbatschow in der Sowjetunion, die unter den Stichworten »Glasnost« und »Perestroika« als entscheidende externe Faktoren gegen Ende der 1980er-Jahre die finale Krise der DDR und der anderen sozialistischen Diktaturen in Ost- und Mitteleuropa auslösen sollten, noch

---

4   Vgl. Peters, Florian: Mitgliederpolitik und Parteistatistik. Zur Konstruktion des SED als Zahlenwerk. In: Christian, Michel; Gieseke, Jens; Peters, Florian (Hg.): Die SED als Mitgliederpartei. Dokumentation und Analyse. Berlin 2019, S. 23–59, hier 46–53.
5   Zur Entwicklung der politisch alternativen Gruppen in der DDR vgl. Choi, Sung-Wan: Von der Dissidenz zur Opposition. Die politisch alternativen Gruppen in der DDR von 1978 bis 1989. Köln 1999 sowie Pollack, Detlef: Politischer Protest. Politisch alternative Gruppen in der DDR. Opladen 2000.
6   Vgl. Bericht O/141 v. 29.4.1985.
7   Vgl. Bösch, Frank; Gieseke, Jens: Der Wandel des Politischen in Ost und West. In: Bösch, Frank (Hg.): Geteilte Geschichte. Ost- und Westdeutschland 1970–2000. Bonn 2015, S. 39–78, hier 46. Es gibt sogar Indizien, die darauf hindeuten, dass sich seit den 1970er-Jahren im MfS selbst eine gewisse Resignation bemerkbar machte, weil die Entspannungspolitik zwischen den Machtblöcken sukzessive das tschekistische Selbstverständnis, das vom Freund-Feind-Denken geprägt war, infrage stellte. Vgl. Gieseke, Jens: Tschekismus im Sinkflug. Interne und öffentliche Diskurse über die Staatssicherheit in der spätsozialistischen DDR (1977–89). In: Jahrbuch für Historische Kommunismusforschung 2023, S. 205–222.
8   Vgl. Steiner, André: Von Plan zu Plan. Eine Wirtschaftsgeschichte der DDR. München 2004, S. 198 f.; außerdem: Schiefer, Mark; Stief, Martin: Einleitung 1983. In: Münkel, Daniela (Hg): Die DDR im Blick der Stasi. Die geheimen Berichte an die SED-Führung 1983. Göttingen 2021, S. 12–58, hier 16 f.

nicht begonnen.⁹ In der Folge wirkt das Jahr 1985 für die DDR als ein Jahr ohne größere Eruptionen im inzwischen normalen Krisenmodus, bevor im darauffolgenden Jahr die Tschernobyl-Katastrophe und die nun offensichtlich werdende Reformagenda des neuen Machthabers in Moskau die europäische Nachkriegsordnung ins Wanken brachten.

Der Machtantritt des neuen Parteichefs in der Sowjetunion im März war sicherlich die entscheidende historische Weichenstellung des Jahres 1985 – nicht nur für die DDR. Jedoch war mit dem Amtsantritt Gorbatschows überhaupt nicht absehbar, welche Auswirkungen seine späteren Reformbemühungen haben würden. Die allermeisten Menschen in der DDR wussten fast nichts über den gerade einmal 54-jährigen neuen starken Mann im Kreml. Selbst die SED-Führung war überrascht von der schnellen Festlegung des Politbüros auf Gorbatschow, den sie zu diesem Zeitpunkt nur schwer einschätzen konnte.¹⁰ Gorbatschow fiel jedoch durch sein vergleichsweise junges Alter auf, das sich auch in seiner weltläufigen, vitalen und geistesgegenwärtigen Ausstrahlung ausdrückte.¹¹ Gorbatschow beendete die Herrschaft der kranken Greise im Kreml, nachdem mit Breschnew, Andropow und Tschernenko gleich drei altersschwache KPdSU-Generalsekretäre in nicht einmal zweieinhalb Jahren verstorben waren. Allein die Aussicht, dass nun jemand für einen längeren Zeitraum die Geschicke des östlichen Machtblockes leiten könnte, sorgte für hohe Erwartungen an den neuen KPdSU-Generalsekretär.¹²

Mit seinem Amtsantritt verbanden sich zum Beispiel Hoffnungen auf eine Entspannung zwischen den Machtblöcken: Auf die Stationierung der nuklearen SS-20-Mittelstreckenraketen durch die Sowjetunion in Mitteleuropa hatte die NATO 1979 mit dem sogenannten Doppelbeschluss reagiert.¹³ Der Kalte Krieg spitzte sich zu: Ein neuer Rüstungswettlauf mit Atomraketen begann und die sowjetische Invasion in Afghanistan 1979 sowie der Machtantritt des konservativen Hardliners Ronald Reagan als US-Präsident 1981,

---

9   Der von Gorbatschow unter den Stichworten »Glasnost« und »Perestroika« begonnene Reformprozess, um die erstarrte Sowjetunion aus der Krise zu führen, beinhaltete 1987 das Abrücken Moskaus von der »Breschnew-Doktrin«, was letztendlich das Ende der Sowjetunion als Schutzmacht der SED-Diktatur bedeutete. Zu den Konflikten zwischen Ostberlin und Moskau im Kontext des sowjetischen Reformkurses vgl. Nepit, Alexandra: Die SED unter dem Druck der Reformen Gorbatschows. Der Versuch der Parteiführung, das SED-Regime durch konservatives Systemmanagement zu stabilisieren. Baden-Baden 2004 sowie Nakath, Monika: SED und Perestroika. Reflexion osteuropäischer Reformversuche in den 80er-Jahren. Berlin 1993.
10 Vgl. Wentker, Hermann: Die Deutschen und Gorbatschow. Der Gorbatschow-Diskurs im doppelten Deutschland 1985–91. Berlin 2020, S. 56–65.
11 Vgl. ebenda, S. 33–35.
12 Vgl. Bericht O/139 v. 15.3.1985.
13 Zum NATO-Doppelbeschluss im »Zweiten Kalten Krieg« Anfang der 1980er-Jahre vgl. Gassert, Philipp; Geiger, Tim; Wentker, Hermann (Hg.): Zweiter Kalter Krieg und Friedensbewegung. Der NATO-Doppelbeschluss in deutsch-deutscher und internationaler Perspektive. München 2011.

der wiederum ein Aufrüstungsprogramm im Weltall vorantrieb,[14] taten ihr Übriges, um Ängste vor einer atomaren Eskalation zwischen den Supermächten zu schüren. Nun – im Jahr 1985 – zeichnete sich erstmals wieder eine mögliche Annäherung zwischen der Sowjetunion und den USA ab. Schon Gorbatschows Vorgänger im Amt, Konstantin Tschernenko, hatte neue direkte Gespräche mit den USA angestrebt, doch erst im November 1985 sollten sich Gorbatschow und Reagan auf neutralem Boden in Genf erstmals treffen, um wieder in einen Dialog zwischen den Supermächten zu kommen. In der DDR verbanden die unabhängige Friedensbewegung und kirchliche Amtsträger, aber auch die SED, Hoffnungen auf Abrüstung mit den Gesprächen.[15] Diese Erwartungen schlugen sich auch in der Berichterstattung der Zentralen Auswertungs- und Informationsgruppe der Staatssicherheit (ZAIG) an die Staats- und Parteiführung nieder.[16] Darüber hinaus spielt der neue KPdSU-Generalsekretär in den ZAIG-Informationen aus dem Jahr 1985 kaum eine Rolle.[17] Das Gipfeltreffen in Genf brachte außer unverbindlichen Absichtserklärungen und der Vereinbarung, weitere direkte Gespräche

---

14 Im Jahr 1983 begannen die USA unter Präsident Reagan mit dem Aufbau eines Schutzschirms gegen mögliche sowjetische interkontinentale Atomraketen auf die USA. Dieses Programm unter dem Namen »Strategic Defense Initiative« (SDI) beinhaltete auch im Weltraum stationierte Beobachtungssatelliten und hochenergetische Laserkanonen. Darum wurde das Programm in Anlehnung an den Hollywood-Film als »Star Wars« bzw. »Krieg der Sterne« bezeichnet. Nach Ende des Kalten Krieges beendeten die USA das Programm. Zur Bedeutung des SDI-Programmes im Kontext von Ronald Reagans (Außen-)Politik vgl. Fitzgerald, Frances: Way Out There in the Blue. Reagan, Star Wars and the End of the Cold War. New York 2000.
15 Wobei sich die Motivlagen hinter den Hoffnungen unterschieden: Die SED war zum einen darauf bedacht, die Sowjetführung auf deren Kurs zu unterstützen und hoffte im gleichen Atemzug auf wirtschaftliche Entlastungen durch weniger Rüstungsausgaben und engeren ökonomischen Austausch mit dem Westen, während Friedensbewegung und Kirche pazifistische Hoffnungen hegten.
16 Vgl. z. B. die Informationen 69/85, 267/85 und 499/85.
17 Bei der außenpolitischen Berichterstattung der ZAIG, die nicht Teil dieser Edition ist, gehen drei Informationen explizit auf den Wechsel im Kreml bzw. auf Gorbatschow ein, zwei Informationen versammeln Reaktionen und Wertungen aus NATO-Kreisen zum Führungswechsel bzw. zu den »Kaderveränderungen« in der Sowjetunion und eine behandelt US-Reaktionen auf Gorbatschows Staatsbesuch in Frankreich sowie westliche Reaktionen auf dessen Abrüstungsvorschläge (vgl. Konopatzky, Stephan; Der Bundesbeauftragte für die Unterlagen der Staatssicherheitsdienstes der ehemaligen DDR (Hg.): Verzeichnis der Ausgangsinformationen der Hauptverwaltung A des Ministeriums für Staatssicherheit. Version 6.0. Berlin 2020). Bereits 2003 veröffentlichten Erhard Crome und Jochen Franzke einen Aufsatz über die ZAIG-Stimmungsberichte zum Thema »Gorbatschows Reformpolitik in der zweiten Hälfte der 1980er-Jahre«, freilich vor dem Hintergrund des damaligen Forschungsstandes zum ZAIG-Berichtswesen. Vgl. Crome, Erhard; Franzke, Jochen: DDR-Bürger und Perestroika. Eine Rekonstruktion unter Verwendung von Stimmungsberichten des Ministeriums für Staatssicherheit. In: Crome, Erhard; Franzke, Jochen; Krämer, Raimund (Hg.): Die verschwundene Diplomatie. Beiträge zur Außenpolitik der DDR. Berlin 2003, S. 93–109.

führen zu wollen, zwar keine greifbaren Ergebnisse, doch die Tatsache, dass es diesen Dialog nun gab und dass sich Gorbatschow und Reagan offenbar persönlich mit einer gewissen Sympathie begegnen konnten, war im Vergleich zur konfrontativen Atmosphäre der Jahre zuvor ein nicht unbedeutender Schritt in Richtung Abrüstungsverhandlungen.[18] Nur zwei Monate nach dem Gipfeltreffen in Genf unterbreitete Gorbatschow erste konkrete Vorschläge zur atomaren Abrüstung und nährte damit Hoffnungen auf eine grundlegende Entspannung zwischen den beiden Machtblöcken.[19]

Im Jahr 1985 jährte sich das Ende des Zweiten Weltkrieges in Europa zum 40. Mal. In beiden deutschen Staaten wurden gesellschaftliche Debatten über die Bewertung der deutschen Niederlage im Krieg geführt. In der Bundesrepublik sorgte die Rede des Bundespräsidenten Richard von Weizsäcker anlässlich des 8. Mai im Bundestag für Aufsehen. Mitte der 1980er-Jahre befand sich die westdeutsche Gesellschaft in einer »Transformationsphase des Gedenkens«, in der die bundesdeutsche Öffentlichkeit, befeuert durch einen generationellen Umbruch, ihr historisches nationalsozialistisches Erbe neu ausverhandelte.[20] Besonders aufsehenerregend war in Weizsäckers Rede die Bezeichnung des 8. Mai als »Tag der Befreiung« – eine Formulierung, die die offizielle DDR-Geschichtspolitik für das Kriegsende bereits seit Jahrzehnten verwendete, in der Bundesrepublik jedoch aus dem Munde des Staatsoberhauptes eine bemerkenswerte Akzentverschiebung bedeutete.[21]

Auch in der Berichterstattung der ZAIG nahm das Thema vergleichsweise breiten Raum ein und dafür gab es mehrere Gründe. Derartige Jahrestage spielten im Antifaschismus-Mythos der offiziellen DDR-Geschichtspolitik eine zentrale Rolle. Mit zahlreichen Gedenkveranstaltungen und öffentlichen Bekenntnissen, mit historischen Filmen und Publikationen bis hin zu Sonderbriefmarken unterstrich der SED-Staat seine Legitimität. Die SED be-

---

18 Vgl. Loth, Wilfried: Die Rettung der Welt. Entspannungspolitik im Kalten Krieg 1950–1991. Frankfurt/M. 2016, S. 250–254. Archie Browns Buch über Gorbatschows Bedeutung erwähnt das Genfer Gipfeltreffen mit nur einem Nebensatz, wonach sich »Gorbatschow und Reagan persönlich gut verstanden, aber kaum mehr erreichten«. Brown, Archie: Der Gorbatschow-Faktor. Wandel einer Weltmacht. Frankfurt/M., Leipzig 2000, S. 380.
19 Vgl. Wentker, Hermann: Die Deutschen und Gorbatschow. Der Gorbatschow-Diskurs im doppelten Deutschland 1985–91. Berlin 2020, S. 75–83.
20 Hammerstein, Katrin; Hofmann, Birgit: »Wir […] müssen die Vergangenheit annehmen« – Richard von Weizsäckers Rede zum Kriegsende 1985. In: Deutschland Archiv, online abrufbar unter: www.bpb.de/217619 (letzter Abruf: 23.2.2024). Zu diesem gesellschaftlichen Aushandlungsprozess Mitte der 1980er-Jahre zählen Hammerstein und Hofmann auch den Historikerstreit von 1986 und die sogenannte Bitburg-Kontroverse beim Staatsbesuch von US-Präsident Reagan in der Bundesrepublik im Mai 1985, als Reagan und Bundeskanzler Kohl einen Soldatenfriedhof besuchten, auf dem auch Soldaten der Waffen-SS begraben liegen.
21 Wobei Weizsäckers Rede so eine große Bedeutung erlangen konnte, weil sie ganz verschiedenen gesellschaftlichen Gruppen und politischen Richtungen Deutungsangebote lieferte und diese miteinander zu verknüpfen suchte. Die Fokussierung auf diese einzelne Formulierung wird der Rede und ihrer Wirkung also nur schwerlich gerecht. Vgl. ebenda.

gründete ihre Herrschaft mit dem Sieg über den Faschismus, den sie in erster Linie der sowjetischen Roten Armee zuschrieb: Die historische Mission der »Diktatur des Proletariats« war es demnach, ein Wiedererstarken des Faschismus zu verhindern, um den Weltfrieden zu sichern.[22] Darüber hinaus dienten die Beschwörungen der historischen Erfolge der Roten Armee dazu, das Bündnis der DDR mit der sowjetischen Schutzmacht kontinuierlich zu bekräftigen. Das Gedenken an das Kriegsende 1945 beschränkte sich aber nicht auf offizielle und staatstragende Institutionen und Anlässe. Auch in den Kirchen und den zahlreichen Friedensgruppen wurde das Ereignis zum Anlass genommen, um sich intensiv mit Friedens- und Abrüstungsfragen auseinanderzusetzen. Die »Frauen für den Frieden« nutzten bei ihrem 3. »Nachtgebet der Frauen« im Mai 1985 etwa den historischen Mythos der »Trümmerfrau«, um die eigene Rolle als Frauen im SED-Staat zu reflektieren.[23] Auch in der Evangelisch-Lutherischen Landeskirche in Thüringen fand eine lebhafte Debatte unter den Synodalen statt, nachdem der Landesbischof Werner Leich eine mit der DDR-offiziellen Erinnerungskultur kompatible Stellungnahme zum 8. Mai vorgetragen hatte. Zur Sprache kam dabei beispielsweise das Speziallager, das der sowjetische NKWD bis 1950 auf dem Gelände des vormaligen KZ Buchenwald betrieb.[24] An dieser Stelle zeigt sich, dass sich auch jenseits der in dieser Phase wachsenden Neonazi-Szene[25] Risse in der »entdifferenzierten Bekenntnisideologie«[26] des Antifaschismus als Gründungsmythos der DDR auftaten.

Im Jahr 1985 wurde nicht nur der 8./9. Mai selbst groß begangen, sondern auch weitere vierzigste Jahrestage im Zusammenhang mit den letzten Kriegsmonaten. So besuchte beispielsweise Erich Honecker gemeinsam mit Ehrengästen aus dem In- und Ausland die feierliche Eröffnung der wiederaufgebauten Semperoper am symbolträchtigen Jahrestag der Zerstörung Dresdens durch britische und US-amerikanische Bomber am 13. Februar 1945.[27] Das »Neue Deutschland« widmete dem Jahrestag und der Eröffnung des berühm-

---

22 Vgl. z. B. Münkler, Herfried: Antifaschismus und antifaschistischer Widerstand als politischer Gründungsmythos der DDR. In: APuZ 45(1998), S. 16–29.
23 Vgl. Information 232/85.
24 Vgl. Information 149/85.
25 Als Einstieg in das Thema Neonazismus in der DDR vgl. Waibel, Harry: Die braune Saat. Antisemitismus und Neonazismus in der DDR. Stuttgart 2017.
26 Danyel, Jürgen: Zum Umgang mit der Widerstandstradition und der Schuldfrage in der DDR. In: Ders. (Hg.): Die geteilte Vergangenheit. Zum Umgang mit Nationalsozialismus und Widerstand in beiden deutschen Staaten. Berlin 1995, S. 31–46, hier 42.
27 Zur Geschichte des Erinnerns an die Zerstörung Dresdens und des »Mythos Dresden«, der sich aus der NS-Propaganda der letzten Kriegsmonate und der antiwestlichen SED-Propaganda der Nachkriegszeit speiste vgl. Jerzak, Claudia: Der 13. Februar 1945 im kollektiven Gedächtnis Dresdens. Gedenkrituale und Wandel der Erinnerungskultur. In: Deutschland Archiv, online abrufbar unter: www.bpb.de/518214 (letzter Abruf: 1.3.2024).

ten Opernhauses das gesamte Titelblatt und zwei Drittel der zweiten Seite der Ausgabe vom 14. Februar 1985.[28]

Bei den Gedenkveranstaltungen in Dresden begegneten sich mehrere, für die 1980er-Jahre charakteristische Entwicklungen in der DDR. Das offizielle Gedenken inklusive abendlicher FDJ-Mahnwache an der Ruine der Frauenkirche war seit 1983 die Reaktion auf eine unabhängige Initiative, die von einem kirchennahen Friedenskreis ausgegangen war. 1982 waren mehrere Hundert der bis zu 5 000 überwiegend jungen Menschen, die an einer kirchlichen Gedenkveranstaltung in der Kreuzkirche teilgenommen hatten, dem Aufruf zum Gedenken an der Ruine der Frauenkirche gefolgt, hatten Kerzen angezündet und Friedenslieder gesungen.[29] Der Schweigemarsch von der Kreuzkirche zur Frauenkirchenruine war eine der größten Aktionen der unabhängigen Friedensbewegung in der DDR überhaupt.[30] In den Jahren darauf versuchten staatliche Akteure (im Zusammenspiel mit der evangelischen Kirche), den Gedenktag voll und ganz zu kontrollieren und die neuralgischen Orte in der Innenstadt mit eigenen Veranstaltungen quasi zu besetzen, um derartige unabhängige Initiativen zu verhindern. Damit hatte eine politisch alternative Initiative den Anstoß für eine neue Erinnerungs- und Gedenkkultur in der Stadt gegeben, mit der sich auch staatliche Akteure zumindest auseinandersetzen mussten. Darüber hinaus verweist der Wiederaufbau des Opernhauses auf die DDR-Kulturpolitik der Ära Honecker, die darauf ausgerichtet war, in der DDR eine »sozialistische Nationalkultur« zu entwickeln, die als progressiv gewertete Aspekte der deutschen Geschichte als positives Erbe aufnehmen sollte.[31] Diese Öffnung für historische Bezüge über die Geschichte der Arbeiterbewegung und des Antifaschismus hinaus hatte 1983 im Lutherjahr die staatliche Würdigung des Erbes der Reformation ermöglicht, genau wie zuvor ein Preußen-Revival 1981 und eben die Rekonstruktionen historischer Gebäude – wie der Semperoper oder auch am Platz der Akademie (heute wieder Gendarmenmarkt) in Berlin.[32]

Die größte politische Erschütterung des Jahres 1985 in der DDR ereignete sich im Herbst. In kurzer zeitlicher Abfolge kam es zu zwei personellen Abgängen innerhalb des engsten SED-Machtzirkels, dem Politbüro. Die offiziell freiwilligen Rücktritte aus gesundheitlichen Gründen von Herbert Häber, dem Leiter der ZK-Westabteilung, und Konrad Naumann, dem Berliner

---

28 Vgl. ND v. 14.2.1985, S. 1 f.
29 Zum 13. Februar 1982 vgl. Information 85/82.
30 Vgl. Neubert, Ehrhart: Geschichte der Opposition in der DDR 1949–1989. Bonn 1997, S. 395–398 sowie Dresden und die Gruppe Wolfspelz, online abrufbar unter: www.jugendopposition.de/themen/145413/dresden-und-die-gruppe-wolfspelz (letzter Abruf: 28.2.2024).
31 Vgl. Dietrich, Gerd: Kulturgeschichte der DDR. Band III. Kultur in der Konsumgesellschaft 1977–1990. Bonn 2019, S. 1715–1726; das direkte Zitat auf S. 1721 stammt aus dem SED-Programm von 1976.
32 Vgl. ebenda, S. 1726–1743.

SED-Bezirkschef, von allen politischen Ämtern wurden im Zuge der 11. Tagung des ZK der SED am 22. November offiziell bestätigt. Sie schlugen sich, ähnlich wie Gorbatschows Machtantritt, in der innenpolitischen Berichterstattung des MfS an die Staats- und Parteiführung kaum nieder, waren jedoch eine nicht unerhebliche Eruption innerhalb der SED-Führung. Wie MfS-interne Berichte über die Stimmung in der Bevölkerung zeigen, sorgte die Absetzung der beiden Spitzenfunktionäre für einige Spekulationen über Konflikte innerhalb des Machtapparates, mögliche neue politische Ausrichtungen der SED und persönliche Verfehlungen der beiden geschassten Funktionäre.[33] Personelle Veränderungen im engsten Machtzirkel waren selten, vor allem Abgänge, die nicht durch Altersschwäche oder Tod zustande kamen,[34] waren in dieser Phase die Ausnahme. Die zeitliche Nähe der »Rücktritte« Häbers und Naumanns musste da beinahe zwangsläufig zu Spekulationen über einen Zusammenhang zwischen den Personalien führen, auch wenn es sich tatsächlich um eine zufällige zeitliche Koinzidenz zweier voneinander getrennter Fälle handelte.[35] Während für Naumanns Demission ein handfester politischer (wenn auch individuell verursachter) Skandal, der von der SED-Spitze möglichst vertuscht werden sollte, ursächlich war, waren die Hintergründe für Häbers Ablösung komplizierter, sahen jedoch wie das Ergebnis eines möglichen politischen Richtungsstreites zwischen der SED-Führung in Ostberlin und der KPdSU in Moskau aus.

Herbert Häber, der zu diesem Zeitpunkt erst seit ca. anderthalb Jahren Mitglied des Politbüros war, galt als enger Vertrauter Honeckers. Er war zuständig für die dem SED-Generalsekretär wichtigen Beziehungen zur Bundesrepublik und damit zentraler Akteur auf einem Politikfeld, auf dem es in dieser Phase erhebliche Spannungen zwischen Moskau und Ostberlin gab. Die sowjetische Führung blickte misstrauisch auf die deutsch-deutschen Beziehungen.[36] Im August 1984 hatte Honecker eine von Häber ausgearbeitete Konzeption für eine intensivere Deutschlandpolitik der SED, inklusive einer geplanten offiziellen Besuchsreise Honeckers in die Bundesrepublik, in Moskau vorgestellt und war von Tschernenko brüsk zurückgewiesen worden. Häber verbreitete später die Theorie, Honecker habe sich seiner entledigen wollen, weil Häber für eine eigenständige – von Moskau abgelehnte – Deutschlandpolitik gestanden ha-

---

33 Vgl. Bericht O/152 v. 2.12.1985; besonders der Fall Konrad Naumann sorgte in der Hauptstadt für einigen Wirbel, sodass die ZAIG nur zu diesem Thema extra einen O-Stimmungsbericht anfertigte, vgl. Bericht O/153 v. 10.12.1985.
34 So verstarb beispielsweise NVA-Chef und Politbüro-Mitglied Heinz Hoffmann am 2.12.1985 im Alter von 75 Jahren.
35 So berichtete das MfS von Spekulationen, dass sich die SED an der »Kaderarbeit der KPdSU« orientieren und sich verjüngen wolle oder dass es im Politbüro »Unstimmigkeiten gegeben« habe, vgl. Bericht O/152 v. 2.12.1985.
36 Vgl. Weber, Petra: Getrennt und doch vereint. Deutsch-deutsche Geschichte 1945–1989/90. Bonn 2020, S. 836 f., 851 u. 855–860.

be.[37] Andreas Malycha hat diese Theorie jedoch entkräftet und stattdessen eine Gemengelage aus mehreren Faktoren als Grund für die Absetzung Häbers diagnostiziert.[38] Am stärksten akzentuiert er dabei, dass Häber tatsächlich gesundheitlich angegriffen war und es Zweifel daran geben musste, ob er den Anforderungen eines politischen Spitzenamtes gerecht werden konnte. Dazu passen Häbers längere Krankenhausaufenthalte vor und nach seiner Absetzung, auch wenn diese Behandlungen später oft als »Zwangseinweisung« aus politischen Gründen gedeutet wurden. Darüber hinaus gab es vor allem im Sicherheitsapparat Vorbehalte gegenüber dem politischen Aufsteiger, die in erster Linie in der Vielzahl von für das MfS schwer zu kontrollierenden persönlichen Westkontakten begründet waren. Außerdem könnte noch ein »Disziplinbruch« Häbers den finalen Ausschlag gegeben haben, der in einer gedankenlosen Bemerkung über mögliche Dissonanzen zwischen Moskau und Ostberlin hinsichtlich der Beziehungen zur Bundesrepublik bestand, die bei Honecker Missfallen auslöste. Nach dem Aus Häbers übernahm Hermann Axen als Politbüro-Mitglied zusätzlich zu seinen außenpolitischen Kompetenzen die Zuständigkeit für die Deutschlandpolitik.

Konrad Naumanns Ende im Politbüro und als Berliner SED-Chef lässt sich eindeutiger erklären: Ihm wurde eine Rede, die er am 17. Oktober 1985 an der Akademie für Gesellschaftswissenschaften beim ZK der SED hielt, zum Verhängnis.[39] Naumann, der aufgrund seiner wiederholten Kritik an den Kulturschaffenden und seiner dogmatischen Haltung in kulturpolitischen Fragen bei den Künstlerinnen und Künstlern des Landes verhasst war, wegen seiner direkten, anpackenden Art zu kommunizieren jedoch bei Arbeiterinnen und Arbeitern ein gewisses Ansehen hatte, steigerte sich in seiner Rede in eine Tirade gegen die Kulturschaffenden und die Wissenschaft im Land und zog auch darüber hinaus flapsig gegen tatsächliche und gegen andere seiner Meinung nach existierende Missstände vom Leder. Naumann, der wie Häber als Vertrauter Honeckers galt, betrachtete sich selbst als unantastbar und erlaubte sich immer wieder Anfälle von Selbstherrlichkeit und private Eskapaden. Die Rede, die sich damit eigentlich in sein sonstiges Wirken einfügte, führte zu seiner Absetzung, weil Erich Honecker bei einem Staatsbesuch in Ungarn vom dortigen KP-Chef auf Naumanns Ausfälligkeiten vor der Akademie der Gesellschaftswissenschaften angesprochen wurde. Nun musste sich Honecker mit dem Thema auseinandersetzen, wollte er den Eindruck vermeiden, er habe seine Partei nicht im Griff. Günter Schabowski, der Naumann als Berliner SED-Chef beerbte, schrieb später, dass die Aussprache über Naumanns »parteischädigendes Verhalten« ausnahmsweise einmal zu

---

37 Vgl. Malycha, Andreas: Die SED in der Ära Honecker. Machtstrukturen, Entscheidungsmechanismen und Konfliktfelder in der Staatspartei 1971 bis 1989. München 2014, S. 162 f.
38 Ausführlich zur Ablösung Häbers vgl. ebenda, S. 166–175.
39 Auch hier folgt die Darstellung des Sachverhalts Malycha, vgl. ebenda, S. 138–162.

offenen und emotionalen Auseinandersetzungen im Politbüro geführt hätte, wo ansonsten Beschlüsse einfach abgesegnet wurden.⁴⁰

Freilich veränderten die beiden personellen Abgänge im Politbüro nichts Grundsätzliches am Machtgefüge innerhalb der SED-Führung. Honecker blieb unangefochten der starke Mann. Trotz der offenen Aussprache im Fall Naumann entwickelte das Politbüro keine neue Debattenkultur. Genauso wenig änderten sich die deutschlandpolitischen Ambitionen Honeckers, der weiter auf einen Staatsbesuch in Bonn hoffte. Die Fälle Häber und Naumann ließen sich theoretisch sowohl als Schwächung Honeckers, der zwei Vertraute gehen lassen und damit zumindest indirekt personelle Fehler eingestehen musste, als auch als Stärkung Honeckers, der sich als handlungsfähig erwies und hart durchgreifen konnte, interpretieren. Die beiden Fälle zeigen aber auch, wie die SED-Führung im finalen Krisenjahrzehnt der DDR getrieben von systeminternen Machtlogiken um sich selbst kreiste.

2. Ausgewählte Themenfelder der Berichte

2.1 Überragendes Thema für das MfS: die evangelische Kirche

Die Berichterstattung über Vorgänge in und um die evangelische Kirche bildete im Jahr 1985 – wie insgesamt im letzten Jahrzehnt der DDR – einen absoluten Schwerpunkt der Stasi-Berichterstattung an die Staats- und Parteiführung. Von der absoluten Zahl aller innenpolitischen Berichte, inklusive der MfS-internen K- und O-Reihen, machten die evangelischen Kirchenberichte mit 47 von 194 fast 25 Prozent aus. Mit 41 der insgesamt 85 Informationen (ohne die periodische Standardberichterstattung etwa über den Umtausch von Westwährung und die Besuchszahlen aus dem Ausland gerechnet) entfiel auf die Berichterstattung zur evangelischen Kirche sogar fast die Hälfte der Informationen aus dem Jahr 1985. Dabei ist jedoch zu beachten, dass sich in dieser Rechnung sowohl Berichte über die Treffen offizieller Führungsgremien der Kirchen als auch über Treffen und Aktionen politisch alternativer oder gar oppositioneller Gruppen im kirchlichen Rahmen subsummieren. Offizielle Gremien behandelten 24 MfS-Informationen, mit den Gruppentreffen der kirchennahen Friedens-, Frauen-, Menschenrechts- und Umweltgruppen befassten sich insgesamt 23 Informationen (darunter wiederum sechs K-Berichte). Die katholische Kirche wurde im Jahr 1985 in neun Berichten behandelt. Dabei thematisierten allesamt offizielle katholische Kirchen-Gremien bzw. -Veranstaltungen.⁴¹

---

40 Vgl. Schabowski, Günter: Das Politbüro. Ende eines Mythos. Eine Befragung. Hg. v. Sieren, Frank; Koehne, Ludwig. Berlin 1991, S. 27.
41 Die Zahl der Berichte zur katholischen Kirche ist 1985 ungewöhnlich hoch, da im Mai 1985 ein großer katholischer Jugendkongress in Ostberlin stattfand und Honecker im April auf Staatsbesuch in Italien weilte und dabei auch dem Papst in Rom einen offiziellen Besuch ab-

Die evangelische Kirche war die einzige große gesellschaftliche Institution, die sich eine gewisse Unabhängigkeit von staatlicher Kontrolle bewahrt hatte und damit eine (Teil-)Öffentlichkeit darstellte, in der sich eine Form demokratischen Pluralismus erhalten hatte. Die SED bediente sich im Umgang mit der evangelischen Kirche einer Doppelstrategie, bestehend aus offizieller Kooperation und konspirativer Einflussnahme, die damit zum Aufgabenfeld des MfS gehörte.[42] Bei den Berichten zu offiziellen Gremien und Veranstaltungen der evangelischen Kirchen handelte es sich größtenteils um Quasi-Standardreihen, die sich mit den periodischen Sitzungen der Leitungsgremien befassten. Das waren zum einen die Synoden der evangelischen Landeskirchen sowie des Bundes der Evangelischen Kirchen in der DDR und der Vereinigten Evangelisch-Lutherischen Kirchen sowie die Tagungen der Konferenz der Kirchenleitungen und zum anderen auch die Tagungen der kleineren evangelischen Kirchen wie die der Konferenz der Evangelisch-Methodistischen Kirche in der DDR. Diese institutionellen Zusammenkünfte deckte die ZAIG grundsätzlich mit Berichten ab, sodass eine konstante Berichtsserie entstand.[43] Die Informationen für die Kirchenberichte erhielt die ZAIG (zumindest teilweise) von der kirchenpolitischen Abteilung des MfS (HA XX/4), die wiederum aus den jeweiligen Bezirksverwaltungen mit Informationen beliefert wurde.[44] Beispielhaft lässt sich das nachvollziehen an der Information über die 8. Tagung der XVIII. Landessynode der Evangelischen Landeskirche Anhalts vom 18. November 1985:[45] Der Großteil der Textabsätze (in veränderter Reihenfolge) stammte aus einem u. a. an die ZAIG adressierten Bericht der HA XX/4 vom 7. November 1985 »über Verlauf und Ergebnisse der 8. Tagung der 18. Landessynode der Evangelischen Landeskirche Anhalts vom 1. bis 2.11.1985 in Dessau«.[46] Als Quelle verwies

stattete (als Vergleich: im Jahr 1983 und 1982 entfielen nur je drei Berichte auf die katholische Kirche).
42 Vgl. Vollnhals, Clemens: Die kirchenpolitische Abteilung des Ministeriums für Staatssicherheit. Berlin 1997, S. 3 f.
43 Zum Charakter der ZAIG-Kirchenberichterstattung in den 1980er-Jahren schrieb Martin Stief: »Die Kirchenberichte der Stasi müssen vielmehr als Arbeitsmaterial für die kirchenpolitischen Apparate verstanden werden, die für Nutzer verfasst wurden, welche ein mehr oder minder umfassendes Grundwissen mitbrachten und über die Entwicklungen in diesem Bereich informiert sein wollten. Die Berichte können nicht als in sich abgeschlossen, sondern müssen eher als eine permanent fortgeschriebene Reihe gesehen werden, deren Wert sich für die damals involvierten Einrichtungen sowie für die historische Forschung aus der Gesamtschau des Informationsaufkommens aller beteiligten Institutionen ergibt.« Stief, Martin: Einleitung 1982. In: Münkel, Daniela (Hg.): Die DDR im Blick der Stasi 1982. Die geheimen Berichte an die SED-Führung. Berlin 2024, S. 12–60, hier 46.
44 Zur kirchenpolitischen Abteilung vgl. Vollnhals, Clemens: Die kirchenpolitische Abteilung des Ministeriums für Staatssicherheit. Berlin 1997.
45 Vgl. Information 468/85.
46 Vgl. BArch, MfS, HA XX/AKG 5397, Bl. 85–87.

dieser Bericht auf ein (nicht näher spezifiziertes) Fernschreiben der Bezirksverwaltung Halle.

Neben den periodisch tagenden Kirchengremien widmeten sich Berichte besonderen Ereignissen im Kontext offizieller kirchlicher Veranstaltungen und Entwicklungen. Eine herausgehobene Stellung im Jahr 1985 nahm dabei das Treffen Erich Honeckers mit dem Vorstand der Konferenz der Evangelischen Kirchenleitungen in der DDR, vertreten durch den Dresdner Landesbischof Johannes Hempel, im Februar ein. Es war erst das zweite Spitzentreffen zwischen SED-Führung und Kirchenleitung nach dem ersten Treffen vom 6. März 1978, das im Prinzip die Idee einer »Kirche im Sozialismus« zum Programm von SED und evangelischer Kirchenleitung erhoben hatte.[47] In erster Linie diente das Gespräch 1985 zwischen Bischof Hempel und dem SED-Generalsekretär im Staatsratsgebäude in Ostberlin dementsprechend auch der Bekräftigung des Weges von 1978. Das »Neue Deutschland« schrieb auf der Titelseite dazu: »Der freimütige und vom Geist des Verstehens getragene Gedankenaustausch diente der Bestätigung des Prozesses sachlicher, offener, konstruktiver und verfassungsgerechter Beziehungen zwischen Staat und Kirche, wie sie in der Begegnung vom 6. März 1978 einen besonderen Ausdruck gefunden haben.«[48] Grundlegende neue Entwicklungen im Verhältnis Kirche – Staat gingen nicht vom Treffen aus. Inhaltlich sprachen beide Seiten über tagespolitische Entwicklungen wie den nahenden 40. Jahrestag des Kriegsendes und den Rüstungswettstreit zwischen der Sowjetunion und den USA. Es war vielmehr die Botschaft, dass ein solches Treffen überhaupt stattfand und dann auch noch harmonisch verlief, die beide Seiten aussenden wollten. Es ging sowohl Kirchenleitung als auch Staatsmacht darum, Stabilität im (potenziellen) Spannungsverhältnis zwischen Kirche und sozialistischem Staat zu erhalten. Die Kirchenleitung hatte sich im *Status Quo* eingerichtet, weil die Entwicklungen der 1970er-Jahre nach den antikirchlichen Kampagnen und den damit verbundenen Unsicherheiten der Ulbricht-Ära doch zumindest eine gewisse Autonomie und Verbindlichkeit für das eigene

---

47 Die Formel »Kirche im Sozialismus« entstand auf der Synode des Bundes der Evangelischen Kirchen in der DDR (BEK) im Jahr 1971 in Eisenach. Damals erklärte der Vorsitzende des BEK Albrecht Schönherr: »Wir wollen Kirche nicht neben, nicht gegen, sondern Kirche im Sozialismus sein.« Diese Aussage war kein Bekenntnis zum Sozialismus, sondern die Akzeptanz seiner staatlichen und gesellschaftlichen Realität. Statt auf eine baldige Überwindung der politischen Verhältnisse zu hoffen, sollte sich Kirche nach den Vorstellungen Schönherrs in der gegebenen Gesellschaft engagieren, ohne zu einem Instrument des Staates zu werden. Die Kurzformel blieb bis zum Ende der DDR vage und umstritten. Für die einen galt sie als Voraussetzung für ein Mindestmaß an Autonomie in den eigenen Räumen, für die anderen als unzumutbare Ein- und Unterordnung im SED-Staat. Vgl. Mau, Rudolf: Der Protestantismus im Osten Deutschlands (1945–1990). Leipzig 2005, S. 108–116; Thumser, Wolfgang: Kirche im Sozialismus. Geschichte, Bedeutung und Funktion einer ekklesiologischen Formel. Tübingen 1996.
48 Begegnung Erich Honeckers mit Landesbischof Dr. Johannes Hempel. In: ND v. 12.2.1985, S. 1; insgesamt nahm der Artikel viermal explizit Bezug auf das Treffen vom 6. März 1978.

Wirken garantierten.[49] Die SED unter Honecker war wiederum an einer Kirche interessiert, die aus Sorge um das stabile Verhältnis zur Staatsmacht kontrollierend und mäßigend auf die sich in ihr organisierenden unabhängigen Friedens-, Umwelt-, Frauen- und Menschenrechtsgruppen einwirkte. Außerdem hatten offene Konflikte mit der Kirche das Potenzial, Honeckers Bemühungen um internationale Anerkennung zu gefährden.[50]

Zwei ZAIG-Informationen befassten sich mit den kircheninternen Reaktionen auf das Gespräch zwischen Hempel und Honecker. Am 15. Februar – nur vier Tage nach dem Treffen – verschickte die ZAIG einen relativ knappen Bericht über »erste interne Reaktionen des Vorstandes der Evangelischen Kirchenleitungen« zum Spitzengespräch an den Leiter der AG Kirchenfragen beim ZK der SED, Rudi Bellmann, und den für Kirchen zuständigen Staatssekretär Klaus Gysi sowie an Erich Honecker persönlich.[51] Dieser Bericht schilderte die ganz unmittelbaren Reaktionen der Führungsspitze der evangelischen Kirche in der DDR auf das Treffen sowie Hempels Selbsteinschätzung seines Auftrittes beim SED-Generalsekretär. Der zweite, doppelt so lange Bericht vom 27. Februar behandelte dagegen vor allem allgemeinere Eindrücke, Stimmungen und Emotionen, die das Treffen in weiteren (teilweise nicht konkret genannten) Kirchenkreisen ausgelöst habe.[52] Diesen längeren Bericht erhielt bei ansonsten gleichem Außenverteiler wie beim ersten auch der ZK-Sekretär für Kirchenfragen Werner Jarowinsky. Die beiden Berichte zeichnen ein insgesamt positives Bild, das sich Kirchenvertreter vom Spitzentreffen machten – und gaben der Parteiführung damit ein positives Feedback, für deren politische Strategie im Umgang mit der evangelischen Kirche. Demnach habe Hempel »ein weiter angewachsenes Vertrauen zwischen Staat und Kirche« und eine »hohe Qualität« des Respekts wahrgenommen.[53] Dass die beiden Berichte an Honecker persönlich gingen, unterstreicht die Funktion der Berichterstattung: Der Generalsekretär bekam die unmittelbaren Reaktionen auf sein eigenes Handeln von der ZAIG aufbereitet auf seinen Schreibtisch. Wenn die ZAIG dabei herausstellte, wie beeindruckt Bischof Hempel war,

---

49 Beispielhaft für die Konflikte des jungen Staates mit der Kirche in der Ära Ulbricht stehen die Auseinandersetzungen um die Jugendweihe (vgl. Ens, Kornelius: Die Jugendweihe als zentrales Konfliktfeld des Erziehungsanspruchs zwischen Staat und evangelischer Kirche – Entwicklungen in der Zeit von 1954 bis 1959. In: Deutschland Archiv, online abrufbar unter: www.bpb.de/214629 (letzter Abruf: 30.4.2024); Anhalt, Markus: Die Macht der Kirchen brechen. Die Mitwirkung der Staatssicherheit bei der Durchsetzung der Jugendweihe. Berlin 2016) oder der »Kirchenkampf« um die Junge Gemeinde (vgl. Wentker, Hermann: »Kirchenkampf« in der DDR. Der Konflikt um die Junge Gemeinde 1950–1953. In: Vierteljahrshefte für Zeitgeschichte 42(1994)1, S. 95–127).
50 Zum Verhältnis der evangelischen Kirche zur SED in den 1980er-Jahren vgl. Besier, Gerhard: Der SED-Staat und die Kirche. Höhenflug und Absturz. Berlin, Frankfurt/M. 1995.
51 Vgl. Information 64/85.
52 Information 84/85.
53 Information 64/85.

»welche detaillierte Sachkenntnis der Staatsratsvorsitzende über kirchliche Probleme gehabt habe«,[54] dann liest sich das wie verstecktes Eigenlob der ZAIG für ihre kompetente Berichterstattung an die Staats- und Parteiführung.

Seit dem ersten Spitzentreffen von 1978 und besonders ab den frühen 1980er-Jahren war es nicht ungewöhnlich, dass Berichte der ZAIG zu kirchlichen Themen auch den mächtigsten Mann in der DDR persönlich erreichten. Die Kirchenberichte waren für das MfS damit ein Instrument, sich innerhalb des Dreiecksverhältnisses von MfS, SED und den für die Kirchenpolitik in der DDR relevanten staatlichen Stellen zu positionieren. Für das MfS standen hinsichtlich der Kirchen vor allem sicherheitspolitische Aspekte im Vordergrund. Die Staatssicherheit betrachtete die Kirchen in erster Linie als Hort potenziell staatsfeindlicher, »antisozialistischer«, »feindlich-negativer« oder »revisionistischer« Bestrebungen. Ihre Aufgabe war es, diese Sicherheitsperspektive in die politischen Entscheidungsprozesse in Staat und Partei einzubringen sowie die Umsetzung der Kirchenpolitik zu überwachen und abzusichern. Sie war damit ein Akteur – aber nicht der entscheidende Akteur – auf dem Feld der Kirchenpolitik.[55] Dementsprechend versuchte das MfS, die Berichterstattung als Einflussinstrument im eigenen Sinne zu nutzen, wie immer wieder auftauchende Handlungsempfehlungen illustrieren.

Solche Handlungsempfehlungen finden sich weniger in den Quasi-Standardberichtsreihen über die offiziellen Kirchengremien. Zwar tauchen auch hier Handlungsempfehlungen seitens des MfS auf, doch war das verhältnismäßig selten der Fall oder es waren eher allgemein gehaltene Forderungen, etwa die Gespräche staatlicher Stellen mit den leitenden Kirchenvertretern zu intensivieren. Eine Ausnahme bildete die Information 289/85 über die Synodaltagung der Kirchenprovinz Sachsen im Juni 1985 in Erfurt: Hier nutzten Friedens- und Umweltgruppen einen parallel zur Synode stattfindenden »Markt der Möglichkeiten«, um mit Infoständen über ihre Arbeit zu informieren. Diese sichtbare Aufwertung der Basisgruppen, die »zum Teil negative Positionen zu Problemen der Friedenssicherung, des Wehrdienstes und des Umweltschutzes propagieren« konnten, musste dem MfS missfallen.[56] In der Folge formulierte die ZAIG sehr konkrete Handlungsempfehlungen, auf welche kirchlichen Akteure mit Gesprächen eingewirkt werden sollte, um eine Wiederholung zu verhindern.[57] In den Berichten über Aktivitäten der sogenannten Basisgruppen im kirchlichen Umfeld finden sich im Unterschied zu den Berichten über die Kirchengremien regelmäßig und explizit derartige Vorschläge seitens des MfS für konkrete Maßnahmen staatlicher Stellen zur Eindämmung dieser »feindlichen« Bestrebungen. Hier, wo sich eine Opposition zu formie-

---

54 Ebenda.
55 Vgl. Vollnhals, Clemens: Die kirchenpolitische Abteilung des Ministeriums für Staatssicherheit. Berlin 1997, S. 37.
56 Information 289/85.
57 Vgl. ebenda.

ren drohte, ging es aus MfS-Sicht um sicherheitsrelevante Fragen und dementsprechend reklamierte die Stasi für sich die Kompetenz, den Berichtsempfängern in Staat und Partei explizite Ratschläge zu unterbreiten. Im Kern zielten die Vorschläge meist darauf ab, die jeweils zuständigen staatlichen Stellen dazu zu bewegen, in persönlichen Gesprächen auf die verantwortlichen kirchenleitenden Akteurinnen und Akteure, die grundsätzlich an einem stabilen Verhältnis als »Kirche im Sozialismus« interessiert waren, einzuwirken, damit diese kirchenintern disziplinierten, um die Arbeit der Basisgruppen einzudämmen. Außerdem schlugen die Berichterstatter gelegentlich vor, dafür zu sorgen, dass (potenzielle) Teilnehmerinnen und Teilnehmer an Basisgruppenveranstaltungen in den Betrieben von ihren Vorgesetzten diszipliniert werden sollten.[58] Selten empfahlen die ZAIG-Informationen auch, instruierte Kader aus Partei, Massenorganisationen und Hochschulen zu Basisgruppenveranstaltungen zu schicken, um deren Ablauf zu stören.[59] Dass diese Empfehlungen keineswegs als unverbindliche Ratschläge dienten, zeigen die bisweilen überlieferten Reaktionen von Entscheidungsträgern auf die Berichterstattung. Im Dokumentenkopf zur Kurzfassung des Berichts über das landesweite Treffen der Frauenfriedensgruppen Ende März 1985 in Berlin vermerkte Generalsekretär Honecker beispielsweise handschriftlich sein berühmtes »Einverstanden E. Honecker«,[60] an die beiden konkreten Handlungsvorschläge des MfS im Bericht setzte er außerdem jeweils ein Häkchen.[61] Für die ZAIG waren derartige Reaktionen wichtig, zeigten sie doch die Wirksamkeit der eigenen Informationstätigkeit und bestätigten die Relevanz der Stasi-Kirchenberichte.

Wie es in der ZAIG-Berichterstattung grundsätzlich üblich war, tauchte die geheimpolizeiliche Überwachung und Bearbeitung der Kirche und der politisch alternativen Gruppen durch das MfS selbst nicht explizit auf, sie schwangen nur implizit mit, allein durch die Existenz der Berichte mit ihren Handlungsempfehlungen inklusive der häufigen Bemerkungen, die Informationen seien »wegen Quellengefährdung nur zur persönlichen Kenntnisnahme bestimmt«. In den Kontext der geheimpolizeilichen Maßnahmen gegen potenziell als gefährlich eingestufte Entwicklungen gehörten jedoch Hinweise auf innerkirchliche Konflikte und Widersprüche, die staatlichen Stellen – im und außerhalb des MfS – als Angriffspunkte für mögliche Einflussnahmen dienen konnten. Dementsprechend widmeten sich die Kirchenberichte oft-

---

58 Das schlug das MfS z. B. als Reaktion auf das »3. Nachtgebet der Frauen« organisiert von den »Frauen für den Frieden« vor, vgl. Information 232/85.
59 Vgl. ebenda.
60 Zu Honeckers Praxis, möglichst viele Entscheidungen an sich zu ziehen und persönlich mit »einverstanden, E. H.« oder »einverstanden E. Honecker« abzuzeichnen vgl. Eberle, Henrik; Wesenburg, Denise (Hg.): Einverstanden E. H. Parteiinterne Hausmitteilungen, Briefe, Akten und Intrigen aus der Honecker-Zeit. Berlin 1999.
61 Vgl. Information 152b/85; Honecker segnete in gleicher Weise auch Maßnahmen persönlich ab in den Informationen 41/85, 388/85 und 399/85.

mals den Konflikten zwischen verschiedenen Akteurinnen und Akteuren. So arbeitete die Information über die 96. Tagung der Konferenz der Kirchenleitungen (KKL) explizit heraus, welche Kirchenvertreter für die Teilnahme an staatlichen Gedenkveranstaltungen zum Zweiten Weltkrieg plädierten und wer dies strikt ablehnte.[62] Der Bericht über die kircheninternen Reaktionen zum Treffen von Hempel und Honecker betonte die Kritik des Greifswalder Landesbischofs Gienke, dass Bischof Hempel bei seiner Zusammenkunft mit Honecker keine weiteren Bischöfe eingebunden hatte.[63] Aber auch die Darstellungen, wie die KKL die gemeinsame Erklärung der beiden »Aktionen Sühnezeichen« aus Ost und West zum Jahrestag des Kriegsendes ablehnte[64] oder den Umgang der bundesdeutschen EKD mit einem gemeinsam entworfenen Gebetstext beklagte,[65] zielten in diese Richtung.

Dass sich das MfS im Gegenzug auch dafür interessierte, wie sichtbar die eigenen geheimpolizeilichen Maßnahmen für die kirchlichen Akteure waren, zeigt ein Abschnitt aus der Information über die konstituierende Tagung der 9. Synode der Evangelischen Kirche in Berlin-Brandenburg, in der das MfS Aussagen des Bischofs Gottfried Forck zur Allgegenwart der Stasi wiedergab: In seiner Predigt habe er »verleumderische Äußerungen getätigt, die in der Feststellung gipfelten, dass die Tätigkeit des MfS ›gegen das kirchliche Wirken‹ gerichtet sei«.[66] Das führte laut MfS-Information zu einer Debatte über die Auswirkungen der Arbeit des MfS, in der »als politisch-negativ bekannte Synodale« dem Staat ein »übersteigertes Sicherheitsbedürfnis« unterstellten, von eigenen Erfahrungen mit der Stasi berichteten und einen Zusammenhang zwischen der Arbeit des Überwachungsapparates und der wachsenden Zahl an Ausreisewilligen aus der DDR herstellten.[67] Hier schwangen gleich mehrere Ambivalenzen mit, die mit der Arbeit des MfS verbunden waren: Auf der einen Seite gehörte es zum Selbstverständnis und der Funktionslogik der Geheimpolizei, im Verborgenen zu arbeiten; die kirchen-öffentliche Debatte bei einer Synode musste den Offizieren missfallen. Auf der anderen Seite machte die Angst vor den geheimpolizeilichen Maßnahmen und die gefühlte Allgegenwart der Spitzel und Agenten der Stasi einen nicht unbeträchtlichen Teil der Wirkung des Sicherheitsapparats in der DDR-Gesellschaft aus, der »Stasi-Mythos« lebte vom Nimbus einer im Verborgenen lauernden Bedrohung für jegliches nicht-konforme oder gar oppositionelle Verhalten.[68]

---

62 Vgl. Information 38/85.
63 Vgl. Information 64/85.
64 Vgl. Information 116/85.
65 Vgl. Information 479/85.
66 Information 189/85.
67 Vgl. ebenda.
68 Zum Wechselspiel von Geheimhaltung und Öffentlichkeit des MfS vgl. Gieseke, Jens: Die Sichtbarkeit der geheimen Polizei. Zur öffentlichen Darstellung und Wahrnehmung der Staatssicherheit im DDR-Alltag. In: Heidemeyer, Helge (Hg.): »Akten-Einsichten«. Beiträge zum historischen Ort der Staatssicherheit. Berlin 2016, S. 100–117.

2.2 Die kirchennahen Basisgruppen im Umbruch

Dass das MfS als Geheimpolizei die Aktivitäten der unabhängigen, aber kirchennahen Friedens-, Frauen-, Umwelt- und Menschenrechtsgruppen intensiv beobachtete und analysierte, erscheint aus der Systemlogik der SED-Diktatur selbstverständlich. Dass diese Gruppen jedoch in der geheimen Berichterstattung an die Staats- und Parteiführung einen derart großen Raum einnahmen, ist erklärungsbedürftig, besonders im Hinblick auf die gravierenden ökonomischen, ökologischen und gesellschaftspolitischen Krisen, in denen die DDR Mitte der 1980er-Jahre steckte und die sich in den Berichten nur selten niederschlagen.

Das MfS sah in den Basisgruppen – im Jahr 1985 vor allem in den »Frauen für den Frieden« und den Initiativen des kirchlichen Forschungsheimes Wittenberg – den Hort einer möglichen Opposition gegen die SED-Herrschaft. Besonders Initiativen, die die vielen lokalen und regionalen Gruppen aus verschiedenen Landesteilen miteinander zu vernetzen suchten, bewertete das MfS als gefährlich und damit berichtenswert. Deshalb fertigte die ZAIG detaillierte Informationen etwa über das zweite überregionale Treffen der »Frauen für den Frieden« im März,[69] die dritte Ausgabe des landesweiten Friedensseminars »Frieden konkret« im März in Schwerin[70] oder das »erneute Treffen von Vertretern sogenannter Umweltgruppen evangelischer Kirchen« im Kirchlichen Forschungsheim Wittenberg im April.[71] In der Berichterstattung des Jahres 1985 war ähnlich wie bei den Berichten zu den offiziellen Kirchenthemen eine gewisse Routine etabliert: Das MfS informierte grundsätzlich über größere Veranstaltungen, die bekanntesten Aktivistinnen und Aktivisten bedurften keiner Vorstellung oder Einordnung, sondern fungierten im Prinzip als Indikatoren, um den (aus MfS-Sicht) feindlichen Charakter eines Treffens herauszustellen. Die »hinlänglich bekannten« führenden Protagonistinnen und Protagonisten der Gruppenszene wie Bärbel Bohley, Ulrike Poppe, Rainer Eppelmann, Heiko Lietz oder Markus Meckel gehörten in der Folge zu den am häufigsten genannten Personen in der ZAIG-Berichterstattung des Jahrgangs 1985.[72]

Dass sich in der Basisgruppenszene Mitte der 1980er-Jahre Grundlegendes verschob, erkannte das MfS dennoch nur teilweise. Zwar registrierte man die thematischen Verschiebungen, seitdem die NATO Ende 1983 mit dem Aufstellen neuer atomarer Mittelstreckenraketen in Westeuropa begonnen hatte und die westliche Friedensbewegung damit faktisch mit ihren Protesten

---

69 Vgl. die Informationen 152a/85 und 152b/85.
70 Vgl. Information 103/85.
71 Vgl. Information 209/85.
72 Abgesehen von Spitzenpolitikern wie Gorbatschow, Reagan oder Honecker, den Spitzenfunktionären der Kirchengremien und den Korrespondentinnen und Korrespondenten, die regelmäßig für westliche Medien von Kirchen- und Basisgruppenveranstaltungen berichteten.

gescheitert war: »Frieden sei nicht mehr Thema Nr. 1, aber nach wie vor wichtig. Friedensprobleme würden immer mehr mit Umweltproblemen verknüpft«[73] und es gebe eine »Umorientierung der ›Friedensbewegung‹ auf die Menschenrechtsproblematik«.[74] Doch dass die Basisgruppenszene in dieser Phase einen Reflexionsprozess durchmachte und versuchte, sich unabhängiger von den Kirchen zu organisieren, taucht in der geheimen Berichterstattung im Jahr 1985 nicht auf.

Weil die Kirchenleitungen seit dem Beginn der 1980er-Jahre zunehmend unter staatlichen Druck gerieten, die unabhängige Gruppenszene unter ihrem Dach zu disziplinieren und einzuschränken, kam es um 1984 herum zu wachsenden Konflikten zwischen Kirchenvertretern und der oppositionellen Szene, wobei die Basisgruppen versuchten, sich zunehmend jenseits der Kirchen zu organisieren.[75] Bei den Abnabelungsbemühungen von der Kirche spielten gerade die 1985 so stark im Fokus stehenden »Frauen für den Frieden« mit Bärbel Bohley und Ulrike Poppe an der Spitze eine zentrale Rolle. Denn sie gehörten spätestens seit ihrer aufsehenerregenden Verhaftung im Jahr 1983 zu den prominentesten Basisgruppen-Protagonistinnen überhaupt und standen damit im Fokus der staatlichen und kirchlichen Eindämmungsversuche.[76]

In der Folge gehörten Poppe und Bohley gemeinsam u. a. mit Wolfgang Templin, Ralf Hirsch, Martin Böttger und Werner Fischer zu den Mitbegründerinnen und -begründern der Initiative Frieden und Menschenrechte (IFM), die sich ab dem Herbst 1985 als erste bewusst kirchenunabhängige Oppositionsgruppe formierte. Doch die Initiativen, die die IFM-Gründung vorbereiteten wie der staatlicher- und kirchlicherseits unterbundene Versuch, im November 1985 in der Berliner Bekenntnisgemeinde ein Menschenrechtsseminar zu organisieren, tauchen in der ZAIG-Berichterstattung aus dem Jahr 1985 nicht auf.[77] Allein ein Bericht über ein blockübergreifendes Friedenswochenende im Oktober in Ostberlin beschreibt vor allem Ralf Hirschs Engagement, das Thema der Menschenrechte stärker in den Fokus der Basisgruppen zu rücken.[78] Zum Kontext der Basisgruppen gehören auch die ZAIG-Berichte über Unterstützungsleistungen der bundesdeutschen Grünen für die Gruppenszene in der DDR. Zwar sah die SED in den friedensbewegten Grünen potenzielle politische Partner, wenn es darum ging, westliche Aufrüstung zu verhindern, doch solidarisierten sich einige Grüne mit den unabhängigen Basisgruppen in

---

73 Information 103/85.
74 Information 423/85.
75 Vgl. Neubert, Ehrhart: Geschichte der Opposition in der DDR 1949–1989. Bonn 1997, S. 506 f.
76 Zur Geschichte der »Frauen für den Frieden« in der DDR vgl. Ilsen, Almuth; Leiserowitz, Ruth (Hg.): Seid doch laut! Die Frauen für den Frieden in Ost-Berlin. Berlin 2019.
77 Zur Gründungsgeschichte der IFM vgl. Neubert, Ehrhart: Geschichte der Opposition in der DDR 1949–1989. Bonn 1997, S. 597–599.
78 Vgl. Information 423/85.

der DDR und unterstützten diese aktiv. Deswegen beobachtete das MfS genau, mit wem sich Grünen-Politikerinnen und -Politiker bei ihren DDR-Aufenthalten trafen und verhinderte (zumindest zeitweise bzw. in bestimmten Konstellationen immer wieder) gar die Einreise von Grünen.[79] Die ZAIG-Berichterstattung aus dem Jahr 1985 zeugt davon, welche Bedrohung die Stasi in der Basisgruppen-Solidarität der westdeutschen Ökopartei sah.[80]

2.3 Wirtschaft: Krise als Alltag

Vor dem Hintergrund der anhaltenden multiplen Krisensituation der DDR Mitte der 1980er-Jahre erscheint es bemerkenswert, wie wenig Informationen die ZAIG zu wirtschaftlichen Themen anfertigte – gerade im Vergleich zur geradezu ausufernden Kirchenberichterstattung. Nur insgesamt sieben Informationen aus dem Jahr 1985 befassten sich mit Wirtschaftsfragen.[81] Weitere sechs Berichte, die ebenfalls die ökonomische Lage im Land behandelten, blieben im Rahmen der K- und O-Berichtsreihen MfS-intern. Im Vergleich zu den Jahrgängen 1981 (13), 1982 (11) und 1983 (16) der ZAIG-Berichterstattung, die bereits ediert vorliegen, bedeuten die nur sieben Informationen einen deutlichen Rückgang.

Auffällig ist darüber hinaus das beinahe vollständige Fehlen von Informationen über Havarien, Brände und ähnliche Vorkommnisse in den Industriebetrieben in der Berichterstattung des Jahres 1985. Zu Beginn des Jahrzehnts machten einzelne Informationen zu derartigen Ereignissen noch den Großteil der volkswirtschaftlichen Berichterstattung aus. Im Jahr 1988 versendete die ZAIG eine einzige Information »über die bisherige Entwicklung des Schadensgeschehens in der Volkswirtschaft der DDR im Jahre 1988«, die Ende November havariebedingte ökonomische Ausfälle aggregiert zusammentrug.[82] Im Jahr 1985 ist es allein ein Bericht aus dem Januar über einen entgleisten Güterzug nahe Delitzsch, der zumindest grob als Havarie-Fall eingeordnet werden kann. Dabei thematisiert der Bericht nur »einige im Zusammenhang mit der Aufklärung der Ursachen« des Unfalls gewonnene Erkenntnisse.[83] Der Unfall selbst hatte sich bereits im Juni 1984 ereignet und einen Schaden von mehr als 500 000 Mark verursacht. Die ZAIG-Information für den Minister für Verkehrswesen Otto Arndt informierte nun über die Hintergründe des Unfalls: Im Winter 1983/84 hatte ein schlecht ausgebildeter

---

79 Bahr, Andrea; Gieseke, Jens: Die Staatssicherheit und die Grünen. Zwischen SED-Westpolitik und Ost-West-Kontakten. Berlin 2016.
80 Vgl. die Informationen 13/85, 171/85, 152a/85 und 152b/85, Bericht K 1/150 v. 23.4.1985, Bericht K 1/151 (o. D.), Bericht K 1/157 v. 19.8.1985.
81 Abgesehen von den wöchentlich angefertigten Informationen über das Devisenaufkommen aus dem Mindestumtausch für Einreisende aus dem Westen.
82 Vgl. Information 493/88.
83 Vgl. Information 16/85.

Gleisbautrupp neue Schienen fehlerhaft verlegt, was in der Juni-Hitze Gleisverwerfungen verursachte und wiederum den Güterzug zum Entgleisen brachte. Eigentlicher Anlass für die Information war aber weniger der Unfall selbst, sondern die mangelhafte Aufklärung der Unfallursache durch eine von der Reichsbahndirektion Halle und vom verantwortlichen Gleisbaubetrieb in Bitterfeld eingesetzte Kommission, die »zu keinen konkreten Feststellungen bezüglich der Ursache der Gleisverwerfung« gekommen war. »Erst durch die im Rahmen der vom MfS initiierten Untersuchungen [...] konnten die tatsächlichen Ursachen der Entgleisung, die begünstigenden Umstände und Bedingungen zweifelsfrei geklärt werden«, stellte der Bericht unzweideutig fest. Es ging den Verfassern beim MfS also in erster Linie darum, den zuständigen Minister darüber zu informieren, dass Reichsbahn und Gleisbaubetriebe selbst nicht in der Lage oder Willens waren, adäquate Mängelursachenforschung zu betreiben.

Auch eine Information über »eingetretene Verluste« in Binnenfischereibetrieben behandelt keinen konkreten Havariefall, sondern präsentiert das Ergebnis einer tiefergehenden Untersuchung einer Reihe von Vorfällen über einen Zeitraum von zwei Jahren in einem Betriebsteil des VEB Binnenfischerei Wermsdorf.[84] Da im Angesicht der Misere der DDR-Volkswirtschaft mit Ersatzteilmangel, massivem Verschleiß und extremem Investitionsstau[85] andauernd Havariefälle, Schäden und Produktionsausfälle zu beklagen waren,[86] erscheint es plausibel, dass es sich um eine bewusste Auslassung dieser Thematik in der geheimen Berichterstattung handelte. Zur Frage, ob das auf Grundlage eines Hinweises oder Desinteresses aus der Parteiführung, aus MfS-internen Überlegungen heraus oder aus einem anderen Grund geschah, sind weitergehende Forschungen notwendig.

Trotz fehlender Havarie-Fälle zeichneten die Wirtschaftsberichte kein rosiges Bild von der Lage im Land. Hinsichtlich der Energieversorgung im kommenden Winter 1985/86 warnte die Stasi, dass »Versorgungseinschränkungen oder zeitweilige Versorgungsunterbrechungen nicht auszuschließen« seien. Insbesondere »bei Kälteperioden bzw. bei extremen Witterungsbedingungen« waren die Sorgen groß, dass es zu »Störungen, Havarien und Bränden« in veralteten und teilweise verschlissenen Produktionsanlagen« kommen könne.[87] Auch bei der Planung der Energieversorgung für die Jahre bis

---

84 Vgl. Information 374/85.
85 Zur ökonomischen Situation der DDR in der Mitte der 1980er-Jahre vgl. Steiner, André: Von Plan zu Plan. Eine Wirtschaftsgeschichte der DDR. München 2004, S. 197–226.
86 Für das Jahr 1985 registrierte das MfS insgesamt 1 046 »Vorkommnisse« in den Industriebetrieben, nämlich 673 Brände, 319 Havarien und 54 Explosionen, bei denen insgesamt 16 Menschen ums Leben kamen und 65 Personen mittlere bis schwere Verletzungen erlitten. Der größte Anteil der im Jahr 1985 entstandenen Schadenssummen in der Volkswirtschaft entstand dabei bei 16 »Großschadensfällen«, vgl. BArch, MfS, ZAIG 17202, Bl. 271–283.
87 Vgl. Information 467/85.

1990 waren laut MfS »erhebliche Verzögerungen eingetreten, die trotz eingeleiteter zentraler Maßnahmen nicht mehr aufgeholt werden können«.[88] Außerdem befasste sich ein Bericht mit dem »Kampf gegen Unordnung, Verantwortungslosigkeit und Schlamperei« im Gütertransportwesen, wo in einigen Industriesektoren »der Anteil der ausgewiesenen Transportschäden und -verluste bis zu 1 % der industriellen Warenproduktion« ausmachte.[89] Darüber hinaus behandelten Informationen für die Staats- und Parteiführung gemischte Reaktionen aus der Landwirtschaft im Bezirk Schwerin auf Reformen, die darauf abzielten die Pflanzen- und Tierproduktion wieder stärker miteinander zu verzahnen (und damit Fehler vorhergehender Landwirtschaftsreformen zu revidieren)[90] und den Fall des Direktors eines Tabak-Außenhandelsbetriebes, der gegen das Valutamonopol[91] verstoßen hatte, um mithilfe eigenmächtiger Buchführung die »Qualitätsminderungen bei der Herstellung von Inlandzigaretten« auszugleichen.[92]

Damit war die Berichterstattung des MfS zu Wirtschaftsthemen eine Sammlung von ökonomischen Einzelproblemen ohne den Anspruch, ein Gesamtbild der Lage zu zeichnen. Für ökonomische Makro-Analysen sah sich die Partei verantwortlich, das ihr untergeordnete MfS lieferte nur einzelne Informationen.[93] Doch die ZAIG beschäftigte sich – zumindest indirekt – auch mit den Auswirkungen der katastrophalen ökonomischen Lage, indem es in Stimmungsberichten die Unzufriedenheit der Bevölkerung mit der angespannten Versorgungslage thematisierte. Diese Stimmungsberichte der O-Reihe verließen das MfS jedoch nicht, sondern dienten als Stasi-interne Meldungen. Für das MfS als Sicherheitsorgan spielten diese Berichte eine wichtige Rolle, weil die Stabilität der »Fürsorgediktatur« davon abhing, dass Honecker sein Verspre-

---

88 Vgl. Information 348/85.
89 Vgl. Information 23/85.
90 Vgl. Information 14/85.
91 Die DDR wickelte ihren Außenhandel grundsätzlich über nach Branchen gegliederte staatliche Außenhandelsbetriebe ab. Diese Organisation des Außenhandels trennte die produzierenden und verarbeitenden Betriebe von ihren internationalen Abnehmern und Lieferanten ab, um möglichst alle ausländischen Devisen in der DDR unter direkte staatliche Kontrolle zu stellen. Die Außenhandelsbetriebe sicherten somit das staatliche Außenhandels- und Valutamonopol in der DDR ab. Valuta war die offizielle Bezeichnung für westliche Währungen, in der Regel war damit D-Mark gemeint. Das staatliche Außenhandels- und Valutamonopol machte die DDR-Mark so zu einer Binnenwährung, die nur in sehr begrenztem Umfang in andere Währungen umtauschbar war. So sollte die Planwirtschaft von internationalen Konjunkturschwankungen unabhängig gemacht werden. Vgl. Steiner, André: Werden und Vergehen der DDR-Mark. In: APuZ 27(2018), S. 28–34, hier 31.
92 Vgl. Information 363/85.
93 Malycha, Andreas: Die SED in der Ära Honecker. Machtstrukturen, Entscheidungsmechanismen und Konfliktfelder in der Staatspartei 1971 bis 1989. München 2014, S. 262 f.

chen von der »Einheit von Wirtschafts- und Sozialpolitik« erfüllte.[94] Die Stimmungsberichte aus der Bevölkerung aus dem Jahr 1985 dokumentieren, wie fragil der seit den 1970er-Jahren mit Honeckers Wirtschaftspolitik etablierte »Tauschhandel ›Politische Ruhe gegen relativen Wohlstand und soziale Sicherheit‹«[95] zwischen SED und DDR-Bevölkerung inzwischen geworden war. Zwar enthalten auch die MfS-internen Stimmungsberichte am Anfang jeweils einleitend positive Formulierungen, wonach die »Mehrheit der sich zu diesen Problemen äußernden Personen die erreichten Ergebnisse in allen Bereichen der Volkswirtschaft und das überwiegend stabile Angebot an Grundnahrungsmitteln anerkannt und gewürdigt«[96] oder gar die »Mehrzahl der Meinungsäußerungen […] das überwiegend stabile Angebot an Grundnahrungsmitteln positiv bewertet«[97] habe, doch folgen dann Aufzählungen von beklagten Missständen bei der Warenversorgung und Preispolitik, die ein desolates Bild zeichnen. Am gravierendsten erscheint dabei, dass das MfS eine »Tendenz wachsenden Unverständnisses hinsichtlich ständig wiederkehrender Probleme und Schwierigkeiten bei der bedarfs- und sortimentsgerechten Versorgung der Bevölkerung«[98] konstatierte, eine systematische Verschlechterung also erkennbar war und von der Bevölkerung auch als solche registriert wurde. Außerdem »wird betont, viele Mängel seien den verantwortlichen Organen seit Jahren bekannt, doch habe sich kaum etwas verändert«[99] – die Bevölkerung machte also Missmanagement seitens der Funktionäre für die Lage verantwortlich. Die vom MfS dokumentierte Kritik richtete sich gegen die langen Wartezeiten beim Kauf von Pkw bzw. Pkw-Ersatzteilen, das mangelnde Angebot an Kinderbekleidung und vor allem die Preise für Waren des täglichen Bedarfs: Beklagt wurde die Ausweitung der Delikat- und Exquisit-Verkaufsstellen, wo zunehmend Produkte zu hohen Preisen angeboten wurden, die es zuvor zu niedrigeren Preisen in den normalen Geschäften zu kaufen gab.[100] Außerdem bemerkte die ZAIG: »Aus mehreren Bezirken der DDR, darunter auch aus industriellen Zentren, liegen Hinweise über eine erneut ansteigende Tendenz vor, Einkäufe während der Arbeitszeit zu tätigen. Besonders ausgeprägt war dies in der Vorweihnachtszeit. (In diesem Zeitraum kam es zu erheblichen Diskussionen über angeblich gravierende Mängel in der Versorgung mit solchen festtagstypischen Erzeugnissen und Waren wie Südfrüchte, Schokoladenerzeugnisse, Backzutaten, Baumschmuck. Hauptsächlich Einwohner von Land-

---

94 Vgl. Jarausch, Konrad: Fürsorgediktatur. In: Docupedia-Zeitgeschichte, online abrufbar unter: www.docupedia.de/zg/Jarausch_fuersorgediktatur_v2_de_2023 (letzter Abruf: 18.4.2024).
95 Steiner, André: Von Plan zu Plan. Eine Wirtschaftsgeschichte der DDR. München 2004, S. 168.
96 Bericht O/141 v. 29.4.1985.
97 Bericht O/135 v. 4.1.1985.
98 Bericht O/141 v. 29.4.1985.
99 Ebenda.
100 Vgl. ebenda.

gemeinden äußerten ihre Unzufriedenheit über die Zuteilung von Südfrüchten. Sie verwiesen in diesem Zusammenhang insbesondere auf die ›Bevorteilung‹ der Einwohner in der Hauptstadt der DDR, Berlin.)«[101] Wenn ein Bericht dann auch noch vermerkte, dass selbst »Mitglieder der Partei« sich über die Entstehung von immer mehr Intershop-Läden beklagten, in denen nur mit westlichen Devisen eingekauft werden konnte, was ein »›Land mit zwei Währungen‹ und ›privilegierte‹ Schichten«[102] erzeugen würde, dann war das für das MfS ein alarmierendes Signal – das aber nicht an die Partei- und Staatsführung kommuniziert wurde (jedenfalls nicht über die ZAIG), sondern im Ministerium verblieb.

2.4 Das Grenzregime: Berichte als Reaktion auf (westliche) Medienöffentlichkeit

Neben dem ökonomischen Niedergang gab es kaum ein Thema, das die DDR in den 1980er-Jahren im gleichen Maße delegitimierte und destabilisierte wie das restriktive Grenzregime bzw. die innerdeutsche Grenze und die Berliner Mauer. Seit der von der DDR ratifizierten KSZE-Schlussakte von Helsinki 1975 war eine stetig wachsende Ausreisebewegung entstanden, immer mehr Unzufriedene wollten ihr Menschenrecht auf Freizügigkeit wahrnehmen und in den Westen übersiedeln.[103] Obwohl sich die DDR mit der Unterzeichnung der KSZE-Schlussakte zum Recht auf Freizügigkeit bekannt hatte, gab es bis 1988 keine rechtliche Grundlage für eine legale Ausreise aus der DDR – Ausreiseanträge galten als illegal. Bei den individuellen Motivlagen für den Ausreisewunsch vermischten sich oftmals politische Einstellungen mit der Hoffnung auf ökonomischen Aufstieg im Westen sowie Repressionserfahrungen durch DDR-Behörden.[104] Ein Leben in der Bundesrepublik war für sehr viele Menschen viel attraktiver als das Leben in der DDR. Sie nahmen soziale und ökonomische Ausgrenzung, Schikanen und strafrechtliche Verfolgung in Kauf, um ausreisen zu können. Nicht zu vergessen sind auch die erfolgreichen und gescheiterten Fluchtversuche samt der Todesopfer.[105]

---

101 Bericht O/153 v. 4.1.1985.
102 Bericht O/141 v. 29.4.1985.
103 Vgl. dazu z. B. Wolff, Frank: Vom Mauerbau zum Mauerfall: 28 Jahre deutsch-deutscher Migrationsgeschichte. In: Bundeszentrale für Politische Bildung, online abrufbar unter: www.bpb.de/themen/migration-integration/laenderprofile/deutschland/299944/vom-mauerbau-zum-mauerfall-28-jahre-deutsch-deutscher-migrationsgeschichte/#footnote-reference-28 (letzter Abruf: 22.4.2024).
104 Exemplarisch zu den individuellen Motivlagen für einen Antrag auf Übersiedlung im Kreis Halberstadt vgl. Hürtgen, Renate: Ausreise per Antrag: Der lange Weg nach drüben. Eine Studie über Herrschaft und Alltag in der DDR-Provinz. Göttingen 2014, S. 81–104.
105 An der Berliner Mauer kam es im Jahr 1985 zu keinen Todesopfern im Zusammenhang mit dem Grenzregime, an der innerdeutschen Grenze gab es 1985 drei Todesfälle: Hans Brandt

In der Geschichte der Ausreisebewegung aus der DDR stellte das Jahr 1984 ein besonderes dar: Die SED versuchte, sich mit der plötzlichen Gewährung einer großen Zahl von Ausreisegesuchen eines Teils des kritischen Potenzials im Land zu entledigen. Sie ging davon aus, mit einer »als Befreiungsschlag gedachten Aktion« Druck von der Ausreiseproblematik zu nehmen und genehmigte binnen drei Monaten mehr als 21 000 Ausreiseanträge.[106] Doch führte die genehmigte Ausreisewelle nicht zu einem Abebben der Ausreiseanträge, sondern im Gegenteil zu noch viel mehr neuen Antragstellungen, weil viele bis dahin zögernde Ausreisewillige sich nun motiviert fühlten, den Schritt ebenfalls zu wagen. Außerdem entwickelten sich die sogenannten Botschaftsbesetzungen im Jahr 1984 zu einem größeren Phänomen: Immer mehr Ausreisewillige aus der DDR begaben sich in Ostberlin und anderen Hauptstädten des sogenannten Ostblocks in die Botschaften westlicher Staaten und forderten die Ausreise in den Westen. Besonders die bundesdeutsche Botschaft in Prag wurde zum Anlaufziel, im Herbst/Winter 1984/85 musste sie zeitweise wegen Überfüllung geschlossen werden, bevor die DDR die Ausreise von insgesamt 350 DDR-Bürgerinnen und -Bürgern genehmigte.[107]

Im Jahr 1985 versuchte die DDR-Führung diese Dynamik wieder einzudämmen und forcierte eine Propaganda-Kampagne über angeblich Tausende desillusionierte Ausgereiste, die aufgrund der Umstände in der Bundesrepublik zurück in die DDR wollten.[108] Zwar kam es tatsächlich zu Enttäuschungen bei Menschen, die sich das Ankommen in der bundesdeutschen Gesellschaft leichter vorgestellt hatten, doch waren die genannten Zahlen von über 20 000 Rückkehrwilligen völlig übertrieben.[109] Das MfS begleitete die Kampagne und deren Wirkung eng. In einem Schreiben an alle Diensteinheiten-Leiter erläuterte Minister Mielke persönlich die Hintergründe und Zielstellung der Kampagne und stellte klar, »dass keine Absicht besteht, in größerem

---

starb an den Folgen von Verletzungen, die ihm eine Splittermine im Jahr 1982 zugefügt hatte und ein sowjetischer Fahnenflüchtiger erschoss sich selbst bei einem Fluchtversuch, unmittelbar nachdem er bei einem Schusswechsel einen DDR-Grenzsoldaten erschossen hatte und selbst schwer verletzt worden war (dieser Vorfall wird erwähnt in der Anlage zum Bericht K 2/37 v. 24.5.1985); vgl. Schroeder, Klaus; Staadt, Jochen (Hg.): Die Todesopfer des DDR-Grenzregimes an der innerdeutschen Grenze 1949–1989. Ein biografisches Handbuch. Bonn 2017 und Hertle, Hans-Hermann; Nooke, Maria: Die Todesopfer an der Berliner Mauer 1961–1989. Ein biographisches Handbuch. Berlin 2009.

106 Eisenfeld, Bernd: Die Ausreisebewegung – eine Erscheinungsform widerständigen Verhaltens. In: Poppe, Ulrike; Eckert, Rainer; Kowalczuk, Ilko-Sascha (Hg.): Zwischen Selbstbehauptung und Anpassung. Formen des Widerstandes und der Opposition in der DDR. Berlin 1995, S. 192–223, hier 214 f.
107 Mayer, Wolfgang: Flucht und Ausreise. Botschaftsbesetzungen als Form des Widerstands gegen die politische Verfolgung in der DDR. Berlin 2002, S. 317–335.
108 Über 20 000 Ehemalige wollen zurück. In: ND v. 6.3.1985, S. 3.
109 Schafferdt, Guzel: »Das wahre Vaterland«. Die Ost-West-Migration in der DDR-Propaganda, online abrufbar unter: www.zeitgeschichte-online.de/kommentar/das-wahre-vaterland (letzter Abruf: 10.10.2023).

Umfang die Rückkehr in die DDR zu gestatten. Die Veröffentlichung solle vielmehr deutlich machen, dass die aus der DDR-Staatsbürgerschaft Entlassenen keinesfalls das angetroffen haben, was sie erhofften.«[110] MfS-intern fertigte die ZAIG drei O-Berichet an, die sich mit den Reaktionen aus der Bevölkerung auf die Kampagne befassten.[111] Demnach habe die Berichterstattung »umfangreiche Diskussionen ausgelöst«. Die vom MfS dokumentierten Reaktionen behandelten vor allem die Frage, ob man den Ausgereisten die Rückkehr gestatten sollte. Die meisten gesammelten Aussagen lehnten dies ab, doch forderten einige laut MfS eine gründliche Einzelfallprüfung – vor allem für junge Menschen und Familien mit Kindern. Der Tod des sowjetischen KPdSU-Generalsekretärs Tschernenko am 10. März und die Ernennung seines Nachfolgers Gorbatschow am Tag darauf beendeten die mediale Kampagne unversehens, der mediale Fokus lag nun voll auf den Ereignissen in Moskau.

Fluchtfälle thematisierte die ZAIG-Berichterstattung im Jahr 1985 nur drei: Zum einen den gescheiterten Versuch einer 18-jährigen Frau, sich im Reisebus einer westdeutschen Schulklasse über die Grenze schmuggeln zu lassen;[112] dann die erfolgreiche Flucht eines Potsdamer Wasserschutzpolizisten über die Havel mit seinem Dienstboot,[113] die einige mediale Aufmerksamkeit in Westberlin erzeugte,[114] und schließlich den ebenfalls gescheiterten Versuch einer Ärzte-Familie, sich gegen Bezahlung von einem Mitarbeiter der Ständigen Vertretung der Bundesrepublik in Ostberlin nach Westberlin bringen zu lassen.[115] Da sowohl die Flucht des Wasserschutzpolizisten als auch (zumindest indirekt) der gescheiterte Fluchtversuch der jungen Frau im Reisebus mit westlicher Presseberichterstattung im Zusammenhang standen – die ZAIG verwies im Bericht auf eine erfolgreiche Flucht auf gleichem Wege, die wenige Monate zuvor in der Bundesrepublik breite mediale Berichterstattung erfahren hatte – ist davon auszugehen, dass die westliche Medienöffentlichkeit für die ZAIG ausschlaggebend war, um von diesen beiden Fluchtfällen an die Staats- und Parteiführung zu berichten.[116]

---

110 Anweisung zur Überprüfung von Rückkehrern in die DDR vom 8.3.1985; BArch, MfS, ZKG 2579, Bl. 1–4, hier 1.
111 Vgl. die Berichte O/138 v. 7.3.1985, O/138a v. 11.3.1985 und O/138b v. 19.3.1985.
112 Vgl. Information 187/85.
113 Vgl. Information 410/85; der Fluchtfall und der Umgang des MfS damit, inklusive Fotografien, die das MfS von der Fluchtroute angefertigt hat, sind (anonymisiert) dokumentiert in: Strehlow, Hannelore: Der gefährliche Weg in die Freiheit. Fluchtversuche aus dem ehemaligen Bezirk Potsdam. Potsdam 2004, S. 76–83.
114 Das MfS selbst sammelte die westlichen Presseberichte zum Fall, vgl. BArch, MfS, ZAIG 16174, Bl. 14–19.
115 Vgl. Information 334/85.
116 Beim Schleusungsversuch durch den westdeutschen Diplomaten waren es die diplomatischen Verwicklungen, die den Anlass für den ZAIG-Bericht gaben.

Das Reagieren auf westliche Medienberichte über Fluchten, Grenzvorfälle und Ausreisegesuche war ein typisches Muster für das Schreiben von Berichten zu diesen Themen. So existiert aus dem Jahr 1985 z. B. eine Information über den eigentlich wenig aufsehenerregenden natürlichen Todesfall einer Westberliner Rentnerin an der Grenzübergangsstelle Friedrichstraße,[117] zu dem es in der Westberliner »Morgenpost« hieß, die »Frau starb hilflos«.[118] Eine ähnliche Information behandelte den Todesfall eines schwerkranken Kindes aus Hamburg, das kurz nach einem Aufenthalt mit seiner Mutter in der DDR starb. Die Bild-Zeitung griff den Fall auf und berichtete in bekannter Manier über eine »schikanöse Abfertigung« durch die DDR-Grenzer, die mitverantwortlich für den Tod des Kindes gewesen sei.[119] In solchen Fällen erstellte das MfS Berichte mit Richtigstellungen und Hintergrundinformationen zu den (aus MfS-Sicht fehlerhaften oder verzerrenden) westlichen Presseberichten, die von der Staats- und Parteiführung registriert worden waren. In diese Kategorie fällt auch die Berichterstattung zum Engagement zweier ausgereister Familien, ihre in der DDR zurückgebliebenen minderjährigen Kinder zu sich holen zu dürfen.[120] Besonders die Protestaktionen von Jutta Gallus am Checkpoint Charlie in Westberlin erzeugten große öffentliche Anteilnahme am Schicksal ihrer Kinder, später machten ein Buch und ein Spielfilm die »Frau vom Checkpoint Charlie« sehr bekannt.[121] Auch im Fall Udo Zeitz, der eine Umweltschutzorganisation in der DDR gründen wollte, den DDR-Behörden vorwarf, mit Pflanzenschutzmitteln eine Erkrankung seiner Tochter ausgelöst zu haben, und der eine Ausreise in den Westen anstrebte, gaben westliche

---

117 Vgl. Information 357/85.
118 Vgl. Frau starb hilflos auf Bahnhof Friedrichstraße. In: Berliner Morgenpost v. 16.8.1985, S. 5.
119 Vgl. Information 106/85; am 14.3.1985 berichtete die Hamburger Regionalausgabe der Bild-Zeitung von dem Fall. Dem Artikel zufolge habe die Mutter mit dem schwerkranken Kind 80 Minuten im kalten Pkw im Grenzbereich warten müssen, bis ihr Ehemann durchgelassen wurde, um sie abzuholen (Zitat der Mutter im Bild-Artikel: »Sie nahmen unsere Pässe und ließen uns in dem kalten Trabant warten. […] Ich flehte die Zöllner an, sich zu beeilen. Doch sie sagten immer nur: Sie müssen warten«). Vgl. Kolster, Beatrice: Kind todkrank – Mutter flehte an »DDR«-Grenze. In: Bild (Regionalausgabe Hamburg) v. 14.3.1985, S. 7.
120 Vgl. Information 170/85 und Bericht K 1/148 v. 20.4.1985; Anlass für die ZAIG-Berichterstattung war der Artikel »Papst trifft frühere ›DDR‹-Häftlinge«. In: Die Welt v. 18.4.1985, S. 1.
121 Vgl. Veith, Ines: Die Frau vom Checkpoint Charlie. Der verzweifelte Kampf einer Mutter um ihre Töchter, München 2006 (das Buch war die Vorlage für den Fernsehfilm »Die Frau vom Checkpoint Charlie« aus dem Jahr 2007). Vgl. des Weiteren Jutta Gallus – Fernsehpopularität als Hindernis für den »Freikauf«. In: Aretz, Jürgen; Stock, Wolfgang: Die vergessenen Opfer der DDR. 13 erschütternde Berichte mit Original-Stasi-Akten. Bergisch-Gladbach 1997, S. 184–203; Pötzl, Norbert F.: Mission Freiheit. Wolfgang Vogel. München 2014, S. 344–353; Deutscher Bundestag (Hg.): Schriftliche Fragen mit den in der Woche vom 28. Oktober 1985 eingegangen Antworten der Bundesregierung v. 31.10.1985 (Drucksache 10/4115), S. 12 f.

Presse- und Fernsehberichte (sowie das Solidaritätsschreiben einer Grünen-Bundestagsabgeordneten) den Anlass für die Berichterstattung.[122]

Das Jahr 1985 war das Jahr mit den wenigsten Fluchtfällen der gesamten 1980er-Jahre.[123] Ein Zusammenhang mit der Ausreisewelle seit 1984 erscheint dafür als plausible Erklärung: Die Aussicht auf eine mögliche Übersiedlung per Antrag veranlasste weniger Menschen dazu, das Risiko eines Fluchtversuches einzugehen. Womöglich liegt hierin der Grund dafür, dass das Thema Flucht in der ZAIG-Berichterstattung des Jahres 1985 vergleichsweise wenig Raum einnimmt. Warum aber auch die anschwellende Ausreisebewegung und die Botschaftsbesetzungen (auch als mögliche Erklärungen für die sinkenden Fluchtzahlen) beinahe gar keine Rolle spielen, bleibt dagegen offen.

2.5 Die Sowjetarmee in der DDR: die »Freunde« als Belastung

Die genaue Anzahl der in der DDR stationierten sowjetischen Soldaten war bis zum Ende der DDR unbekannt. Als Anfang der 1990er-Jahre im wiedervereinigten Deutschland der Abzug der sowjetischen Besatzungstruppen organisiert wurde, wiesen offizielle Stellen ungefähr 546 000 Angehörige der Gruppe der Sowjetischen Streitkräfte in Deutschland (GSSD) auf dem Gebiet der nicht mehr existierenden DDR aus, darunter rund 339 000 Soldaten und 207 000 Zivilangestellte und Familienangehörige.[124] Mit ihren Kasernen und Truppenübungsplätzen war die Sowjetarmee in der gesamten DDR dauerhaft präsent.[125] Doch trotz »Waffenbrüderschaft« und »deutsch-sowjetischer Freundschaft« waren persönliche Begegnungen und Austausch zwischen DDR-Bürgerinnen und -Bürgern und den sowjetischen Soldaten selten. Die Bevölkerung betrachtete die fremden Soldaten oft mit einer Mischung aus Furcht, Herablassung und Mitleid. Die GSSD bildete in der DDR eine meist abgeschlossene Parallelgesellschaft.[126] Dennoch kam es immer wieder zu Konflikten mit Besatzungssoldaten, zu Verkehrsunfällen mit sowjetischer Militärbeteiligung oder zu Straftaten durch Angehörige der GSSD. In den 1980er-Jahren wuchs die Zahl derartiger Vorkommnisse spürbar an, sodass die ZAIG begann, nicht nur über besondere Einzelfälle in Form von Infor-

---

122 Vgl. Information 236/85; »Ständig Treibel. Grüner Protest unerwünscht. Eine Umwelt-Initiative wurde zerschlagen, ihr Gründer kaltgestellt und festgenommen«. In: Der Spiegel (1985)22; am 3.6.1985 brachte das ARD-Magazin »Kontraste« einen Beitrag über den Fall.
123 Vgl. Tabelle Fluchtfälle 1976–1989. In: Eisenfeld, Bernd: Die Zentrale Koordinierungsgruppe Bekämpfung von Flucht und Übersiedlung (MfS-Handbuch). Hg. BStU. Berlin 1996, S. 49.
124 Vgl. Satjukow, Silke: Besatzer. »Die Russen« in Deutschland 1945–1994. Göttingen 2008, S. 88.
125 Vgl. ebenda, S. 88–94.
126 Zur Geschichte der sowjetische Besatzungstruppen in der DDR vgl. ebenda.

mationen und sporadisch im Rahmen der MfS-internen K-Ablage zu berichten, sondern auch Übersichten und statistische Erhebungen über das wachsende Ausmaß solcher Fälle und die Resonanz dieser Entwicklung in der Bevölkerung anzufertigen.

Im Jahr 1985 verfasste die ZAIG zwei Informationen und drei K-Berichte, die sich mit Vorfällen im Zusammenhang mit der GSSD befassten. Die beiden Informationen gingen jeweils an den KGB in Berlin-Karlshorst, die K-Berichte verblieben wie üblich für diese Berichtsreihe im MfS. Hohe Parteifunktionäre oder staatliche Stellen erhielten folglich keine Berichte zu diesen Themen. Wobei nicht auszuschließen ist, dass etwa Erich Mielke in seinen persönlichen Unterredungen mit Generalsekretär Honecker die Inhalte zum Thema machte.

Eine Einzelinformation aus dem Januar 1985 berichtet von einem Jagdunfall, bei dem ein DDR-Bürger bei einem illegalen Jagdausflug gemeinsam mit sowjetischen Soldaten schwer verletzt wurde.[127] Im Zuge der Ermittlungen zum Unfall fand das MfS heraus, dass der DDR-Bürger bereits seit Jahren gemeinsam mit sowjetischen Militärangehörigen Wilderei im Raum Eberswalde betrieben hatte und offenbar auch als Informant für sowjetische Sicherheitskräfte tätig war. In der zweiten Einzelinformation, die sich mit Straftaten durch GSSD-Angehörige befasste, ging es um den Versuch von sowjetischen Soldaten, fabrikneue Panzerketten-Teile, die vom VEB Gießerei- und Maschinenbau Leipzig hergestellt und an die sowjetischen Truppen ausgeliefert worden waren, als Schrott zu verkaufen.[128]

Von den drei Stasi-internen K-Berichten behandelten zwei aggregiert die Zahlen von Unfällen und Straftaten mit GSSD-Beteiligung im gesamten Jahr 1984[129] und in den ersten vier Monaten des Jahres 1985.[130] Der dritte K-Bericht befasste sich mit einem Todesfall in Haldensleben: Hier hatte eine sowjetische Militärstreife vor einer öffentlichen Tanzveranstaltung einen sowjetischen Soldaten, der sich mit seinen Begleitern gegen eine Kontrolle durch die Streife wehrte, erschossen.[131]

Einen Eindruck, welches Ausmaß die Zahl von Straftaten und Unfällen von sowjetischen Soldaten Mitte der 1980er-Jahre angenommen hatte und als wie gravierend das MfS dieses Problem bewertete, liefern die beiden Übersichtsberichte über das Jahr 1984 und die ersten vier Monate des Jahres 1985. Im Jahr 1984 sei die Anzahl »derartiger Vorkommnisse« gegenüber dem Jahr 1983 um 16,55 Prozent angestiegen.[132] In diesem Jahr zählte das MfS 217 »Angriffe gegen Leben und Gesundheit sowie Freiheit und Würde des Menschen«, darun-

---

127 Vgl. Information 17/85.
128 Vgl. Information 358/85.
129 Vgl. Bericht K 2/35 v. 11.3.1985.
130 Vgl. Bericht K 2/37 v. 24.5.1985.
131 Vgl. Bericht K 2/36 v. 8.4.1985.
132 Bericht K 2/35 v. 11.3.1985.

ter 58 Fälle von Vergewaltigungen, »Nötigung und Missbrauch zu sexuellen Handlungen«.[133] Hinzu kamen mehr als 1 600 Diebstahldelikte, die ungefähr die Hälfte der Straftaten durch GSSD-Angehörige ausmachten, und mehr als 1 500 »schuldhaft verursachte Verkehrsunfälle«.[134] Um nicht nur einen quantitativen Eindruck zu vermitteln, präzisierte der Bericht: »Die Straftaten der vorsätzlichen Körperverletzung, Vergewaltigung sowie des Missbrauchs zu sexuellen Handlungen erfolgten überwiegend gemeinschaftlich handelnd durch mehrere Täter und waren erneut durch ein brutales Vorgehen gekennzeichnet. Durch körperliche Misshandlungen erlitten die betroffenen DDR-Bürger zum Teil erhebliche gesundheitliche Schäden; vier Bürger der DDR sind an den Folgen der Verletzungen verstorben.«[135] Bei den von sowjetischen Militärangehörigen verursachten Verkehrsunfällen seien 546 DDR-Bürgerinnen und -Bürger verletzt und 47 getötet worden.[136] Des Weiteren thematisierte der Bericht den oft fahrlässigen Umgang »mit Waffen, Munition und Sprengmitteln« durch die GSSD-Angehörigen.[137] Nach der ausführlichen Zeichnung des Lagebildes versuchte sich der Bericht auch an einer Einordnung. Demnach führten die Straftaten »verbunden mit einer hohen Öffentlichkeitswirksamkeit […] mehrfach zu teils erheblicher Beunruhigung unter der Bevölkerung sowie zu Eingaben an staatliche Organe mit der Forderung zur Einflussnahme auf die Überwindung derartiger Erscheinungen, auf Schadenersatz und Wiedergutmachung.«[138] Dem Bericht zufolge bestand »die dringende Notwendigkeit, das vertrauensvolle Zusammenwirken zwischen den zuständigen Organen der DDR und den Kommandeuren und Militärstaatsanwälten sowie den Verantwortlichen der Autoinspektionen[139] der GSSD noch enger und effektiver zu gestalten«.[140] Außerdem erinnerte der Text an die »Pflicht, den zuständigen Organen der GSSD alle aus diesen Sofortmaßnahmen gewonnenen Erkenntnisse und Hinweise schnellstens zur Verfügung zu stellen, damit diese ihrerseits alle notwendigen weiteren Maßnahmen zur Identifizierung und Ergreifung der Täter sowie zur Beweissicherung durchführen können«.[141] Die eigentliche Intention des Berichtes scheint jedoch die Kritik daran gewesen zu sein, dass eine adäquate Strafverfolgung in derartigen Fällen meist nicht an fehlenden Meldungen seitens der DDR-Behörden, sondern in der Regel am man-

133 Ebenda.
134 Vgl. ebenda.
135 Ebenda.
136 Vgl. ebenda.
137 Ebenda.
138 Ebenda.
139 Autoinspektionen waren Einheiten der sowjetischen Militärpolizei, die u. a. für die Gewährleistung der Verkehrssicherheit in den Streitkräften zuständig waren.
140 Bericht K 2/35 v. 11.3.1985.
141 Ebenda.

gelnden Aufklärungswillen der sowjetischen Seite scheiterte.[142] Zum Ende beklagt der Bericht nämlich, dass sowjetische Offiziere Straftäter in ihren Reihen einfach versetzten, »nicht auffinden« konnten, Diebesgut einbehielten oder versuchten, mit Zahlungen Anzeigen zu verhindern. Die Verfasser mahnten dagegen an: »Eine höhere Wirksamkeit in der vorbeugenden Verhinderung von Straftaten und anderen Rechtsverletzungen zu erreichen, sollte – im gemeinsamen Interesse – Anlass sein, über die Kommandeure, Leiter der Politorgane, Militärstaatsanwälte und Autoinspektionen sowie unter Einbeziehung der Partei- und Komsomolorganisationen der GSSD noch konsequenter auf die Durchsetzung entsprechender Befehle zur Wahrung von Sicherheit, Disziplin und Ordnung sowie stärkere erzieherische Einflussnahme auf die Achtung der Rechtsordnung der DDR der Angehörigen der GSSD hinzuwirken.«[143]

Umso erstaunlicher erscheint es, dass die Berichte der K-Ablage über Straftaten und Unfälle mit den Angehörigen der GSSD im Jahr 1985 aufhörten. Der Bericht über die Fälle in den ersten vier Monaten des Jahres 1985 aus dem Mai 1985 war der letzte derartige Bericht in dieser Berichtsreihe. 1981 hatte die ZAIG erstmals einen K-Bericht, der Straftaten und Verkehrsunfälle sowjetischer Militärangehöriger zum Thema hatte, angefertigt.[144] Seitdem verfasste die ZAIG jährlich ein bis vier solcher Berichte für die MfS-interne K-Ablage. Im Mai 1985 endete diese Praxis. Insgesamt wurden bis zum Ende der ZAIG 1989/90 nur noch fünf weitere Berichte für die Ablage K 2 (Bewaffnete Organe) angefertigt, keiner davon behandelte die GSSD.[145] Ein vorläufiger Blick in die noch nicht edierten ZAIG-Berichte aus dem Jahr 1986 lässt die Vermutung zu, dass die ZAIG dieses Problem in der Zwischenzeit als so gravierend bewertete, dass sie nun dazu überging, auch Informationen mit Übersichten zu Straftaten durch GSSD-Angehörige zu erstellen und diese auch an den KGB zu verschicken.[146] Zwar gingen die Zahlen der Straftaten von GSSD-Angehörigen in der zweiten Hälfte der 1980er-Jahre zurück, doch blieben sie auf einem Niveau, das weiterhin als problematisch gewertet werden musste.[147] Ursächlich für das in den 1980er-Jahren hohe Niveau an Straftaten durch sowjetische Militärangehörige in der DDR war vermutlich der sowjetische Krieg in Afghanistan. Die sowjetische Führung hatte dafür große Teile ihrer Elitetruppen, die bisher in der DDR stationiert waren, abgezogen

---

142 Vgl. Satjukow, Silke: Besatzer. »Die Russen« in Deutschland 1945–1994. Göttingen 2008, S. 228–270.
143 Bericht K 2/35 v. 11.3.1985.
144 Vgl. Bericht K 2/24 v. 19.2.1981 über »Vorkommnisse mit Angehörigen der GSSD«.
145 Vgl. Übersicht K-Berichte; BArch, MfS, ZAIG 8795, Bl. 19–22.
146 Vgl. Information 361/86; BArch, MfS, ZAIG 3536, Bl. 1–7 und Information 396/86; BArch, MfS, ZAIG 3536, Bl. 8–15.
147 Vgl. Satjukow, Silke: Besatzer. »Die Russen« in Deutschland 1945–1994. Göttingen 2008, S. 240 f.

und durch schlechter ausgebildete Kräfte, die aus den ärmsten Regionen der Sowjetunion stammten, ersetzt.[148]

3. Die ZAIG im Jahr 1985

Seit den frühen 1980er-Jahren war die organisatorische Entwicklung der ZAIG weitestgehend abgeschlossen, nennenswerte strukturelle Veränderungen fanden nicht mehr statt.[149]

Den Anlass für die Lage- und Stimmungsberichterstattung des MfS gab der Juni-Aufstand 1953. Um derartige Bedrohungen in Zukunft frühzeitig erkennen zu können, richtete der damalige Stasi-Chef Ernst Wollweber eine achtköpfige Informationsgruppe ein. Dieses kleine Nachrichtenbüro wuchs und professionalisierte sich in den Folgejahren kontinuierlich. 1960 richteten die Bezirksverwaltungen und operativen Hauptabteilungen des MfS eigene Informationsgruppen als Unterbau der jetzt »Zentrale Informationsgruppe« genannten Diensteinheit ein. Ab 1965 arbeiteten sie in einem einheitlichen System für die Recherche, Auswahl und Auswertung von Informationen. Damit verfügte die »Zentrale Auswertungs- und Informationsgruppe« nun über Niederlassungen in allen operativen und regionalen Diensteinheiten. In den folgenden Jahren übernahm die ZAIG immer mehr Funktionen: 1968 das innerministerielle Kontrollwesen, 1969 die Verantwortung für die elektronische Datenverarbeitung und 1985 – als letzte größere strukturelle Veränderung – die Öffentlichkeitsarbeit und Traditionspflege des MfS. Damit verwaltete die ZAIG das Archiv, die Registratur, das Rechenzentrum und die Rechtsstelle des MfS. Sie war nicht nur für die Auswertung und Aufbereitung des gesammelten geheimpolizeilichen Wissens und die Information von Staats- und Parteiführung zuständig, sondern stand mit ihren Auswertungs- und Kontrollgruppen (AKG) in allen Hauptabteilungen, selbstständigen Abteilungen und Bezirksverwaltungen in der Pflicht, eine einheitliche und effektive Anleitung, Kontrolle und Weiterentwicklung sämtlicher administrativer und operativer Verfahren bis hinunter auf Kreisebene sicherzustellen.[150]

Aus einer Redaktionskommission für MfS-Berichte war innerhalb von circa zwanzig Jahren die Schaltzentrale der Stasi geworden. Dafür wuchs die ZAIG personell immens. 1972 hatte sie gerade einmal 57 Mitarbeiterinnen

---

148 Vgl. ebenda, S. 244–246.
149 Weil sich strukturell am Berichtswesen im Laufe der 1980er-Jahre nur noch wenig änderte, folgen die Abschnitte 3 bis 6 (Struktur der ZAIG, Berichtsserien, Adressaten und Druckauswahl/Formalia) eng den Ausführungen in: Schiefer, Mark; Stief, Martin: Einleitung 1983. In: Münkel, Daniela (Hg): Die DDR im Blick der Stasi 1983. Die geheimen Berichte an die SED-Führung. Göttingen 2021, S. 12–58.
150 Die Entwicklung der ZAIG wird ausführlich dargestellt in: Engelmann, Roger; Joestel, Frank: Die Zentrale Auswertungs- und Informationsgruppe (MfS-Handbuch). Hg. BStU. Berlin 2009, S. 17–93.

und Mitarbeiter, im Jahr 1985 waren es 326 Mitarbeiterinnen und Mitarbeiter. Inklusive der AKG-Mitarbeiterinnen und Mitarbeiter auf BV-Ebene arbeiteten Mitte der 1980er-Jahre mehr als 1 100 Menschen für das Stasi-interne Auswertungs- und Kontrollsystem.[151] Für den Bedeutungszuwachs und das personelle Wachstum der ZAIG war Generalleutnant Werner Irmler verantwortlich, der faktisch ab 1957 für das System der Informationssammlung und -auswertung zuständig war und 1965 die ZAIG-Leitung auch formal übernahm. Er zählte zu den engsten Vertrauten Erich Mielkes, in dessen direktem Anleitungsbereich die Diensteinheit angesiedelt war.

Für die Auswertungs- und Informationstätigkeit war der Bereich 1 der ZAIG verantwortlich. Sechs thematische Arbeitsgruppen sortierten, filterten und fassten hier die von den zentralen und unteren Diensteinheiten eingehenden Informationen zusammen.[152] Ihre Ergebnisse speisten sie im nächsten Schritt in das Berichtswesen ein, für das Rudi Taube, der Stellvertreter Irmlers, zuständig war. Er sollte sicherstellen, dass die Spitzen von MfS, SED und Staatsapparat über Meinungen in der Bevölkerung zu bestimmten Ereignissen und über einzelne sicherheitsrelevante Vorkommnisse frühzeitig und umfassend unterrichtet wurden. Die von Taubes Stellvertreter Günter Hackenberg angeleiteten Arbeitsgruppen (AG) 1 (Internationale Fragen, Systemauseinandersetzung), 2 (Extremismus, Terror, Spionage, Verkehr, Volkswirtschaft) und 6 (Politische Untergrundtätigkeit, Kirche, Kultur, Jugend) formulierten dann die Berichte in der Regel aus. Die AG 6 existierte erst ab 1981, um dem Wirken der unabhängigen Basisgruppen im Umfeld der evangelischen Kirche Rechnung zu tragen. AG 4 (Auswertung westlicher Medien) und AG 5 (Dokumentation) übernahmen vor allem unterstützende Funktionen.[153] Alle Arbeitsgruppen zusammen verfügten 1986 über 44 Planstellen.[154]

Für den Inhalt der ZAIG-Berichte gab es keine formalen Vorgaben. Allein Minister Mielke bestimmte über die Themen. Der Bereich 1 konnte praktisch über alle möglichen politischen, gesellschaftlichen oder ökonomischen Fragen berichten, da ihm von ganz unterschiedlicher Seite Informationen zugespielt wurden, vor allem von den Auswertungs- und Kontrollgruppen der operativen Hauptabteilungen, aber auch vom strafrechtlichen Untersuchungsorgan (HA IX) und den regionalen MfS-Dienststellen. Außerdem erhielt die ZAIG Meldungen vom Zentralen Operativstab und die Erkenntnisse aus den westlichen Massenmedien. Der Großteil der Informationen stammte dabei aus der »operativen Arbeit« der Offiziere, also aus dem Einsatz konspirativer Zuträger, der Kontrolle des Postverkehrs oder dem Einsatz von Abhör- und Über-

---

151 Ebenda, S. 91.
152 Vgl. ebenda, S. 40.
153 Vgl. ebenda, S. 59–84 und Florath, Bernd; Braun, Matthias: Einleitung 1981. In: Münkel, Daniela (Hg.): Die DDR im Blick der Stasi. Die geheimen Berichte an die SED-Führung 1981. Göttingen 2015, S. 40.
154 Vgl. Vorläufiger Struktur- und Stellenplan v. 6.11.1986; BArch, MfS, ZAIG 7354, Bl. 7.

wachungstechnik. Relevant für die Informationsgewinnung war aber auch der persönliche Austausch zwischen MfS-Offizieren und leitenden Mitarbeitern der Industriebetriebe, staatlichen Organe oder gesellschaftlichen Einrichtungen.[155]

4. Die Berichtsserien der ZAIG im Jahr 1985

Der Bereich 1 fertigte im Jahr 1985 194 Inlandsberichte an. Sie unterteilen sich in drei Berichtserien, deren Bezeichnung auf die jeweilige Ablage innerhalb des Sekretariats der ZAIG zurückgeht. Die wichtigste Berichtsserie, die »Informationen«, behandelt einzelne sicherheitsrelevante Ereignisse mit einer großen thematischen Bandbreite von den Tagungen der Konferenz der evangelischen Kirchenleitungen über die Durchführung von Friedensseminaren bis hin zur versehentlichen Luftraumverletzung durch ein westdeutsches Kleinflugzeug. Stasi-intern wurden sie als »Parteiinformationen« bezeichnet, da sie in der Regel immer auch an ausgewählte Vertreter der Partei- und Staatsführung weitergeleitet wurden. Sie folgten einem einheitlichen Layout auf einem Formblatt mit dem Aufdruck »Information über ...«, dem Datum und dem Namen der herausgebenden Institution (ZAIG). Normalerweise behandelten die »Informationen« einzelne, abgeschlossene Sachverhalte.

Die »Informationen« waren für SED- und Staatsführung gedacht. Darum musste die ZAIG die Themen in einer Art aufbereiten, in der die Texte auch ohne detaillierte Fachkenntnisse auf dem jeweiligen Themengebiet verständlich waren. Außerdem gaben sie bei politisch heiklen Themen immer an, wie öffentlich der jeweilige Sachverhalt war, etwa ob (westliche) Medienvertreterinnen und -vertreter anwesend waren, wie viele Menschen beteiligt waren oder wie zugänglich der Ort des Geschehens war. Und schließlich vermieden es die Verfasser, Analysen und Bewertungen der Effektivität anderer staatlicher und wirtschaftsleitender Organe jenseits des MfS einzufügen, um nicht in die Kompetenz der SED einzugreifen. Praktisch bedeutete das für die ZAIG oftmals eine Gratwanderung, aktuell und gewissenhaft zu informieren, dabei jedoch auf grundsätzliche Einschätzungen zu verzichten.

Neben den »Informationen« erarbeitete die ZAIG noch Berichtsreihen für den innerdienstlichen Gebrauch, die die Geheimpolizei in der Regel nicht verließen. Diese landeten im ZAIG-Sekretariat in der Ablage »K«, die für die Rubrik »Verschiedenes« stand und sich in die Untergruppen K 1 (Diverse Probleme), K 2 (Bewaffnete Organe) und K 3 (Kultur, Medien, Opposition) unterteilte. Im Jahr 1985 fertigte die ZAIG 17 derartige K-Berichte. Die K-Reihe diente der Unterstützung der MfS-Dienststellenleiter bei ihrer geheimpolizeilichen Arbeit und unterscheidet sich thematisch kaum von den »Infor-

---

155 Vgl. Joestel, Frank: Einleitung 1988. In: Münkel, Daniela; Gieseke, Jens (Hg.): Die DDR im Blick der Stasi 1988. Die geheimen Berichte an die SED-Führung. Göttingen 2010, S. 20.

mationen«. Meist erschienen sie als »unfirmierte Dokumente«, das heißt der Dokumentenkopf bestand nur aus dem Titel »Hinweise zu ...« ohne Angaben von Datum und herausgebender Institution, manchmal allerdings mit dem Vermerk »Streng geheim!«.

Darüber hinaus verfasste die ZAIG noch die sogenannten O-Berichte, die die Stimmungslage in der Bevölkerung behandelten. Aus dem Jahr 1985 existieren 22 dieser Stimmungsberichte, die jeweils mit dem Titel »Hinweise auf Reaktionen der Bevölkerung im Zusammenhang mit ...« eingeleitet wurden. Die O-Berichte trugen meist Meinungen und Stimmungen zu konkreten Anlässen zusammen, etwa zum Machtantritt Gorbatschows in der Sowjetunion oder zum in die DDR übergelaufenen Mitarbeiter des Bundesamtes für Verfassungsschutz Werner Tiedge. Im Jahr 1985 verfasste die ZAIG jedoch auch zwei O-Berichte, die scheinbar ohne konkreten Anlass daherkamen und nur »beachtenswerte Reaktionen der Bevölkerung«[156] bzw. »einige aktuelle Gesichtspunkte der Reaktion der Bevölkerung«[157] aufführen. Darunter verbargen sich dann Bevölkerungsreaktionen zu mehreren unterschiedlichen aktuellen Themen wie Versorgungsfragen oder Gorbatschows Politik. Zwar fehlte auch den O-Berichten ein einheitlicher Aufbau, doch lassen sich einige wiederkehrende Merkmale identifizieren, die von Mielke ausdrücklich eingefordert wurden: Die Verfasser hatten frühzeitig auf Unzufriedenheiten aufmerksam zu machen, dabei Äußerungen verschiedener Personenkreise wie Arbeiterinnen und Arbeiter, Jugendliche, Landwirtinnen und Landwirte oder SED-Mitglieder zu berücksichtigen, ferner den konkreten Anlass und die Art und Weise der Äußerungen (z. B. Diskussion, Pausengespräch oder Eingabe) kenntlich zu machen und schließlich auf eine Kritik an der SED-Politik zu verzichten.[158] Das erzeugte für die Berichtsverfasser in der ZAIG einen Widerspruch, mit dem sie sich auseinandersetzen mussten: Auf der einen Seite hatten sie relevante Stimmungsentwicklungen zu erkennen und gegebenenfalls davor zu warnen. Auf der anderen Seite versuchten sie jedoch immer wieder konforme Aussagen »progressiver«, also SED-loyaler Personenkreise einzuflechten und verzichteten auf zu kritische Formulierungen. So versuchten sie den Eindruck zu vermeiden, das MfS kritisiere SED-Entscheidungen.

Diese inneren Widersprüche des Berichtswesens verzerrten die Aussagen der O-Berichte (und teilweise auch der K-Berichte und der »Informationen«) mitunter erheblich. Neben diesen unterschiedlich ausgeprägten ideologischen Verzerrungen muss im Hinblick auf quellenkritische Belange auch beachtet werden, dass die Berichte sich auf die detaillierte Darstellung einzelner Ereignisse beschränken, Kontextualisierungen oder größere Einordnungen aber vermieden werden.

---

156 Vgl. Bericht O/152 v. 2.12.1985.
157 Vgl. Bericht O/147 v. 8.8.1985.
158 Vgl. Joestel, Frank: Einleitung 1988. In: Münkel, Daniela; Gieseke, Jens (Hg.): Die DDR im Blick der Stasi 1988. Die geheimen Berichte an die SED-Führung. Göttingen 2010, S. 28.

5. Adressaten der Berichte

Die Berichte waren jeweils für einen bestimmten Empfängerkreis gedacht. Immer gingen sie an ausgewählte Vertreter der MfS-Führung. In der Regel waren das Minister Mielke, seine Stellvertreter Rudi Mittig und Gerhard Neiber, die Leiter der thematisch involvierten operativen Diensteinheiten – im Jahr 1985 vor allem der Leiter der für die Überwachung der Kirchen und der Opposition zuständigen HA XX Paul Kienberg – und Bezirksverwaltungen sowie einige wichtige Vertreterinnen und Vertreter der ZAIG, neben Werner Irmler oft die Offiziere für Sonderaufgaben im Bereich 1, Heinz Göbel und Ursula Schorm. Berichte über die westlichen Alliierten und über das Verhalten von sowjetischen Militärangehörigen wurden oft auch an den KGB in Berlin-Karlshorst weitergeleitet.[159] Dabei ist zu beachten, dass Erich Mielke nicht nur die 41 in der Empfängertabelle aufgeführten Berichte zu sehen bekam. Bei diesen handelte es sich vermutlich um die Berichte, von denen er ein eigenes Exemplar einbehielt – womöglich um es mit führenden Partei- oder Staatsfunktionären persönlich zu besprechen. Darüber hinaus zeichnete Mielke in der Regel jedes Berichtsexemplar, das das MfS verließ, persönlich ab. Die Verteilerangaben der K- und O-Berichte weisen ihn hingegen praktisch immer als Empfänger aus, der Minister für Staatssicherheit kannte also alle ZAIG-Berichte.

Für die SED-Führung waren nur die »Informationen« vorgesehen. ZAIG-Chef Irmler entwarf für die »Informationen« jeweils einen externen Verteilervorschlag, über den Minister Mielke dann persönlich entschied. In der Regel erhielten nur wenige politisch und fachlich zuständige Funktionäre aus dem Partei- und Staatsapparat ein Exemplar. Meist umfasste der Verteiler im Jahr 1985 nicht mehr als drei bis vier externe Empfänger. Zu ihnen gehörten im Jahr 1985 aufgrund der thematischen Dominanz der Kirchen sehr häufig der Leiter der AG Kirchenfragen beim ZK der SED Rudi Bellmann, der zuständige ZK-Sekretär Werner Jarowinsky und der Staatssekretär für Kirchenfragen Klaus Gysi. Viele Berichte gingen auch an den SED-Generalsekretär Erich Honecker persönlich und an den ZK-Sekretär für Sicherheitsfragen Egon Krenz. In der Regel erhielten auch die 1. Sekretäre der zuständigen SED-Bezirksleitungen sowie Mitglieder des Ministerrates, etwa Minister Oskar Fischer (Auswärtige Angelegenheiten), Herta König (stellvertretende Finanzministerin) und Friedrich Dickel (Inneres), ihren Bereich betreffende Berichte.

Wie die »Informationen« von der Staats- und Parteiführung konkret aufgenommen und genutzt wurden, lässt sich nur schwer sagen. Eine gewisse Wirkung ist jedoch anzunehmen bei einem über einen so langen Zeitraum entwickelten und ausgefeilten Berichtswesen. Zwar waren die geheimen ZAIG-Berichte bei weitem nicht die einzige Informationsquelle, die Staat und Partei zur Grundlage von politischen Entscheidungen machen konnten,

---

159 Vgl. Tabelle der Adressaten.

doch beweisen einige überlieferte Reaktionen auf die Berichte, wie z. B. handschriftliche zustimmende Vermerke oder Markierungen, dass die Berichte nicht nur überflogen, sondern zumindest teilweise auch durchgearbeitet wurden.[160] Eine politische Wirkung der Berichte ist ebenso anzunehmen, weil oft konkrete Handlungsempfehlungen gegeben werden. Vor allem in Bezug auf innerkirchliche Debatten und Aktivitäten oppositioneller Gruppen beschrieb das MfS nicht nur einzelne Vorgänge, sondern legte immer wieder auch konkrete Reaktionsweisen nahe. Außerdem ist es nicht unwahrscheinlich, dass diese Berichte auch in den regelmäßigen Vier-Augen-Gesprächen zwischen Honecker und Mielke eine Rolle gespielt haben.

6. Druckauswahl und Formalia

In dieser Buchausgabe liegt eine Auswahl der 194 edierten Dokumente des Jahres 1985 vor. Die Zusammenstellung umfasst sowohl standardmäßige Berichte als auch Exemplare mit besonderen formalen oder inhaltlichen Auffälligkeiten. In ihrer Gesamtheit sollen sie einen Eindruck von den Entwicklungen des Jahres und der Vielfalt der wiedergegebenen Ereignisse vermitteln. Die Abschriften aller edierten Berichte des Jahres 1985 sind vollständig auf der Website 1985.ddr-im-blick.de abrufbar. In Form einer Datenbank ist hier auch eine elektronische Volltextrecherche möglich.

Die Wiedergabe der Dokumente folgt grundsätzlich dem Original. Die Rechtschreibung ist den heutigen gültigen Regeln angeglichen. Während kleinere Tipp- und Rechtschreibfehler stillschweigend korrigiert werden, bleiben größere Orthografie- und Grammatikfehler aus Gründen der Quellenauthentizität unverändert. Ungewöhnliche Abkürzungen werden stillschweigend in übliche umgewandelt oder ausgeschrieben. Eventuelle Unterstreichungen, Randvermerke und Einkreisungen werden im Dokumentenkopf erwähnt, wenn sie gleichmäßig einen Großteil des Textes betreffen. Auf besondere Markierungen einzelner Wörter oder Sätze wird in einem Fußnotenkommentar aufmerksam gemacht.

Gemäß § 32 a des Stasi-Unterlagen-Gesetzes wurden die in den Texten erwähnten Personen der Zeitgeschichte sowie Amts- und Funktionsträger öffentlicher Institutionen vor der Veröffentlichung von Informationen zu ihrer Person benachrichtigt, wenn die Angaben nach einer Einordnung verlangen oder über ihre reine Funktionstätigkeit hinausgehen. Betroffene, die nicht zu diesen Personenkreisen gehören, wurden um eine Einwilligung für die Publikation von Daten zu ihrer Person gebeten. Um den Schutz der Persönlichkeitsrechte zu gewährleisten, war es bei einigen wenigen Berichten notwendig, Passagen, Personennamen oder Adressangaben zu anonymisieren. Die

---

160 Vgl. z. B. Informationen 152b/85 oder 399/85, auf denen Erich Honecker handschriftlich vermerkte: »Einverstanden E. H.«.

Aussagekraft der Quellen wird dadurch aber in keiner Weise beeinträchtigt, da es sich hierbei in der Regel um weniger relevante Angaben handelt. Die mitunter sehr aufschlussreichen Anmerkungen und Richtigstellungen von Personen, die sich auf Nachfrage zu den sie betreffenden Aussagen der Berichte äußerten, wurden den Dokumenten als Fußnotenkommentar hinzugefügt.

7. Schlussbetrachtung

Das Jahr 1985 war ein Übergangsjahr im mittlerweile gewohnten Krisenmodus, bevor die Tschernobyl-Katastrophe und Gorbatschows Reform-Agenda die (kommunistische) Welt erschütterten. SED und MfS schienen sich im kontinuierlichen Management der Dauerkrise aus Versorgungsproblemen, Umweltschäden und dem Verschleiß der Industrieanlagen eingerichtet zu haben, während die Bevölkerung resignierte und sich die politisch alternative Szene in einer Transformationsphase befand und nach neuen Themen, Organisations- und Aktionsformen jenseits der evangelischen Kirche suchte. In der geheimen Berichterstattung des MfS aus dem Jahr 1985 tauchen die Resignation und der Stillstand zwar auf, doch blieben die grundlegenden Probleme, in denen der SED-Staat steckte, vor allem auf die MfS-internen O- und K-Berichtsreihen beschränkt, während die an Staats- und Parteiführungen gerichteten Informationen isolierte Sachverhalte behandelten oder in Form routinierter Standard-Berichtsreihen daherkamen. In der Folge lesen sich die MfS-internen K- und O-Berichte aus heutiger Perspektive zum Teil um einiges spannender als etwa die detaillierten Schilderungen kircheninterner Beratungen, etwa bei den Synoden, die die ZAIG an den ZK-Apparat und das Staatssekretariat für Kirchenfragen versandte und die einen beträchtlichen Anteil an der Gesamtberichterstattung der ZAIG im Jahr 1985 ausmachten. Die Staatssicherheit war zwar im Bilde darüber, in welch gravierender Krisensituation sich die DDR befand und welche Auswirkungen das auf die Bevölkerung hatte, doch nutzte sie die ZAIG-Berichterstattung vor allem, um die Staats- und Parteiführung über Einzelvorkommnisse in Kenntnis zu setzen.

8. Anhang: *Adressaten der Berichte 1985*

Tabelle 1: Adressaten der Berichte 1985 außerhalb des MfS

Name, Vorname, Funktion	Information Nr. (auch K- bzw. O-Berichte)	Anzahl
Arndt, Otto (Jg. 1920) ZK-Mitglied, Minister für Verkehrswesen	16, 234, 137, 211, 512	5
Axen, Hermann (Jg. 1916) SED-Politbüro, ZK-Sekretär für Außenpolitik	171, 509	2
Bellmann, Rudi (Jg. 1919) Leiter der AG Kirchenfragen beim ZK der SED	36, 38, 73, 54, 64, 69, 70, 84, 103, 105, 116, 117, 139, 150, 149, 151, 152a, 189, 207, 209, 208, 221, 231a, 232, 254, 255, 265, 266, 267, 286, 288, 289, 309, 320, 333, 360, 386, 398, 399, 412, 423, 453, 455, 468, 479, 480, 499	47
Dickel, Friedrich (Jg. 1913) ZK-Mitglied, Minister des Innern	413, 72, 137, 176, 211, 337, 456, 512	8
Dohlus, Horst (Jg. 1925) SED-Politbüro, ZK-Sekretär für Parteiorgane	52	1
Donda, Arno (Jg. 1930) Leiter der Staatlichen Zentralverwaltung für Statistik	71, 175, 336, 457	4
Feist, Manfred (Jg. 1930) ZK-Mitglied, Abteilungsleiter für Auslandsinformation des ZK der SED	171	1
Felfe, Werner (Jg. 1928) SED-Politbüro, ZK-Sekretär für Landwirtschaft	14, 374	2
Fischer, Oskar (Jg. 1923) ZK-Mitglied, Minister für Auswärtige Angelegenheiten	106, 186, 187, 321, 375, 388	6

Name, Vorname, Funktion	Information Nr. (auch K- bzw. O-Berichte)	Anzahl
Geggel, Heinz (Jg. 1921) Leiter Abt. Agitation des ZK der SED	346, 357, 362, 373	4
Gysi, Klaus (Jg. 1912) Staatssekretär für Kirchenfragen	36, 38, 73, 54, 64, 69, 70, 84, 103, 105, 116, 117, 150, 149, 151, 152a, 189, 207, 209, 208, 221, 231a, 232, 254, 255, 265, 266, 267, 286, 288, 289, 309, 320, 333, 360, 386, 398, 399, 412, 423, 453, 455, 468, 479, 480, 499	46
Häber, Herbert (Jg. 1930) ZK-Mitglied, Leiter der Westabteilung bzw. Abt. Internationale Politik und Wirtschaft im ZK der SED (22.11.1985 Rücktritt von seinen Ämtern, offiziell aus »gesundheitlichen Gründen«)	171, 307	2
Hager, Kurt (Jg. 1912) SED-Politbüro, ZK-Sekretär für Wissenschaft, Bildung und Kultur	50	1
Herger, Wolfgang (Jg. 1935) Leiter der ZK-Abteilung für Sicherheitsfragen	361, 413	2
Herrmann, Joachim (Jg. 1928) SED-Politbüro, ZK-Sekretär für Medien	171, 186	2
Hoffmann, Heinz (Jg. 1910) SED-Politbüro, Minister für Nationale Verteidigung (im Dezember 1985 verstorben)	362, 388	2
Honecker, Erich (Jg. 1912) SED-Generalsekretär, Staatsratsvorsitzender, Vorsitzender des Nationalen Verteidigungsrates	41, 52, 54, 64, 69, 84, 50, 139, 152b, 170, 171, 186, 231b, 266, 346, 357, 362, 373, 376, 388, 398, 399, 423, 467, 500, 509	26

Name, Vorname, Funktion	Information Nr. (auch K- bzw. O-Berichte)	Anzahl
Honecker, Margot (Jg. 1927) ZK-Mitglied, Ministerin für Volksbildung	285	1
Jarowinsky, Werner (Jg. 1927) SED-Politbüro, ZK-Sekretär für Handel und Versorgung und ZK-Sekretär für Kirchenfragen	36, 38, 73, 70, 84, 103, 105, 116, 117, 139, 150, 149, 151, 152a, 189, 207, 209, 208, 221, 231a, 232, 254, 255, 265, 266, 267, 286, 288, 289, 309, 333, 360, 386, 399, 412, 423, 453, 455, 468, 479, 480, 499	42
Keßler, Heinz (Jg. 1920) Minister für Nationale Verteidigung (ab Dezember 1985), zuvor Stellvertreter des Ministers für Nationale Verteidigung, Mitglied des Nationalen Verteidigungsrates	500	1
KGB Berlin-Karlshorst »AG«	17, 82, 174, 324, 358, 362, 444	7
König, Herta (Jg. 1929) Abteilungsleiterin im Ministerium der Finanzen	15, 19, 37, 40, 51, 53, 63, 83, 93, 94, 104, 107, 126, 138, 140, 161, 173, 188, 198, 210, 222, 233, 235, 245, 264, 268, 287, 298, 308, 310, 323, 335, 347, 359, 372, 377, 387, 389, 401, 411, 414, 424, 433, 443, 454, 466, 469, 478, 489, 498, 510, 522	52
Krenz, Egon (Jg. 1937) SED-Politbüro, ZK-Sekretär für Sicherheitsfragen, Jugend, Sport, Staats- und Rechtsfragen, Mitglied des Nationalen Verteidigungsrates	106, 135, 171, 152a, 187, 254, 285, 286, 289, 307, 320, 321, 360, 388, 398, 410, 413, 423	18
Krolikowski, Herbert (Jg. 1924) ZK-Mitglied, 1. Stellvertreter des Ministers für Auswärtige Angelegenheiten	321, 334, 357, 373	4

Name, Vorname, Funktion	Information Nr. (auch K- bzw. O-Berichte)	Anzahl
Krolikowski, Werner (Jg. 1928) SED-Politbüro, 1. Stellvertreter des Vorsitzenden des Ministerrates	52, 234, 348, 467	4
Lietz, Bruno (Jg. 1925) ZK-Mitglied, Minister für Land-, Forst- und Nahrungsgüterwirtschaft	14, 374	2
Mittag, Günter (Jg. 1926) SED-Politbüro, ZK-Sekretär für Wirtschaft, Mitglied des Nationalen Verteidigungsrates	234, 348, 467, K1/160	4
Mitzinger, Wolfgang (Jg. 1932) SED, Minister für Kohle und Energie	467	1
Naumann, Konrad (Jg. 1928) SED-Politbüro, 1. Sekretär der SED-Bezirksleitung Berlin (22.11.1985 Rücktritt von seinen Ämtern, offiziell aus »gesundheitlichen Gründen«)	135, 136, 152a, 189, 207, 212, 221, 232, 255, 286	10
Neumann, Alfred (Jg. 1909) SED-Politbüro, 1. Stellvertretender Vorsitzender des Ministerrates	234	1
Nier, Kurt (Jg. 1927) SED, Stellvertretender Minister für Auswärtige Angelegenheiten	41, 307	2
Ragwitz, Ursula (Jg. 1928) Leiterin der ZK-Abteilung für Kultur	50	1
Rauchfuß, Wolfgang (Jg. 1931) ZK-Mitglied, Stellvertretender Vorsitzender des Ministerrates	348, 467	2

Name, Vorname, Funktion	Information Nr. (auch K- bzw. O-Berichte)	Anzahl
Reichelt, Hans (Jg. 1925) Stellvertretender Vorsitzender der DBD, Minister für Umweltschutz und Wasserwirtschaft	209	1
Schabowski, Günter (Jg. 1929) SED-Politbüro, 1. Sekretär der SED-Bezirksleitung Berlin (ab November 1985, zuvor Chefredakteur des ND)	480, 513	2
Schürer, Gerhard Paul (Jg. 1921) Vorsitzender der Staatlichen Plankommission	348	1
Stoph, Willi (Jg. 1914) SED-Politbüro, Vorsitzender des DDR-Ministerrates	500	1

Tabelle 2: Name und Funktion der Adressaten innerhalb des MfS 1985

Name, Vorname, Funktion	Information-Nr. (auch K- bzw. O-Berichte)	Anzahl
Abteilung Finanzen	15, 19, 37, 51, 53, 63, 83, 93, 94, 104, 107, 138, 140, 173, 188, 198, 222, 233, 235, 298, 308, 310, 323, 377, 387, 389, 401, 411, 433, 443, 454, 466, 478, 510, 522	35
AGM (Arbeitsgruppe des Ministers)	82, 174, 324, 444	4
Alle Stellvertreter Operativ der Bezirksverwaltungen (15 Exemplare)	209	1
Bestier, Gerhard (Jg. 1933) Leiter HA VIII/3	444	1

Name, Vorname, Funktion	Information-Nr. (auch K- bzw. O-Berichte)	Anzahl
Böhm, Horst (Jg. 1937) Leiter BV Dresden	254, 321	2
Braun, Edgar (Jg. 1939) Leiter HA XIX	16, 52, 234	3
Brückner, Lothar (Jg. 1933) ZAIG Bereich 1, AG 2, Offizier für Sonderaufgaben	174, 444	2
Büchner, Joachim (Jg. 1929) Leiter HA VII	72, 137, 176, 211, 337, 358, 413, 456, 500, 512, O/138, K2/37, O/138b	13
BV Berlin	513	1
BV Berlin/AKG	152a, 189, 207, 232, 255, 286, 480	7
BV Schwerin/AKG	14	1
Carlsohn, Hans (Jg. 1928) Leiter des Sekretariats des Ministers	17	1
Coburger, Karli (Jg. 1929) Leiter HA VIII	82, 174, 324, 444	4
Damm, Willi (Jg. 1930) Leiter Abt. X	O/146	1
Dietze, Manfred (Jg. 1928) Leiter HA I	346, 358, 361, 362, 388, 500	6
Dittrich, Fritz (Jg. 1936) Abteilungsleiter im ZOS	K1/153b	1
Fiedler, Heinz (Jg. 1929) Leiter HA VI	52, 71, 72, 106, 135, 136, 137, 175, 176, 186, 187, 211, 212, 307, 321, 336, 337, 357, 362, 456, 457, 500, 512, O/146	24
Fischer, Karl (Jg. 1938) Leiter ZAIG Bereich 6 und Stellvertretender Leiter ZAIG	O/148a, O/149	2

Name, Vorname, Funktion	Information-Nr. (auch K- bzw. O-Berichte)	Anzahl
Fister, Rolf (Jg. 1929) Leiter HA IX	17, 186, 187, 285, 334, 346, 361, 375, 388, 413, K2/37, O/146	12
Fitzner, Horst (Jg. 1930) Leiter BV Cottbus	289	1
Franz, Horst (Jg. 1933) Leiter Abt. XXII	O/146	1
Frenzel, Karl-Heinz (Jg. 1940) ZAIG Bereich 1, AG 3, Offizier für Sonderaufgaben	500, 509, O/145	3
Gailat, Kurt (Jg. 1927) Leiter HV A/II	K1/150	1
Gehlert, Siegfried (Jg. 1925) Leiter BV Karl-Marx-Stadt	254	1
Geisler, Otto (Jg. 1930) Leiter der Arbeitsgruppe des Ministers	388, K1/155, K1/156, O/136, O/137, O/139, O/140, O/141, O/143, O/148, O/148a, O/149, O/151	13
Giersch, Jean (Jg. 1934) ZAIG Bereich 1, AG 2, Offizier für Sonderaufgaben	234, 467	2
Göbel, Heinz (Jg. 1937) ZAIG Bereich 1, AG 3, Offizier für Sonderaufgaben	15, 19, 37, 40, 51, 53, 63, 71, 72, 83, 93, 94, 104, 107, 136, 137, 138, 140, 173, 175, 176, 186, 188, 198, 222, 233, 235, 310, 321, 323, 377, 387, 388, 389, 401, 411, 413, 433, 443, 454, 456, 457, 466, 469, 478, 510, 512, 513, 522	49
Großer, Karl (Jg. 1929) ZAIG Bereich 1, Leiter der AG 2	374	1
Großmann, Werner (Jg. 1929) 1. Stellvertreter des Leiters der HV A	307, 321, 376, K1/151, K1/157, O/146, O/148, O/148a	8

Name, Vorname, Funktion	Information-Nr. (auch K- bzw. O-Berichte)	Anzahl
Grünberg, Gerhard (Jg. 1920) Leiter ZOS (bis 1985, dann Ruhestand)	137, K1/153a, K1/153b, K1/155, K3/73, O/144	6
HA VI	513	1
HA VII	410, O/138a	2
HA VIII/3	82, 174	2
HA XX/2	152a, 232, 285	3
HA XX/4	36, 38, 73, 54, 64, 69, 70, 84, 103, 105, 116, 117, 139, 149, 150, 151, 152a, 172, 189, 207, 208, 209, 221, 231a, 232, 254, 255, 265, 266, 267, 288, 289, 309, 320, 333, 360, 386, 399, 412, 453, 455, 468, 479, 480, 499	45
HA XX/7	50	1
HA XX/AKG	152a, 209, 232, 254, 255, 265, 286, 289, 333, 360	10
Hackenberg, Günter (Jg. 1931) Stellvertreter des Leiters des ZAIG-Bereichs 1, zuständig für AG 2, und 6	K1/150, K1/156	2
Hempel, Martin (Jg. 1948) ZAIG Bereich 6, Leiter der AG 3	O/149	1
Hennig, Werner (Jg. 1928) Leiter Abteilung Finanzen	40, 126, 161, 210, 245, 264, 268, 287, 335, 347, 359, 372, 414, 424, 469, 489, 498	17
Hummitzsch, Manfred (Jg. 1929) Leiter BV Leipzig	289, 374	2
HV A/II	K1/151, K1/152a	2
HV A/VII	K1/151	1

Name, Vorname, Funktion	Information-Nr. (auch K- bzw. O-Berichte)	Anzahl
Irmler, Werner (Jg. 1930) Leiter der ZAIG	K1/148, K1/150, K1/151, K1/152a, K1/152b, K1/153b, K1/155, K1/156, K1/157, K1/158, K2/35, K2/36, K2/37, K3/73, K3/74, O/135, O/136, O/138, O/138a, O/138b, O/139, O/141, O/142, O/143, O/144, O/147, O/149, O/150, O/151, O/153	30
Janßen, Horst (Jg. 1929) Leiter AG XVII (Besucherbüros Westberlin)	41, 373	2
Kienberg, Paul (Jg. 1926) Leiter HA XX	36, 38, 73, 54, 64, 69, 70, 84, 50, 103, 105, 116, 117, 135, 139, 150, 149, 171, 151, 152a, 189, 207, 209, 208, 221, 231a, 231b, 232, 254, 255, 265, 266, 267, 285, 286, 288, 289, 309, 320, 321, 333, 360, 386, 398, 399, 412, 423, 453, 455, 468, 479, 480, 499, 509, K1/150, K1/151, K1/152a, K1/152b, K1/153a, K1/153b, K3/74, O/142, O/144, O/145, O/149, O/153	66
Kleine, Alfred (Jg. 1930) Leiter HA XVIII	14, 209, 234, 348, 374, 467, K1/160, O/137, O/150, O/152	10
Koch, Peter (Jg. 1929) Leiter BV Neubrandenburg	360	1
Korth, Werner (Jg. 1929) Leiter BV Schwerin	106, 360	2
Kratsch, Günther (Jg. 1930) Leiter HA II	82, 174, 324, 334, 444, O/146, O/148, O/148a	8
Lange, Gerhard (Jg. 1935) Leiter BV Suhl	289	1
Leibholz, Siegfried (Jg. 1925) Leiter BV Potsdam (bis Februar 1985, dann Ruhestand)	52	1

Name, Vorname, Funktion	Information-Nr. (auch K- bzw. O-Berichte)	Anzahl
Lemme, Udo (Jg. 1941) Leiter der Rechtsstelle	O/146	1
Mann, Herbert (Jg. 1930) Leiter AKG der HA PS	K1/148	1
Mielke, Erich (Jg. 1907) Minister für Staatssicherheit	41, 358, 376, K1/148, K1/150, K1/151, K1/152a, K1/152b, K1/153a, K1/153b, K1/155, K1/156, K1/157, K1/158, K2/35, K2/36, K2/37, K3/73, K3/74, O/135, O/136, O/137, O/138, O/138a, O/138b, O/139, O/140, O/141, O/142, O/143, O/144, O/145, O/146, O/147, O/148, O/148a, O/149, O/150, O/151, O/152, O/153	41
Mittag, Rudolf (Jg. 1929) Leiter BV Rostock	360	1
Mittig, Rudi (Jg. 1925) Stellvertretender Minister für Staatssicherheit	13, 14, 17, 36, 16, 38, 41, 52, 73, 54, 64, 69, 70, 84, 50, 103, 105, 106, 116, 117, 135, 137, 139, 150, 149, 171, 151, 152a, 186, 187, 189, 207, 208, 209, 211, 221, 231a, 231b, 232, 234, 254, 255, 265, 266, 267, 285, 286, 288, 289, 307, 309, 320, 321, 333, 334, 346, 357, 348, 362, 360, 373, 374, 386, 398, 399, 412, 423, 453, 455, 468, 467, 479, 480, 499, 500, 509, 512, K1/150, K1/151, K1/152a, K1/152b, K1/153a, K1/153b, K1/155, K1/156, K1/158, K1/160, K3/73, K3/74, O/136, O/137, O/138, O/138a, O/138b, O/139, O/140, O/141, O/142, O/143, O/144, O/145, O/146, O/147, O/148, O/148a, O/149, O/150, O/151, O/152, O/153	110
Müller, Wilfried (Jg. 1931) Leiter BV Magdeburg	289	1

Name, Vorname, Funktion	Information-Nr. (auch K- bzw. O-Berichte)	Anzahl
Neiber, Gerhard (Jg. 1929) Stellvertretender Minister für Staatssicherheit	17, 41, 52, 82, 106, 135, 137, 152b, 170, 171, 174, 186, 187, 211, 234, 307, 321, 324, 334, 346, 357, 358, 348, 362, 410, 413, 444, 500, 509, 512, K1/148, K1/150, K1/151, K1/152a, K1/152b, K1/153a, K1/155, K1/156, K1/157, K2/37, K3/73, O/136, O/137, O/138, O/138a, O/139, O/138b, O/140, O/141, O/142, O/143, O/144, O/145, O/146, O/147, O/148, O/148a, O/149, O/150, O/151, O/152	61
Niebling, Gerhard (Jg. 1932) Leiter der Zentralen Koordinierungsgruppe (ZKG)	170, 187, 334, 346, K1/148, O/138, O/138b, O/149	8
OdH bzw. ODH/ZAIG (Offizier des Hauses)	K1/153a, K1/155, K1/156	3
Oettel, Karl (Jg. 1933) ZAIG Bereich 1, Leiter der AG 1	13	1
Pniok, Helfried (Jg. 1935) ZAIG Bereich 2, AG 1	413	1
Poppitz, Peter (Jg. 1937) ZAIG Bereich 1, Leiter der AG 3	187, K2/35, K2/36	3
Rebohle, Eberhard (Jg. 1943) ZAIG Bereich 1, AG 6, Offizier für Sonderaufgaben	13, 386, 412	3
Riedel, Klaus-Dieter (Jg. 1941) ZAIG Bereich 1, AG 6, Offizier für Sonderaufgaben	52, K1/153a	2
Rüdiger, Falk (Jg. 1941) Sekretariatsleiter des Stellvertreters des Ministers, Neiber	500	1

Name, Vorname, Funktion	Information-Nr. (auch K- bzw. O-Berichte)	Anzahl
Scharl, Gerhard (Jg. 1937) ZAIG Bereich 2, Leiter der AG 3	103	1
Schickart, Helmut (Jg. 1931) Leiter BV Potsdam (ab März 1985, zunächst kommissarisch, ab 1. September ernannt)	285, 289	2
Schmidt, Heinz (Jg. 1930) Leiter BV Halle	208, 289, 413	3
Schorm, Ursula (Jg. 1934) ZAIG, Bereich 1, AG 2, Offizier für Sonderaufgaben	84, 50, 103, 139, 150, 172, 189, 289, 309, 453, 455, 468, 499	13
Schwanitz, Wolfgang (Jg. 1930) Leiter BV Berlin	82, 135, 136, 152a, 174, 187, 189, 207, 212, 221, 232, 255, 286, 324, 346, 399, 423, 480, 444	19
Schwarz, Josef (Jg. 1932) Leiter BV Erfurt	289	1
Stöß, Herbert (Jg. 1923) Leiter BV Frankfurt/Oder	17, K3/74	2
Tannhäuser, Dieter (Jg. 1936) ZAIG Bereich 1, Leiter der AG 6	320, K1/152b	2
Taube, Rudi (Jg. 1926) 1. Stellvertreter des Leiters ZAIG, Leiter ZAIG Bereich 1	K1/153a, K1/155	2
Thomas, Wolfgang (Jg. 1931) ZAIG Bereich 6, Leiter der AG 6	O/149	1
Volpert, Heinz (Jg. 1932) Leiter des Sonderbereichs Devisenbeschaffung im Büro der Leitung	170, K1/148	2

Name, Vorname, Funktion	Information-Nr. (auch K- bzw. O-Berichte)	Anzahl
Wolf, Markus (Jg. 1923) Stellvertretender Minister für Staatssicherheit, Leiter der HV A	171, 509, K1/156, O/148	4
ZAIG, Bereich 1	14, 17, 36, 16, 38, 41, 73, 54, 64, 69, 70, 82, 105, 106, 116, 117, 126, 149, 152a, 152b, 161, 170, 171, 207, 209, 208, 210, 211, 212, 221, 231a, 231b, 232, 245, 254, 255, 264, 265, 266, 267, 268, 285, 286, 287, 288, 298, 307, 308, 324, 333, 334, 335, 336, 337, 346, 347, 348, 357, 358, 359, 360, 361, 362, 372, 373, 398, 399, 414, 424, 479, 480, 489, 498, K1/153b, K1/158, O/135, O/147, O/148a	78
ZAIG, Bereich 1, AG 2	K1/160, O/141	2
ZAIG, Bereich 1, AG 3	375, K1/156	2
ZAIG, Bereich 1, AG 4	K1/153a, K1/156	2
ZAIG, Bereich 1, AG 4, Referat Funkmedien	K1/153a, K1/155, K1/156	3
ZAIG, Bereich 1, AG 6	135, K1/153a, K1/155, K1/156, K3/73, O/141, O/151, O/153	8
ZAIG, ZOS	K1/153a	1
ZKG	410, O/138a	2
ZOS	211, 512	2
ZOS/2	K1/155	1

Editionsgrundsätze

Daniela Münkel

Die geheimen Stasi-Berichte an die SED-Führung über die DDR werden vollständig ediert. Nicht aufgenommen werden die vorwiegend von der Hauptverwaltung A stammenden Berichte über die Bundesrepublik und das Ausland. Eine weitergehende Auswahl findet nicht statt. Die Dokumente sind in der Edition unabhängig von ihrer Zugehörigkeit zu einer Berichtsserie (»Informationsdienst«, »Analysen«, »Informationen«, »O-Reihe« und »K-Reihe«) chronologisch sortiert.[1] Dabei sind Nummerierung und Datum nicht immer kongruent. Sortierkriterium ist das Datum.

Um den Anforderungen einer zeitgemäßen Edition gerecht zu werden und insbesondere eine digitale Volltextrecherche zu ermöglichen, werden – neben der 320-seitigen Auswahledition in Buchform – das gesamte Textkorpus, die Einleitungstexte, die Faksimiles, die Fußnoten, die Dokumentenköpfe und -apparate sowie das Abkürzungs- und Dokumentenverzeichnis in Form einer Datenbank und ein Jahr nach Erscheinen des jeweiligen Jahrgangs im Internet publiziert (www.ddr-im-blick.de). Da die gesamte Edition in elektronischer Form vorliegt und durch die Datenbank mit komfortabler Volltextrecherche erschlossen werden kann, wurde auf die Erstellung von Registern verzichtet.

Kommentierung

Die Kommentierung wird möglichst knapp gehalten. Sie soll den historischen Kontext verständlich machen und eine Orientierungshilfe für die Nutzerinnen und Nutzer sein. Der Kommentar erläutert kurz Begriffe, Ereignisse und Sachverhalte, die aus dem Bericht nicht verständlich werden und ergänzt diese u. U. durch Hinweise auf einschlägige Forschungsliteratur. Darüber hinaus werden textkritische Hinweise gegeben sowie erwähntes veröffentlichtes Schriftgut bzw. audio-visuelle Medienprodukte nachgewiesen. Personennamen werden generell erläutert. Fehlende biografische Angaben sind darauf zurückzuführen, dass sie sich nicht mit vertretbarem Aufwand ermitteln ließen. In den Anlagen zu den Berichten erwähnte Personen werden nicht kommentiert. Um jedes Dokument für sich verständlich zu machen und eine Häufung von Querverweisen zu vermeiden, wird jedes Dokument eigenständig kommentiert. Deshalb tauchen manche Fußnoten gleichen Inhalts in mehreren Dokumenten auf. Die Fußnotenzählung beginnt für jedes Dokument neu.

---

1 Zur Erläuterung der diversen Berichtsserien vgl. das Vorwort zu dieser Edition.

Wiedergabe der Berichte

Die Berichte werden vollständig inklusive Titel, Text, Datumsangabe, Verteiler, Vermerke und Anlagen ediert. Seit Ende der 1950er-Jahre wurde für die Berichte ein vorgedrucktes Formblatt verwendet, das den Zusatz »Streng geheim! Um Rückgabe wird gebeten!« im Kopf führt. Der stereotype Text des Formblattes wird in der Edition nicht reproduziert. In der Buchversion werden – aus Platzgründen – Anlagen nur dann abgedruckt, wenn sie für das Verständnis des Hauptdokuments gänzlich unverzichtbar sind oder inhaltlich einen eigenständigen Charakter haben. Sofern den Berichten Fotos oder Grafiken als Anlagen beigefügt sind, werden diese in der Regel kurz beschrieben – wenn sie sehr aussagekräftig sind und dies rechtlich möglich ist, auch abgebildet.

Der Text der Berichte wird weitestgehend im Originaltextfluss publiziert. Abgewichen wird davon durch das Ignorieren von Seitenumbrüchen sowie durch die Tilgung von inhaltslosen bzw. inhaltsschwachen Leerzeilen, Zeilenumbrüchen und Trennungen. Die Anlagen werden nach den gleichen Regeln behandelt. Deren Überschrift wird – wenn sie vorliegt – wörtlich übernommen, allenfalls ergänzt um fehlende, aber sprachlich notwendige Bestandteile.

Da die Berichte überwiegend in ihrer Endfassung archiviert wurden, finden sich in den Originalen nur wenige Streichungen, Zusätze oder Vermerke, die nachzuweisen wären. Die handschriftlichen Notizen am Blattrand sowie bedeutungstragende Unterstreichungen und Hervorhebungen werden in den Fußnoten dokumentiert. In Ausnahmefällen konnten Textteile ermittelt werden, die nicht in die Endfassung eingingen; diese werden am Ende des Berichtes nachgewiesen, um die Genese des Textes transparent zu machen.

Die Rechtschreibung ist der heute gültigen angepasst. Einfache Tipp- bzw. Schreibfehler werden stillschweigend korrigiert. Stark abweichende fehlerhafte Schreibweisen werden in Fußnoten angezeigt. Vom Bearbeiter vorgenommene Einfügungen und Auslassungen sind mit eckigen Klammern gekennzeichnet. Alle Formen der Texthervorhebung in den Dokumenten (Unterstreichung, Sperrung, Versalien usw.) werden durch Kursivierung wiedergegeben. Abkürzungen sind in der elektronischen Version mit ihrer Bedeutung verlinkt, im Buch steht ein Abkürzungsverzeichnis zur Verfügung.

Fremdsprachliche Begriffe, Namen und Eigennamen werden wie im Original, jedoch unter stillschweigender Korrektur eventueller Schreibfehler, wiedergegeben. Bereits aus dem Russischen in lateinische Buchstaben übertragene Worte werden nach den geltenden Transkriptionsregeln vereinheitlicht. Ebenfalls einheitlich – nach dem derzeit gültigen Duden – wurde die Schreibweise von »Westberlin« und »Ostberlin« festgelegt.

Dokumentenkopf und Dokumentenapparat

Der Dokumentenkopf setzt sich aus Datum und Titel des Berichtes zusammen. Die Datierung bei der Reihe »Informationen« bezieht sich entweder auf die Ausfertigung durch die ZAIG oder die Bestätigung durch Erich Mielke bzw. dessen Stellvertreter. Undatierte Berichte sind in der Datumszeile durch den Zusatz [ohne Datum] kenntlich gemacht. Sofern Erklärungen zum Datum nötig waren, sind diese in der Rubrik »Datum« angemerkt. Dies gilt vor allem, wenn die Datierung fehlt oder unvollständig ist und durch die Bearbeiter festgelegt wurde (»Datierung durch den Bearbeiter«). In diesen Fällen wird zusätzlich ein (genaues) Datum festgeschrieben, welches die chronologische Einordnung des Dokuments in die Datenbank ermöglicht (»Einsortierung«).

Der Titel der »Informationen« wird gleichlautend zum Original wiedergegeben. Da vor allem in den 1950er- und 1960er-Jahren die Titel der Berichte nicht immer systematisch vergeben wurden, sind diese unter dem Begriff »Information« vereinheitlicht worden. Die Registriernummern der »Informationen« werden in den Titel integriert. Die vom ZAIG-Sekretariat erst bei der Archivierung festgelegten Ablagenummern der Serien O und K werden ebenfalls im Titel nachgewiesen; sie stehen jeweils am Ende in eckigen Klammern. Die Serie »Sonderinformationen« der frühen 1950er-Jahre wird der Reihe »Informationen« zugeordnet. Diese wie auch die in den ersten Jahren bestehende Serie »Analysen« erhalten eine vom Bearbeiter vergebene – in eckigen Klammern stehende – technische Nummerierung (bestehend aus laufender Nummer, Schrägstrich und den letzten zwei Ziffern des Jahrgangs), um die Verwaltung der Berichte in der Editionsdatenbank zu ermöglichen. Das Gleiche gilt für die Vorformen der Serie »Informationsdienst« im Juni 1953, die eine – ebenfalls in eckigen Klammern gesetzte – technische Bezeichnung und Nummerierung erhalten (»Meldung«, laufende Nummer, Schrägstrich, letzte zwei Ziffern des Jahrgangs). Die Serie »Informationsdienst« selbst (1953–57) wird unter den vom MfS vergebenen ein- bis vierstelligen Nummern geführt – in der Datenbank mit dem Zusatz: Schrägstrich und letzte beide Ziffern des Jahrgangs, um die Zuordnung zum jeweiligen Berichtsjahrgang zu gewährleisten.

Der Dokumentenapparat gliedert sich in folgende Unterpunkte: Quelle, Serie, Verteiler (mit aufgeschlüsselten Namen, sortiert nach MfS-extern und -intern), Datum, Vermerke, Bemerkungen zu allen übrigen Fakten, Nachweis der Anlagen sowie Verweise, die sich auf ein anderes, gesamtes Dokument im direkten Ereigniszusammenhang beziehen. Verweise, die nur auf einzelne Sachverhalte Bezug nehmen, werden in den Fußnoten nachgewiesen. Die Verweise sind in der elektronischen Version verlinkt.

Schutz personenbezogener Daten

Nach dem »Gesetz über die Unterlagen des Staatssicherheitsdienstes der ehemaligen Deutschen Demokratischen Republik« (StUG) notwendige Anonymisierungen werden durch eckige Klammern kenntlich gemacht. Bei der in einigen Fällen unvermeidlichen Streichung längerer Passagen werden die Sachverhalte in eckigen Klammern kurz paraphrasiert. Gemäß § 32a StUG werden Personen der Zeitgeschichte, Inhaber politischer Funktionen und Amtsträger, die in den edierten Berichten vorkommen, vorab darüber informiert, welche Angaben zu ihnen veröffentlicht werden sollen. In der Regel wird in solchen Fällen auch darum gebeten, Anmerkungen oder Ergänzungen zu den Berichten zu machen. Die erhaltenen Rückmeldungen werden bei der Kommentierung berücksichtigt. In den Fällen, für die das StUG die Veröffentlichung von personenbezogenen Daten an die Zustimmung der betroffenen Person knüpft, ist diese erbeten worden.

Immer wiederkehrende MfS-Floskeln

Einige typische verschleiernde MfS-Floskeln tauchen in den Dokumenten immer wieder auf. Diese sollen nachfolgend erläutert werden. Eine sich wiederholende Kommentierung dieser Wendungen in den Fußnoten wird so vermieden. Steht in einem Bericht: dem MfS »wurde intern bekannt«, bedeutet dies in der Regel, dass die Informationen mit nachrichtendienstlichen Mitteln, häufig durch inoffizielle Mitarbeiter, erlangt wurden. Die Formulierung: »Diese Information ist wegen Quellengefährdung nur zur persönlichen Kenntnisnahme bestimmt«, deutet ebenfalls darauf hin, dass die Erkenntnisse aus geheimen Informationen von inoffiziellen Mitarbeitern bzw. mit geheimdienstlichen Mitteln gewonnen wurden.

Funktionen der Datenbank

Die digitale Datenbank für die Berichte bietet zwei unterschiedliche Zugänge zu den Dokumenten an: den Zugriff auf den einzelnen Jahrgang und die Volltextrecherche. Darüber hinaus gibt es eine Reihe weiterer Servicefunktionen, die die Benutzung und Auswertung der Dokumente für die Nutzerinnen und Nutzer erleichtern.

Bei Anklicken des einzelnen Jahrgangs öffnet sich das jeweilige Vorwort. In der rechten Seitenspalte sind die editorische Einleitung, die Faksimiles zum Jahrgang und die Dokumente verlinkt. Die Editionsgrundsätze sind in der Rubrik »Über diese Edition« erläutert.

Die Unterseite »Dokumente« ist monatsweise geordnet und beinhaltet alle erfassten Berichte. Die einzelnen Dokumente sind innerhalb der monatlichen Auflistung nach Datum sortiert und mit Registriernummer und Kurzfassung

des Dokumententitels aufgelistet. Die in den Dokumenten verwendeten Abkürzungen werden durch Mouse over aufgelöst, können aber auch unter dem Reiter »Abkürzungen« nachgeschlagen werden.
Informationen zur Suche finden sich in der Hilfefunktion zum Suchfeld. Suchergebnisse können nach Inhaltsbereich, Jahrgang, Serie und Zeitraum gefiltert werden. Die Sortierung ist nach Relevanz oder chronologischer Auflistung wählbar. Die Phrasensuche einer genauen Wortfolge ist durch die Eingabe der Suchbegriffe in Anführungszeichen möglich.

Flugblatt der Mutlanger Blockierer/innen zu Information 135/85

Faksimile vom Flugblatt der Mutlanger Blockierer/innen zu 135/85

Anlage zur Information Nr. 135/85

BStU
000004

MINISTERIUM FÜR STAATSSICHERHEIT

MUTLANGER BLOCKIERER/INNEN GRÜSSEN DIE UNABHÄNGIGE FRIEDENSBEWEGUNG IN DER DDR

SCHWERTER ZU PFLUGSCHAREN

Das gegenwärtige Wettrüsten bedroht täglich das Leben der Menschen in Ost und West, bedroht die ganze Schöpfung. Schon heute tötet die Aufrüstungspolitik von NATO und Warschauer Pakt, indem sie die Mittel verschlingt, die zur Bekämpfung des Welthungers und für Programme der Weltgesundheitsorganisation dringend gebraucht werden. Der Weltkirchenrat hat es 1983 in Vancouver deutlich gesagt: Die Herstellung, Bereithaltung und Anwendung von Atomwaffen ist ein Verbrechen gegen die Menschheit.

Millionen von Menschen in der BRD drückten mit Großdemonstrationen, Unterschriftensammlungen, Informationsveranstaltungen, Mahnwachen und Fastenaktionen ihren Protest gegen die Stationierung der neuen Mittelstreckenraketen aus. Dennoch setzte sich die Bundesregierung über den Willen der Mehrheit hinweg.

Seit dem Beginn der Stationierung der Pershing-II-Raketen leisten wir deshalb gewaltfreien Widerstand, indem wir uns der Kriegsmaschinerie in den Weg setzen und immer wieder die Zufahrtswege zu Pershing-Depots, wie z. B. in Mutlangen, blockieren.

Viele Tausende sind bei diesen Blockaden festgenommen und wegen sog. Nötigung(§ 240 Strafgesetzbuch) verurteilt worden.
Wir wurden zu folgenden Strafen verurteilt:
- Hinrich Olsen zu 150 Tagessätzen
- Bernhard Friedrich zu 20 Tagessätzen
- Rüdiger Müller zu 80 Tagessätzen
- Andrea Drosihn zu 20 Tagessätzen
▬▬▬ wegen 2 Blockaden zu 40 Tagessätzen verurteilt, wollte an der Aktion teilnehmen, wurde aber kurz vorher verhaftet und sitzt zur Zeit im heidelberger Gefängnis.

Da wir nicht bereit sind zu zahlen werden wir die Haft in der nächsten Zeit antreten müssen.
Andrea Drosihn saß bereits 20 Tage im Frauengefängnis Schwäbisch Gmünd ab.

Sobald wir den von unserer Regierung abgesteckten Spielraum (Demos, Flugblattverteilen, Unterschriftensammlungen...) verlassen, werden wir kriminalisiert. Wir dürfen zwar sagen „was wir denken,- denn das Recht auf freie Meinungsäußerung bringt unserem Regime Prestigegewinn, doch wenn wir anfangen zu handeln, sind wir auch staatlicher Verfolgung ausgesetzt.

In der DDR nimmt der Protest gegen die zunehmende Militarisierung der Gesellschaft und gegen die Stationierung neuer Massenvernichtungswaffen seit ca. 1981 öffentliche Formen an.
Dies,obwohl es in der DDR ungleich mehr Mut erfordert, sich für die Sache des Friedens einzusetzen, außerhalb des Rahmens , den die SED setzt.

MINISTERIUM FÜR STAATSSICHERHEIT

Eine erste große Aktion war anläßlich des 37. Jahrestages der Bombardierung Dresdens eine Friedensdemonstration mit 6000 Teilnehmern in Dresden.
Einige weitere bekannte Daten waren:
25.1.82 Berliner Appell
27.5.82 Friedensseminar in Königswalde ("Den Aufnäher können sie uns wegnehmen, nicht aber unsere Haltung")
1.9.83 Menschenkette zwischen den Botschaften der USA und der UDSSR am Weltfriedenstag
22.10.83 Versuch einer ähnlichen Aktion auf dem Alexanderplatz(300 Personen wurden schon am Vorabend festgenommen.)
11.11.83 Rostocker Appell
1.2.85 Offener Brief von Jugendlichen an die DDR-Regierung mit u.a. der Forderung nach "Entmilitarisierung des öffentlichen Lebens"

Die Staatsorgane versuchen, die Bewegung zu unterdrücken und Menschen von einem Engagement abzuhalten, indem sie bekannte Personen der unabhängigen Friedensbewegung aus der DDR ausweisen oder sie zu jahrelangen Haftstrafen verurteilen

So sitzen zur Zeit in DDR-Gefängnissen:(wir nennen zwei stellvertretend für viele)
Petra Heinrich, Mitglied der unabhängigen Friedensbewegung in Dresden, wegen angeblichen Fluchtversuchs zu 18 Monaten Haft verurteilt.
Peter Nadk, seit November 82 im Cottbusser Gefängnis.

40 Jahre nach Kriegsende sind BRD und DDR wieder Hochgerüstet, Pershing-II und SS 20 bedrohen den Frieden in Europa.
40 Jahre nach Kriegsende werden Menschen, die sich gegen diese Hochrüstung wehren, kriminalisiert.
Wenn es darum geht, zu verhindern, daß sich die Betroffenen von Militarisierung und Raketenstationierung über die Grenze hinweg miteinander solidarisieren und zusammenarbeiten, sind sich die Herrschenden in Ost und West einig.

Wir lassen uns nicht einschüchtern und werden weiterhin für das Leben und gegen den Tod einstehen.
Wir werden uns auch weiterhin für einseitige Abrüstungsschritte einsetzen, für die Entwicklung von Konzepten zur sozialen Verteidigung, die das Töten von Menschen ausschließt und nicht auf Gewalt basiert.
Denn unsere Zukunft wird gewaltfrei sein oder es wird keine Zukunft mehr geben !

Deckblatt zu Information 150/85

Faksimile vom Deckblatt zu Information 150/85

MINISTERIUM FÜR STAATSSICHERHEIT

Streng geheim!
Um Rückgabe wird gebeten!

Berlin, den 11. April 1985

3 Blatt
5. Exemplar

Nr. 150 / 85

INFORMATION
über

eine Verlautbarung der "Berliner Bischofskonferenz" zu "Beziehungen zu staatlichen Organen sowie zu politischen und gesellschaftlichen Organisationen", gerichtet an die katholischen Geistlichen in der DDR

Dem MfS vorliegenden streng internen Hinweisen zufolge befaßte sich die Vollversammlung der "Berliner Bischofskonferenz" am 6. März 1985 u. a. mit grundsätzlichen Überlegungen zur weiteren "Handhabung" von Kontakten der katholischen Kirche zu den Staatsorganen der DDR.

Auf Vorschlag von Kardinal MEISNER wurde einstimmig beschlossen, "aus aktuellem Anlaß" bereits gültige Richtlinien "zu Beziehungen zu staatlichen Organen sowie zu politischen und gesellschaftlichen Organisationen" zu überarbeiten und verbindlich schriftlich zu fixieren.
(Dazu wurde in der Information des MfS Nr. 117/85 vom 25. März 1985 berichtet.)

Deckblatt zu Information 152b/85

Faksimile vom Deckblatt zu Information 152b/85

BSTU
0022

MINISTERIUM FÜR STAATSSICHERHEIT

Streng geheim!
Um Rückgabe wird gebeten!

Berlin, den 30. IV. 85

Nr. 152 / 85

INFORMATION
über

die Durchführung des zweiten überregionalen Treffens sogenannter Frauenfriedensgruppen aus der DDR in der Zeit vom 29. bis 31. März 1985 in der Hauptstadt der DDR, Berlin

In der Zeit vom 29. bis 31. März 1985 wurde im kirchlichen Objekt Stephanus-Stiftung in Berlin-Weißensee - in Fortführung eines im September 1984 in Halle stattgefundenen Treffens - ein erneutes überregionales Treffen von Vertretern sogenannter Frauenfriedensgruppen aus der DDR mit der Bezeichnung "Frauenfriedensseminar" durchgeführt.

Es stand unter Schirmherrschaft der Evangelischen Kirche in Berlin-Brandenburg und wurde vorbereitet und organisiert von den Führungskräften der wegen fortgesetzter feindlich-negativer Aktivitäten hinlänglich bekannten Gruppe "Frauen für den Frieden" Berlin (u. a. Bärbel BOHLEY, Ulrike POPPE, Irena KUKUTZ, Romy MEHNER, Jutta SEIDEL, Gisela METZ, Annedore HAVEMANN).

Deckblatt zu Information 209/85

Faksimile vom Deckblatt zu Information 209/85

BStU
000001

MINISTERIUM FÜR STAATSSICHERHEIT

1. Jaro
2. Reichelt
3. Bell
4. Gysi
5. Mittig
6. XVIII/Ltr.
7. ZZ/Ltr.
8. ZZ/4
9. ZZ/AKG
10. Ber. 1
11. Abt.
(15 Ex. z. Weiterltg. an alle BV/Stellv. Op.
am 15.5.85 an HA ZZ/Ltr. übergeben)

Streng geheim!
Um Rückgabe wird gebeten!

Nr. 209 / 85

Berlin, den 15.05.

8 Blatt
2 Blatt Anlage
1 Exemplar

INFORMATION
über

ein erneutes Treffen von Vertretern sogenannter Umweltgruppen evangelischer Kirchen in der DDR vom 26. bis 28. April 1985 im Kirchlichen Forschungsheim Wittenberg/Halle

Nach dem MfS streng vertraulich vorliegenden Hinweisen fand in Fortsetzung eines im März 1984 durchgeführten zentralen Treffens von Vertretern sogenannter Umwelt- bzw. Ökologiegruppen evangelischer Kirchen in der DDR im Kirchlichen Forschungsheim (KFH) Wittenberg/Halle in der Zeit vom 26. bis 28. April 1985 ein erneutes derartiges Treffen statt. Daran beteiligten sich - neben den Organisatoren - insgesamt 30 delegierte Vertreter von insgesamt 27 sogen. Umweltgruppen aus 13 Bezirken und der Hauptstadt der DDR, Berlin. Bei gleichbleibender Teilnehmerzahl hat sich gegenüber dem Treffen von 1984 die Anzahl der vertretenen Umweltgruppen erhöht, da in der Regel jede Umweltgruppe jeweils nur mit einem Vertreter präsent war.

Die Organisierung, Vorbereitung und unmittelbare Leitung des Treffens erfolgte erneut durch den Leiter des Kirchlichen Forschungsheimes Wittenberg, Provinzialpfarrer Dr. Hans-Peter GENSICHEN. Zur Teilnahme am genannten Treffen wurde durch Inserat in dem in unregelmäßigen Abständen vom KFH Wittenberg herausgegebenen innerkirchlichen Informationsblatt für Umweltgruppen "Anstöße" aufgefordert.

Deckblatt zu Information 236/85

Faksimile vom Deckblatt zu Information 236/85

MINISTERIUM FÜR STAATSSICHERHEIT

geht nicht raus
(durch Gen. Minister mit Gen. Krenz
persönlich ausgewertet)

Streng geheim!
Um Rückgabe wird gebeten!

Berlin, den

5 Blatt

Exemplar

Nr. 236 / 85

INFORMATION
über

die bisherigen Ergebnisse der Untersuchung im Ermittlungsverfahren gegen den Bürger der DDR, ZEITZ, Udo

Nach vorliegenden Hinweisen hat sich die Fraktionssprecherin der Partei "Die Grünen" im Bundestag der BRD, HÖNES, in einem Brief an den Generalsekretär des ZK der SED und Vorsitzenden des Staatsrates der DDR, Genossen Erich HONECKER, für die "Freilassung" eines in der DDR inhaftierten "Umweltschützers" eingesetzt.

Bereits am 27. Mai 1985 war dazu durch das BRD-Nachrichtenmagazin "DER SPIEGEL" Nr. 22/85 eine entsprechende Veröffentlichung erfolgt.
Eine ähnliche Publizierung erfolgte am 3. Juni 1985 durch das Fernsehen der BRD in der Sendung "KONTRASTE".

Deckblatt zu Information 307/85

Faksimile vom Deckblatt zu Information 307/85

BSTU
0042

MINISTERIUM FÜR STAATSSICHERHEIT

| Streng geheim! | Berlin, den 1 2. Juli 1985 |
| Um Rückgabe wird gebeten! | |

Nr. 307 / 85

3 Blatt
2 Blatt Anlage
1 Exemplar

Kr.
12.7.85

INFORMATION
über

provokatorisches Verhalten von Teilnehmern einer Reisegruppe der "Konrad-Adenauer-Stiftung" während ihres Aufenthaltes in der DDR

Auf Grund vorliegender Hinweise über das provokatorische Verhalten von Teilnehmern einer 19 Personen umfassenden Reisegruppe der "Konrad-Adenauer-Stiftung" (hielt sich am 14. 6. 1985 zu einem touristischen Tagesaufenthalt im Bezirk Schwerin auf) erfolgte eine nochmalige gründliche Überprüfung. In ihrem Ergebnis wurde folgendes festgestellt:

Als Reiseleiter der Reisegruppe fungierte der Mitarbeiter der "Konrad-Adenauer-Stiftung", der Bürger der BRD

- BECKER, Peter (40)
  wh.: 5060 Bergisch/Gladbach, ▇▇▇▇▇▇▇▇.

(Becker hielt sich 1985 bereits am 16. Mai und 30. Mai jeweils zum Tagesaufenthalt als Reiseleiter von Reisegruppen der "Konrad-Adenauer-Stiftung" in der DDR auf.)

Deckblatt zu Information 374/85

Faksimile vom Deckblatt zu Information 374/85

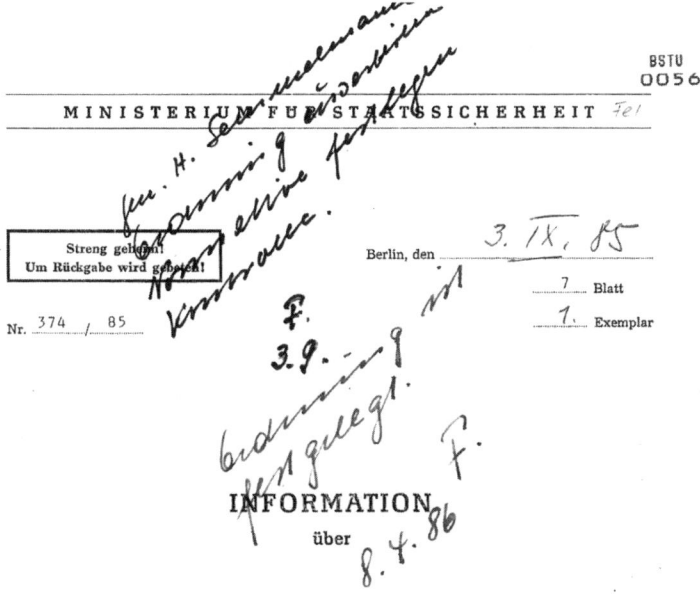

MINISTERIUM FÜR STAATSSICHERHEIT

BSTU 0056

Streng geheim!
Um Rückgabe wird gebeten!

Berlin, den 3. IX. 85

Nr. 374 / 85

7 Blatt
1. Exemplar

INFORMATION
über

vorliegende Untersuchungsergebnisse zu im Zeitraum 1983 bis Juni 1985 eingetretenen Verlusten in Produktionsbetrieben der Binnenfischerei der DDR

Im Interesse der Sicherung der Versorgung der Bevölkerung mit Speisefisch und Fischerzeugnissen untersuchte das MfS gemeinsam mit Fachexperten der Binnenfischerei und des Veterinärwesens der DDR in Betrieben der Binnenfischerei der DDR in den Jahren von 1983 bis Juni 1985 aufgetretene Verluste. Dabei wurde festgestellt, daß in diesem Zeitraum etwa 455 t Speisefisch bzw. Jungfisch und Fischbrut mit einem Gesamtwert in Höhe von etwa 2,75 Mio Mark der menschlichen Ernährung bzw. der planmäßigen Aufzucht und Mast infolge Fischsterben nicht zugeführt werden konnten und damit - insbesondere auch unter Berücksichtigung komplizierter werdender Fangbedingungen für die Hochsee- und Küstenfischerei - das geplante höhere Aufkommen hochwertiger Süßwasserfische aus der Binnenfischerei der DDR (geplanter Leistungszuwachs 1986 bis

Deckblatt zu Information 399/85

Faksimile vom Deckblatt zu Information 399/85

Information erhalten auch die Gen. Jarowinsky, Bellmann und Gysi

BSTU
0070

MINISTERIUM FÜR STAATSSICHERHEIT

Streng geheim!
Um Rückgabe wird gebeten!

Nr. 399 / 85

Berlin, den

Blatt
3 Blatt Anlage
Exemplar

INFORMATION
über

ein geplantes sogenanntes blockübergreifendes Friedenswochenende mit Beteiligung gegnerischer und feindlich-negativer Kräfte in der Hauptstadt der DDR, Berlin

Nach dem MfS streng intern vorliegenden Hinweisen planen Exponenten politischer Untergrundtätigkeit in der DDR im Zusammenwirken mit gegnerischen Kräften aus der BRD und Westberlin am 28. und 29. September 1985 in kirchlichen Räumen der evangelischen Sophiengemeinde in der Hauptstadt der DDR, Berlin, ein als "Friedenswochenende" deklariertes sogen. blockübergreifendes Seminar durchzuführen.

Als Hauptorganisatoren fungieren der wegen seiner feindlich-negativen Aktivitäten hinlänglich bekannte Pfarrer EPPELMANN (Berlin) und der als Dozent für Konflikt- und Friedensforschung an der "Freien Universität" Westberlin tätige Professor Ulrich ALBRECHT. Ausgehend von einer Forderung ALBRECHTS, das "Seminar" müsse politischen Charakter tragen und mit konkreten Festlegungen abgeschlossen werden, sollen folgende thematische Schwerpunkte in den Mittelpunkt der geplanten Beratung gestellt werden:

Ausgewählte Dokumente

4. Januar 1985

Zu einigen beachtenswerten Aspekten in der Reaktion der Bevölkerung der DDR im Zusammenhang mit Versorgungsfragen [O/135]

Quelle: BArch, MfS, ZAIG 4165, Bl. 42–44.
Serie: Ablage O (Reaktionen der Bevölkerung).
Verteiler: Kein Nachweis für externe Verteilung – MfS: Mielke (zwei Exemplare), Irmler, ZAIG 1.
Bemerkungen: Der Verteiler ist auf einem gesonderten Zettel vermerkt (Bl. 41).

Breiten Raum nahmen bzw. nehmen in Auswertung der 9. Tagung des ZK der SED[1] Diskussionen zu Fragen der Versorgung und der Preispolitik ein.

In der Mehrzahl der Meinungsäußerungen wird das überwiegend stabile Angebot an Grundnahrungsmitteln positiv bewertet.

In diesem Zusammenhang vielfältig geübte Kritiken beziehen sich vor allem auf das nicht durchgängig, über die gesamte Ladenöffnungszeit, gesicherte sortimentsgerechte Angebot bei Fleisch- und Wurstwaren, Obst und Gemüse und Molkereiprodukten, besonders Schnittkäse.

Beachtenswert ist ein erheblicher Anstieg von Diskussionen, in denen unter Bezugnahme auf die konkrete Situation im eigenen Arbeitsbereich und persönliche Feststellungen beim Einkauf Zweifel an der Objektivität veröffentlichter volkswirtschaftlicher Bilanzen geäußert werden. Teilweise wird ganz offen bei Diskussionen in Arbeitskollektiven die Vermutung ausgesprochen, dass staats- und wirtschafsleitende sowie Handelsorgane die Partei- und Staatsführung nicht wahrheitsgemäß über die Versorgungslage informieren. In vielen Fällen wird z. B. ein Widerspruch gesehen zwischen den auf der 9. Tagung dargelegten sichtbaren Fortschritten bei der Produktion von Konsumgütern und dem tatsächlichen Warenangebot.

Seit geraumer Zeit gibt es anhaltende Kritiken seitens unterschiedlichster Bevölkerungskreise in allen Bezirken der DDR am unzureichenden Angebot vor allem bei solchen Industriewaren und hochwertigen Konsumgütern wie
- modische Damen- und Herrenoberbekleidung sowie Konfektionsware für Kinder und Jugendliche in den unteren und mittleren Preisgruppen,
- Schuhwaren einschließlich Turnschuhen,
- Arbeitsschutzbekleidung (Hinweise auf diesbezügliche Angebotslücken liegen aus den unterschiedlichsten Industriezweigen vor),
- Kinderspielwaren,
- Erzeugnisse der Heimelektronik,

---

1 Die 9. Tagung des Zentralkomitees der SED fand vom 22. bis 23.11.1984 statt. Der Bericht des Politbüros wurde von Erich Honecker vorgetragen, er ist abgedruckt in: ND v. 23.11.1984, S. 3–7.

– Farbfernsehgeräte,
– Gefrierschränke,
– Möbel, insbesondere Anbaumöbel, Polstergarnituren und Küchen in den unteren und mittleren Preisgruppen.

Immer massivere Kritik wird geübt an der mangelhaften Bereitstellung von Ersatzteilen, insbesondere für Pkw und Fahrräder. Zunehmend Unverständnis wird geäußert über die langen Wartefristen für den Erwerb von Pkw und Pkw-Anhängern.

Zahlreiche Kunden äußern sich kritisch zu ihrer Meinung nach unvertretbar langen Wartezeiten bei Reparaturen. Besonders Mitarbeiter von Dienstleistungsbetrieben und private Handwerker verweisen auf ihre Bereitschaft zu höheren Reparaturleistungen, wenn in ausreichendem Maße Ersatzteile und andere Materialien zur Verfügung gestellt würden. Als »Engpässe« werden von ihnen insbesondere genannt: Baumaterialien, Elektrozubehör einschließlich Kabel, Installationsmaterial für Klempner, Kfz-Ersatzteile, Anstrichstoffe.

Aus mehreren Bezirken der DDR, darunter auch aus industriellen Zentren, liegen Hinweise über eine erneut ansteigende Tendenz vor, Einkäufe während der Arbeitszeit zu tätigen. Besonders ausgeprägt war dies in der Vorweihnachtszeit. (In diesem Zeitraum kam es zu erheblichen Diskussionen über angeblich gravierende Mängel in der Versorgung mit solchen festtagstypischen Erzeugnissen und Waren wie Südfrüchte, Schokoladenerzeugnisse, Backzutaten, Baumschmuck. Hauptsächlich Einwohner von Landgemeinden äußerten ihre Unzufriedenheit über die Zuteilung von Südfrüchten. Sie verwiesen in diesem Zusammenhang insbesondere auf die »Bevorteilung« der Einwohner in der Hauptstadt der DDR, Berlin.)

Bestandteil der Diskussionen zur Versorgungslage sind häufig auch Fragen der Preispolitik. Obwohl überwiegend Verständnis für größere finanzielle und materielle Aufwendungen im Interesse der Erhöhung der Verteidigungsfähigkeit zum Ausdruck gebracht wird, kommt zunehmend Unverständnis darüber zum Ausdruck, dass trotz wesentlich höherer Steigerungsraten bei Industriewaren und Konsumgütern sowie geringeren Kosten einschließlich niedrigerem Energie- und Materialeinsatz ein ihrer Auffassung nach ständiger Preisanstieg bei einer Vielzahl von im Einzelhandel angebotener Waren zu verzeichnen sei. In diesem Zusammenhang werden nach wie vor kritische Diskussionen über die Erweiterung des Delikat- und Exquisit-Handelsnetzes[2] und seiner Sortimentsbreite geführt. Es wird argumentiert, durch die Umverlagerung von Erzeugnissen aus »normalen« Läden und damit verbundener

---

2 In den 1966 eröffneten »Delikatläden« wurden hochwertige Lebensmittel und Delikatessen zu hohen Preisen verkauft, die im regulären Einzelhandel nicht oder nur äußerst selten erhältlich waren. In den 1962 eingerichteten »Exquisit-Läden« wurden hochwertige Kosmetika und Bekleidung zu hohen Preisen verkauft.

»schleichender Preiserhöhungen« werde in unzulässiger Weise die Kaufkraft der Bevölkerung abgeschöpft. Verbreitet sind Auffassungen, nach denen man für sein erarbeitetes Geld nicht mehr das Erwünschte erwerben könne, da das Verhältnis von Löhnen/Gehältern zu den Preisen immer weiter auseinanderginge. Außerdem stimmten häufig die Qualität der im Delikat- und Exquisit-Handel angebotenen Waren nicht mit den diesbezüglichen Preisen überein. Es sei ein ständiger Rückgang im Angebot von Erzeugnissen in der unteren und mittleren Preisgruppe zu verzeichnen.

14. Januar 1985

Information Nr. 17/85 über die im Ergebnis der Untersuchung eines Jagdunfalls getroffenen Feststellungen zu begünstigenden Bedingungen und Umständen

Quelle: BArch, MfS, ZAIG 3426, Bl. 1–9 (8. Expl.).
Serie: Informationen.
Verteiler: KGB Berlin-Karlshorst (»AG« m[it] Fotokopien) – MfS: Mittig, Neiber, Leiter HA IX (Fister, siehe Bemerkung), Leiter BV Frankfurt/Oder (Stöß), Carlsohn (mit Mat[erial] Frankfurt/O./IX), ZAIG/1, Ablage.
Bemerkungen: Zwei der Akte beiliegende, nicht als Anlage aufgeführte Blätter: Maschinenschriftliche Notiz (Bl. 8) der ZAIG an Generalmajor Fister (HA IX) »mit der Bitte um Kenntnisnahme, Meinungsäußerung und Rückgabe« vom 8.1.1985. Reaktion der HA IX vom 9.1.1985 (Bl. 9) mit Hinweisen zur Überarbeitung des Entwurfes der Information: Vor allem Formulierungsdetails, wie die korrekte Bezeichnung eines Jagdgebietes oder einer Funktion. Außerdem Nachfragen zu den konkreten Motiven und Beziehungen der Beteiligten untereinander. Unterzeichnet von Oberstleutnant Kowalewski. Am rechten oberen Rand zwei nicht zuordenbare Unterschriften. Die im Verteiler erwähnten Fotokopien sind nicht überliefert.
Anlage: Auskunft zu [Vorname Name 1].

Am 5. September 1984 gegen 2.00 Uhr war der Bürger der DDR, [Name 1, Vorname] (44), Diplom-Forstingenieur im Institut für Forstwissenschaften Eberswalde-Finow, Stellvertretender Jagdleiter des Jagdgebietes der GSSD E 2[1] Eberswalde, während der Teilnahme an einer nicht genehmigten Jagd mit Angehörigen der GSSD auf der Ortsverbindungsstraße zwischen den Ortschaften Altenhof und Joachimsthal, Kreis Eberswalde, Bezirk Frankfurt/Oder, Jagdgebiet des Jagdkollektivs Joachimsthal, außerhalb des Staatsjagdgebietes, bei einer ungerechtfertigten Schussabgabe eines Flintenlaufgeschosses auf ein Stück Rehwild durch den Fähnrich der GSSD, [Name 2, Vorname], Garnison Eberswalde, aus dessen Bock-Doppelflinte durch einen Streifschuss am linken Oberarm und Durchschuss des linken Unterarmes schwer verletzt worden.

Die zum Jagdunfall geführten Untersuchungen ergaben:
Am 4. September 1984 gegen 21.30 Uhr fuhren die Angehörigen der GSSD, Garnison Eberswalde, Fähnrich [Name 2], Obersergeant [Name 3] und Soldat [Name 4] gemeinsam mit dem Bürger der DDR, [Name 1], mit einem Militärfahrzeug vom Typ UAS-249, polizeiliches Kennzeichen TO 00–50, vom

---

1 Grundsätzlich betrachtete das Jagdrecht der DDR freilebendes Wild als Volkseigentum und trennte dementsprechend das Jagdrecht vom Eigentum an Grund und Boden und brach damit mit dem traditionellen Jagdrecht, das nach Jagdrevieren strukturiert war. Ausnahmen bildeten wenige Staatsjagd- und Sonderjagdgebiete. Sowohl die NVA als auch die GSSD bewirtschafteten derartige eigene Jagdreviere. Vgl. Suter, Helmut: Honeckers Letzter Hirsch. Jagd und Macht in der DDR. Berlin 2018.

Objekt der GSSD Eberswalde, Tramper Chaussee, zu einer nicht genehmigten Jagd. Während des Befahrens der Autobahn leuchteten die Insassen des Fahrzeuges die Waldkanten mittels Suchscheinwerfer nach Wild ab, wobei durch den Fähnrich [Name 2] ein neben der Autobahn (Jagdgebiet des Staatlichen Forstwirtschaftsbetriebes Neuhaus, Jagdgebiet der NVA) im Suchscheinwerferlicht stehendes Damhirschkalb erlegt und in das Fahrzeug aufgenommen wurde.

Auf der Rückfahrt nach Eberswalde versuchte [Name 2] unter Nutzung des Suchscheinwerfers weiter Wild zu erlegen, wobei während eines Haltes zwischen den Ortschaften Altenhof und Joachimsthal der außerhalb des Fahrzeuges sich aufhaltende – jedoch in der Schusslinie stehende – [Name 1] durch [Name 2] bei der Abgabe eines Schusses verletzt wurde. ([Name 1] befand sich seit 5. September 1984 im Kreiskrankenhaus Eberswalde in stationärer Behandlung. Er ist noch nicht arbeitsfähig. Inwieweit durch die Schussverletzung eine bleibende Körperschädigung eintritt, kann gegenwärtig ärztlicherseits noch nicht eingeschätzt werden.)

Nach Angaben des [Name 1] hat er seit dem Jahre 1965 aufgrund seiner russischen Sprachkenntnisse umfangreiche Kontakte und Verbindungen zu Angehörigen der GSSD, Garnison Eberswalde.

Durch die Stadtkommandantur[2] Eberswalde wurde [Name 1] als Dolmetscher einbezogen. In diesem Zusammenhang nahm er des Öfteren an Veranstaltungen teil, lernte mehrere Offiziere und Generale der GSSD persönlich kennen, die ihn zur Teilnahme an Jagden bzw. zum Angeln einluden.

Da [Name 1] seit 1965 bestrebt war, Mitglied eines Jagdkollektivs zu werden, nutzte er diese Möglichkeiten der Jagdausübung mit Angehörigen der GSSD. Teilweise erhielt [Name 1] von Angehörigen der GSSD zeitweilig eine Jagdwaffe übergeben.

(Seit 28. April 1983 war [Name 1] im Besitz einer von den zuständigen Organen der DDR ausgestellten Jagderlaubnis und seit 1. März 1984 berechtigt, eine Kugelwaffe Bock-Büchs-Flinte zu führen. Es wurden Maßnahmen zur Einziehung der Jagderlaubnis und der Schusswaffe eingeleitet.)

Im Jahre 1977 erhielt [Name 1] – obwohl er zum damaligen Zeitpunkt noch nicht im Besitz einer von den zuständigen Organen der DDR ausgestellten Jagderlaubnis war – durch den damaligen sowjetischen Jagdsekretär der Garnison Eberswalde eine sowjetische Jagdberechtigung mit der Nr. 34952, ausgestellt am 4. August 1977 (mit Lichtbild), welche ihn zur Teilnahme an Jagden mit Angehörigen der GSSD und zum Führen einer Jagdwaffe in Jagdgebieten der GSSD auf dem Territorium der DDR berechtigte. Diese Jagdgenehmigung wurde bis 1982 verlängert. Des Weiteren erhielt [Name 1] durch den sowjetischen Jagdsekretär einen Ausweis, ausgestellt am

---

2   Die sowjetischen Truppen unterhielten in vielen Städten der DDR Stadtkommandanturen als unterste Ebene ihrer Verwaltungsstrukturen.

31. Dezember 1981, welcher ihn zur Kontrolle sowjetischer Jäger während der Jagdausübung berechtigt.
(Entsprechend dieses Dokumentes wird [Name 1] als gesellschaftlicher Inspektor der Armeejagdgesellschaft der GSSD bezeichnet, der u. a. berechtigt war
1. Jagdausweise der Jäger zu überprüfen;
rechtzeitige Zahlung von Mitgliedsbeiträgen sowie jagdliche Mindestkenntnisse zu überprüfen;
2. die Arbeit der militärischen Jagdkollektive zu überprüfen.
3. Personen, die Regeln und Fristen für die Jagd und den Fischfang verletzen, die Jagdausweise zu entziehen und ein entsprechendes Protokoll zu fertigen.

Des Weiteren war [Name 1] als gesellschaftlicher Inspektor verpflichtet,
1. den militärischen Jagdkollektiven praktische Hilfe bei der organisatorischen und kulturell-erzieherischen Arbeit zu leisten;
2. Mitgliedern der Jagdgesellschaft die Regeln und Fristen für die Jagd und den Fischfang auf den Territorien der DDR zu erläutern;
3. den Kampf gegen alle Formen des Wilderns zu führen;
4. alle Fälle von Wildfrevel dem Leiter der Garnison zu melden und die eingezogenen Jagdausweise mit Protokoll dem Rat der Jagdgesellschaft der GSSD zu übergeben;
5. bis zum 15. Dezember dem Rat der Jagdgesellschaft der GSSD einen Bericht über die im Verlaufe des Jahres geleistete Arbeit vorzulegen.)

Seit Anfang des Jahres 1970 hat [Name 1] wiederholt an nicht genehmigten Jagden mit Angehörigen der GSSD teilgenommen, wobei u. a. in den Jagdgebieten Britz, Joachimsthal, Neuhaus (NVA-Jagdgebiet), Chorin, Staatsjagdgebiet Oderberg, sowie entlang der Fernverkehrsstraße 109, die durch das Staatsjagdgebiet Schorfheide führt, rechtswidrig Wildabschüsse erfolgten.

An diesbezüglichen Jagden sollen u. a. die ehemaligen Stadtkommandanten, Genossen *Godesenkow, Stiefjeruck,* Petrow und *Ubogisch*[3] sowie Offiziere des Stabes der Garnison Eberswalde teilgenommen haben.

Im Zusammenhang mit der Durchführung von angemeldeten Kollektivjagden wird das allgemeine Jagdverhalten sowjetischer Jäger durch den [Name 1] als unweidmännisch eingeschätzt. Es sei durch grobe Verstöße gegen die Sicherheitsbestimmungen bei der Ausübung der Jagd gekennzeichnet. Trotz erfolgter Belehrungen wurde durch Angehörige der GSSD u. a. auf Wild geschossen, ohne es eindeutig anzusprechen,[4] wurden bei Treibjagden

---

3 Zu den genannten Stadtkommandanten konnten keine näheren Informationen ermittelt werden.
4 In der Jagdsprache bezeichnet das »Ansprechen« des Wildes den Vorgang, das Wild vor der Schussabgabe augenscheinlich zu beurteilen, etwa im Hinblick auf Alter, Geschlecht und Gesundheitszustand des Tieres.

mit der Jagdwaffe in das Treiben bzw. quer zur Schützenkette Schüsse abgefeuert, wird nicht zugelassene oder selbstgefertigte Munition benutzt.

Vielfach wurde durch sowjetische Jäger das erlegte Wild, entgegen den bestehenden jagdrechtlichen Bestimmungen, nicht bei den Wilderfassungsstellen abgeliefert.

Entsprechend den Jagdbestimmungen beträgt der Schützenanteil bei Schwarzwild 30 % und bei Rot-, Dam- und Rehwild 20 % (Angaben des [Name 1] zufolge befand er sich Anfang 1984 mit dem Militärstaatsanwalt der GSSD Eberswalde, Oberstleutnant *Krytschkow*,[5] zur Jagd im Jagdgebiet E 2 der GSSD Eberswalde, wo zwei Stück Damwild, davon ein Stück Damwild unberechtigt im Jagdgebiet Oderberg, erlegt wurden. In der Wilderfassungsstelle Oderberg wurde jedoch nur ein Stück Damwild abgeliefert.)

Diese Handlungen stellen auch grobe Verstöße gegen den Befehl Nr. 32 des Oberkommandierenden der GSSD, Armeegeneral *Saizew*,[6] und des Chefs des Stabes der GSSD, Generaloberst *Swiridow*,[7] vom 30. April 1983 dar, in dem die Durchführung des Jagd- und Angelsports in den Militärjagdkollektiven der Truppen der GSSD auf dem Territorium der DDR und das konkrete Verhalten sowie die Pflichten der Teilnehmer konkret festgelegt sind.[8]

Anlage zur Information Nr. 17/85

Auskunft zu [Vorname Name 1]

Streng geheim! Persönlich!

Im Zusammenhang mit der Klärung des Verhältnisses des [Name 1][9] zu Angehörigen der GSSD informierte er in den geführten Befragungen darüber, von 1976/77 bis 1983 für eine von ihm als Sonderabteilung der GSSD Eberswalde bezeichnete Stelle tätig gewesen zu sein.

Für diese Tätigkeit sei er im Haus der Offiziere Eberswalde durch einen »*Nikolai*« angesprochen und verpflichtet worden sowie nachfolgend mit den sowjetischen Bürgern »*Resuluk*«, »Oberst *Bobrow*«, »Major *Juri* oder *Jura*«

---

5 Krytschkow, weitere Angaben zur Person konnten nicht ermittelt werden.
6 Michail M. Saizew, Jg. 1923, sowjetischer Armeegeneral, ab 1941 in der Roten Armee, 1976–80 Kommandeur des Militärbezirks Belarus, 1980–85 Oberkommandierender der GSSD, 1985–89 als Oberbefehlshaber der südlichen Truppen in verantwortlicher Position für die sowjetischen Truppen in Afghanistan.
7 Iwan W. Swirodow, Jg. 1923, sowjetischer Generaloberst, ab 1981 Erster Stellvertretender Oberbefehlshaber der GSSD.
8 Vgl. Befehl Nr. 32 des Oberkommandierenden der GSSD v. 30.4.1983: Verordnung über die Durchführung des Jagd- und Angelsports in den Militärjagdkollektiven der Truppen der Gruppe der Sowjetischen Streitkräfte in Deutschland auf dem Territorium der DDR; BArch, MfS, ZAIG 21478, Bl. 1–14.
9 In der Anlage sind alle Namen handschriftlich vermerkt jeweils auf gepunkteten Linien, die Lücken im Text zur Namensergänzung markieren.

sowie »*Wolodja*« mehrfach zusammengetroffen. Durch diese Personen habe er folgende Aufträge erhalten:
- Meldung von MVM-Fahrzeugen,
- zielgerichtete Beobachtung von sowjetischen Offizieren,
- Erkundung von Verhaltensweisen sowjetischer Offiziere in der Öffentlichkeit, speziell in Gaststätten,
- Feststellung von Missständen in der Sowjetarmee,
- Aufklärung der Gaststätten in Meckelberg[10] und Tornow sowie der Gaststätte »Hüttengasthof« am Walzwerk Finow,
- Abfahren bestimmter Strecken im Zusammenhang mit Fahndungsmaßnahmen.

Während der Treffdurchführung in Pkw sowie in der Wohnung eines [Name 5], wohnhaft in Eberswalde, (Straße nicht erinnerlich) Nr. 22, Mitglied der FDJ-Kreisleitung Eberswalde, habe er jeweils Instruktionen für sein Verhalten sowie mehrfach Geldbeträge in Höhe von 50,00 Mark für entstandene Unkosten erhalten.

Des Weiteren erhielt [Name 1] zum Betreten der Objekte der GSSD folgende sowjetische Dokumente:
1. Ausweis Nr. 029 mit Lichtbild, ausgestellt am 15. August 1984, berechtigt zum Betreten/Befahren (mit seinem Pkw »Trabant«) des »Schulstädtchens« (eigenen Einlassungen des [Name 1] zufolge berechtigte ihn dieses Dokument zum Betreten der Objekte im Kommandanturbereich Eberswalde, einbeziehend Generalstab und Wohngebiet der Generale);
2. Ausweis Nr. 943 mit Lichtbild, gültig 1983 bis 1984, berechtigt zum Betreten der Objekte im Kommandanturbereich sowie der Versorgungseinrichtung und des Kfz-Parks;
3. Ausweis Nr. 026 mit Lichtbild, ausgestellt am 29. April 1981, ungültig mit Ablauf des Jahres 1981, entspricht dem Ausweis Nr. 029.

(Fotokopien der Dokumente siehe Anlagekarte)[11]

---

10 Eine Ortschaft »Meckelberg« konnte nicht ermittelt werden. Gemeint ist hier vermutlich Heckelberg südlich von Eberswalde.
11 Die Fotokopien sind nicht überliefert.

[ohne Datum]

Information Nr. 13/85 über den Aufenthalt der Bundestagsabgeordneten der Partei »Die Grünen« der BRD, Dirk Schneider und Antje Vollmer, am 19. Dezember 1984 in der Hauptstadt der DDR, Berlin

Quelle: BArch, MfS, ZAIG 3422, Bl. 1–7.
Serie: Informationen.
Verteiler: Kein Hinweis für externe Verteilung – MfS: Mittig, Rebohle (ZAIG/1), Oettel (ZAIG/1).
Datum: Datierung durch den Bearbeiter: 16.1.1985.
Vermerk: Im Dokumentenkopf maschinenschriftlich: »Information ist nicht rausgegangen (lt. Gen. Irmler vom 17.1.1985)«.

Am 19. Dezember 1984 reisten die Mitglieder des Bundestages der BRD, Dirk *Schneider*[1] (»Alternative Liste«/Westberlin) und Antje *Vollmer*[2] (»Die Grünen«/BRD), zu einem Tagesaufenthalt in die Hauptstadt der DDR, Berlin, ein.

Wie dem MfS streng intern bekannt wurde, begaben sich beide Personen unmittelbar nach ihrer Einreise kurzzeitig in die Wohnung des hinlänglich bekannten Pfarrers *Eppelmann*[3] und anschließend mit diesem gemeinsam

---

1 Dirk Schneider, Jg. 1939, Politiker der Grünen bzw. der Alternativen Liste für Demokratie und Umweltschutz Westberlin (AL) und der PDS, Redakteur der linksradikalen Blätter »Radikal« und »Agit 883«, 1978 Gründungsmitglied und Sprecher der AL in Westberlin, 1979–81 Vorsitzender der AL-Fraktion in der Bezirksverordnetenversammlung in Berlin-Kreuzberg, 1983–85 Mitglied des Deutschen Bundestages, hier deutschlandpolitischer Sprecher der Grünen-Bundestagsfraktion, befürwortete eine stärkere Distanzierung von DDR-Oppositionsgruppen und eine Kooperation mit der DDR-Regierung, 1990/91 Mitglied des Abgeordnetenhauses Berlin für die PDS, arbeitete seit 1975 als IM »Ludwig« mit der Staatssicherheit zusammen, dabei deutet einiges darauf hin, dass er nicht nur Informant, sondern Agent des MfS war. Vgl. Bahr, Andrea; Gieseke, Jens: Die Staatssicherheit und die Grünen. Zwischen SED-Westpolitik und Ost-West-Kontakten. Berlin 2016, S. 145–154.

2 Antje Vollmer, Jg. 1943, evangelische Theologin und Politikerin der Grünen, 1971–74 Pastorin in Berlin-Wedding, 1976–82 Dozentin in der ländlichen Bildungsarbeit an der Evangelischen Heimvolkshochschule bei den Bodelschwinghschen Stiftungen Bethel in Bielefeld, 1983–85, 1987–90 und 1994–2005 Abgeordnete des Deutschen Bundestages (1984 und 1989/90 als Fraktionssprecherin), 1994–2005 Vizepräsidentin des Deutschen Bundestages, Mitglied der ersten Grünenfraktion als parteilose Mandatsträgerin, seit 1985 Mitglied der Partei »Die Grünen«, sie zählte zu dem Teil der Grünen, der hinsichtlich der Deutschlandpolitik für eine Doppelstrategie plädierte, in dem sie Kontakte sowohl zur SED als auch zu kirchennahen und oppositionellen Kreisen anstrebte.

3 Rainer Eppelmann, Jg. 1943, evangelischer Theologe, 1966 Verweigerung des Eides als Bausoldat, Verurteilung zu acht Monaten Haft, 1975–89 Pfarrer der Samariter-Gemeinde in Berlin-Friedrichshain, 1979–86 Organisator von Blues-Messen (Gottesdienst mit Konzert) im Rahmen seiner kirchlichen Jugendarbeit, die einen Ausgangspunkt oppositioneller Aktivitäten bildeten, 1982 zusammen mit Robert Havemann Verfasser des »Berliner Appells« (»Frieden schaffen ohne Waffen«) zur Entmilitarisierung beider deutscher Staaten, daraufhin Inhaftierung durch das MfS vom 9. bis 11.2.1982, Herbst 1989 Mitbegründer und kurzzeitiger

zum Evangelischen Konsistorium der Evangelischen Kirche in Berlin-Brandenburg, 1020 Berlin, Neue Grünstraße. Dort kam es zu einem Treffen mit namentlich bekannten kirchlichen Amtsträgern und der wegen ihrer feindlich-negativen Haltung bekannten Bärbel *Bohley*.[4]

Streng vertraulichen Informationen zufolge gab die *Vollmer* eine Selbstdarstellung der Partei »Die Grünen« in der BRD unter besonderem Verweis auf die am 10. März 1985 in Westberlin stattfindenden Wahlen zum Abgeordnetenhaus. »Die Grünen« planen dazu in Westberlin öffentlichkeitswirksame Veranstaltungen.

Bezogen auf die Ergebnisse des Bundesratstreffens der Partei »Die Grünen« Anfang Dezember 1984 in Hamburg[5] erklärte die *Vollmer,* seitens der Grünen würde Interesse an der Herstellung und dem Ausbau von Verbindungen zu kirchenleitenden Personen in der DDR bestehen, da sie die Kirchen in der DDR als einen kompetenten Gesprächspartner ansehen. Sie selbst unterstütze diese Orientierung und sehe ihren Beitrag zur Herstellung derar-

Sprecher des Demokratischen Aufbruchs (DA), Dezember 1989–März 1990 DA-Vertreter am Zentralen Runden Tisch, Februar 1990 Minister ohne Geschäftsbereich, ab März 1990 Vorsitzender des DA, Abgeordneter der Volkskammer in der Fraktion CDU/DA; ab April 1990 Minister für Abrüstung und Verteidigung, 1990–2005 Abgeordneter des Deutschen Bundestages, 1990–93 stellvertretender Vorsitzender der CDU Brandenburg, seit 1998 Vorsitzender des Vorstandes der Stiftung zur Aufarbeitung der SED-Diktatur.

4 Bärbel Bohley, Jg. 1945, Malerin, Mitbegründerin der Oppositionsgruppe »Frauen für den Frieden« (1982) und der Initiative Frieden und Menschenrechte (1985/86), Januar 1988 Verhaftung nach Protestaktionen während der Liebknecht-Luxemburg-Demonstration und Abschiebung nach England, August 1988 Rückkehr in die DDR, September 1989 Mitbegründerin des »Neuen Forums«, Mai–Dezember 1990 Mitglied der Berliner Stadtverordnetenversammlung, September 1990 Mitbesetzerin der MfS-Zentrale in Berlin, Initiatorin des »Runden Tisches von unten«, 1991 Mitarbeiterin der Fraktion Neues Forum/Bürgerbewegung im Berliner Abgeordnetenhaus, 1994 Spitzenkandidatin des »Neuen Forums« zur Europawahl, 1996 Gründungsvorsitzende des Bürgerbüros zur Aufarbeitung von Folgeschäden der SED-Diktatur, 1996–99 EU-Beauftragte in Sarajewo für die Rückkehr von Flüchtlingen und den Wiederaufbau.

5 Gemeint ist die Bundesversammlung bzw. der Bundesparteitag der Grünen vom 7. bis 9.12.1984 in Hamburg. Schwerpunktmäßig diskutierte die Partei die Frage, ob sie weiter Fundamentalopposition betreiben oder sich für Bündnisse mit der SPD öffnen sollte. Bezug zur DDR hatte auf dem Parteitag eine Initiative Petra Kellys: Sie ließ eine Grußbotschaft von oppositionellen Kräften aus der DDR, die mit den Grünen sympathisierten, verlesen. Zuvor hatten Westberliner Oppositionelle um Bärbel Bohley und Ulrike Poppe mit dem Gedanken gespielt, eine DDR-Sektion der Grünen zu gründen. Dementsprechend hieß es in ihrer Grußbotschaft an die Grünen: »Wir sehen uns verbunden mit Euren Wegen und Zielen, sehen uns als einen Zweig des weltweit vorhandenen grünen Baumes, der auch in unserem Land Wurzeln schlägt. Wir versichern Euch: Auch in der DDR grünt es aus allen Ritzen!« Die Sorge vor Repressionen, die Überlegung, doch besser unabhängig von westlichen Organisation zu agieren, und nicht zuletzt die Erkenntnis, dass keineswegs alle westlichen Grünen so uneingeschränkt solidarisch mit der Opposition in der DDR waren, wie es bei Kelly der Fall war, ließen diese Initiative jedoch sehr schnell enden. Vgl. Bahr, Andrea; Gieseke, Jens: Die Staatssicherheit und die Grünen. Zwischen SED-Westpolitik und Ost-West-Kontakten. Berlin 2016, S. 80–90.

tiger »Partnerschaften« als wichtige Stütze für ihr persönliches Auftreten in ihrer Partei und im Bundestag der BRD. Indem sie sich von den Aktivitäten der Führungskräfte der Partei »Die Grünen« der BRD, Petra *Kelly*[6] und Gert *Bastian*,[7] zur Unterstützung oppositioneller Kräfte in der DDR distanzierte (dazu wurde durch das MfS bereits informiert), wies sie ihre Gesprächspartner darauf hin, die »Amtskirche« in der DDR nicht durch unüberlegte Aktionen zu belasten. Eine gleiche Aufforderung richtete sie an die anwesende Bärbel *Bohley* – bezogen auf deren »Anhang«. Ihrer Meinung nach müsse für die Friedenserhaltung »jeder in seinem gesellschaftspolitischen Bereich« tätig werden; gewisse Gemeinsamkeiten, besonders ideeller Art, würden davon nicht berührt.

Seitens der kirchlichen Amtsträger sind die Ausführungen bzw. Positionen der *Vollmer* mit gewisser Enttäuschung aufgenommen worden. Die »Grünen« seien nach ihrer Auffassung keine verlässlichen Partner für »blockübergreifende« Aktivitäten.[8]

Einer internen Meinungsäußerung der *Vollmer* zu den geführten Gesprächen im Konsistorium zufolge hätten sich in den Darlegungen und Haltungen der DDR-Teilnehmer »Konzeptionslosigkeit und Ausverkaufsstimmung« gezeigt.

Während sich die *Vollmer* danach mit *Eppelmann* erneut in dessen Wohnung begab und von dort aus gegen 19.00 Uhr nach Westberlin ausreiste, traf sich *Schneider* in der Folge in zwei verschiedenen Wohnungen mit hinlänglich bekannten und im Sinne der Inspirierung und Organisierung politischer Untergrundtätigkeit agierenden feindlich-negativen Kräften. Eine Reihe dieser Personen war bereits an mehreren Treffen mit Führungskräften der Partei

---

6 Petra Kelly, Jg. 1947, Politikerin der Grünen, engagiert in der Friedens- und Antiatombewegung, 1980 Gründungsmitglied der Grünen und Bundesvorstandssprecherin, 1983–90 Mitglied des Deutschen Bundestages, protestierte 1983 auf dem Berliner Alexanderplatz mit einem Plakat »Schwerter zu Pflugscharen«, pflegte enge Kontakte zu DDR-Oppositionellen wie Rainer Eppelmann, Bärbel Bohley sowie Ulrike und Gerd Poppe.

7 Gert Bastian, Jg. 1923, Politiker der Grünen und Offizier der Bundeswehr, zuletzt im Rang eines Generalmajors, schloss sich Ende der 1970er-Jahre als Gegner der Stationierung von Mittelstreckenraketen der Friedensbewegung an und zählte zu den Initiatoren des »Krefelder Appells«, seit dieser Zeit Lebensgefährte von Petra Kelly, 1980 Mitbegründer der Partei »Die Grünen«, 1983–87 Mitglied des Bundestages, gewählt über die Landesliste der bayerischen Grünen.

8 Die blockübergreifende Friedensbewegung war ein Teil der Friedensbewegung der frühen 1980er-Jahre, der darum bemüht war, die Friedensgruppen beiderseits des »Eisernen Vorhangs« in Ost und West miteinander zu vernetzen, um die (atomare) Aufrüstung in beiden Machtblöcken gleichermaßen zu kritisieren. Sie zielte auf die gänzliche Auflösung der beiden konkurrierenden Machtblöcke ab, um den Frieden in Europa im Angesicht der atomaren Abschreckungspolitik zu sichern. Vgl. Klein, Thomas: »Frieden und Gerechtigkeit!« Die Politisierung der Unabhängigen Friedensbewegung in Ost-Berlin während der 80er Jahre. Köln, Weimar, Wien 2007, S. 169–176.

»Die Grünen« beteiligt, so u. a. mit Petra *Kelly* und Gert *Bastian* am 4. Dezember 1984 (vgl. Information des MfS Nr. 461/84 vom 6. Dezember 1984).

Dirk *Schneider* traf sich nach vorliegenden streng internen Informationen vereinbarungsgemäß in der Wohnung des wegen seiner feindlich-negativen Aktivitäten bekannten Nachwuchsschriftstellers Lutz *Rathenow*[9] mit vier weiteren dem MfS namentlich bekannten Personen. Während dieses mehrstündigen Gesprächs, das insgesamt als Informationsaustausch zu werten ist, waren *Rathenow* und die anwesenden Personen bestrebt, folgende Probleme zu erörtern:
- Verhältnis der Grünen zur Kultur;
- Umweltfragen;
- Fragen sogenannter menschlicher Erleichterungen;
- Beziehungen zwischen beiden deutschen Staaten.

Schneider vertrat im Prinzip durchgängig die von ihm bekannten politischen Positionen und Forderungen wie
- völkerrechtliche Anerkennung der DDR,
- Respektierung der Staatsbürgerschaft der DDR,[10]
- Auflösung der Erfassungsstelle Salzgitter[11] und des Bundesministeriums für Innerdeutsche Beziehungen und
- Abschaffung des RIAS.

Weiter äußerte er, der sich weiter verstärkende »äußere reaktionäre« Druck der BRD auf die DDR in wirtschaftlicher, kultureller und juristischer Hinsicht würde zur Verschärfung der Beziehungen beitragen. Diese reaktionäre Politik müsse beseitigt werden – erst dann würden sich die inneren Verhältnisse der DDR ändern und mehr Freiräume für den einzelnen entstehen.

---

9 Lutz Rathenow, Jg. 1952, Schriftsteller und Lyriker, 1973–75 Gründer und Leiter des Arbeitskreises Literatur und Lyrik in Jena, 1977 Exmatrikulation aus politischen Gründen von der Friedrich-Schiller-Universität Jena, Verhaftung im November 1980 nach einer Buchveröffentlichung in der Bundesrepublik, nach seiner Freilassung infolge internationaler Proteste intensive Überwachung durch das MfS, in den 1980er-Jahren freischaffender Schriftsteller und Dramaturg in Ostberlin mit engen Kontakten zu oppositionellen Kreisen, 2011–21 Sächsischer Landesbeauftragter für die Aufarbeitung der SED-Diktatur.

10 Seit ihrer Einführung 1967 war der Status einer eigenen DDR-Staatsbürgerschaft zwischen Bundesrepublik und DDR umstritten. Die Bundesrepublik betrachtete DDR-Bürger als Deutsche im Sinne des Grundgesetzes, während die DDR auf ihre Eigenständigkeit bestand. Vgl. Wolff, Frank: Rechtsgeschichte als Gesellschaftsgeschichte? Die Staatsbürgerschaft der DDR als Kampfmittel im Kalten Krieg. In: Kritische Justiz 51(2018)4, S. 413–430.

11 Die Zentrale Beweismittel- und Dokumentationsstelle der Landesjustizverwaltungen in Salzgitter nahm ihre Arbeit am 24.11.1961 auf. Sie hatte die Aufgabe, Hinweisen auf vollendete oder versuchte Tötungshandlungen an der innerdeutschen Grenze, Unrechtsurteile aus politischen Gründen, Misshandlungen im Strafvollzug und Verschleppung oder politischer Verfolgung in der DDR nachzugehen und Beweismittel darüber zu sammeln.

Rathenow vertrat u. a. den Standpunkt, mit der Respektierung der Staatsbürgerschaft der DDR durch die BRD würde sich der »diktatorische Druck nach innen« verschärfen. Seiner Auffassung nach sollte gleichzeitig mit der Forderung der Auflösung der Erfassungsstelle Salzgitter auch die Beseitigung des § 99 StGB der DDR verlangt werden (landesverräterische Nachrichtenübermittlung).[12]

Während der Zusammenkunft wurden keine feindlich-negativen Aktivitäten beraten bzw. geplant; es kam zu keinen Festlegungen hinsichtlich von Fortsetzungsgesprächen.

In der Zeit von 19.00 Uhr bis gegen Mitternacht traf sich *Schneider* in der Wohnung der hinlänglich bekannten Bärbel *Bohley* mit weiteren vierzehn dem MfS namentlich bekannten Bürgern der DDR. Anwesend war eine italienische Staatsbürgerin. Streng intern wurde in diesem Zusammenhang bekannt, dass folgende inhaltliche Probleme im Mittelpunkt der Gespräche standen:
– Möglichkeiten, in Fragen der »deutsch-deutschen Politik« mit den Grünen gemeinsame Positionen zu finden und zu publizieren,
– Möglichkeiten, eine ständige Zusammenarbeit vor allem hinsichtlich des Austausches von Informationen zu organisieren,
– Möglichkeiten, gemeinsame Zielstellungen zu grundlegenden Fragen (Raketenstationierung,[13] Abrüstungsaktivitäten, Umweltschutz) zu formulieren, z. B. Verzicht auf Forderung nach einseitiger Abrüstung bzw. Befürwortung der »Abrüstung beider Militärblöcke«,

---

12 Der § 99 des StGB der DDR stellte seit 1979 »Landesverräterische Agententätigkeit« unter Strafe. Dabei ging es – in Abgrenzung zum Straftatbestand der Spionage (§ 97 StGB der DDR) – um die Weitergabe von »nicht der Geheimhaltung unterliegenden Nachrichten zum Nachteil der Interessen der Deutschen Demokratischen Republik«, für die eine Freiheitsstrafe von zwei bis zwölf Jahren drohte. Damit war der Paragraf geeignet, willkürlich Kontakte von DDR-Bürgern ins (westliche) Ausland zu kriminalisieren. Vgl. Strafgesetzbuch der Deutschen Demokratischen Republik (StGB). Hg. v. Ministerium der Justiz. Berlin 1984, S. 34.
13 1983 hatten die USA im Rahmen des NATO-Doppelbeschlusses vom 12.12.1979 neue Mittelstreckenraketen auf deutschem Boden stationiert. Mit dem Beschluss reagierte die NATO zweigleisig auf die Bedrohung durch sowjetische Mittelstreckenraketen vom Typ SS-20: Zunächst sollte der Versuch unternommen werden, innerhalb von vier Jahren mit der Sowjetunion eine Beschränkung und Kontrolle der eurostrategischen Waffen auszuhandeln. Im Falle eines Scheiterns der Gespräche sollte anschließend das technisch veraltete Mittelstreckenarsenal durch 108 Raketen des Typs Pershing-II und 464 bodenständige Marschflugkörper (Cruise Missiles) ersetzt werden. Die Verhandlungen begannen am 17.10.1980 in Genf. Die USA bot einen Verzicht der Stationierung an, falls die UdSSR alle SS-20 und deren Vorläufer verschrotte. Moskau verlangte hingegen die Liquidierung aller westlichen Kernwaffen mittlerer Reichweite in Europa, ganz besonders der flexibel einsetzbaren Cruise Missiles. Es war der Versuch, den technologischen Standard der 1970er-Jahre festzuschreiben und eine Präsenz modernerer Waffensysteme auf dem Kontinent zu verhindern. Nachdem die Gespräche auch nach mehreren Anläufen keine Ergebnisse brachten, leitete die NATO ab Dezember 1983 die atomare Nachrüstung ein.

– Standpunktfindung zur Durchführung gemeinsamer Aktionen, ihrer Zweckmäßigkeit und der Zeitpunkte ihrer Durchführung.

Die Teilnehmer der Zusammenkunft brachten zum Ausdruck, weder vonseiten der Grünen noch von bestimmten oppositionellen Kräften in der DDR seien gegenwärtig gemeinsame Aktionen geplant. *Schneider* schränkte jedoch ein, dass ein derartiges Vorgehen zwischen solchen Kräften der Grünen, die eine »persönliche Politik« betreiben – er nannte in diesem Zusammenhang Petra *Kelly* und Gert *Bastian* – und bestimmten oppositionellen Kräften in der DDR nicht auszuschließen wäre. Besonders die *Kelly* und *Bastian* würden derartige Vorhaben nicht mit der Bundestagsfraktion der Partei »Die Grünen« in der BRD abstimmen. Er selbst trete grundsätzlich für gemeinsame Aktionen ein, diese müssten allerdings entsprechend beraten und abgestimmt worden sein. Probleme sehe er diesbezüglich in den eingeschränkten Einreisemöglichkeiten für Mitglieder der Basisbewegung der Grünen in die DDR.[14]

Schneider informierte ferner über einen Anfang des Jahres 1985 geplanten Informationsbesuch einer Frauendelegation der Grünen in die DDR. Ein anwesender DDR-Bürger unterbreitete den Vorschlag, dieser Delegation Adressenmaterial sogenannter unabhängiger Frauengruppen[15] in der DDR zuzuleiten. (Nach bisher vorliegenden Hinweisen beabsichtigt auf Einladung des DFD[16] in der Zeit vom 21. bis 25. Januar 1985 eine Delegation bestehend aus

---

14 Weil Grünen-Mitglieder immer wieder Protestaktionen gemeinsam oder in Solidarität mit oppositionellen Friedensgruppen in der DDR durchgeführt und geplant hatten, wie die »Alexanderplatzaktion« im Mai 1983 (vgl. die Informationen 176/83 u. 177/83), und sie diese Gruppen auch materiell unterstützten, veranlasste Erich Mielke im November 1983 eine generelle Einreisesperre gegenüber allen Grünen-Mitgliedern für die DDR. Diese generelle Einreisesperre galt bis zum Herbst 1984, doch gab es auch davor und danach immer wieder Einreisebeschränkungen für Grünen-Mitglieder, die im Einzelfall jedoch nicht immer durchgesetzt wurden. Derartige Einreisebeschränkungen gab es vereinzelt auch gegenüber Mitgliedern anderer Parteien oder bekannten Persönlichkeiten, aber die generelle Sperre für alle Mitglieder einer Partei war eine Besonderheit im Falle der Grünen. Vgl. Bahr, Andrea; Gieseke, Jens: Die Staatssicherheit und die Grünen. Zwischen SED-Westpolitik und Ost-West-Kontakten. Berlin 2016, S. 219–245.
15 Die Gruppe »Frauen für den Frieden« entstand im Oktober 1982 in Ostberlin, um sich gegen die zunehmende Militarisierung der Gesellschaft in der DDR zu wenden. Hintergrund war das DDR-Wehrdienstgesetz von 1982, das im Fall der Mobilmachung auch Frauen im Militärdienst vorsah. Bärbel Bohley, Katja Havemann, Almut Ilsen, Irena Kukutz, Ulrike Poppe, Bettina Rathenow und Karin Teichert verfassten daraufhin ein Protestschreiben an Erich Honecker, das von 150 Frauen unterschrieben wurde. Später gründeten sich in weiteren Städten Frauengruppen, die sich zu einem DDR-weiten Netzwerk zusammenschlossen. Seit 1984 fanden jährliche DDR-weite Frauentreffen statt, u. a. 1988 in Karl-Marx-Stadt zum Thema »Frauen und Autoritätsstrukturen«.
16 Der Demokratische Frauenbund Deutschlands (DFD) entstand 1947. Er war bis Ende 1989 die einzige offiziell anerkannte Frauenorganisation in der DDR (bzw. zuvor SBZ). Seinem Gründungsselbstverständnis nach war der DFD zwar ein überparteilicher Interessenverband der Frauen, doch entwickelte er sich schnell zu einer weitgehend von der SED gesteuerten Massenorganisation.

Abgeordneten des Bundestages bzw. Mitarbeiterinnen der Bundestagsfraktion der Partei »Die Grünen« der BRD die DDR zu besuchen. Dieser Delegation sollen angehören: Waltraud *Schoppe*,[17] Heidemarie *Dann*,[18] Hannelore *Saibold*,[19] Birgit *Arkenstette*,[20] Hanne *Birckenbach*,[21] [Vorname Name].)

Die geführten Gespräche zwischen *Schneider* und den DDR-Bürgern machten deutlich, dass zu den aufgeworfenen Problemen keine Übereinstimmungen bestanden und auch nicht erzielt wurden.

Zu der am Treffen teilgenommenen italienischen Staatsbürgerin liegen dem MfS folgende interne Hinweise vor: Sie gehört angeblich der »Regenbogenfraktion«[22] des sogenannten Europaparlaments (Formaler Zusammenschluss im Sinne einer Fraktion der im »Europaparlament« vertretenen Abgeordneten von Grünen und Alternativen aus westeuropäischen Staaten) an und sei für »Ostkontakte« zuständig. Unmittelbar vor ihrer Einreise in die DDR zu dem genannten Zusammentreffen sei sie mit dem in Westberlin lebenden hinlänglich bekannten ehemaligen DDR-Bürger Roland *Jahn*[23] zusammengekommen.

---

17 Waltraud Schoppe, Jg. 1942, Grünen-Politikerin, 1983–85, 1987–90 und 1994–98 Mitglied des Deutschen Bundestages, 1985–87 wissenschaftliche Mitarbeiterin der Grünen-Bundestagsfraktion, 1990–94 Frauenministerin des Landes Niedersachsen.
18 Im Original: »Daun«. Heidemarie Dann, Jg. 1950, Politikerin und Diplompädagogin, 1977–81 Arbeit im autonomen Frauenhaus Hannover, 1981–85 Lehrauftrag an der Evangelischen Fachhochschule Hannover, ab 1972 in außerparlamentarischen Initiativen politisch aktiv, 1984/85 Mitarbeit als Parteilose im Fraktionsvorstand der Grünen im Bundestag, 1985–87 Bundestagsabgeordnete in der Fraktion »Die Grünen«.
19 Hannelore (Halo) Saibold, Jg. 1943, Grünen-Politikerin, Gründungsmitglied der Grünen in Bayern und im Bund, 1979–82 Mitglied im Landesvorstand Bayern, 1980/81 Mitglied im Bundesvorstand, 1983–87 politische Mitarbeiterin der Bundestagsfraktion »Die Grünen«, 1987–90 und 1994–98 Mitglied des Bundestages.
20 Birgit Arkenstette, Jg. 1955, Politikerin der Grünen bzw. Alternative Liste für Demokratie und Umweltschutz Westberlin.
21 Im Original: »Birkenbach«. Hanne-Margret Birckenbach, Jg. 1948, Politikwissenschaftlerin und Friedensforscherin, 1984/85 Wissenschaftliche Mitarbeiterin des Arbeitskreises »Abrüstung, Frieden, Internationales« der Fraktion »Die Grünen« im Bundestag, 1985–91 Wissenschaftliche Referentin am Institut für Friedensforschung und Sicherheitspolitik an der Universität Hamburg, 1992–2001 Wissenschaftliche Mitarbeiterin am Schleswig-Holsteinischen Institut für Friedenswissenschaften, 2001–12 Professorin am Institut für Politikwissenschaft der Universität Gießen.
22 Die Regenbogen-Fraktion bildete sich im Anschluss an die Europawahl 1984 aus Europaabgeordneten folgender Gruppierungen: Grün-Alternatives europäisches Bündnis, Agalev-Ecolo, Dänische Volksbewegung gegen die Mitgliedschaft der Europäischen Gemeinschaft und Europäische Freie Allianz im Europäischen Parlament. Vgl. Dietz, Thomas: Die grenzüberschreitende Interaktion grüner Parteien in Europa. Opladen 1997, S. 180–186.
23 Roland Jahn, Jg. 1953, Bürgerrechtler und Journalist, Aktivist der oppositionellen Szene in Jena, 1977 Exmatrikulation von der Universität Jena wegen seines Protests gegen die Biermann-Ausbürgerung, 1980–82 öffentliche Aktionen für Meinungsfreiheit und zur Unterstützung der polnischen Gewerkschaft Solidarność, ab September 1982 fünfmonatige Untersuchungshaft, im Januar 1983 wegen »öffentlicher Herabwürdigung der staatlichen Ordnung« und »Missachtung staatlicher Symbole« zu 22 Monaten Freiheitsstrafe verurteilt, nach internatio-

Die »Regenbogenfraktion« des sogenannten Europaparlaments erarbeite gegenwärtig eine politische Position u. a. zu Fragen der Rüstung und Umweltproblematik. Durch Kontakte und Verbindungen von Angehörigen der »Regenbogenfraktion« aus verschiedenen westeuropäischen Staaten zu »Partnern« aus der DDR würde das Ziel verfolgt, gemeinsame Grundpositionen zu finden und in einem entsprechenden Grundsatzpapier zu formulieren, dessen Entwurf Anfang Januar 1985 fertiggestellt werden und mit »Personen der internationalen Szene« besprochen und erforderlichenfalls präzisiert werden solle.

In diesem Zusammenhang wurde auf angeblich bestehende diesbezügliche Kontakte zwischen beteiligten DDR-Bürgern und Mitgliedern der »Charta 77«[24] in der ČSSR verwiesen.

Die Information ist wegen äußerster Quellengefährdung nur zur persönlichen Kenntnisnahme bestimmt.

---

nalen Protesten vorzeitige Haftentlassung im Februar 1983, anschließend Mitbegründer der Oppositionsgruppe »Friedensgemeinschaft Jena«, am 8.6.1983 gegen seinen Willen ausgebürgert und mit Gewalt in den Westen abgeschoben, anschließend Unterstützung der DDR-Opposition von Westberlin mit Druck- und Filmtechnik und journalistischen Kontakten, ab 1987 freier Journalist u. a. für Radio Glasnost, taz und SFB, produzierte u. a. für das ARD-Magazin »Kontraste« zahlreiche Beiträge zur Opposition und alltäglichen Repression in der DDR, in den 1990er-Jahren in der Aufarbeitung der SED-Diktatur engagiert, 2011–21 Bundesbeauftragter für die Stasiunterlagen.

24 Die »Charta 77« war ein am 1.1.1977 veröffentlichtes »Manifest für Bürgerrechte« einer Gruppe von tschechoslowakischen Intellektuellen, die sich auf die Schlussakte der KSZE beriefen. Aus der Gruppe entwickelte sich in der Folgezeit die gleichnamige Bürgerrechtsbewegung.

16. Januar 1985

Information Nr. 16/85 über einige im Zusammenhang mit der Aufklärung der Ursachen eines Bahnbetriebsunfalles im Streckenabschnitt Hohenroda–Delitzsch am 20. Juni 1984 festgestellte Verletzungen der Dienstvorschrift zur Verhütung und Bekämpfung von Bahnbetriebsunfällen im Verantwortungsbereich der Reichsbahndirektion Halle

Quelle: BArch, MfS, ZAIG 3425, Bl. 1–7 (5. Expl.).
Serie: Informationen.
Verteiler: Arndt – MfS: Mittig, Leiter HA XIX (Braun), ZAIG/1, Ablage.
Bemerkungen: Der Akte liegt eine Information (16/85) der HA XIX vom 22.2.1985 über die Hauptverhandlung gegen die verantwortlichen Gleisarbeiter bei (Bl. 8–9). Darauf handschriftlich vermerkt: »Gen. [unleserlicher Name] danach Ablage Genn. Schröter (Information beifügen)« mit zwei nicht zuordenbaren Unterschriften, daneben Datum 22.2.85. Laut dieser Information fand am 7.2.1985 in Delitzsch die Hauptverhandlung gegen vier Gleisarbeiter statt, gegen die die BV Halle den OV »Gleisverwerfung« geführt hat. Die Beschuldigten im Alter zwischen 24 und 44 Jahren wurden zu Freiheitsstrafen zwischen acht Monaten auf Bewährung und einem Jahr und drei Monaten verurteilt. Der Bericht hält fest, es sei nicht auszuschließen, dass im Bahnnetz der DDR weitere mangelhafte Gleise existieren, die von entgegen der Vorschriften unzureichend qualifizierten Schweißern verlegt wurden. Darüber sei am 16.1.1985 auch der Minister für Verkehrswesen (Otto Arndt) informiert worden.

Am 20.6.1984 entgleisten 14 Güterwaggons des Güterzuges Frankfurt/Oder – Roßleben im Streckenbereich Hohenroda – Delitzsch infolge einer Gleisverwerfung. Der verursachte Schaden betrug insgesamt etwa 548 000 Mark. Der Bahnbetriebsunfall ist nach den vom MfS gemeinsam mit Experten geführten Untersuchungen zweifelsfrei auf eine Verletzung der Bestimmungen der Oberbauvorschrift der Deutschen Reichsbahn zurückzuführen.

Wie die Untersuchungen ergaben, haben Angehörige des Bauzuges 601 des Gleisbaubetriebes Bitterfeld (ein der Reichsbahnbaudirektion Berlin unterstehender Betrieb) beim Bau des lückenlosen Gleisabschnittes im Winterhalbjahr 1983/1984 (Inbetriebnahme 13.12.1983; ab 13.2.1984 erfolgte Zulassung der Geschwindigkeit auf 100 km/h)
- Schienen teilweise nicht gelängt;[1] dadurch konnten auftretende mechanische Spannungsverhältnisse im betreffenden Gleis nicht neutralisiert werden;

---

[1] Um die physikalischen Kräfte, die beim temperaturbedingten Ausdehnen und Zusammenziehen von Gleisen über die verschiedenen Jahreszeiten hinweg wirken, zu simulieren, werden Gleise beim Verlegen erwärmt und damit »gelängt«.

– beim Verlegen des Gleises die geforderten Schweißlücken nicht eingehalten;
– Messwerte für die Verlege- und Verspannungstemperaturen nicht den realen Tatsachen entsprechend in den Abnahmedokumenten ausgewiesen; die falschen Werte sind ohne Überprüfung von der Leitung des Gleisbaubetriebes an die Staatliche Bauaufsicht weitergeleitet worden.

Durch diese vorschriftswidrige Arbeitsweise des Gleisbaubetriebes Bitterfeld kam es am Tage des Bahnbetriebsunfalls infolge erhöhter Außentemperaturen zu Spannungen im lückenlosen Gleis und dadurch bedingt zu einer Gleisverwerfung, was letztendlich die Zugentgleisung herbeiführte.

Wie die geführten Untersuchungen ergaben, hat es die Leitung des Gleisbaubetriebes Bitterfeld unterlassen, eine ständige Kontrolle über die ordnungsgemäße Bauausführung im lückenlosen Gleis auszuüben, sodass der vorschriftswidrige Zustand nach Abschluss der Verlegearbeiten und Fertigstellung dieses Gleisabschnittes unerkannt blieb.

Wie aus der von Experten des Zentrums für Material- und Energieökonomie des Verkehrswesens angefertigten Expertise hervorgeht (technische Untersuchung von dem Ereignisort entnommenen Schweißstellen), waren die vorgeschriebenen Schweißlücken bei den Verlegearbeiten nicht eingehalten worden, dem Schweißgut vorschriftswidrig Eisenteile – »Schrott« zur Erhöhung der Stahlmasse – beigegeben worden, wodurch nicht die erforderliche Härte an den die Schienenenden miteinander verbindenden Schweißnähten entstand (Gefahr für Schienenbrüche und Haarrisse).

Darüber hinaus erfolgte – offensichtlich aufgrund unzureichender Maßhaltigkeit der Schweißstellen – eine unzulässige Auftragsschweißung mit nachträglicher Wärmebehandlung.

Auf diese Weise wurden bei der Verlegung des lückenlosen Gleises entstandene Unebenheiten bei der Schweißnaht ausgeglichen, indem eine autogene Auftragsschweißung erfolgte mit dem Ziel, die ebenflächige Befahrbarkeit der Schienenverbindung herzustellen. (Die nachträgliche Wärmebehandlung diente lediglich dazu, die Haltbarkeit der Auftragsschweißung mit der Schweißnaht zu gewährleisten.)

Die Verstöße gegen die Oberbauvorschrift zur Verlegung lückenloser Gleise wurden durch eine mangelhafte Leitungstätigkeit begünstigt. So führte das doppelte Unterstellungsverhältnis der Schweißtrupps (disziplinarisch dem Leiter des Bauzuges und fachlich der Gruppe Schweißtechnik unterstellt) u. a. dazu, dass der Leiter des Bauzuges im Interesse der Einhaltung von Terminstellungen die Schweißer auch als Gleisbauarbeiter einsetzte, sich selbst aber nicht für bei Schweißarbeiten begangene Verstöße gegen die bestehende Vorschrift bzw. die dabei aufgetretenen Qualitätsmängel fachlich verantwortlich fühlte.

Dadurch blieben die Qualitätsmängel bei der lückenlosen Gleisverlegung infolge des Unterbleibens einer konkreten Kontrolle unerkannt.

Weitere festgestellte Mängel in der Leitungstätigkeit des gesamten Gleisbaubetriebes Bitterfeld bestanden u. a. darin, dass keine Kontrolle der Arbeiten der Schweißtrupps zur Einhaltung der Qualitätsparameter und der exakten Nachweisführung über die Einhaltung der technischen und technologischen Bauvorschriften (lt. DV 820 und Anhänge)[2] bestand.

Des Weiteren führte eine ausschließlich auf »Leistung« orientierte Leitungstätigkeit zur Unterschätzung der politisch-ideologischen Klärung von Grundfragen über Sicherheit, Ordnung und Disziplin sowie zu der nur unvollständigen Beachtung und Anwendung der in den Dienstvorschriften festgelegten Rechtsnormen.

Auch die Anleitung und Kontrolle der Arbeitskräfte und der mittleren leitenden Kader in den Bauzugeinheiten des Gleisbaubetriebes entsprach nicht den Erfordernissen, insbesondere fehlen dazu in den entsprechenden Funktionsplänen der Leitungskader des Gleisbaubetriebes diesbezügliche Festlegungen.

Im Ergebnis der geführten Untersuchung sind zwischenzeitlich sämtliche Schienenverlegearbeiten, die vom Gleisbaubetrieb Bitterfeld im Winterhalbjahr 1983/1984 durchgeführt wurden, nachträglich technisch überprüft worden. Weitere Mängel in der lückenlosen Gleisverlegung sind bisher nicht festgestellt worden. Dieser Feststellung steht jedoch die Tatsache entgegen, dass der Gleisbaubetrieb Bitterfeld am 28.8./29.8.1984 während einer Sperrpause (zeitlich festgelegte Betriebsruhe) der Bahnmeisterei Halle im Güterzugsauszugsgleis Nordhausen–Halle im Bereich des Güterbahnhofes Halle – im Januar 1984 verlegt – einen Spannungsausgleich durchführte. In diesem Streckenbereich hatten Angehörige des schadensverursachenden Bauzuges 601 Arbeiten zur Gleisverlegung ausgeführt.

Wie von Experten dazu eingeschätzt wird, sei diese Maßnahme so zu werten, dass offensichtlich in Kenntnis in der Vergangenheit begangener analoger Verstöße gegen die Oberbauvorschrift und den daraus resultierenden möglichen Gefährdungen für die Betriebsführung in diesem Gleisbereich zusätzlich Arbeiten durchgeführt wurden. Dadurch sollten nachträglich erkannte Mängel beseitigt werden.

Wie weiter festgestellt wurde, kam die seitens der Deutschen Reichsbahn zur Untersuchung des Bahnbetriebsunfalls eingesetzte Kommission der Reichsbahndirektion Halle und des Gleisbaubetriebes Bitterfeld im Verlauf ihrer Ermittlungen zu keinen konkreten Feststellungen bezüglich der Ursache der Gleisverwerfung.

Erst durch die im Rahmen der vom MfS initiierten Untersuchungen, vor allem durch die Einbeziehung von Experten (Eisenbahnanlagen, Institut für Ei-

---

2 Vgl. DV 820, Oberbauvorschriften (Obv); BArch, DM 1/41775.

senbahnwesen, Inspektionen für Arbeits- und Produktionssicherheit), konnten die tatsächlichen Ursachen der Entgleisung, die begünstigenden Umstände und Bedingungen zweifelsfrei geklärt werden.

Dabei zeigte sich, dass die von den Mitgliedern der Untersuchungskommission (RBD Halle/Gleisbaubetrieb Bitterfeld) geführten Ermittlungen oberflächlich durchgeführt worden waren und nicht dazu beitrugen, die tatsächlichen Ursachen und begünstigenden Bedingungen herauszuarbeiten.

Es wurden lediglich »Vermutungen« über eventuell vorliegende Verstöße gegen die Oberbauvorschrift angestellt, den Unterlagen der Staatlichen Bauaufsicht und des Gleisbaubetriebes bedenkenlos Glauben geschenkt, keine kritische Wertung der – wie zwischenzeitlich nun festgestellt – falsche Messdaten ausweisenden Unterlagen vorgenommen.

Die Durchführung bekannter Überprüfungsmethoden am lückenlosen Gleis wurde ebenfalls nicht in Erwägung gezogen.

Gründliche Untersuchungen am Ereignisort sind nicht durchgeführt worden.

Der von dieser Untersuchungskommission ermittelte Schaden wurde lediglich mit 86 000 Mark angegeben.

Wie die vorliegenden Untersuchungsergebnisse des MfS zu diesem Bahnbetriebsunfall zeigen, sind bei der konsequenten Umsetzung der in Auswertung schwerer Vorkommnisse durch das Ministerium für Verkehrswesen angewiesenen Maßnahmen zur Gewährleistung der Sicherheit erhebliche Mängel zugelassen worden.

Es wird deshalb vorgeschlagen, vor allem im Verantwortungsbereich des Hauptdienstzweiges Bahnanlagen und der Reichsbahndirektionen eine Reihe weiterführender Maßnahmen bezüglich der Einhaltung bestehender Vorschriften bzw. deren praktische Umsetzung einzuleiten sowie entsprechende Entscheidungen herbeizuführen.

Das betrifft insbesondere:
- die Schulung der an der Verlegung lückenloser Gleise eingesetzten Beschäftigten der Deutschen Reichsbahn sollte inhaltlich so qualifiziert werden, dass diese in die Lage versetzt werden, die vorgeschriebenen technologischen Forderungen einzuhalten;
- die Schweißtrupps sollten fachlich und disziplinarisch – gegebenenfalls als spezielle Struktureinheiten – einheitlich unterstellt werden, um dadurch die erforderlichen Voraussetzungen für eine Selbstkontrolle und Abnahme für die von diesen Kräften verlegte lückenlosen Gleise zu schaffen;
- die Einführung eines verbindlichen Nachweises über den Einsatz der Schweißtrupps, deren Leistungen und erreichte Qualitätskennziffern;
- eine Überprüfung und Überarbeitung geltender Vorschriften für die Verlegung lückenloser Gleise;
- Einleitung von Maßnahmen zur Erhöhung der Wirksamkeit technischer Kontrollen und der Staatlichen Bauaufsicht zur Gewährleistung einer exakten Abnahme lückenloser Gleise nach deren Fertigstellung;

– Erlass von verbindlichen Festlegungen für persönliche Verantwortlichkeiten zur Ursachenermittlung bei eingetretenen Schadensereignissen;
– die Festlegung von Maßnahmen zur Auswertung von verallgemeinerungswürdigen Erkenntnissen aus den gegen die Schadensverursacher eingeleiteten strafprozessualen Maßnahmen im Zusammenwirken mit den betreffenden Rechtspflegeorganen in den Gleisbaubetrieben der Deutschen Reichsbahn.

1. Februar 1985

Information Nr. 52/85 über eine Demonstrativhandlung einer Bürgerin der DDR vor dem Interhotel »Potsdam« in Potsdam

Quelle: BArch, MfS, ZAIG 3433, Bl. 1–4 (10. Expl.).
Serie: Informationen.
Verteiler: Honecker, Dohlus, (Werner) Krolikowski, – MfS: Mittig, Neiber, Leiter HA VI (Fiedler), Leiter HA XIX (Braun), Leiter BV Potsdam (Leibholz), Riedel (ZAIG), Ablage.

Am 30. Januar 1985, gegen 21.00 Uhr beging die DDR-Bürgerin *Reiter*, Katharina (25),[1] beschäftigt als Bearbeiterin für Verkehrsökonomie im VEB Deutrans Potsdam-Babelsberg, eine Demonstrativhandlung, indem sie sich vor dem Haupteingang des Interhotels »Potsdam« auf den Erdboden legte und mit einer Steppdecke zudeckte. Neben sich hatte sie den Kinderwagen, in dem sich ihre einjährige Tochter befand, abgestellt.

Am Kinderwagen war ein Pappschild (40 × 40 cm) mit der handschriftlich gefertigten Aufschrift: »Dreiköpfige Familie sucht Wohnung« angebracht. Aufforderungen von Mitarbeitern des Interhotels, den Haupteingang unverzüglich zu verlassen, leistete die *Reiter* nicht Folge und beschimpfte das Hotelpersonal, worauf die Deutsche Volkspolizei verständigt wurde.

Bis zum Eintreffen von Angehörigen der DVP (21.15 Uhr) entstand am Hoteleingang eine Ansammlung von etwa 30 Personen (ausschließlich DDR-Bürger), die sich ablehnend über die Handlungsweise der *Reiter* äußerten.

Der Forderung der Angehörigen der DVP, sich zu erheben, kam die *Reiter* nur widerwillig nach. Das mitgeführte Kind wurde unverzüglich der ärztlichen Betreuung zugeführt.

Die bisher geführten Untersuchungen ergaben, dass die *Reiter* mit ihrem Ehemann (26, Kellner, tätig in der Gaststätte »Zum Rathaus« in Glindow, [Bezirk] Potsdam) und dem gemeinsamen Kind ein Zimmer der elterlichen 2,5-Raum-Wohnung bewohnt. [Passage mit schutzwürdigen Informationen nicht wiedergegeben]

Da es bereits vor ihrer Eheschließung im Juni 1984 beträchtliche Spannungen im Zusammenleben mit ihren Eltern gab, hatte die *Reiter* erstmalig am 1. Januar 1979 in ihrer damaligen Arbeitsstelle, im VEB Geräte- und Regler-Werk Teltow, einen Antrag auf Zuweisung eigenen Wohnraumes gestellt. Anfang 1983 während ihrer Schwangerschaft wurde sie bei der zuständigen Kommunalen Wohnungsverwaltung vorstellig und ersuchte um Bearbeitung ihres

---

1 Katharina Reiter, Jg. 1959, Industriekauffrau und Fachverkäuferin für Textilwaren, Ausbildung und Arbeit als Fachverkäuferin für Textilwaren, danach Ausbildung zur Industriekauffrau, 1982–86 Bearbeiterin für Verkehrsökonomie beim VEB Deutrans, 1986–2004 Sachbearbeiterin im Einkauf bei VEB Zylinderschlösser bzw. später BAB-IKON GmbH, 2006–13 Verkaufsstellenverwalterin im Textilvertrieb.

Gesuches. Ihr aus Rostock stammender Ehemann, der sich seit 1981 in Potsdam aufhält und bis zu seiner Eheschließung im Ledigenwohnheim des Interhotels »Potsdam« – seiner ehemaligen Arbeitsstelle – wohnte, ist gegenwärtig immer noch polizeilich in Rostock gemeldet. Diese Anmeldung erhielt er aufrecht, um seine dortige AWG-Einraumwohnung eventuell zum Tausch anbieten zu können. Mehrmals annoncierte Tauschangebote schlugen jedoch fehl.

Kurz vor ihrer Heirat wandte sich die *Reiter* mit einer Eingabe an den Oberbürgermeister der Stadt Potsdam, um eine zügigere Bearbeitung ihres Wohnungsantrages zu erreichen. In der von Beauftragten des Oberbürgermeisters mit ihr geführten Aussprache wurde ihr nahegelegt, entweder die Wohnung in Rostock zu tauschen und zu versuchen, die AWG-Anteile von einer Potsdamer Genossenschaft übernehmen zu lassen oder mit der Familie nach Rostock zu ziehen. Das Ehepaar entschloss sich, in Potsdam zu bleiben und stellte deshalb im August 1984 an die AWG »Karl Marx« in Potsdam einen Antrag auf Mitgliedschaft.

Die Bearbeitung zog sich jedoch längere Zeit hin, sodass die Aufnahme erst Mitte Januar 1985 erfolgte. Als am 29. Januar 1985 aus Rostock an das Ehepaar die Mitteilung einging, dass es auf die dortige Wohnung keinen Anspruch mehr hätte, löste diese Nachricht bei beiden Ehegatten Ratlosigkeit aus und führte zu ernsthaften gegenseitigen Vorwürfen.

In dieser Situation fasste die *Reiter* den spontanen Entschluss zur Durchführung der dargelegten Handlung mit dem Ziel, ihrem Verlangen nach Veränderung ihrer derzeitigen Wohnverhältnisse besonderen Nachdruck zu verleihen.

Zur Persönlichkeitsentwicklung der *Reiter* wurde bekannt, dass sie gelernte Fachverkäuferin ist und von 1979 bis 1982 als Sachbearbeiterin in der Kaderabteilung des VEB Geräte- und Regler-Werk Teltow tätig war. Als FDJ-Sekretär leistete sie auf dieser Arbeitsstelle eine aktive gesellschaftliche Arbeit. In Beurteilungen wird ihr bescheinigt, eine umsichtige, gewissenhafte und selbstständige Arbeit durchzuführen.

[Passage mit schutzwürdigen Informationen nicht wiedergegeben]

Der 1. Sekretär der Bezirksleitung der SED, der Vorsitzende des Rates des Bezirkes und der Oberbürgermeister von Potsdam wurden über diese Ergebnisse informiert. Der Stadtrat für Wohnungswesen und der Bereichsleiter Wohnraumlenkung beim Rat der Stadt Potsdam wurden beauftragt, Maßnahmen zur kurzfristigen Lösung des Wohnungsproblems der Familie *Reiter* einzuleiten.

Vom MfS wird die Lösung dieses Problems unter Kontrolle gehalten.

13. Februar 1985

Information Nr. 64/85 über erste interne Reaktionen des Vorstandes der Konferenz der Evangelischen Kirchenleitungen in der DDR zum Gespräch zwischen dem Vorsitzenden des Staatsrates der DDR, Genossen Erich Honecker, und dem Vorsitzenden der Konferenz der Evangelischen Kirchenleitungen, Landesbischof Dr. Hempel/Dresden am 11. Februar 1985

Quelle: BArch, MfS, ZAIG 3435, Bl. 1–5 (8. Expl.).
Serie: Informationen.
Verteiler: Honecker, Bellmann, Gysi – MfS: Mittig, Leiter HA XX (Kienberg), HA XX/4, ZAIG/1, Ablage.
Verweis: Information 84/85.

Streng internen Hinweisen zufolge fand in den Nachmittagsstunden des 11. Februar 1985 eine geschlossene Sitzung des Vorstandes der Konferenz der Evangelischen Kirchenleitungen (KKL) in der DDR statt,[1] während der eine erste Auswertung des Gesprächs im Staatsrat durch Bischof *Hempel*[2] vorgenommen wurde.[3]

Bischof *Hempel* führte aus, er sehe im stattgefundenen Gespräch eine Bekräftigung und Vertiefung des Grundsatzgespräches vom 6. März 1978;[4] die Erwartungshaltung der Kirche betrachte er als erfüllt. Es sei richtig gewesen,

---

1 Die Konferenz der Evangelischen Kirchenleitungen (KKL) war ein Leitungsgremium der evangelischen Kirche in der DDR. Spätestens mit dem Mauerbau 1961 war die gesamtdeutsche Organisation der evangelischen Kirche nicht mehr möglich. Darum entstanden im Laufe der 1960er-Jahre eigenständige Strukturen in der DDR wie der Bund der Evangelischen Kirchen in der DDR (BEK) mit seinem zweimonatlich tagenden Leitungsgremium, der KKL.
2 Johannes Hempel, Jg. 1929, evangelischer Theologe, 1958–63 Pfarrer an der Thomas-Kirche in Leipzig, 1963–71 Studentenpfarrer in Leipzig, ab 1972 Landesbischof der Evangelisch-Lutherischen Kirche Sachsens, 1982–86 Vorsitzender des BEK, 1983–86 Leitender Bischof der VELKD.
3 Am 11.2.1985 trafen sich der Vorsitzende des BEK Johannes Hempel und Erich Honecker zu einem Gespräch, an dem auch der Staatssekretär für Kirchenfragen Klaus Gysi, der Sekretär des Staatsrates Heinz Eichler und der Leiter des Sekretariats der BEK Martin Ziegler teilnahmen. Bei dem Treffen ging es in erster Linie darum, das Spitzengespräch vom 6.3.1978 symbolisch zu erneuern, das eine neue Beziehung zwischen SED-Führung und evangelischer Kirche in der DDR eingeleitet hatte. Vgl. Begegnung Erich Honecker mit Landesbischof Dr. Johannes Hempel. In: ND v. 12.2.1985, S. 1.
4 Am 6.3.1978 kam es zu einem Treffen des Staatsratsvorsitzenden Erich Honecker mit der Evangelischen Kirchenleitung. Neben Delegationsleiter Albrecht Schönherr nahmen Manfred Stolpe, Christina Schultheiß und Werner Krusche teil. Das Gespräch verdeutlicht die Einsicht in die fortdauernde Existenz von sozialistischer Staatsordnung und christlichem Gemeindeleben in der DDR. Am Ende stand ein Stillhalteabkommen: Die Kirche verzichtete auf politische Konfrontationen und behielt dafür ihre institutionelle Eigenständigkeit bei. Honecker gestattete überdies innerkirchliche Druckerzeugnisse und Organisationsfrei-

keine Sachprobleme in den Mittelpunkt zu stellen, sondern das Gemeinsame, das Grundsätzliche, insbesondere die Probleme der Erhaltung des Friedens hervorzuheben.

Als bedeutungsvoll stelle sich für ihn – *Hempel* – die Einheit von Partei und Regierung in der Person des Staatsratsvorsitzenden[5] dar. Das »persönliche Profil« des Staatsratsvorsitzenden habe ihn angenehm überrascht. Für ihn sei erstaunlich gewesen, welche detaillierte Sachkenntnis der Staatsratsvorsitzende über kirchliche Probleme gehabt habe.

Bischof *Hempel* hob weiter hervor, er sehe »zwei wichtige Dinge, über die nicht mehr debattiert werden muss«:
– Es könne eindeutig ein weiter angewachsenes Vertrauen zwischen Staat und Kirche konstatiert werden.
– Die gegenseitige Respektierung habe eine hohe Qualität erreicht.

Oberkirchenrat *Ziegler*[6] ergänzte die Ausführungen von Bischof *Hempel*, hob die im Gespräch erfolgte Würdigung der Diakonie hervor und begrüßte insbesondere die in Aussicht gestellte Altersversorgung der Diakonissen.[7]

Hempel und *Ziegler* brachten zum Ausdruck, sie seien sich aber auch bewusst, dass es Kräfte im kirchlichen Raum geben wird, denen gegenüber das stattgefundene Gespräch verteidigt werden müsse. Insbesondere müsse mit neuen Störmanövern durch die Westpresse gerechnet werden.

Konsistorialpräsident *Stolpe*[8] wertete das Gespräch als »Erleichterung für den Kurs der Kirchenleitungen, die positiv zur Entwicklung in Staat und Gesellschaft Stellung nehmen«.

Durch solche Gespräche würden Auftritte, wie z. B. von Pfarrer *Orphal*/Berlin[9] auf der Konstituierung des Komitees zur Vorbereitung des 750-jähri-

---

heit, christliche Gefängnisseelsorge, staatliche Zuschüsse für evangelische Kindergärten und einen begrenzten Auftritt kirchlicher Vertreter in Rundfunk und Fernsehen.

5 Gemeint ist Erich Honecker, der ab 1971 SED-Chef und ab 1976 auch Staatsratsvorsitzender war.

6 Martin Ziegler, Jg. 1931, evangelischer Theologe, 1968–74 Superintendent in Merseburg, 1975–83 Direktor des Diakonischen Werkes der Inneren Mission, übernahm 1983 als Oberkirchenrat und Nachfolger von Manfred Stolpe die Leitung des Sekretariats des Bundes der Evangelischen Kirchen in der DDR.

7 Zwischen Diakonie und Staat gab es in der DDR immer wieder Konflikte über den Status der Beschäftigen in kirchlichen Einrichtungen. Am 1.3.1985 erreichten beide Seiten eine Vereinbarung über die Rentenversorgung der Diakonissen, die deren Renten mit denen der übrigen Werktätigen in der DDR gleichstellte. Vgl. Grelak, Uwe; Pasternack, Peer: Das kirchliche Berufsbildungswesen in der DDR (HoF-Arbeitsbericht 105). Halle 2018.

8 Manfred Stolpe, Jg. 1936, Kirchenjurist und SPD-Politiker, 1969–81 Oberkonsistorialrat und Leiter des Sekretariats des Bundes der Evangelischen Kirchen in der DDR, 1982–90 Konsistorialpräsident der Evangelischen Kirche in Berlin-Brandenburg, 1990–2002 Ministerpräsident des Landes Brandenburg.

9 Helmut Orphal, Jg. 1926, evangelischer Theologe, 1963–91 Pfarrer an der Berliner Marienkirche.

gen Jubiläums von Berlin,[10] »kirchenoffiziell untermauert«. Es käme jetzt darauf an, die positive Wertung des Gespräches schnellstens bis zur mittleren und unteren kirchlichen Ebene zu popularisieren.

Präses *Wahrmann*[11] betonte, er sehe in diesem Gespräch eine kontinuierliche Fortsetzung des 1978 eingeschlagenen kirchenpolitischen Kurses von Bischof *Schönherr*/Berlin,[12] jedoch auch eine Würdigung der Person des Bischofs *Hempel* als Vorsitzender der KKL in der DDR und als einer der Präsidenten des Weltkirchenrates.

Bischof *Gienke*[13] brachte zum Ausdruck, er persönlich hätte »eine größere Präsenz kirchlicher Vertreter bei dem Gespräch für günstiger erachtet«. Er votiere nach wie vor für ein Gespräch des Vorstandes der KKL beim Staatsratsvorsitzenden. Er halte zumindest die Einbeziehung der Stellvertreter des Vorsitzenden der KKL in derartige Gespräche (Stellvertreter sind *Gienke* und *Stolpe*) für unerlässlich.

Konsistorialpräsident *Stolpe* vertrat dazu die Auffassung, gegenwärtig sei nicht der Zeitpunkt, »Erwartungsdruck zu erzeugen«. Er halte ein derartiges

---

10 Im Jahr 1987 beging Berlin seine 750-Jahr-Feier. Die besondere Situation der geteilten Stadt im Kalten Krieg erzeugte in beiden Stadtteilen einen regelrechten Wettbewerb der Festlichkeiten. Die DDR stufte das Jubiläum schon früh als Staatsereignis ein. In den Jahren zuvor begann bereits eine rege Bau- und Sanierungstätigkeit, um die Stadt für das Jubiläum herzurichten. So entstand etwa das Nikolaiviertel nach historischem Vorbild neu oder der damalige Platz der Akademie (heute Gendarmenmarkt) wurde mit seinen historischen Bauten, wie dem Schauspielhaus, wieder instand gesetzt. Vgl. Thijs, Krijn: Klopfzeichen und Feierkonkurrenz. Das Stadtjubiläum von 1987 in Ost- und West-Berlin. In: Deutschland Archiv v. 9.10.2017, online abrufbar unter: www.bpb.de/themen/deutschlandarchiv/257400 (letzter Abruf: 11.6.2024).
11 Siegfried Wahrmann, Jg. 1918, Kaufmann, 1970–87 Präses der Landessynode der Evangelisch-Lutherischen Landeskirche Mecklenburgs, ab 1973 Vize- und 1977–85 Präses der Bundessynode, 1967–89 inoffizieller Mitarbeiter der Staatssicherheit. Zu Wahrmanns IM-Tätigkeit vgl. Besier, Gerhard: Der SED-Staat und die Kirche. Höhenflug und Absturz. Frankfurt/M. 1995, S. 483–486; Frank, Rahel: »Realer – Exakter – Präziser«? Die DDR-Kirchenpolitik gegenüber der Evangelisch-Lutherischen Landeskirche Mecklenburgs von 1971 bis 1989. 2., überarb. Aufl., Schwerin 2009, S. 250–265.
12 Albrecht Schönherr, Jg. 1911, evangelischer Theologe, 1951–62 Direktor des von ihm gegründeten Predigerseminars in Brandenburg, 1958 Mitbegründer des Weißenseer Arbeitskreises, 1969 Mitbegründer des Bundes der Evangelischen Kirchen (BEK) in der DDR und bis 1981 Vorsitzender der Konferenz der Evangelischen Kirchenleitungen, 1972–81 Bischof der Ostregion der Berlin-Brandenburgischen Kirche, vertrat eine moderate Kirchenpolitik gegenüber dem Staat, am 6.3.1978 leitete er die Delegation des BEK bei einem Treffen mit SED-Generalsekretär Erich Honecker.
13 Horst Gienke, Jg. 1930, evangelischer Theologe, 1969–89 Mitglied der Synode des BEK und der Konferenz der Kirchenleitungen, 1972–89 Bischof der Evangelischen Landeskirche Greifswalds, 1973–76 und 1987–89 Vorsitzender des Rates der Evangelischen Kirche der Union in der DDR, 1982 Leiter der Delegation des Kirchenbundes zur Weltkonferenz »Religiöser Vertreter für die Rettung der heiligen Gabe des Lebens vor einer nuklearen Katastrophe« in Moskau, November 1989 Vertrauensentzug durch die Landessynode und Rücktritt vom Bischofsamt, galt als Verfechter des Konzepts einer »Kirche im Sozialismus«, die an einer Zusammenarbeit mit staatlichen Institutionen interessiert war.

Gespräch erst nach Bildung des neuen Vorstandes für möglich und zweckmäßig. (Vom 31. Januar bis 2. Februar 1986 findet die konstituierende Synode des Bundes der Evangelischen Kirchen in der DDR und die Wahl ihrer leitenden Gremien statt.) *Stolpe* führte weiter aus, es sei wichtig, die Klärung von Sachfragen fortzusetzen. Er sehe deshalb das für den 4. März 1985 vorgesehene Sachgespräch im Staatssekretariat für Kirchenfragen für eine abschließende Klärung des Diakonissenproblems als außerordentlich wichtig an.[14] Mit der Klärung dieses Problems könne auf der vom 8. bis 10. März 1985 in Buckow stattfindenden Klausurtagung der KKL eine durchgängige und breitenwirksame Würdigung und Popularisierung des Gespräches vom 11. Februar 1985 erfolgen.

Es wurde festgelegt, auf eine eigene Pressemitteilung über das Gespräch zu verzichten, jedoch eine »interne Hausmitteilung« bzw. »interne Sachinformation« an die Leitungen der acht Evangelischen Landeskirchen in der DDR herauszugeben.

Diese Information wird am 12. Februar 1985 gefertigt und soll zum Inhalt haben
- den Wortlaut der Ausführungen von *Hempel*,
- eine Hervorhebung, dass die Begegnung auf Anregung des Vorstandes der KKL zustande gekommen ist,
- die Feststellung, dass weitere Sachgespräche auf allen Ebenen beiderseitige Unterstützung finden werden,
- die Empfehlung, die Mitteilung der Kanzlei des Staatsrates sollte vorbehaltlos Verwendung finden.

Oberkirchenrat *Ziegler* wurde beauftragt, dem Staatssekretariat für Kirchenfragen über diese interne Hausinformation Mitteilung zu machen.

Der Direktor des Diakonischen Werkes, Oberkirchenrat *Petzold*/Berlin,[15] der über die Ausführungen des Staatsratsvorsitzenden über die Diakonie durch die Vorstandsmitglieder sofort in Kenntnis gesetzt wurde, begrüßte spontan die staatliche Würdigung der Leistungen des Diakonischen Werkes.

Er brachte u. a. zum Ausdruck, es sei ein bedeutungsvoller Umstand, dass gerade zum 10-jährigen Jubiläum der ersten Vereinbarung zwischen Staat und Diakonie über die Schwesternausbildung neue weitreichende Regelun-

---

14 Das Treffen, bei dem die Frage der Rentenversorgung der Diakonissen endgültig geklärt wurde, fand bereits am 1.3.1985 statt. Anwesend waren u. a. der Minister für Gesundheitswesen Ludwig Mecklinger, der Staatssekretär für Kirchenfragen Klaus Gysi, und der Vorsitzende der KKL Bischof Hempel. Vgl. Hohe Wertschätzung für die Diakonie. Vereinbarung über Rentenversorgung der Diakonissen unterzeichnet. In: Neue Zeit v. 2.3.1985, S. 1 f.
15 Ernst Petzold, Jg. 1930, evangelischer Theologe, 1976–90 Direktor des Diakonischen Werkes der Evangelischen Kirchen in der DDR.

gen in Aussicht gestellt würden.[16] Staat und Kirche seien gut beraten, diesen Fakt entsprechend positiv und öffentlichkeitswirksam zu würdigen. *Petzold* betonte weiter, das Diakonische Werk in der BRD könne nicht im Entferntesten ein solches Verhältnis zwischen Staat und Kirche verzeichnen, wie es sich in der DDR herausbildet. Die Diakonie in der DDR würde dies durch besonders gute Leistungen unter Beweis stellen.

Der Hauptausschuss des Diakonischen Werkes in der DDR beabsichtigt, auf seiner nächsten Sitzung Anfang März 1985 analog zur KKL die Ergebnisse der Begegnung zwischen dem Staatsratsvorsitzenden und dem Vorsitzenden der KKL auszuwerten und zu würdigen.

Die Information ist wegen Quellengefährdung nur zur persönlichen Kenntnisnahme bestimmt.

---

16 Am 2.6.1975 hatten Diakonie und Staat eine Pilotvereinbarung getroffen über die Ausbildung von evangelischen Krankenschwestern und -pflegern in 15 evangelischen Krankenhäusern in der DDR. Vgl. Grelak, Uwe; Pasternack, Peer: Das kirchliche Berufsbildungswesen in der DDR (HoF-Arbeitsbericht 105). Halle 2018.

27. Februar 1985

Information Nr. 84/85 über weitere Reaktionen kirchenleitender Kräfte in der DDR zum Gespräch zwischen dem Vorsitzenden des Staatsrates der DDR, Genossen Erich Honecker, und dem Vorsitzenden der Konferenz der Evangelischen Kirchenleitungen, Landesbischof Dr. Hempel/Dresden, am 11. Februar 1985

Quelle: BArch, MfS, ZAIG 3435, Bl. 6–14 (9. Expl.).
Serie: Informationen.
Verteiler: Honecker, Jarowinsky, Bellmann, Gysi – MfS: Mittig, Leiter HA XX (Kienberg), HA XX/4, Schorm (ZAIG), Ablage.
Anlage: Schnellinformation des Sekretariats des BEK (Abschrift).
Verweis: Information 64/85.

Vorliegenden Hinweisen zufolge wurden die Veröffentlichungen zum Gespräch des Vorsitzenden des Staatsrates, Genossen Erich *Honecker*,[1] mit Bischof *Hempel*[2] in kirchlichen Kreisen mit großem Interesse zur Kenntnis genommen.[3]

Der Inhalt der Meinungsäußerungen trägt überwiegend zustimmenden und positiven Charakter.

Bischof *Hempel* bewertete in internen Gesprächen mit kirchenleitenden Personen und im Landeskirchenamt in Dresden wiederholt seine Begegnung mit dem Genossen *Honecker* als »sehr gut und fruchtbar«, wobei er erneut den guten »Stil der Gesprächsführung« durch den Vorsitzenden des Staatsrates hervorhob.

Am 12. Februar 1985 nahm Bischof *Hempel* vor ca. 750 Anwesenden während eines ökumenischen Forums in der Annenkirche Dresden[4] auf An-

---

[1] Erich Honecker, Jg. 1912, SED-Funktionär, 1958–89 Mitglied des Politbüros, ab 1971 Erster Sekretär, ab 1976 Generalsekretär der SED, 1971–89 Vorsitzender des Nationalen Verteidigungsrates, 1976–89 Vorsitzender des Staatsrates.

[2] Johannes Hempel, Jg. 1929, evangelischer Theologe, 1958–63 Pfarrer an der Thomas-Kirche in Leipzig, 1963–71 Studentenpfarrer in Leipzig, ab 1972 Landesbischof der Evangelisch-Lutherischen Kirche Sachsens, 1982–86 Vorsitzender des BEK, 1983–86 Leitender Bischof der VELKD.

[3] Am 11.2.1985 trafen sich der Vorsitzende des BEK Johannes Hempel und Erich Honecker zu einem Gespräch, an dem auch der Staatssekretär für Kirchenfragen Klaus Gysi, der Sekretär des Staatsrates Heinz Eichler und der Leiter des Sekretariats des BEK Martin Ziegler teilnahmen. Bei dem Treffen ging es in erster Linie darum, das Spitzengespräch vom 6.3.1978 symbolisch zu erneuern, das eine neue Beziehung zwischen SED-Führung und evangelischer Kirche in der DDR eingeleitet hatte. Vgl. Begegnung Erich Honecker mit Landesbischof Dr. Johannes Hempel. In: ND v. 12.2.1985, S. 1.

[4] Das Gedenken an die Zerstörung Dresdens am Ende des Zweiten Weltkrieges durch britische und US-amerikanische Luftangriffe war seit 1982, als es oppositionellen kirchennahen Friedensgruppen gelang, eine große unabhängige Gedenkveranstaltung an der Ruine der Frauenkirche zu organisieren, ein heikles Datum für die offiziellen Kirchenvertreter. Die

fragen zum Gespräch am 11. Februar 1985 Stellung. Unter den ausländischen Gästen befanden sich u. a. der Erzpriester der Russisch-Orthodoxen Kirche, *Dawidow*/UdSSR,⁵ der Bischof von Coventry *Gibbs*/Großbritannien⁶ und Landessuperintendent *Badenhop*/Hannover⁷ (BRD).

Bischof *Hempel* betonte vor diesem Forum u. a., im Gespräch am 11. Februar 1985⁸ hätten folgerichtig »ungelöste Fragen« zwischen Staat und Kirche hinter denen der Erhaltung des Friedens zurückgestanden; dies sei »weder Anpassung noch Taktik« der Kirche gewesen. Wenn es zum Krieg kommen sollte, würden alle Gespräche nicht nur formal, sondern auch ihrer gesellschaftlichen Notwendigkeit nach schlagartig aufhören.

Weiter führte Bischof *Hempel* während des Forums aus, die Berichterstattung über das Treffen am 11. Februar 1985 in »Neues Deutschland«⁹ und in der »Aktuellen Kamera«¹⁰ sei »völlig korrekt« gewesen.

Er forderte dazu auf, die Veröffentlichung mehrmals zu lesen, da in seiner Rede Bemerkungen enthalten seien, »die für den Staat nicht ganz selbstverständlich« wären. Dabei bezog er sich auf die Formulierung: »Vertrauen zwischen Ihnen und uns wird in dem Maße wachsen, wie es für die Menschen an der Basis erfahrbar ist.«

Zerstörung Dresdens war bereits 1945 durch die NS-Propaganda und später durch kommunistische Propaganda zum anglo-amerikanischen Verbrechen gegen eine unschuldige Stadt umgedeutet worden. Grundsätzlich unterstützte die Kirchenführung nun am Beginn der 1980er-Jahre das Gedenken aus der Stadtgesellschaft heraus im Zusammenhang mit dem Eintreten für Frieden. Gleichzeitig fürchtete sie staatliche Repression und sorgte sich um ihre politische Unabhängigkeit, falls das Gedenken ein stark von oppositionellen Tendenzen bestimmt worden wäre. In der Folge versuchte die Kirchenführung seit 1982 in Absprache mit der Staatsmacht, selbst große Gedenkveranstaltungen in den Kirchen der Stadt durchzuführen, um den unabhängigen und für sie unkontrollierbaren Initiativen den Boden zu entziehen. Vgl. Neubert, Ehrhart: Die Geschichte der Opposition in der DDR 1949–1989. Bonn 1997, S. 395–398 u. 514. Vgl. außerdem Information 85/82 zu den Vorkommnissen am 13.2.1982.

5   Im Original: »Davidow«. Georgi Dawidow, Jg. 1950, russisch-orthodoxer Theologe, Studium in Moskau und Rom, ab 1984 Priester der russisch-orthodoxen Gemeinde in Dresden.
6   John Gibbs, Jg. 1917, anglikanischer Theologe, 1976–85 Bischof von Coventry.
7   Hartmut Badenhop, Jg. 1930, evangelischer Theologe, 1982–94 Landessuperintendent im Sprengel Hannover.
8   Am 11.2.1985 trafen sich der Vorsitzende des BEK Johannes Hempel und Erich Honecker zu einem Gespräch, an dem auch der Staatssekretär für Kirchenfragen Klaus Gysi, der Sekretär des Staatsrates Heinz Eichler und der Leiter des Sekretariats des BEK Martin Ziegler teilnahmen. Bei dem Treffen ging es in erster Linie darum, das Spitzengespräch vom 6.3.1978 symbolisch zu erneuern, das eine neue Beziehung zwischen SED-Führung und evangelischer Kirche in der DDR eingeleitet hatte. Vgl. Begegnung Erich Honecker mit Landesbischof Dr. Johannes Hempel. In: ND v. 12.2.1985, S. 1.
9   Begegnung Erich Honecker mit Landesbischof Dr. Johannes Hempel. In: ND v. 12.2.1985, S. 1.
10 Erich Honecker empfängt Bischof Johannes Hempel. In: Deutsches Rundfunkarchiv, Aktuelle Kamera v. 11.2.1985.

Die von Teilnehmern des Forums gestellten Fragen in Bezug auf das Treffen am 11. Februar 1985 hatten in einigen Fällen unterschwellig politisch provokativen Charakter, wie z. B.: »Welche Bedeutung hat die Friedensbewegung noch angesichts der totalen Militarisierung?«, »Wie wird man mit dem geteilten Deutschland fertig?«, »Was ist heute für Christen wichtiger, die Verbreitung des Evangeliums oder das Engagement für den Frieden?«.

Die Antworten durch kirchenleitende Kräfte waren sachlich und enthielten keine Angriffe gegen die DDR. Weitere Bezüge zum Treffen am 11. Februar wurden nicht hergestellt.

Vorliegenden Hinweisen zufolge bewerten viele kirchenleitende Kräfte, kirchliche Amtsträger und evangelische Christen das Zustandekommen und den Verlauf des Gesprächs zwischen Genossen Erich *Honecker* und Bischof *Hempel* als äußerst positiv und begrüßen es als Fortsetzung des Gedankenaustausches zwischen Staat und Kirche im Sinne des Grundsatzgesprächs vom 6. März 1978.[11]

Sie betonen, darin zeige sich die Kontinuität der Kirchenpolitik der DDR; das Gespräch sei eine gute Grundlage zur weiteren Stabilisierung der Beziehungen Staat – Kirche auf der Basis gegenseitigen Vertrauens.

Zustimmung findet im kirchlichen Bereich besonders die vom Genossen Erich *Honecker* vorgenommene Hervorhebung zum unverzichtbaren Einsatz von Christen und Kirchen für Frieden und Entspannung.

Eine Reihe kirchenleitender Kräfte und Amtsträger äußerte sich offen zustimmend zum Treffen und bewertete es als sichtbaren Ausdruck der in den letzten Jahren verbesserten Beziehungen zwischen Staat und Kirche in der DDR.

Aus allen evangelischen Landeskirchen der DDR wurden Beispiele bekannt, wonach besonders Amtsträger der mittleren und unteren kirchlichen Ebene das Gespräch als Ermunterung für die Fortführung ihres gesellschaftlichen Engagements zur Erhaltung des Friedens betrachten. In einigen Bezirken erklärten sich einige Pfarrer bereit, in Vorbereitung auf den 40. Jahrestag der Befreiung vom Faschismus öffentliche Stellungnahmen abzugeben.

---

11 Gemeint ist das Treffen des Staatsratsvorsitzenden Erich Honecker mit der evangelischen Kirchenleitung am 6.3.1978. Neben Delegationsleiter Albrecht Schönherr nahmen Manfred Stolpe, Christina Schultheiß und Werner Krusche teil. Das Gespräch verdeutlichte die Einsicht in die fortdauernde Existenz von sozialistischer Staatsordnung und christlichem Gemeindeleben in der DDR. Am Ende stand ein Stillhalteabkommen: Die Kirche verzichtete auf politische Konfrontationen und behielt dafür ihre institutionelle Eigenständigkeit bei. Honecker gestattete überdies innerkirchliche Druckerzeugnisse und Organisationsfreiheit, christliche Gefängnisseelsorge, staatliche Zuschüsse für evangelische Kindergärten und einen begrenzten Auftritt kirchlicher Vertreter in Rundfunk und Fernsehen. Siehe weiterführend Besier, Gerhard: Der SED-Staat und die Kirche 1969–1990. Berlin, Frankfurt/M. 1995, S. 243–246.

Als positiv wurde die an hervorragender Stelle erfolgte Berichterstattung über das Treffen in den Medien der DDR gewertet und betont, dies zeige den Stellenwert, der staatlicherseits dem Gespräch beigemessen wird.

Teilweise wurde mit Erstaunen registriert, dass die Äußerungen Bischof *Hempels* zur »Verwirklichung der Gleichberechtigung der Christen« in dieser Form in »Neues Deutschland« abgedruckt wurden.

Kritisch wird in Einzelfällen erwähnt, während der Begegnung seien keine kirchlichen Pressevertreter zugelassen gewesen. Damit würden evangelische Christen in der DDR nur »einseitig« informiert.

Hinweisen zufolge wurde von Amtsträgern mehrfach dahingehend reagiert, bisherige Informationen über den Inhalt des Gesprächs seien zu allgemein und ließen noch keine konkreten Schlussfolgerungen über Auswirkungen auf die kirchenpolitische Entwicklung »an der Basis« zu.

Teilweise wird erwartet, dass über Verlauf und Inhalt des Gesprächs am 11. Februar 1985 noch detailliertere kircheninterne Mitteilungen erfolgen, die über die Veröffentlichung in der Presse sowie über die vom Sekretariat des Bundes der Evangelischen Kirchen in der DDR am 11. Februar 1985 herausgegebene »Schnellinformation« hinausgehen.

(Der Wortlaut der »Schnellinformation« wird als Anlage beigefügt.)

In geringem Umfang werden von kirchlichen Amtsträgern intern Fragen nach den Gründen des Zustandekommens des Treffens aufgeworfen. Betont wird, der Staat habe dafür den günstigsten Zeitpunkt rechtzeitig in Vorbereitung auf den 8. Mai 1985 selbst bestimmt;[12] in anderen Fällen wird geäußert, die Staatsführung sei durch die Kirche »zu Gesprächen gedrängt worden«.

Mehrfach wird die Begegnung am 11. Februar 1985 als vorbereitendes Gespräch für weitere Treffen, auf denen »Sachfragen« in den Mittelpunkt rücken würden, gewertet (u. a. Mitglieder des evangelischen Konsistoriums der Kirchenprovinz Sachsen in Magdeburg) und die Frage gestellt, ob solche Treffen eventuell konkret vereinbart worden wären.

In zahlreichen internen Meinungsäußerungen kirchenleitender Kräfte und kirchlicher Amtsträger wird analysiert, welche konkreten Ergebnisse das Treffen für die Evangelische Kirche gebracht habe und in welcher Position sich die Kirchenleitung danach befinde. Hervorgehoben wird dabei die für die Kirche bestehende Möglichkeit, ständig im Gespräch zu bleiben und Standpunkte auf höchster Ebene vorzutragen, der damit geschaffene »Ausgangspunkt« für weiter folgende Gespräche Staat – Kirche bis zur Ebene der Bezirke und Kreise, die Möglichkeit für die Kirche, das Mitspracherecht der Christen im sozialistischen Staat in so entscheidenden Fragen wie dem

---

12 Gemeint ist der 40. Jahrestag des Endes des Zweiten Weltkrieges in Europa, der sowohl in der DDR als auch der Bundesrepublik große öffentliche Aufmerksamkeit erfuhr und von hoher geschichtspolitischer Bedeutung für die SED war.

Kampf um den Frieden, öffentlichkeitswirksam sichtbar zu machen, die erfolgte staatliche Würdigung der Leistungen der Diakonie.
Leitende Amtsträger aus dem diakonischen Bereich äußerten intern, es sei vorgesehen, in einer der nächsten Ausgaben der diakonischen Publikation »Frohe Botschaft« einen Beitrag über das Treffen und über die erfolgte Würdigung der Leistungen der Diakonie zu veröffentlichen.
– Einzelne Meinungsäußerungen kirchenleitender Personen beinhalteten kritische Haltungen gegenüber Bischof *Hempel* (u. a. durch Bischof *Leich*[13] und Mitglieder des Landeskirchenamtes der Evangelisch-Lutherischen Kirche in Thüringen) dahingehend, Bischof *Hempel* sei zwar in dem Gespräch als Vorsitzender der Konferenz der Evangelischen Kirchenleitungen in Erscheinung getreten, habe sein Auftreten jedoch vorher nicht mit diesem Gremium abgestimmt,
– das Gespräch sei im »Alleingang« von Bischof *Hempel* abgewickelt worden mit der Zielstellung der Aufwertung der eigenen Person,
– Bischof *Hempel* habe über den Rahmen einer solchen Begegnung hinaus Probleme der Basis angesprochen (»handhabbarere Richtlinien«) und deshalb keine konkreten Ergebnisse erreichen können,
– durch seine »kritischen Äußerungen« im Gespräch sei Bischof *Hempel* zum »unberechenbaren Partner« für den Staat geworden; dadurch seien möglicherweise weitere Gespräche abgeschnitten.

Bischof *Gienke*,[14] Evangelische Landeskirche Greifswald, äußerte erneut, er votiere für ein Gespräch des Vorstandes der KKL[15] beim Staatsratsvorsitzenden; damit werde die Präsenz eines solchen Treffens erhöht.

---

13 Werner Leich, Jg. 1927, evangelischer Theologe, 1954–69 Pfarrer in Wurzbach, 1969–78 Superintendent in Lobenstein, 1978–92 Landesbischof der Evangelisch-Lutherischen Kirche Thüringens, 1980–83 Vorsitzender des kirchlichen Lutherkomitees zum Lutherjahr 1983, 1986–90 Vorsitzender der Konferenz der Evangelischen Kirchenleitungen in der DDR.
14 Horst Gienke, Jg. 1930, evangelischer Theologe, 1969–89 Mitglied der Synode des BEK und der Konferenz der Kirchenleitungen, 1972–89 Bischof der Evangelischen Landeskirche Greifswalds, 1973–76 und 1987–89 Vorsitzender des Rates der Evangelischen Kirche der Union in der DDR, 1982 Leiter der Delegation des Kirchenbundes zur Weltkonferenz »Religiöser Vertreter für die Rettung der heiligen Gabe des Lebens vor einer nuklearen Katastrophe« in Moskau, November 1989 Vertrauensentzug durch die Landessynode und Rücktritt vom Bischofsamt, galt als Verfechter des Konzepts einer »Kirche im Sozialismus«, die an einer Zusammenarbeit mit staatlichen Institutionen interessiert war.
15 Die Konferenz der Evangelischen Kirchenleitungen (KKL) war ein Leitungsgremium der evangelischen Kirche in der DDR. Spätestens mit dem Mauerbau 1961 war die gesamtdeutsche Organisation der evangelischen Kirche nicht mehr möglich. Darum entstanden im Laufe der 1960er-Jahre eigenständige Strukturen in der DDR wie der Bund der Evangelischen Kirchen in der DDR (BEK) mit seinem zweimonatlich tagenden Leitungsgremium, der KKL.

Internen Hinweisen zufolge werden von zahlreichen kirchenleitenden Personen, Amtsträgern und christlichen Bürgern in Auswertung des Treffens bestimmte Erwartungshaltungen zum Ausdruck gebracht, die sich dem von Bischof *Hempel* angesprochenen Problem »handhabbarer Richtlinien« zuordnen lassen.

Insbesondere wird in diesem Zusammenhang zum Ausdruck gebracht:

Weitere Gespräche auf Bezirks- und Kreisebene würden im Sinne der Bewahrung und Vertiefung der Vertrauensbasis und der weiteren Verwirklichung von Gleichberechtigung und Gleichachtung christlicher Bürger folgen, um noch bestehende Unterschiede der Handhabung in konkreten Sachfragen zwischen staatlicher Führung und Basis auszugleichen.

Es werde angenommen, dass seitens der staatlichen Führung in Auswertung des Gespräches eine »konkrete Unterweisung« bis zu den staatlichen Funktionären auf Kreisebene erfolge, damit sich der vertrauensfördernde Charakter der Begegnung real bis in die Superintendenturen auswirken könne.

Ohne zentrale staatliche Durchsetzung bis in die unteren Ebenen bliebe der »Geist des Treffens« lediglich eine Absichtserklärung.

Es sei davon auszugehen, dass hinsichtlich der »seit längerer Zeit anstehenden Begegnung« zwischen leitenden Vertretern der Volksbildung und der Kirche »etwas in Bewegung kommen würde«.

Ein Gespräch auf zentraler Ebene müsse vor allem geführt werden zur »Gleichstellung« von Schülern christlichen Glaubens, zum Abbau von angeblichen Benachteiligungen bei Delegierungen zur EOS und zum Studium, zum Abbau des »Feindbildes«, zur Einschränkung des Unterrichtsfaches Wehrerziehung,[16] zur gleichberechtigten Mitwirkung von christlichen Elternteilen in ehrenamtlichen Funktionen der Volksbildung (Elternaktiv, Elternbeirat).

In absehbarer Zeit sei mit endgültigen Regelungen hinsichtlich der Altersversorgung für Diakonissen zu rechnen.[17]

Weitere konkretere Regelungen seien notwendig und würden erwartet bezüglich der Anmeldung und Genehmigung kirchlicher Veranstaltungen, der Herstellung von Druckerzeugnissen und deren Vervielfältigung im kirch-

---

16 Der Wehrkundeunterricht, auch Wehrerziehung genannt, fand ab dem 1.9.1978 Einzug in die Lehrpläne der 9. und 10. Klassen der POS. Ab Mai 1981 gab es ihn auch in den 11. Klassen der EOS. Am Ende der 9. Klasse mussten die Jungen in ein zwölftägiges Wehrlager. Die Mädchen und diejenigen Jungen, die aus Gesundheitsgründen nicht am Lager teilnehmen konnten oder die Ausbildung an Waffen verweigerten, hatten einen zwölftägigen Lehrgang in Zivilverteidigung zu absolvieren.
17 Zwischen Diakonie und Staat gab es in der DDR immer wieder Konflikte über den Status der Beschäftigten in kirchlichen Einrichtungen. Am 1.3.1985 erreichten beide Seiten eine Vereinbarung über die Rentenversorgung der Diakonissen, die deren Renten mit denen der übrigen Werktätigen in der DDR gleichstellte. Vgl. Grelak, Uwe; Pasternack, Peer: Das kirchliche Berufsbildungswesen in der DDR (HoF-Arbeitsbericht 105). Halle 2018.

lichen Bereich, der Erhöhung staatlicher finanzieller Zuwendungen bei der Werterhaltung kirchlicher Einrichtungen.

Es sei damit zu rechnen, dass erste positive Auswirkungen des Treffens und der Gesprächsvereinbarung während der Frühjahrssynoden der Evangelischen Landeskirchen spürbar und damit im Zusammenhang das Engagement der Christen für die Erhaltung des Friedens erhöht werden könnten. Die in einigen territorialen Bereichen zu beobachtende zunehmende Bereitschaft, auch kritische Fragen sachlich zu besprechen, könnte sich nach dem Treffen am 11. Februar 1985 möglicherweise noch verstärken.

Aus weiter vorliegenden internen Hinweisen ist bekannt, dass sich dem MfS hinlänglich bekannte kirchliche Amtsträger in Meinungsäußerungen zum Gespräch am 11. Februar 1985 zurückhalten. Von diesen Kräften werden nach Kenntnisnahme der Veröffentlichungen in der Presse sowie der »Schnellinformation« des Sekretariats des Bundes weitere Kommentierungen erwartet, um selbst Wertungen vornehmen zu können.

So äußerten u. a. Pfarrer *Eppelmann*/Berlin[18] und Landesjugendpfarrer *Bretschneider*/Dresden,[19] die bisherigen Mitteilungen seien »interessant«, man müsse jedoch »abwarten und beobachten« und könne erst später über Ergebnisse sprechen.

In geringem Umfang vorliegende Meinungsäußerungen politisch-negativer kirchlicher Kräfte beinhalten:

Durch das Gespräch werde nach außen hin der Eindruck verbesserter Beziehungen Staat – Kirche erweckt; die Benachteiligung von Christen in praktischen Einzelfragen herrsche weiterhin vor; dies würde jedoch der Bevölkerung verschwiegen bzw. sie würde getäuscht.

---

18 Rainer Eppelmann, Jg. 1943, evangelischer Theologe, 1966 Verweigerung des Eides als Bausoldat, Verurteilung zu acht Monaten Haft, 1975–89 Pfarrer der Samariter-Gemeinde in Berlin-Friedrichshain, 1979–86 Organisator von Blues-Messen (Gottesdienst mit Konzert) im Rahmen seiner kirchlichen Jugendarbeit, die einen Ausgangspunkt oppositioneller Aktivitäten bildeten, 1982 zusammen mit Robert Havemann Verfasser des »Berliner Appells« (»Frieden schaffen ohne Waffen«) zur Entmilitarisierung beider deutscher Staaten, daraufhin Inhaftierung durch das MfS vom 9. bis 11.2.1982, Herbst 1989 Mitbegründer des Demokratischen Aufbruchs (DA), Dezember 1989–März 1990 DA-Vertreter am Zentralen Runden Tisch, Februar 1990 Minister ohne Geschäftsbereich, ab März 1990 Vorsitzender des DA, ab April 1990 Minister für Abrüstung und Verteidigung, 1990–2005 Abgeordneter des Deutschen Bundestages für die CDU, seit 1998 Vorsitzender des Vorstandes der Stiftung zur Aufarbeitung der SED-Diktatur.

19 Harald Bretschneider, Jg. 1942, evangelischer Theologe, seit 1979 Landesjugendpfarrer der Sächsischen Landeskirche, einer der wichtigsten Inspiratoren und Aktivisten der kirchlichen Friedensarbeit, entwarf die Symbole »Schwerter zu Pflugscharen« sowie »Frieden schaffen ohne Waffen«, organisierte im November 1980 die erste Friedensdekade, initiierte 1983 das Forum »Frieden mit der Jugend« in Dresden, seit 1984 für das Netzwerk »Frieden konkret« engagiert.

Die Veröffentlichungen über das Gespräch in Presse und Fernsehen seien unzureichend und manipuliert; über die inhaltlichen Probleme der »offenen, ungelösten Fragen« sei nicht informiert worden.

Die Vertrauensfrage zwischen Staat und Kirche sei weiterhin offen, daran könne ein Einzelgespräch auch nichts ändern.

Das Gespräch sei nicht wie am 6. März 1978 mit mehreren Vertretern der Konferenz der Evangelischen Kirchenleitungen, sondern nur mit dem Vorsitzenden der Konferenz geführt worden, um »unbequemen Erörterungen« auszuweichen.

Dadurch sei die »Kluft zwischen der Kirchenleitung und den einfachen Christen« noch vergrößert worden.

Die Information ist wegen Quellengefährdung nur zur persönlichen Kenntnisnahme bestimmt.

Anlage zur Information Nr. 84/85

Schnellinformation des Sekretariats des Bundes der Evangelischen Kirchen in der DDR

An die Empfänger der *Schnellinformation des Bundes*

Am 11. Februar 1985 fand ein Gespräch zwischen dem Vorsitzenden des Staatsrates der DDR, Erich *Honecker,* und dem Vorsitzenden der Konferenz der Evangelischen Kirchenleitungen in der DDR, Landesbischof Dr. Johannes *Hempel,* im Gebäude des Staatsrates statt.

Dieses Gespräch war vom Vorstand der Konferenz der Evangelischen Kirchenleitungen angestrebt worden. Es hatte das Ziel, die Kontinuität der seit dem 6. März 1978 verfolgten Kirchenpolitik in der Öffentlichkeit erneut sichtbar werden zu lassen und auf der Grundlage eines gewachsenen gegenseitigen Vertrauens die in dem damaligen Gespräch mit dem Vorstand gesetzten Maßstäbe der Gleichberechtigung, Gleichachtung und Chancengleichheit aller Bürger unabhängig von ihrer Weltanschauung zu bekräftigen.

Der Vorstand der Konferenz der Kirchenleitungen drängt auf Fortsetzung des Gesprächsprozesses zwischen Staat und Kirche auf höchster Ebene, um zu handhabbaren Regelungen auch in den Bereichen zu kommen, in dem es offene und ungelöste Probleme gibt. Die Bitte um ein solches Gespräch über gegenwärtig anstehende Sachfragen wurde in der Begegnung ausdrücklich ausgesprochen. Der Vorsitzende des Staatsrates hat zugesagt, dieser Bitte zu entsprechen. Mit Rücksicht auf dieses in Aussicht genommene Sachgespräch wurde in der Ansprache des Vorsitzenden der Konferenz der Evangelischen Kirchenleitungen darauf verzichtet, einzelne konkrete Sachanliegen darzustellen.

An dem Gespräch nahmen ferner teil der Staatssekretär für Kirchenfragen, Klaus *Gysi,* und der Leiter des Sekretariats des Bundes der Evangelischen Kirchen in der DDR, Oberkirchenrat Martin *Ziegler,* sowie der Sekretär des Staatsrates, Heinz *Eichler.*

Eine Pressemitteilung des Staatsrates der Deutschen Demokratischen Republik über diese Begegnung ist vorgesehen. In der Anlage übermitteln wir den Wortlaut der Ansprache des Vorsitzenden der Konferenz der Evangelischen Kirchenleitungen.

7. März 1985

Erste Hinweise über Reaktionen der Bevölkerung der DDR auf die im ND vom 6. März 1985 veröffentlichte Mitteilung »Über 20 000 Ehemalige wollen zurück« [O/138]

Quelle: BArch, MfS, ZAIG 4189, Bl. 2–4.
Serie: Ablage O (Reaktionen der Bevölkerung).
Verteiler: Kein Nachweis für externe Verteilung – MfS: Mielke, Mittig, Neiber, Leiter ZKG (Niebling), Leiter HA VII (Büchner), Leiter ZAIG (Irmler).
Bemerkungen: Der Verteiler ist auf gesondertem Zettel vermerkt (Bl. 1).
Verweise: Berichte O/138a (2. Bericht) v. 11.3.1985 u. O/138b (3. Bericht) v. 19.3.1985.

Nach ersten vorliegenden Hinweisen hat die Mitteilung darüber, dass über 20 000 ehemalige DDR-Bürger ihren Wunsch nach Rückkehr in unsere Republik geäußert haben, umfangreiche Diskussionen ausgelöst.[1]

Bürger aller Bevölkerungsschichten haben die Veröffentlichungen mit großem Interesse verfolgt und stimmen dem politisch-offensiven Vorgehen der Partei- und Staatsführung, indem mit konkreten Beispielen vor allem die soziale Unsicherheit im kapitalistischen System eindrucksvoll belegt wird, vollinhaltlich zu.

Überwiegender Grundtenor der bisher bekannt gewordenen Meinungsäußerungen bezüglich des Wunsches ehemaliger DDR-Bürger nach Rückkehr in die DDR ist, man solle diesem Anliegen nicht nachkommen.

Charakteristische Argumente dafür sind folgende Auffassungen:
- Diese ehemaligen DDR-Bürger hätten in der Vergangenheit unserem Staat großen politischen Schaden zugefügt, indem sie unsere gesellschaftlichen Verhältnisse verunglimpften.
- Ihre angestrebte Rückkehr geschehe nicht aus einer veränderten politischen Einstellung heraus, sondern aufgrund gegenwärtiger sozialer Zwangslagen.
- Die übergesiedelten Personen hätten oftmals mit Hartnäckigkeit den Weg zur Ausreise in die BRD oder nach Westberlin angestrebt und würden bei einer Wiederaufnahme in der DDR keine Garantie dafür bieten, nicht wieder negativ unserem Staat gegenüber in Erscheinung zu treten.

---

1 Vgl. ND v. 6.3.1985, S. 3. Im Jahr 1984 genehmigte die SED kurzfristig ca. 30 000 Ausreiseanträge und hoffte, dass sie sich damit vieler Kritiker entledigen und zugleich die Ausreiseproblematik abmildern könne. Doch die Genehmigung der Ausreisen führte zum Gegenteil: Abertausende neue Ausreiseanträge wurden gestellt. Im März 1985 reagierte die SED darauf mit einer öffentlichen Kampagne über angeblich viele Tausend vom Westen enttäuschte Menschen, die in die DDR zurückwollten. Die Kampagne sollte eine abschreckende Wirkung auf Ausreisewillige entfalten, dabei waren die in der Kampagne genannten Zahlen Rückkehrwilliger völlig übertrieben.

– Ihre Übersiedlungsabsichten haben sie mit großer Hartnäckigkeit trotz vielfältiger Warnungen wider besseres Wissen verfolgt.
Jetzt sollten diese Personen mit ihrer Entscheidung auch selbst fertig werden.

Eine Vielzahl von Bürgern, insbesondere Werktätige aus volkseigenen Betrieben, vertritt die Auffassung, wonach bei der Prüfung von Anträgen auf Rückkehr in die DDR durch die zuständigen Organe gründlich und gewissenhaft vorgegangen werden sollte. Nicht jeder Wunsch dürfe ihrer Meinung nach berücksichtigt werden.

Keinesfalls könne, so wird argumentiert, solchen Personen die Rückkehr ermöglicht werden, die aus feindlicher Einstellung heraus die DDR verlassen haben bzw. vor ihrer Übersiedlung als »Unverbesserliche« bekannt gewesen seien.

Familien mit mehreren Kindern, die derzeitig in der BRD erheblichen sozialen Zwangssituationen ausgesetzt sind, sollte man eine neue Chance geben.

In Einzelfällen bringen Werktätige zum Ausdruck, im Falle der Wiederaufnahme von ehemaligen DDR-Bürgern könnten sich Schwierigkeiten in der Bereitstellung entsprechenden Wohnraumes und angemessener Arbeitsplätze ergeben. Sie befürchten eine Bevorzugung dieser Bürger.

Nach bisher vorliegenden Hinweisen vertreten einzelne Mitarbeiter der Abteilung Inneres sowie in den Prozess der Zurückdrängung der Übersiedlungsersuchen einbezogene Personen die Auffassung, in den Veröffentlichungen im ND eine wesentliche Unterstützung für ihre weitere Arbeit gefunden zu haben, bezweifeln jedoch deren unmittelbare Wirksamkeit auf die Übersiedlungsersuchenden. Sie sind der Meinung, dass die Übersiedlungsersuchenden die im ND-Artikel genannten Personen als »gescheiterte Existenzen« betrachten und überzeugt sind, nach ihrer Übersiedlung erfolgreicher zu sein.

In einer Anzahl von Meinungsäußerungen wird zum Ausdruck gebracht, eine mögliche Rückkehr ehemaliger DDR-Bürger könne von den Übersiedlungsersuchenden als Ermunterung betrachtet werden, an ihrem Vorhaben festzuhalten, da ihnen der Weg zurück in die DDR immer offenstehen würde.

Aus dem Bezirk Cottbus wurden unter Übersiedlungsersuchenden differenzierte Haltungen zu der in westlichen elektronischen Medien veröffentlichten Mitteilung über das Eintreffen der ersten ehemaligen DDR-Bürger in der BRD, die sich in der Botschaft der BRD in Prag aufgehalten haben, bekannt.[2]

---

[2] Ab Oktober 1984 hatten sich immer mehr DDR-Bürger in die Botschaft der Bundesrepublik in Prag geflüchtet, um von dort ihre Ausreise in den Westen zu erwirken. Seit den 1970er-Jahren kam es immer wieder zu einzelnen derartigen Botschaftsbesetzungen durch DDR-Bürger in Ostberlin oder den Hauptstädten anderer Staaten des sogenannten Ostblocks. Doch die Besetzungen in Prag seit Oktober 1984 stellten eine neue Dimension dar. Teilweise über Wochen und Monate harrten die Flüchtlinge dort aus. Zeitweise musste die Botschaft wegen Überfüllung geschlossen werden. Vorübergehend drohten einige Besetzer mit einem Hungerstreik. Erst Mitte Januar 1985 verließen die letzten Besetzer die Botschaft. Allen

Überwiegend wird es abgelehnt, mit derartigen spektakulären Aktionen die Genehmigung zur Übersiedlung zu erzwingen, und auf den ordnungsgemäßen Weg der Erreichung und Bearbeitung von Ersuchen verwiesen.[3]

Ein anderer Teil dieser Personen bedauert jedoch, nicht auch einen solchen Schritt gegangen zu sein, da damit offensichtlich die Genehmigung der zuständigen Organe zur Übersiedlung in das NSA mit Erfolg und auch schneller durchgesetzt werden könne.

---

wurde die baldige Ausreise in die Bundesrepublik zugesagt. Insgesamt erzwangen über das Jahr 1984 hinweg 350 DDR-Bürger ihrer Ausreise über die Botschaft der Bundesrepublik in Prag. Vgl. Mayer, Wolfgang: Flucht und Ausreise. Botschaftsbesetzungen als Form des Widerstands gegen die politische Verfolgung in der DDR. Berlin 2002, S. 317–335.

3 Gemeint ist ein Antrag auf ständige Ausreise. Trotz Verpflichtung auf die Anerkennung der Grundfreiheiten im Rahmen der KSZE und der UNO-Mitgliedschaft hatte die DDR bis 1988 keine rechtliche Grundlage für eine ständige Ausreise geschaffen. Anträge galten daher mit Ausnahme von »Familienzusammenführungen« oder aus anderen »humanitären Gründen« als »rechtswidrige Ersuchen«. Dennoch nahm die Zahl der Antragsteller stetig zu, im Sommer 1989 waren es über 160 000. Die Regierung ging teilweise mit repressiven Maßnahmen gegen die Antragsteller vor. Als Folge begannen sich in den 1980er-Jahren Antragsteller unter dem Dach der Kirche zu organisieren. Mit öffentlichen Protesten und Besetzungen von Kirchen und Botschaften versuchten sie, eine beschleunigte Bearbeitung ihrer Anträge zu erreichen.

11. März 1985

Hinweis zu im Zeitraum 1. Januar bis 31. Dezember 1984 bekannt gewordenen Vorkommnissen mit Straftatencharakter unter Beteiligung von Angehörigen der GSSD [K 2/35]

Quelle: BArch, MfS, ZAIG 5512, Bl. 2–11.
Serie: Ablage K 2 (Verschiedenes – MfS, MdI, MfNV, GSSD).
Verteiler: Kein Nachweis für externe Verteilung – MfS: Mielke, Irmler, Poppitz (ZAIG).
Bemerkungen: Der Verteiler ist auf gesondertem Zettel vermerkt (Bl. 1).

In der Zeit vom 1. Januar 1984 bis 31. Dezember 1984 wurden den Schutz- und Sicherheitsorganen der DDR insgesamt *3 377 (2 898)*[*] Vorkommnisse mit Straftatencharakter bekannt, die durch Angehörige der GSSD verursacht wurden.

    * [Fußnote im Original: Zahlen in Klammern beziehen sich auf den Zeitraum 1. Januar bis 31. Dezember 1983]

Gegenüber dem gleichen Zeitraum des Jahres 1983 erhöhte sich damit die Anzahl derartiger Vorkommnisse um 16,5 %, wobei insbesondere
- Angriffe gegen Leben und Gesundheit sowie Freiheit und Würde des Menschen – 217 (198), darunter 58 Straftaten der überwiegend mehrfachen Vergewaltigung von Bürgerinnen der DDR sowie Nötigung und Missbrauch zu sexuellen Handlungen;
- Diebstahlshandlungen am sozialistischen und persönlichen Eigentum – 1 629 (1 316), darunter allein im Monat Oktober 1984 insgesamt 183 derartige Vorkommnisse sowie
- schuldhaft verursachte Verkehrsunfälle – 1 516 (1 369)

zum Teil erheblich zugenommen haben. Dabei konzentriert sich die Zunahme von Vorkommnissen vor allem auf das 2. Halbjahr 1984 (Diebstahlshandlungen, Verkehrsunfälle).

Seit Beginn des Jahres 1985 ist nach einem Rückgang der Anzahl derartiger Vorkommnisse im Monat Januar gegenüber dem gleichen Zeitraum des Vorjahres im Monat Februar eine erneut steigende Tendenz festzustellen (Januar 1985 = 225; 1984 = 287; Februar 1985 = 257; 1984 = 253 Vorkommnisse).

Territoriale Schwerpunkte – bezogen auf die Ereignisorte der insgesamt festgestellten Vorkommnisse – bildeten nach wie vor die Bezirke und Kreise:
- *Potsdam* (Kreise Neuruppin, Potsdam, Jüterbog, Nauen)
- *Magdeburg* (Kreise Magdeburg, Burg)
- *Halle* (Kreis Halle)
- *Erfurt* (Kreis Gotha)
- *Dresden* (Kreise Dresden, Riesa)
- *Neubrandenburg* (Kreis Neustrelitz)
- *Schwerin* (Kreis Schwerin)

Die Straftaten der vorsätzlichen Körperverletzung, Vergewaltigung sowie des Missbrauchs zu sexuellen Handlungen erfolgten überwiegend gemeinschaftlich handelnd durch mehrere Täter und waren erneut durch ein brutales Vorgehen gekennzeichnet. Durch körperliche Misshandlungen erlitten die betroffenen DDR-Bürger zum Teil erhebliche gesundheitliche Schäden; vier Bürger der DDR sind an den Folgen der Verletzungen verstorben.

Zu einer Reihe von Fällen ist wiederum festzustellen, dass sich die Täter unerlaubt aus ihren Einheiten entfernt hatten bzw. unbefugt Militärkraftfahrzeuge ihrer Einheiten benutzten.

Bürger der DDR, die Angehörige der GSSD bei der Begehung von Straftaten stellten oder Angriffe gegen ihre Person abzuwehren versuchten, wurden tätlich angegriffen bzw. körperliche Einwirkung angedroht.

Territoriale Schwerpunkte der Straftaten (Körperverletzung, Vergewaltigung sowie Missbrauch zu sexuellen Handlungen) bildeten die Bezirke Halle, Magdeburg, Leipzig und Frankfurt/Oder.

Im Zusammenhang mit der Begehung von Diebstahlshandlungen am sozialistischen und persönlichen Eigentum – Anteil beträgt 48 % der insgesamt in diesem Zeitraum festgestellten Vorkommnisse – bilden auch weiterhin Wohnungen, Bungalows, Garagen, Kraftfahrzeuge sowie Betriebe einschließlich der Forstwirtschaft, Einrichtungen der Deutschen Reichsbahn, Warenhäuser, Lebensmittelgeschäfte u. a. Verkaufseinrichtungen des sozialistischen und privaten Handels die Zielobjekte. Vorwiegend wurden u. a. Lebensmittel, Spirituosen, technische Gebrauchsgegenstände, Baumaterialien, Fahrräder, Motorräder und andere Kraftfahrzeuge entwendet.

Häufig waren die von Einzeltätern sowie – mit zunehmender Tendenz – gemeinschaftlich handelnden Angehörigen der GSSD begangenen Diebstahlshandlungen mit der Verursachung weiterer erheblicher Sachschäden, z. B. durch gewaltsames Aufbrechen von Türen und Fenstern von Wohnungs-, Verkaufs- und Lagereinrichtungen sowie Kraftfahrzeugen verbunden.

(Im Zeitraum vom 1. Januar bis 31. Dezember 1984 wurde durch Angehörige der GSSD mit der Begehung von Diebstahlshandlungen am sozialistischen und persönlichen Eigentum ein materieller Schaden von über 1,5 Mio. Mark verursacht.)

Territoriale Schwerpunkte der Begehung von Diebstahlshandlungen durch Angehörige der GSSD sind die Bezirke Potsdam, Erfurt, Magdeburg, Schwerin, Neubrandenburg und Dresden.

Bei den im Zeitraum vom 1. Januar bis 31. Dezember 1984 durch Angehörige der GSSD verursachten 1 516 Verkehrsunfällen wurden 47 Bürger der DDR getötet und 546 Bürger der DDR zum Teil schwer verletzt sowie ein – an den Unfallorten geschätzter – materieller Schaden von ca. 4,3 Mio. Mark verursacht.

Territoriale Schwerpunkte – bezogen auf die Unfallorte – bildeten die Bezirke Magdeburg – 379 Verkehrsunfälle –, Potsdam – 194 –, – Halle – 161 –, Dresden – 134 – und Frankfurt/Oder – 125 –.

Folgenschwere Verkehrsunfälle wurden in den letzten Monaten vor allem durch Angehörige der Garnisonen Riesa, Neustrelitz, Wismar, Vogelsang, Freienwalde, Zeitz, Gotha, Meiningen, Dresden, Bernau, Wittstock und Elstal verursacht.

Als häufigste Unfallursachen wurden ermittelt:
- Fahren mit überhöhter bzw. einer den Verkehrsbedingungen, den Fahrbahn-, Sicht- und Witterungsverhältnissen nicht angepassten Geschwindigkeit,
- Nichtgewährung der Vorfahrt für Benutzer von Hauptverkehrsstraßen,
- Nichtbeachtung des nachfolgenden Fahrzeugverkehrs beim Wechseln der Fahrspur bzw. Fahrtrichtung.

Als weitere Unfallursachen erwiesen sich insbesondere unbeleuchtet abgestellte Kraftfahrzeuge der GSSD auf Fahrbahnen bei Dunkelheit, Nebel oder schlechter Sicht, die Missachtung des Wendeverbots auf Autobahnen, das Führen von Kfz unter Alkoholeinfluss sowie Missachtung der Verbote für das Überqueren von Bahnübergängen.

Des Weiteren wurden im Zeitraum vom 1. Januar bis 31. Dezember 1984 in 157 (113) Fällen Vorkommnisse bekannt, bei denen durch Angehörige der GSSD fahrlässig mit Waffen, Munition und Sprengmitteln umgegangen wurde. Neben der Androhung bzw. Anwendung der Schusswaffe gegen Bürger der DDR – am 17. Februar sowie am 10. November 1984 wurde infolge Anwendung der Schusswaffe durch Angehörige der GSSD in Eberswalde, Bezirk Frankfurt/Oder bzw. Lossa, Kreis Nebra, Bezirk Halle je ein Bürger der DDR getötet – bildeten Verluste von Waffen, Munition und Sprengmitteln einen weiteren Schwerpunkt.

Insbesondere im Zusammenhang mit Übungshandlungen wurden an diesbezüglichen Marschstrecken durch Bürger der DDR, darunter Kinder, eine nicht geringe Anzahl an Munition, Spreng- und Zündmitteln, u. a. großkalibrige Granaten mit und ohne Zünder, Übungspanzerminen, Tellerminen, Flugkörper und Flugkörperbehälter, Handgranaten, Zünder, MPi-, Pistolen- und Leuchtsignalmunition, gefunden.

Darüber hinaus wurden durch unkontrolliertes Verschießen von Infanteriemunition, Granaten und anderen Geschossen während Übungsschießen z. T. erhebliche Störungen der öffentlichen Sicherheit und Ordnung verursacht und Leben und Gesundheit von Bürgern der DDR gefährdet.

Die Häufung von durch Angehörige der GSSD begangener Straftaten sowie anderer schwerwiegender Rechtsverletzungen bzw. Vorkommnisse in einzelnen territorialen Bereichen, verbunden mit einer hohen Öffentlichkeitswirksamkeit, führten mehrfach zu teils erheblicher Beunruhigung unter der Bevölkerung sowie zu Eingaben an staatliche Organe mit der Forderung zur Einflussnahme auf die Überwindung derartiger Erscheinungen, auf Schadenersatz und Wiedergutmachung.

Insbesondere in derartigen Fällen war vielfach eine umfangreiche politisch-ideologische Arbeit der örtlichen Partei- und Staatsorgane erforderlich, um weitergehenden politisch-negativen Folgen und Auswirkungen vorzubeugen.

Im gleichen Zeitraum (1. Januar bis 31. Dezember 1984) wurden den zuständigen Organen der DDR *417 (354)* Vorkommnisse mit Straftatencharakter – Anstieg gegenüber dem gleichen Zeitraum des Vorjahres um 17,8 % – bekannt, die durch Bürger der DDR begangen und in deren Folge Angehörige, deren zeitweilig in der DDR aufenthältlichen Familienangehörigen, Zivilangestellte, Einheiten und Einrichtungen der GSSD geschädigt wurden.

Bei diesen Vorkommnissen – sie nehmen einen weit geringeren Umfang gegenüber den durch Angehörige der GSSD verursachten Vorkommnissen ein – handelt es sich u. a. um

- 306 (285) schuldhaft verursachte Verkehrsunfälle – das entspricht einem Anteil von 73 % der insgesamt in diesem Zeitraum festgestellten Vorkommnisse – wodurch zwei Angehörige, darunter ein Oberst der GSSD, getötet und 26 Angehörige der GSSD verletzt wurden. Es entstand ein – am Unfallort geschätzter – materieller Schaden in Höhe von ca. 614 000 Mark.
- 65 (49) Diebstahlshandlungen am sozialistischen und persönlichen Eigentum sowie Einzelfälle rowdyhafter Ausschreitungen und Angriffe gegen Leben und Gesundheit von Angehörigen der GSSD bzw. deren Familienangehörigen.

In Einzelfällen hatten diese Vorkommnisse – wie durchgeführte Untersuchungen ergaben – ihren Ausgangspunkt u. a. in Verärgerungen der Straftäter über von Angehörigen der GSSD begangene Straftaten und andere Rechtsverletzungen. Im Rahmen der eingeleiteten Untersuchungen wurde der überwiegende Teil der von Bürgern der DDR begangenen strafbaren Handlungen durch die zuständigen Organe der DDR aufgeklärt und gegen die Täter entsprechende strafprozessuale Maßnahmen eingeleitet.

Eine Reihe von strafbaren Handlungen, sämtlich außerhalb militärischer Objekte der GSSD, begangen, wurden durch

- Bürger der DDR im Zusammenwirken mit Angehörigen der GSSD durchgeführt, u. a. bei Eigentumsdelikten wie dem Aufkaufen gestohlener oder unterschlagener Gegenstände aus den Beständen der GSSD sowie Handel mit Diesel- und Vergaserkraftstoff. (Hervorzuheben ist in diesem Zusammenhang die Beteiligung des Kommandeurs – Dienstgrad Hauptmann – des Objektes der GSSD in Geba, Kreis Meiningen, Bezirk Suhl, und eines Fähnrichs des GSSD-Objektes Nohra an derartigen Handlungen, wobei erhebliche Mengen an Vergaser- und Dieselkraftstoff – insgesamt ca. 7 600 Liter – aus Beständen der GSSD an landwirtschaftliche Produktionsgenossenschaften sowie Privatpersonen veräußert wurden.)
- Fehlverhaltensweisen von Angehörigen der GSSD begünstigt, u. a. bei Waffendelikten, wo leichtfertiger Umgang mit Waffen, Munition und

Sprengmitteln zu deren Verlust und zur unberechtigten Inbesitznahme durch Bürger der DDR führte.

Die insgesamt vorliegenden Erkenntnisse und Erfahrungen der Bekämpfung und Zurückdrängung derartiger Vorkommnisse unterstreichen die dringende Notwendigkeit, das vertrauensvolle Zusammenwirken zwischen den zuständigen Organen der DDR und den Kommandeuren und Militärstaatsanwälten sowie den Verantwortlichen der Autoinspektionen der GSSD noch enger und effektiver zu gestalten.

Die zuständigen Organe der DDR betrachten dies als eine wesentliche Voraussetzung, um derartige Vorkommnisse schnell umfassend und konsequent aufzuklären, die Täter zu ermitteln und ihrer strafrechtlichen Verantwortung zuzuführen.

(Das entspricht dem Leninschen Grundsatz: »Es ist nicht wichtig, dass ein Verbrechen eine schwere Strafe nach sich zieht, wichtig ist aber, dass kein einziges Verbrechen unaufgedeckt bleibt.«)

Die zuständigen Organe der DDR sind entsprechend Artikel 5 des Abkommens über die zeitweilige Stationierung sowjetischer Streitkräfte auf dem Territorium der DDR vom 12.3.1957[1] dafür verantwortlich, bei derartigen Straftaten alle notwendigen Sofortmaßnahmen zur schnellen Feststellung der Täter, umfassenden Sachverhaltsfeststellung, zur Beweisführung, Verhinderung der weiteren Tatausführung sowie der Vorbeugung möglicher Gefahren durchzuführen und das Vorliegen des Straftatverdachts zu prüfen.

Sie betrachten es davon ausgehend politisch und rechtlich als ihre Pflicht, den zuständigen Organen der GSSD alle aus diesen Sofortmaßnahmen gewonnenen Erkenntnisse und Hinweise schnellstens zur Verfügung zu stellen, damit diese ihrerseits alle notwendigen weiteren Maßnahmen zur Identifizierung und Ergreifung der Täter sowie zur Beweissicherung durchführen können.

Es wird damit stets die berechtigte Erwartung verbunden, dass die Kommandeure und Militärstaatsanwälte der GSSD den Organen der DDR die weitere erforderliche Unterstützung bei ihren Ermittlungen gewähren, besondere bei »Gefahr im Verzuge« (z. B. Verfolgung eines straftatverdächtigen flüchtigen Angehörigen der GSSD).

Ihr Umfang ist in den Artikeln 2, 9, 12, 16 und 18 des Rechtshilfeabkommens vom 2. August 1957[2] festgelegt (u. a.

- die Person des Täters ermitteln,
- Beweismittel sichern und herausgeben,

---

1 Artikel 5 des Abkommens zwischen der Regierung der DDR und der Regierung der Union der Sozialistischen Sowjetrepubliken über Fragen, die mit der zeitweiligen Stationierung sowjetischer Streitkräfte auf dem Territorium der DDR zusammenhängen vom 12.3.1957 besagt, dass strafbare Handlungen durch Angehörige der sowjetischen Streitkräfte auf dem Gebiet der DDR grundsätzlich nach deutschem Recht durch die Organe der DDR geahndet werden sollten. Vgl. BArch, DC 20-I/4/231.
2 Vgl. Rechtshilfeabkommen vom 2.8.1957. In: BArch, DVW 1/44217.

- bei vorliegendem Haftbefehl die Verhaftung der beschuldigten Person vornehmen, soweit sie in Objekten der GSSD vollstreckt werden muss,
- Durchsuchungen und Beschlagnahmen durchführen und
- dafür sorgen, dass Angehörige der sowjetischen Streitkräfte den Anordnungen der Gerichte, Staatsanwaltschaften und Polizeiorganen der DDR Folge leisten, d. h. auch zur Vernehmung als Zeuge oder Beschuldigter erscheinen).

Dem dient aber beispielsweise nicht, wenn sowjetische Kommandeure straftatverdächtige GSSD-Angehörige versetzen, kommandieren oder »nicht auffinden«, Diebesgut nicht herausgeben oder die Herausgabe vorläufig festgenommener oder verhafteter GSSD-Angehöriger fordern.

Es gibt auch eine Reihe von Beispielen, wo durch Angebote zur sofortigen Schadensersatzleistung versucht wurde, eine Anzeigenaufnahme und ihre Prüfung zu unterbinden, damit keine Sofortmeldung abgesetzt und dadurch das Vorkommnis beim Oberkommando der Gruppe der sowjetischen Streitkräfte in Deutschland nicht bekannt werden soll. Es sind auch Beispiele bekannt, wo Geschädigte durch Angebot von Geld oder Geschenken zur Rücknahme ihrer Anzeige oder bei Vorliegen eines nach sowjetischen Recht zu beurteilenden Antragsdeliktes, wie z. B. Sexualstraftaten, zur Rücknahme des Strafantrages genötigt werden. Derartige Ansinnen werden konsequent zurückgewiesen.

In mehreren Fällen leisteten Angehörige der GSSD gegenüber Maßnahmen der DVP im Zusammenhang mit der Unterbindung von Rechtsverletzungen energischen Widerstand bzw. versuchten sie nach begangenen Straftaten sich durch Flucht einer vorläufigen Festnahme zu entziehen.

Eine höhere Wirksamkeit in der vorbeugenden Verhinderung von Straftaten und anderen Rechtsverletzungen zu erreichen sollte – im gemeinsamen Interesse – Anlass sein, über die Kommandeure, Leiter der Politorgane, Militärstaatsanwälte und Autoinspektionen sowie unter Einbeziehung der Partei- und Komsomolorganisationen[3] der GSSD noch konsequenter auf die Durchsetzung entsprechender Befehle zur Wahrung von Sicherheit, Disziplin und Ordnung sowie stärkere erzieherische Einflussnahme auf die Achtung der Rechtsordnung der DDR der Angehörigen der GSSD hinzuwirken.

Unter Berücksichtigung vorliegender Erfahrungswerte betrifft das u. a.
- Bestimmungen zum Schutze des Eigentums des Staates und seiner Bürger (dabei speziell über die Strafbarkeit der Wegnahme fremder Sachen – auch wenn sich der Täter daran nicht persönlich bereichert – und über die Pflicht zur Rückgabe entwendeter Sachen),
- die Straßenverkehrsordnung der DDR,

---

3 Komsomol war die Jugendorganisation der KPdSU, vergleichbar mit der FDJ in der DDR.

- die jagdrechtlichen Regelungen, wobei auch die in der »Vereinbarung zwischen dem Rat der sowjetischen Armeejagdgesellschaft und der Obersten Jagdbehörde der DDR über die Nutzung von Jagdgebieten, die Ausübung der Jagd und über die Beziehungen der Angehörigen der sowjetischen Armeejagdgesellschaft und der Mitglieder der Jagdgesellschaften der DDR« vom 1.10.1964 zu beachten sind,[4]
- die Pflicht, staatlichen Organen der DDR gegenüber wahrheitsgemäße Personalangaben zu machen, um es ihnen zu ermöglichen, schnell und unkompliziert feststellen zu können, ob es sich um eine GSSD-Person – gegebenenfalls welchen Standortes – handelt.

Die zuständigen Organe der DDR werden auch künftig alles in ihren Kräften stehende tun, die engen brüderlichen Bande zwischen unseren Parteien, Staaten, Völkern und Armeen wie einen Augapfel hüten und ständig weiter vertiefen sowie Handlungen und Vorkommnissen, die geeignet sind diese Beziehungen zu beeinträchtigen, energisch entgegenwirken.

---

[4] Die »Vereinbarung zwischen dem Rat der sowjetischen Armeejagdgesellschaft und der Obersten Jagdbehörde der DDR über die Nutzung von Jagdgebieten, die Ausübung der Jagd und über die Beziehungen der Angehörigen der sowjetischen Armeejagdgesellschaft und der Mitglieder der Jagdgesellschaften der DDR« vom 1.10.1964 regelte die Jagd für Angehörige der GSSD. Demnach wurden der GSSD eigene Jagdgebiete zugeteilt. In diesen Gebieten galten weitestgehend die DDR-Regelungen für die Jagd. Jäger mussten eine gültige Jagderlaubnis besitzen – die von der sowjetischen Armeejagdgesellschaft ausgestellt wurde – und das geschossene Wild bei den zuständigen Behörden abgeben (wobei ihnen Schützenanteile kostenlos zugewiesen werden konnten). Außerdem mussten Jagden bei den DDR-Behörden angemeldet werden, die den korrekten Ablauf auch zu kontrollieren hatten. Vgl. BArch, MfS, HA IX 5549.

11. März 1985

Weitere Hinweise über Reaktionen der Bevölkerung der DDR auf die Veröffentlichungen in unseren Massenmedien zu den Rückkehrabsichten ehemaliger DDR-Bürger (2. Bericht) [O/138a]

Quelle: BArch, MfS, ZAIG 4189, Bl. 5–10.
Serie: Ablage O (Reaktionen der Bevölkerung).
Verteiler: Kein Nachweis für externe Verteilung – MfS: Mielke, Mittig, Neiber, ZKG, HA VII, Leiter ZAIG (Irmler).
Vermerk: Maschinenschriftlich und unterstrichen im Dokumentenkopf: »Anlage 3«, daneben handschriftlich in roter Farbe: »O/138«.
Bemerkungen: Aufgrund des eigenen Verteilers und des abweichenden Datums von O/138 wird das Dokument nicht als Anlage, sondern als eigener Bericht aufgefasst.
Verweise: Berichte O/138 (1. Bericht) v. 7.3.1985 u. O/138b (3. Bericht) v. 19.3.1985.

Hinweisen aus allen Bezirken, einschließlich der Hauptstadt der DDR, Berlin, zufolge hat die Mitteilung über den Wunsch einer großen Zahl ehemaliger DDR-Bürger nach Rückkehr in unsere Republik umfangreiche Diskussionen ausgelöst.[1]

Bürger aller Bevölkerungsschichten haben die in diesem Zusammenhang erfolgten mehrfachen Veröffentlichungen mit außerordentlich großem Interesse aufgenommen und begrüßen das politisch-offensive Vorgehen der Partei- und Staatsführung. Sie sehen darin eine politisch gut überlegte Maßnahme der DDR in der gegenwärtigen Klassenauseinandersetzung, da anhand konkreter Beispiele die Vorteile des Sozialismus, aber auch die reale Situation in der kapitalistischen BRD auf lebenswichtigen Gebieten eindrucksvoll und beweiskräftig belegt werden. Diese Veröffentlichungen, die von ihnen als wirksames Argumentationsmaterial bewertet werden, seien zum richtigen Zeitpunkt erschienen.

In übergroßer Mehrheit bisher bekannt gewordener Meinungsäußerungen wird der Wunsch ehemaliger DDR-Bürger, in unsere Republik zurückzukehren, abgelehnt. Den veröffentlichten Begründungen derartiger Personen, erst jetzt durch eigenes Erleben den wahren Charakter des kapitalistischen Systems erkannt haben zu wollen, wird in der Regel kein Glauben geschenkt. Diese Personen hätten, so wird argumentiert, sich bewusst für ein Leben im anderen deutschen Staat entschieden und die gesellschaftlichen Verhältnisse in der

---

[1] Im Jahr 1984 genehmigte die SED kurzfristig ca. 30 000 Ausreiseanträge und hoffte, dass sie sich damit vieler Kritiker entledigen und zugleich die Ausreiseproblematik abmildern könne. Doch die Genehmigung der Ausreisen führte zum Gegenteil: Abertausende neue Ausreiseanträge wurden gestellt. Im März 1985 reagierte die SED darauf mit einer öffentlichen Kampagne über angeblich viele Tausend vom Westen enttäuschte Menschen, die in die DDR zurückwollten. Die Kampagne sollte eine abschreckende Wirkung auf Ausreisewillige entfalten, dabei waren die in der Kampagne genannten Zahlen Rückkehrwilliger völlig übertrieben. Vgl. ND v. 6.3.1985, S. 3.

DDR negiert. In nicht wenigen Fällen sei der DDR durch das Auftreten und Verhalten solcher Menschen großer politischer Schaden zugefügt worden.

In diesem Zusammenhang vertreten insbesondere einige Arbeitskollektive, in denen ehemalige DDR-Bürger tätig waren, die Auffassung, die DDR solle konsequent bleiben und keine Zugeständnisse machen. Einer Rückkehr solcher Personen sei keinesfalls zuzustimmen.

Progressive Bürger, darunter Arbeiter, Angestellte und Angehörige der Intelligenz, stellten in Diskussionen wiederholt die Frage, warum die DDR nicht auf ihrer am 5. April 1984 verkündeten Sprechererklärung beharre, in das NSA übergesiedelten Personen die Rückkehr in unsere Republik nicht mehr zu ermöglichen.[2]

Bei allem Verständnis für die jetzt getroffene Entscheidung sollte nicht immer so schnell »Nie« gesagt werden.

Mit der Genehmigung der Wiederaufnahme auch nur eines Teils der »Ehemaligen« mache sich unsere Partei- und Staatsführung in gewissem Maße unglaubwürdig.

Wiederholt werden in Meinungsäußerungen solche Auffassungen vertreten wie:
– Wenn diese ehemaligen DDR-Bürger wieder zurückkommen dürfen, widerspreche das dem von der Partei zuvor vertretenen Standpunkt.
– Sollte es zu einer Wiederaufnahme solcher Personen kommen, sei unsere Politik nur schwer zu verstehen.
– Handelt es sich hierbei um ein Zurückweichen von der bisherigen konsequent verfolgten Linie?

Unter breiten Teilen der Bevölkerung, darunter Arbeiter volkseigener Betriebe, Angestellte staatlicher Organe und Einrichtungen, Angehörige der technischen, medizinischen und pädagogischen Intelligenz, wird gefordert, bei der Prüfung von Anträgen auf Rückkehr in die DDR mit äußerster Sorgfalt und Differenziertheit heranzugehen.

Allgemein wird die Auffassung vertreten, vor allem lebenserfahrenen gebildeten Menschen die Wiederaufnahme nicht zu ermöglichen. Diese hätten die für sie möglichen Konsequenzen einer Übersiedlung überschauen und einschätzen können. Auch nach ihrer Rückkehr bleibe, so wird hervorgehoben, ihre politische Einstellung unverändert. Sie hätten ihren Schritt mit vollem Bewusstsein getan, obwohl ihnen in vielfältiger Form und oft mit großem Aufwand die Perspektivlosigkeit eines Lebens in der BRD bzw. in Westberlin aufgezeigt wurde.

---

2 Am 5.4.1984 veröffentlichte das Außenministerium der DDR eine Erklärung, wonach »zahlreiche« in den Westen ausgereiste DDR-Bürger gerne in die DDR zurückkehren würden. Mit der Erklärung stellte das MfAA klar, dass eine Rückkehr in die DDR grundsätzlich nicht möglich sei. Vgl. Sprechererklärung des Außenministeriums. In: Berliner Zeitung v. 5.4.1984, S. 1.

Bei jüngeren Personen sei in Rechnung zu stellen, dass sie insbesondere durch den Empfang westlicher Massenmedien mehr oder weniger leicht im gegnerischen Sinne zu beeinflussen seien und damit ein falsches Bild über ein Leben in der BRD bzw. in Westberlin erhielten. Daher müsse zwischen Irregeleiteten und solchen Menschen unterschieden werden, die aus egoistischen Gründen heraus das für sie persönlich Angenehmste auswählen wollen.

Diesbezüglich wird argumentiert,
– ein »Wandel zwischen zwei Welten« dürfe nicht zugelassen werden,
– die Staatsbürgerschaft könne man nicht wechseln »wie das Hemd«.

In allen Meinungsäußerungen wird jedoch die vorrangige Behandlung von Anträgen von Familien mit Kindern begrüßt. Eine Rückkehr von Personen, die aus feindlicher Einstellung heraus unseren Staat verlassen haben bzw. als asozial und arbeitsscheu[3] bekannt waren, wird grundsätzlich abgelehnt. Auf solche Personen könne, so wird weiter der Standpunkt vertreten, die DDR verzichten.

Wiederholt wird in diesem Zusammenhang geäußert, einige der ehemaligen DDR-Bürger könnten durch feindliche Stellen dazu missbraucht werden, unserem Staat nach ihrer Rückkehr Schaden zuzufügen, wobei vor allem auf von den imperialistischen Geheimdiensten angeworbene Personen hingewiesen wurde.

In immer größerem Maße bringen vor allem Werktätige aus der materiellen Produktion Befürchtungen dahingehend zum Ausdruck, dass mit einer möglichen Wiederaufnahme von ehemaligen DDR-Bürgern in Größenordnungen Nachteile für viele ehrlich zum Staat stehende Bürger erwachsen könnten. Es wird befürchtet, dass diesen Rückkehrern bevorzugt Wohnraum zur Verfügung gestellt und vielfältige Unterstützung in sozialpolitischen Fragen gewährt würde.

---

3 In der DDR gab es mit dem Paragrafen 249 StGB einen sogenannten »Asozialen-Paragrafen«, um Verstöße gegen die sozialistische Arbeitsmoral zu ahnden. Demnach galten Menschen, die keiner geregelten Arbeit nachgehen konnten oder wollten, als »asozial« bzw. »arbeitsscheu«. Ihnen drohten Haftstrafen bis zu zwei Jahren. Der Paragraf ging auf Gesetze aus der Kaiser- und NS-Zeit zurück. Abgesehen vom diskriminierenden Charakter des Gesetzes nutzte die DDR-Justiz den Paragrafen auch, um politisch unliebsame Personen zu verfolgen. So gerieten etwa Menschen, die nach individuellen Lebenswegen suchten, oder auch Ausreiseantragsteller, die aufgrund der Antragstellung ihren Arbeitsplatz verloren hatten, ins Visier der Ermittlungen. Vgl. Neumann, Konstantin: Legitime Sozialdisziplinierung oder politische Repression? Die Strafverfolgung asozialen Verhaltens in der DDR. In: Zeitschrift des Forschungsverbundes SED-Staat, 44(2019), online abrufbar unter: www.zeitschrift-fsed.fu-berlin.de/index.php/zfsed (letzter Abruf: 11.6.2024).

Derartige Meinungsäußerungen beinhalten:
- Eine Wiedereingliederung gehe zulasten der Bevölkerung, da sie sofort Wohnungen und Kredite erhalten müssten.
- Diese Personen würden versuchen, für sich das Beste »herauszuholen«.
- Möglicherweise müssen Bürger, die ihrem Staat treu geblieben sind, wieder länger auf eine Wohnung warten, nur weil Verräter zurückwollen.
- Die »Ehemaligen« würden zusätzlich Sozialleistungen wie medizinische Betreuung, Kindergarten- und Kinderkrippenplätze in Anspruch nehmen, für die sie keinen Beitrag geleistet haben.

Darüber hinaus wird gefordert, solche ehemaligen DDR-Bürger, sollte ihrem Antrag entsprochen werden, nicht mit »offenen Armen« zu empfangen. Sie sollten erst einmal beweisen, ob sie wirklich gewillt sind, in unserem Staat ehrlich zu leben und zu arbeiten.

Oftmals wird auch von Bürgern unterschiedlichster Bevölkerungskreise verlangt, solche »Ehemaligen« in der Öffentlichkeit auftreten zu lassen, wo sie eindeutig zu den Motiven ihrer Rückkehr und zu ihren in der BRD oder in Westberlin gemachten Erfahrungen Stellung nehmen müssten.

Außerdem sollten die Massenmedien der DDR anhand weiterer konkreter Beispiele die DDR-Bürger noch umfassender und tiefgründiger mit den realen Verhältnissen in der BRD vertraut machen.

Von Mitarbeitern der Abteilungen Innere Angelegenheiten und weiteren in den Prozess der Zurückdrängung der Übersiedlungsersuchen einbezogenen Personen wird in den eingeleiteten Maßnahmen in erster Linie eine politische Entscheidung gesehen. Daher betrachten sie die im ND gemachten Veröffentlichungen als wertvolle Unterstützung in ihrer täglichen Arbeit, bezweifeln jedoch in Einzelfällen eine nachhaltige Wirkung unter den Übersiedlungsersuchenden.

Unter Übersiedlungsersuchenden ist nach vorliegenden Hinweisen festzustellen, dass sie sich verstärkt an den Sendungen westlicher Funkmedien orientieren und eine abwartende Haltung beziehen.

Sie zweifeln vor allem den Wahrheitsgehalt der erfolgten Veröffentlichungen an, besonders die Zahlenangaben der um Rückkehr in die DDR bemühten »Ehemaligen«, und sind der Auffassung, dieses sei lediglich »Zweckpropaganda«. Die Mehrzahl der sich dazu äußernden Übersiedlungsersuchenden lässt erkennen, dass sie an ihrem Vorhaben festhalten wolle.

Typische Meinungsäußerungen sind:
- Diese Veröffentlichungen seien ein »Propagandatrick«.
- Mit diesen Artikeln werde auch nicht erreicht, unsere Übersiedlungsersuchen zurückzunehmen.
- Wer etwas kann, habe auch in der BRD oder in Westberlin seine gesicherte Perspektive.
- Von sozialer Unsicherheit wären nur die betroffen, die nicht ernsthaft arbeiten wollen.

– Es liege an jedem selbst, seine Existenz aufzubauen. Das Schicksal dieser 20 000 sei auf eigene Unfähigkeit zurückzuführen und träfe für sie nicht zu.

Darüber hinaus wird vereinzelt die Auffassung vertreten, dass bei einer Wiederaufnahme von ehemaligen DDR-Bürgern auch für sie bei keiner guten Existenzgrundlage in der BRD die Möglichkeit der Rückkehr bestünde. Es sei ihrer Meinung nach mit einer Stagnation neuer Antragstellungen zu rechnen, wodurch die eigenen Chancen für die Genehmigung einer Übersiedlung steigen würden.

Nur in Einzelfällen wurde bisher eine Verunsicherung der Übersiedlungsersuchenden bekannt, indem sie sich aufgrund der vielen Rückkehrwilligen ihren Schritt nochmals überlegen wollen.

In Einzelmeinungen unter politisch labilen und negativen Kräften kommt zum Ausdruck, die in den Massenmedien veröffentlichten Beispiele und Stellungnahmen seien eine »zielgerichtete Provokation« der DDR, um die Übersiedlungsersuchenden zur Rücknahme ihrer Ersuchen zu bewegen.

Ein dem MfS namentlich bekannter Exponent politischer Untergrundtätigkeit bezeichnete die im ND abgedruckten Wünsche ehemaliger DDR-Bürger nach Rückkehr in unsere Republik als »gestellte« Veröffentlichungen, die eine »alte stalinistische Tradition« seien und in zweierlei Richtung wirke:

Einerseits solle die »Ausreisebereitschaft« herabgesetzt und andererseits den DDR-Bürgern Argumente gegeben werden, um gegen Übersiedlungsersuchende vorzugehen. Er äußerte weiter, diese Stellungnahmen und Anträge stellten eine »stalinistische Machtpolitik« im Sinne von notwendigem Zwang zum Guten dar, was in der DDR einer »Einschränkung von Reise- und Nachrichtenfreiheit« gleichkomme.

13. März 1985

Information Nr. 103/85 über die Durchführung des sogenannten Friedensseminars von »Friedenskreisen« der Evangelischen Kirchen in der DDR vom 1. bis 3. März 1985 in Schwerin

Quelle: BArch, MfS, ZAIG 3437, Bl. 15–32 (9. Expl.).
Serie: Informationen.
Verteiler: Jarowinsky, Bellmann, Gysi – MfS: Mittig, Leiter HA XX (Kienberg), HA XX/4, Scharl (ZAIG), Schorm (ZAIG), Ablage.
Verweis: Information 70/85.

In der Zeit vom 1. bis 3. März 1985 wurde im kirchlichen Objekt »Wichernsaal« in Schwerin in Fortführung gleichartiger Veranstaltungen in der Hauptstadt der DDR, Berlin (1983) und in Eisenach (1984) das 3. zentrale »Friedensseminar« von »Friedenskreisen« der evangelischen Kirchen in der DDR durchgeführt.[1]

Das Thema dieser Veranstaltung lautete: »Konkret für den Frieden III – verantwortlich denken – verbindlich handeln!«

(Über die Vorbereitung des »Friedensseminars« und notwendige differenzierte Maßnahmen zur Unterbindung des politischen Missbrauchs dieser Veranstaltung wurde in der Information des MfS Nr. 70/85 vom 21. Februar 1985 berichtet.)

Als Veranstalter dieses »Friedensseminars« fungierte im Auftrag der Kirchenleitung der Evangelisch-Lutherischen Landeskirche Mecklenburgs die Arbeitsgruppe »Frieden« dieser Landeskirche.[2]

---

1   »Konkret für den Frieden«, auch »Frieden konkret«, war das größte Netzwerk von Friedens-, Umwelt- und Bürgerrechtsgruppen der DDR, das entscheidend von Hans-Jochen Tschiche vorangetrieben wurde. Es konstituierte sich im März 1983 mit einem ersten Treffen von 137 Aktivisten aus 37 Friedensgruppen in Berlin, um Erfahrungen auszutauschen, Aktionen zu planen und inhaltlich zu arbeiten (»Konkret für den Frieden I«). Seitdem wurde »Konkret für den Frieden« jährlich veranstaltet. Trotz staatlicher Vorbehalte und Drohungen entwickelte sich »Frieden konkret« zum größten und einflussreichsten oppositionellen Netzwerk unter dem Schirm der evangelischen Kirche. Eine institutionelle Erweiterung erfuhr das »Parlament der Gruppen« im März 1985, als ein sogenannter Fortsetzungsausschuss mit gewählten Regionalvertretern ins Leben gerufen wurde, um zwischen den Jahrestagungen Kontakte aufrechtzuerhalten und zukünftige Seminare vorzubereiten.
2   Die Arbeitsgruppe Frieden der Evangelisch-Lutherischen Landeskirche Mecklenburgs wurde 1981 von der Kirchenleitung ins Leben gerufen, um die verschiedenen regionalen Friedensgruppen in Mecklenburg in einen institutionalisierten Austausch mit der Kirchenleitung zu bringen. Sie traf sich mehrmals im Jahr, unterstützte die Friedensgruppen bei der Planung und Durchführung von Friedensseminaren und organisierte die Friedensdekaden. Ab 1984 gab sie periodisch die thematische Materialsammlung »Friedensnetz« heraus. Über die Jahre kam es immer wieder zu Konflikten zwischen den Basisgruppen und der Kirchenleitung um die Besetzung und die Zuständigkeiten der Arbeitsgruppe, die sich im Kern darum drehten, wie autonom von kirchenpolitischen Einflussnahmen seitens der Kirchenleitung die Basisgruppen bei ihrer Friedensarbeit agieren konnten. Vgl. Wunnicke, Christoph: Die Arbeits-

Vorliegenden internen Hinweisen zufolge nahmen am »Friedensseminar« in Schwerin ca. 180 Teilnehmer aus der DDR teil, die insgesamt 32 kirchliche »Friedenskreise« vertraten. (1983 in Berlin ca. 125 Personen als Vertreter von 32 »Friedenskreisen«, 1984 in Eisenach ca. 170 Personen als Vertreter von 29 »Friedenskreisen«.)

Unter den Anwesenden befanden sich solche wegen feindlich-negativer Aktivitäten hinlänglich bekannte Personen wie Pfarrer *Meckel*/Vipperow,[3] Heiko *Lietz*/Güstrow,[4] Hans-Jürgen *Misselwitz*/Berlin,[5] Pfarrer *Passauer*/

gruppe Frieden, www.widerstand-in-mv.de/detail/die-arbeitsgruppe-frieden/ (letzter Abruf: 11.6.2024).

[3] Markus Meckel, Jg. 1952, evangelischer Theologe, 1970 totale Wehrdienstverweigerung, anschließend Theologiestudium und Engagement in der Friedens- und Oppositionsbewegung der DDR, 1980–88 Vikariat und evangelisches Pfarramt in Vipperow/Müritz, 1982 Begründer des Friedenskreises Vipperow, 1988–90 Leiter der Ökumenischen Begegnungs- und Bildungsstätte in Nierndodeleben bei Magdeburg, 1989 Mitbegründer der Sozialdemokratischen Partei der DDR (SDP), 1990 Mitglied der 10. Volkskammer und Minister für Auswärtige Angelegenheiten, DDR-Vertreter bei den 2+4-Verhandlungen, 1990–2008 Mitglied des Deutschen Bundestages (SPD), 2013–16 Präsident des Volksbundes Deutsche Kriegsgräberfürsorge e.V.

[4] Heiko Lietz, Jg. 1943, evangelischer Theologe, 1970–80 Pfarrer der Domgemeinde Güstrow, ab 1979 Mitarbeit in der unabhängigen Friedensbewegung, 1980 Aufgabe seines Pfarramtes nach Konflikten mit der Kirchenleitung, anschließend bis 1988 als Hausmeister für die Volkssolidarität in Güstrow tätig, in dieser Zeit Engagement für Oppositionsgruppen im Norden der DDR, ab 1984 Mitorganisator der DDR-weiten Treffen von »Frieden konkret«, Organisation und Moderation des »Arbeits- und Koordinierungskreises zum Wehrdienstproblem«, ab 1986 Leiter der »Arbeitsgruppe Frieden« der Mecklenburgischen Landeskirche, ab September 1989 Mitglied des »Neuen Forums« (NF), Vertreter des NF am Zentralen Runden Tisch, 1992 Mitglied des Bundessprecherrats der Partei Bündnis 90, Teilnehmer an der Aushandlung des Assoziationsvertrages mit den Grünen, 1993 Sprecher des Landesvorstandes Mecklenburg-Vorpommern Bündnis 90/Die Grünen, 1994 Spitzenkandidat für die Landtagswahl, 1997 Austritt aus Bündnis 90/Die Grünen, 1994–99 Mitglied der Synode der Evangelisch-Lutherischen Landeskirche Mecklenburgs.

[5] Hans-Jürgen Misselwitz, Jg. 1950, 1970–74 Studium Biologie und Biophysik in Jena und Berlin, 1974–81 wissenschaftlicher Assistent an der Akademie der Wissenschaften in Berlin-Buch und an der HU Berlin, 1980 Ende der wissenschaftlichen Karriere wegen Verweigerung der Einberufung zur NVA, 1981–84 Theologiestudium am Sprachenkonvikt Berlin, November 1981 Mitgründer des Friedenskreises Pankow, Oktober 1989 Mitgründer der SDP, 1990 Abgeordneter der Volkskammer (SPD) und Parlamentarischer Staatssekretär im Außenministerium der DDR, Oktober 1990–Dezember 1990 Mitglied des Bundestages (SPD), 1991–99 Leiter der Brandenburger Landeszentrale für politische Bildung, 1999–2005 Leiter des Büros von Wolfgang Thierse im Parteivorstand der SPD.

Berlin,[6] Bärbel *Bohley*/Berlin,[7] Monika *Haeger*/Berlin,[8] Provinzialpfarrer *Tschiche*/Magdeburg,[9] Landesjugendpfarrer *Stauss*/Magdeburg,[10] Dieter *Oberländer*/Erfurt,[11] die Pfarrer *Jahr*/Altendorf,[12] *Scriba*/Altendorf,[13] *Wonneberger*/Dresden,[14] *Weigel*/Königswalde,[15] *Bindemann*/Rostock.[16]

6   Martin-Michael Passauer, Jg. 1943, evangelischer Theologe, engagierte sich als erster Stadtjugendpfarrer in Ostberlin von 1976 bis 1983 für die kirchliche Friedensbewegung und Offene Jugendarbeit, u. a. mit der Organisation von Stadtjugendsonntagen, Blues-Messen und Friedenswerkstätten, 1984–2008 Pfarrer der Berliner Sophienkirche, 1988–91 persönlicher Referent von Bischof Gottfried Forck, 1992–96 Superintendent für den Kirchenkreis Berlin-Stadt III (Mitte und Prenzlauer Berg) und ab 1996 Generalsuperintendent des Sprengels Berlin der Evangelischen Kirche Berlin-Brandenburg.
7   Bärbel Bohley, Jg. 1945, Malerin, Mitbegründerin der Oppositionsgruppe »Frauen für den Frieden« (1982) und der Initiative Frieden und Menschenrechte (1985/86), Januar 1988 Verhaftung nach Protestaktionen während der Liebknecht-Luxemburg-Demonstration und Abschiebung nach England, August 1988 Rückkehr in die DDR, September 1989 Mitbegründerin des »Neuen Forums«, Mai–Dezember 1990 Mitglied der Berliner Stadtverordnetenversammlung, September 1990 Mitbesetzerin der MfS-Zentrale in Berlin, Initiatorin des »Runden Tisches von unten«, 1991 Mitarbeiterin der Fraktion Neues Forum/Bürgerbewegung im Berliner Abgeordnetenhaus, 1994 Spitzenkandidatin des »Neuen Forums« zur Europawahl, 1996 Gründungsvorsitzende des Bürgerbüros zur Aufarbeitung von Folgeschäden der SED-Diktatur, 1996–99 EU-Beauftragte in Sarajewo für die Rückkehr von Flüchtlingen und den Wiederaufbau.
8   Monika Haeger, Jg. 1945, Lektorin, 1982–89 als IMB »Karin Lenz« eine der ergiebigsten Quellen der Stasi in der Ostberliner Oppositionsszene, war im Auftrag der Stasi in der Initiative Frieden und Menschenrechte, im Friedenskreis Pankow und der Gruppe »Frauen für den Frieden« Ostberlin aktiv.
9   Hans-Jochen Tschiche, Jg. 1929, evangelischer Theologe und Politiker (Neues Forum (NF), Bündnis 90, Bündnis 90/Die Grünen), 1982 Unterstützer des von Robert Havemann und Rainer Eppelmann verfassten »Berliner Appells«, maßgeblich beteiligt an der Herausbildung überregionaler Netzwerke oppositioneller Gruppen, 1978–90 Leiter der Evangelischen Akademie in Magdeburg, 1986–88 Mitglied des Fortsetzungsausschusses des Netzwerks »Konkret für den Frieden«, 1989 Mitbegründer des NF, Dezember 1989–März 1990 NF-Vertreter am Runden Tisch des Bezirks Magdeburg, 1990 Abgeordneter der Volkskammer in der Fraktion Bündnis 90/Grüne, 1990–98 Landtagsabgeordneter in Sachsen-Anhalt und Fraktionsvorsitzender von Bündnis 90/Die Grünen (bis 1994 unter dem Namen Grüne Liste/NF).
10 Im Original: »Stausz«. Curt Stauss, Jg. 1948, evangelischer Theologe, keine Zulassung zur EOS wegen Weigerung, an der vormilitärischen Ausbildung teilzunehmen, nach Abendschule Studium der Theologie am Sprachenkonvikt in Berlin, am Theologischen Seminar Leipzig und am Oberseminar Naumburg, anschließend Pfarrer in verschiedenen Kirchgemeinden, in den 1980er-Jahren Engagement für den Aufbau eines Netzwerks von kirchlichen Basisgruppen, 1986–99 Mitglied im Präsidium des Evangelischen Kirchentages.
11 Dieter Oberländer, Jg. 1939, evangelischer Diakon, ab 1968 Stadtjugendwart in Erfurt, 1978–81 Referent für Bildungsaufgaben, 1981–91 Landesjugendwart und Leiter des Evangelischen Jungmännerwerkes Thüringen.
12 Konrad Jahr-Weidauer, Jg. 1946, evangelischer Theologe, 1975–77 Redakteur beim »Thüringer Tagblatt« in Weimar, 1978–79 Vikariat in Schnepfenthal und Karlsdorf, 1981–86 Gemeindepfarrer in Karlsdorf bei Jena, 1981 Mitbegründer des Altendorfer Friedenskreises zur Unterstützung von Wehrdienstverweigerern, 1982–85 Leiter der Theatergruppe der Evangelischen Studentengemeinde in Jena, 1984 Mitorganisator des Basisgruppentreffens »Frieden konkret« in Eisenach, 1986 Ausreise in die Bundesrepublik.

Als Vertreter der Kirchenleitung der Evangelisch-Lutherischen Landeskirche Mecklenburgs waren zeitweise anwesend: Landesbischof *Stier*,[17] Präsident des Oberkirchenrates Müller/Schwerin,[18] Oberkirchenrat *Schwerin*/Schwerin[19] und Präses *Wahrmann*/Wismar.[20]

Am »Friedensseminar« nahmen der in der DDR akkreditierte Journalist *Röder*,[21] epd, sowie als Vertreter kirchlicher Publikationen der DDR Gerhard *Thomas*/Schwerin,[22] »Mecklenburgische Kirchenzeitung«, und Hart-

13 Martin Scriba, Jg. 1952, evangelischer Theologe, 1977–86 Pfarrer in Altendorf, ab 1986 Pfarrer an der Paulskirche in Schwerin, 1999–2009 Regierungsbeauftragter der beiden evangelischen Kirchen in Mecklenburg-Vorpommern, ab 2009 Diakonie-Chef in Mecklenburg und ab 2010 in ganz Mecklenburg-Vorpommern, 1982 Mitbegründer des »Altendorfer Friedenskreises«.
14 Christoph Wonneberger, Jg. 1944, evangelischer Theologe, ab 1973 Gemeindepfarrer in Leipzig-Möckern, Taucha und in der Dresdner Weinbergskirche, 1981 Gründung der Initiative Sozialer Friedensdienst, April 1982 Etablierung der Friedensgebete in der Dresdner Dreikönigskirche, ab 1985 Pfarrer der Lukasgemeinde in Leipzig-Volkmarsdorf.
15 Hansjörg Weigel, Jg. 1943, Kfz-Elektriker, tätig in einer PGH in Werdau, 1966/67 Wehrdienst als Bausoldat, ab 1968 Mitglied des Königswalder Gemeindekirchenrats, ab 1973 Mitorganisator des zweimal im Jahr stattfindenden Christlichen Friedensseminars in Königswalde bei Zwickau; 1980 Verhaftung und nach drei Monaten Untersuchungshaft Verurteilung zu 18 Monaten Haft – infolge westlicher Berichte, der Solidarisierung der Bevölkerung und Protesten der Kirchenleitung nach zweieinhalb Monaten Umwandlung in eine Bewährungsstrafe, 1984–94 Mitglied der sächsischen Landessynode.
16 Walther Bindemann, Jg. 1946, evangelischer Theologe, protestierte 1968 mit einer Gruppe von Theologiestudenten gegen die neue Verfassung der DDR, anschließend Verfolgung durch MfS und Inhaftierung, ab 1981 Pfarrer in der Rostocker Südstadt, in verschiedenen Friedensgruppen engagiert, rief am 30.10.1981 zum Protest in der Rostocker Südstadt gegen die Praxis der Zivilverteidigung auf.
17 Christoph Stier, Jg. 1941, evangelischer Theologe, 1970–76 Pfarrer in Rostock Lütten Klein, 1976–83 Landespastor für Weiterbildung und Akademiearbeit der Mecklenburgischen Landeskirche, 1984–96 Landesbischof von Mecklenburg, 1986–89 Leitender Bischof der Vereinigten Evangelisch-Lutherischen Kirche in der DDR.
18 Peter Müller, Jg. 1939, Kirchenjurist, nach Ausbildung zum Werkzeugmacher plante Müller ein Studium an der FU Berlin, das er aufgrund des Mauerbaus 1961 nicht aufnehmen konnte, Ausbildung zum Kirchenjuristen in Naumburg, 1977–93 Oberkirchenratspräsident der Evangelisch-Lutherischen Landeskirche Mecklenburgs.
19 Eckart Schwerin, Jg. 1937, evangelischer Theologe, 1966–70 Pastor in Züssow (Vorpommern), 1970–82 tätig im BEK in Berlin, 1983–97 Oberkirchenrat der Evangelisch-Lutherischen Landeskirche Mecklenburgs.
20 Siegfried Wahrmann, Jg. 1918, Kaufmann, 1970–87 Präses der Landessynode der Evangelisch-Lutherischen Landeskirche Mecklenburgs, ab 1973 Vize- und 1977–85 Präses der Bundessynode, 1967–89 inoffizieller Mitarbeiter der Staatssicherheit. Zu Wahrmanns IM-Tätigkeit vgl. Besier, Gerhard: Der SED-Staat und die Kirche. Höhenflug und Absturz. Frankfurt/M. 1995, S. 483–486; Frank, Rahel: »Realer – Exakter – Präziser«? Die DDR-Kirchenpolitik gegenüber der Evangelisch-Lutherischen Landeskirche Mecklenburgs von 1971 bis 1989. 2., überarb. Aufl., Schwerin 2009, S. 250–265.
21 Hans-Jürgen Röder, Jg. 1946, Journalist, ab 1975 Redakteur der Westberliner Zeitschrift »Kirche im Sozialismus«, 1979–90 Korrespondent für den Evangelischen Pressedienst in der DDR, danach Chefredakteur und Geschäftsführer des epd-Landesdienstes Ost.
22 Gerhard Thomas, Jg. 1934, evangelischer Theologe, 1961–68 Pfarrer in Rethgendorf, ab 1968 Pfarrer in Burg Stargard, ab 1974 Pastor für den kirchlichen Pressedienst, 1977–86 Chefre-

mut *Lorenz*/Berlin,[23] Evangelischer Nachrichtendienst in der DDR,[24] zeitweise teil.

Ebenfalls zeitweilig war der Mitarbeiter im Sekretariat des »Internationalen Versöhnungsbundes«,[25] *Wiener*/Niederlande,[26] der sich in der Zeit vom 22. Februar bis 10. März 1985 besuchsweise bei der hinlänglich bekannten *Misselwitz*/Berlin[27] aufhielt, anwesend. Er trat nicht öffentlich in Erscheinung.

Alle zur vorbeugenden Verhinderung des politischen Missbrauchs des »Friedensseminars« festgelegten Maßnahmen wurden durchgeführt. So hatten u. a. mit Landesbischof *Stier* und dem Präsidenten des Oberkirchenrates Schwerin, *Müller,* sowie mit den Organisatoren des »Friedensseminars« Pfarrer *Bindemann*/Rostock, Oberkirchenrat *Schwerin*/Schwerin, Präses *Wahrmann*/Wismar und Pfarrer *Kuske*/Teterow[28] Gespräche stattgefunden, in denen die staatliche Erwartungshaltung zum Ausdruck gebracht wurde.

Mit hinlänglich bekannten feindlich-negativen Personen, die als mögliche Teilnehmer bekannt wurden, erfolgten differenzierte Gespräche, in denen sie auf ihre staatsbürgerlichen Pflichten hingewiesen und aufgefordert wurden, das »Friedensseminar« nicht für politisch-negative Zwecke zu missbrauchen.

---

dakteur der »Mecklenburgischen Kirchenzeitung«, 1986–89 Chefredakteur der Kirchenzeitung »Die Kirche«.

23 Hartmut Lorenz, Jg. 1954, Journalist, tätig für den Evangelischen Nachrichtendienst in der DDR.

24 Der Evangelische Nachrichtendienst (ena) war eine 1947 gegründete Nachrichtenagentur speziell für kirchliche Themen in der DDR (bzw. anfangs in der Sowjetischen Besatzungszone). 1990 ging der ena im westdeutschen Evangelischen Pressedienst (epd) als epd-Landesdienst Ost auf.

25 Der Internationale Versöhnungsbund IFOR (International Fellowship of Reconciliation) wurde 1914 von mehreren europäischen Kirchengruppen gegründet. Die international tätige, überkonfessionelle Nichtregierungsorganisation mit Sitz in Alkmaar/Niederlande engagiert sich für die friedliche Beilegung nationaler und internationaler Konflikte und die Weiterentwicklung des Völkerrechts. Die nationalen Zweige des IFOR publizierten unterschiedliche Zeitschriften und Jahresberichte wie den IFOR-Report aus den Niederlanden oder die Rundbriefe des deutschen Versöhnungsbundes.

26 Rudolf Wiener, Jg. 1956, österreichischer IT-Entwickler, 1975–83 Angestellter in einem Rechenzentrum in Österreich, 1983–88 Mitarbeiter im Büro des Internationalen Versöhnungsbundes in Alkmaar (Niederlande), 1989–2021 Inhaber und Geschäftsführer einer Software-Firma in Österreich.

27 Ruth Misselwitz, Jg. 1952, evangelische Theologin, ab 1981 Pfarrerin der Evangelischen Kirchengemeinde Alt-Pankow, gründete 1981 mit anderen Bürgerrechtlern den Friedenskreis Pankow, der sich zu einer der bedeutendsten Oppositionsgruppen der DDR entwickelte.

28 Martin Kuske, Jg. 1940, evangelischer Theologe, 1965–69 Assistent am Systematisch-Theologischen Institut der Theologischen Fakultät Rostock, 1969–73 Pastor der Kirchengemeinde Rostock-Südstadt, 1973–78 Direktor des Predigerseminars in Gnadau, 1978–94 Pastor der Peter-und-Paul-Kirche in Teterow, 1994/95 Landespfarrer für Diakonie der Evangelisch-Lutherischen Landeskirche Mecklenburg, Mitbegründer des Bonhoeffer-Komitees beim Bund der Evangelischen Kirchen in der DDR.

Im Ergebnis dieser Aussprachen nahmen nach bisher vorliegenden Hinweisen zwölf namentlich bekannte Personen, wie z. B. Liedermacher *Bomberg*/Berlin,[29] Studentenpfarrer *Kleemann*/Rostock,[30] Pfarrer *Messlin*/Jena[31] nicht am »Friedensseminar« teil.

Andere hinlänglich bekannte negative Kräfte, die während des »Seminars« in Eisenach 1984 mit massiven Angriffen gegen die DDR in Erscheinung traten und am »Friedensseminar« Schwerin teilnahmen, verhielten sich nach bisherigen Hinweisen zurückhaltend (z. B. *Tschiche, Passauer*, Bärbel *Bohley, Jahr, Wonneberger*).

Im engen Zusammenwirken des MfS mit zuständigen örtlichen Staatsorganen wurde in allen Bezirken darauf Einfluss genommen, die Teilnahme von progressiven und realistischen Kräften am »Friedensseminar« zu ermöglichen.

Die bereits in den staatlicherseits geführten Gesprächen mit kirchenleitenden Kräften um Landesbischof *Stier* festgestellte mangelnde Bereitschaft, den politischen Missbrauch während des »Friedensseminars« zu unterbinden, spiegelte sich in ihrem Verhalten und Auftreten während des »Seminars« u. a. darin wider, dass sie in diesem Forum vorgetragene Angriffe gegen die DDR, die Sicherheitspolitik der DDR und speziell gegen das MfS nicht zurückwiesen. Der Präsident des Oberkirchenrates Schwerin, *Müller*, ermunterte durch eigene Beiträge noch diese Angriffe und unterstützte Heiko *Lietz* in seinen gegen das MfS gerichteten Verleumdungen.

Streng intern wurde bekannt, dass Landesbischof *Stier* aufgrund der staatlichen Einflussnahme Festlegungen dahingehend traf, wer von kirchenleitenden Personen am »Seminar« teilnimmt, dass eine stärkere theologische Ausprägung entsprechend den Veranstaltungsthemen erfolgt und er selbst die Kontrolle über Herstellung, Vervielfältigung und Verteilung von Schriftstücken während des »Seminars« übernimmt.

---

29 Karl-Heinz Bomberg, Jg. 1955, Liedermacher und Anästhesist, seit 1981 Auftritte als Liedermacher, erhielt aufgrund seiner kritischen Liedertexte bald Auftritts- und Publikationsverbot, 1984 wegen »staatsfeindlicher Hetze« verurteilt, kam für drei Monate in Untersuchungshaft des MfS.

30 Christoph Kleemann, Jg. 1944, evangelischer Theologe, 1962–67 Theologiestudium, ab 1976 Studentenpfarrer in Rostock, leitete 1978–85 den Arbeitskreis »Erziehung zum Frieden« der ESG, 1986–89 Pfarrer in Dobbertin, 1990 vorübergehend Oberbürgermeister von Rostock für das Neue Forum, danach Präsident und Vizepräsident der Rostocker Bürgerschaft, 1999–2009 Leiter der BStU-Außenstelle Rostock.

31 Harald Messlin, Jg. 1940, evangelischer Theologe, 1967–68 Hilfsprediger in Lauchhammer, 1968–75 Pfarrer in Lauchhammer, 1975–2000 Pfarrer in Jena, außerdem für die Gossner Mission tätig.

Präses *Wahrmann* brachte zum Ausdruck, er wolle seinen Einfluss dahingehend geltend machen, dass das »Friedensseminar« in keinen Widerspruch zu dem Gespräch des Vorsitzenden des Staatsrates, Genossen *Honecker*,[32] mit Landesbischof *Hempel*[33] am 11.2.1985 gerät.[34]

Während des Treffens versuchten die dem MfS namentlich bekannten Inspiratoren und Organisatoren bei der Etablierung einer sogenannten staatlich unabhängigen Friedens- und Ökologiebewegung in der DDR erneut, das »Friedensseminar« für politisch-negative Zielstellungen zu missbrauchen.

Es wurden aktive Bestrebungen deutlich, die bestehenden »Basisgruppen« »vernetzend« zusammenzuführen, den Prozess der Zentralisierung der Schaffung fester Organisationsstrukturen und des Ausbaus des Kommunikationssystems fortzusetzen und verstärkt längerfristige konzeptionelle und für alle »Friedenskreise« verbindliche Festlegungen zu treffen.

Das fand seinen Ausdruck u. a. in der Berufung eines »Fortsetzungsausschusses«, der die Aufgabe der weiteren Koordinierung der Arbeit der »Basisgruppen« übernehmen soll, sowie in der Verabschiedung von inoffiziellen Stellungnahmen bzw. Schriftstücken, in denen Probleme der »Basisgruppen« und »Sektionen« des »Seminars« abgearbeitet werden.

Das »Friedensseminar« trug überwiegend den Charakter eines Meinungs- und Erfahrungsaustausches über das praktische Vorgehen der »Basisgruppen«, wobei in einer Reihe Beiträge die Suche nach neuen Formen und Methoden der Arbeit der »Friedenskreise« deutlich wurde mit dem Ziel, Einfluss, Autorität, Öffentlichkeitswirksamkeit, Breitenwirkung und Mitspracherecht zu erhöhen.

Trotz der bisher erreichten Resultate der Einflussnahme, Disziplinierung und des Differenzierungsprozesses hielten die hinlänglich bekannten feindlich-negativen Kräfte hartnäckig an ihrer Zielstellung der Zusammenführung von »Basisgruppen«, deren Koordinierung und Instruierung im Sinne einer staatlich unabhängigen Friedensbewegung in der DDR fest. Weitere Schritte

---

32 Erich Honecker, Jg. 1912, SED-Funktionär, 1958–89 Mitglied des Politbüros, ab 1971 Erster Sekretär, ab 1976 Generalsekretär der SED, 1971–89 Vorsitzender des Nationalen Verteidigungsrates, 1976–89 Vorsitzender des Staatsrates.
33 Johannes Hempel, Jg. 1929, evangelischer Theologe, 1958–63 Pfarrer an der Thomas-Kirche in Leipzig, 1963–71 Studentenpfarrer in Leipzig, ab 1972 Landesbischof der Evangelisch-Lutherischen Kirche Sachsens, 1982–86 Vorsitzender des BEK, 1983–86 Leitender Bischof der VELKD.
34 Am 11.2.1985 trafen sich der Vorsitzende des BEK Johannes Hempel und Erich Honecker zu einem Gespräch, an dem auch der Staatssekretär für Kirchenfragen Klaus Gysi, der Sekretär des Staatsrates Heinz Eichler und der Leiter des Sekretariats des BEK Martin Ziegler teilnahmen. Bei dem Treffen ging es in erster Linie darum, das Spitzengespräch vom 6.3.1978 symbolisch zu erneuern, das eine neue Beziehung zwischen SED-Führung und evangelischer Kirche in der DDR eingeleitet hatte. Vgl. Begegnung Erich Honecker mit Landesbischof Dr. Johannes Hempel. In: ND v. 12.2.1985, S. 1. Vgl. außerdem Informationen 64/85 u. 84/85.

dazu wurden mit der erklärten Absicht, durch eine »Korrespondentengruppe« ein Informationsblatt herauszubringen, unternommen.

Insbesondere in den »Sektionen« des »Friedensseminars« standen Fragen des christlichen Friedensengagements im Mittelpunkt der Gespräche. Ausgehend von theologischen Aspekten wurden dabei bekannte Standpunkte einer eigenständigen kirchlichen Friedensarbeit unterstrichen. Die staatliche Friedenspolitik der DDR fand wiederholt Würdigung. Ungeachtet dessen zeigten sich durchgängig in den Meinungsäußerungen und Ausführungen von Teilnehmern die bekannten pseudopazifistischen und neutralistischen Positionen, insbesondere zu Fragen des Wehrdienstes,[35] des Abschlusses »persönlicher Friedensverträge«[36] und der Abrüstung.

Aus den Gesprächen in den »Sektionen« war der permanente Versuch der in den »Basisgruppen« etablierten feindlich-negativen Kräfte erkennbar, vorhandene, echte Bedürfnisse von Christen sich für den Frieden zu engagieren, politisch zu missbrauchen und geschickt mit pazifistisch geprägten Darstellungen zu verbinden. Ohne vordergründig auf spektakuläre Aktionen zu orientieren wurde für weitere regionale Veranstaltungen (»Frieden – Umwelt – Gerechtigkeit«) im DDR-Maßstab plädiert.

Weitere, in der Diskussion behandelte Probleme zielten darauf ab, die »Basisgruppen« dem Staat gegenüber als Gesprächspartner zu qualifizieren und aufzuwerten sowie auf eine noch stärkere Festigung und Ausdehnung des Verhältnisses »Basisgruppen« – Kirchenleitungen zu orientieren.

Während des »Friedensseminars« in Schwerin wurden keine Aufrufe, Appelle oder offenen Briefe verfasst.

Die Teilnahme und das Auftreten von auf progressiven und realistischen Positionen stehenden Kräften aus den verschiedensten Bezirken der DDR (u. a. von Mitgliedern der »Christlichen Friedenskonferenz« – CFK[37]) wirk-

---

35 Die Forderung nach einer Alternative zum Militärdienst bei der NVA, die über den Dienst als Bausoldat hinausging und tatsächlich zivilen und sozialen Charakter trug, war 1980 von Christoph Wonneberger mit den Mitgliedern seines Friedenskreises in Dresden in einem Aufruf an die Volkskammer formuliert und als Rundbrief bekannt gemacht worden. Vgl. Silomon, Anke: Schwerter zu Pflugscharen und die DDR. Die Friedensarbeit der evangelischen Kirchen in der DDR im Rahmen der Friedensdekaden 1980–1982. Göttingen 1999.

36 Persönliche Friedensverträge waren seit 1983 eine Initiative, um die Friedensbewegung in Ost und West enger miteinander zu verknüpfen. Weil zwischen Staaten der beiden Machtblöcke Friedensverträge vollkommen unrealistisch erschienen, sollten stattdessen Friedensgruppen und Friedensaktivisten beiderseits des »Eisernen Vorhangs« symbolisch Friedensverträge miteinander abschließen. Vgl. »Persönliche Friedensverträge«. Hg. v. d. Bundeszentrale für politische Bildung und Robert-Havemann-Gesellschaft e.V., letzte Änderung Dezember 2018, online abrufbar unter: www.jugendopposition.de/145409 (letzter Abruf: 11.6.2024).

37 Die 1961 gegründete Christliche Friedenskonferenz (CFK) war eine kommunistisch beeinflusste internationale Friedensorganisation. Ihr gehörten sowohl Kirchen und christliche Gruppen als auch Einzelpersonen an. In der DDR hatte die CFK über 500 Einzelpersonen als Mitglieder.

ten sich besonders in den Gesprächsrunden der »Sektionen« positiv aus. Dadurch konnten z. T. Versuche, politisch-negative Aussagen in die Gesprächsrunden zu tragen, zurückgewiesen werden. Der Vorschlag zur Mitwirkung von Mitgliedern der CFK im »Fortsetzungsausschuss« wurde jedoch durch Einspruch von *Tschiche*/Magdeburg abgelehnt.

Vorliegenden Hinweisen zufolge äußerten Teilnehmer am »Friedensseminar« Zweifel an der Effektivität der Veranstaltung. Ihrer Meinung nach habe eine zu starke Präsenz von Pfarrern, hauptamtlichen kirchlichen Mitarbeitern sowie von Personen, die ohne Mandat einer »Basisgruppe« in Erscheinung getreten seien, die Konstruktivität und Zielstellung der Veranstaltung ungünstig beeinflusst.

In diesem Zusammenhang gab es von Leitungsmitgliedern von »Friedenskreisen« Äußerungen, künftig den Schwerpunkt der Arbeit auf Aktivitäten in kleineren, überschaubareren Gruppen und Gremien zu legen.

Streng internen Hinweisen zufolge war unter einigen Vertretern von »Friedenskreisen« eine gewisse Resignation zu verzeichnen, da ihrer Meinung nach eine zu geringe Wirksamkeit ihrer Arbeit zu spüren sei.

Zum Verlauf des »Friedensseminars« in Schwerin liegen dem MfS nachfolgende streng vertrauliche Hinweise vor:

Am 1. März 1985, um 20.00 Uhr wurde das »Friedensseminar« im Namen der »Arbeitsgruppe Frieden« der Evangelisch-Lutherischen Landeskirche Mecklenburgs von Pfarrer *Bindemann*/Rostock eröffnet.

Landesjugendpfarrer *Lohmann*/Schwerin[38] bezeichnete in einer anschließenden Ansprache das »Friedensseminar« als eine »Basissynode« mit den inhaltlichen Schwerpunkten: »Vernetzung, Standortbestimmung, Gespräche, Inspiration zum verbindlichen Handeln«.

Die »Basissynode« solle für »Friedenskreise«, »Ökologiegruppen« sowie »Gruppen«, die sich noch in der Entwicklung befänden, Erfahrungen zusammenfassen und im Plenum vermitteln.

Landesbischof *Stier* begrüßte die Teilnehmer im Namen der gastgebenden Evangelisch-Lutherischen Landeskirche Mecklenburgs, der Kirchenleitung sowie in seinem eigenen Namen und betonte, dass für die Gestaltung des »Friedensseminars« »alle« verantwortlich seien. Er wünschte »gute, sinnvolle Tage der Gespräche, des Austausches und der Begegnungen« sowie »weiterführende Impulse und Ermutigung«. In weiteren Ausführungen bezeichnete Landesbischof *Stier* die Aspekte »kontinuierliche« Friedensarbeit, »kirchliche« Friedensarbeit und »konkrete« Friedensarbeit als bedeutsam für das

---

38 Johannes Lohmann, Jg. 1945, evangelischer Theologe, 1960 als Oberschüler in Parchim aufgrund von kritischen Flugblättern verhaftet und nach zweimonatiger Untersuchungshaft zu einjähriger Bewährungsstrafe verurteilt, Studium in Naumburg, Pfarrer in Mölln und ab 1976 Propst in Stavenhagen, ab 1982 Landesjugendpfarrer in Schwerin, 1987 Übersiedlung nach Westberlin, danach u. a. tätig in der Telefonseelsorge und in diakonischen Einrichtungen.

»Friedensseminar«. Bei der Erläuterung der »kontinuierlichen« Friedensarbeit stellte er einen Zusammenhang zwischen den seit 1983 jährlich stattfindenden »Friedensseminaren« und den Aussagen der Synoden des Bundes der Evangelischen Kirchen in der DDR zur Friedensverantwortung her. In Bezug auf »kirchliche Friedensarbeit« sprach er sich für eine Übereinstimmung zwischen Gebet und dem Wirken für den Frieden aus und betonte, entscheidend dafür seien offene und kritische Gespräche sowohl zwischen einzelnen »Gruppen« als auch mit Vertretern kirchlicher Institutionen bzw. Synodalen. »Gegenseitige« »Verdächtigungen« würden Kräfte binden, jedoch ein fairer Streit Kräfte freisetzen. Zur »konkreten« Friedensarbeit wünschte *Stier* den Teilnehmern »viele gute Einfälle für friedensstiftende Worte und friedensförderndes Handeln«.

Er forderte »alle kirchlichen Friedensgruppen, Öko-Gruppen und Dritte-Welt-Gruppen« auf, an einem Ideenwettstreit »Frieden konkret« der Evangelisch-Lutherischen Landeskirche Mecklenburgs teilzunehmen. Dazu sollen bis Ende 1985 dem während des »Friedensseminars« zu wählenden »Fortsetzungsausschuss« »friedensfördernde Ideen und Schritte« für die Friedensarbeit vorgeschlagen werden. Zum Abschluss des Ideenwettstreites sei vorgesehen, einer »Gruppe« als Preis einen Wochenendaufenthalt in einem Objekt der Evangelisch-Lutherischen Landeskirche Mecklenburgs zur Verfügung zu stellen.

Nach der Begrüßungsrede durch *Stier* wurden »Regionalberichte« aus den evangelischen Landeskirchen vorgetragen.

Aus der Evangelisch-Lutherischen Landeskirche Sachsens vermittelten die Teilnehmer *Rasch*/Dresden,[39] *Meusel*/Werdau,[40] *Fleischhack*/Meißen[41] und *Thomas*/Karl-Marx-Stadt[42] »Erfahrungen« bei der Organisierung der Arbeit ihres »Friedenskreises« und verwiesen auf Ausstellungen, »Friedensbibliotheken«, Friedensgebete, Dia-Serien u. a.

Aus der Evangelischen Kirche in Berlin-Brandenburg berichtete der Diplom-Biologe *Misselwitz*/Berlin über insgesamt 162 in der Zeit seit dem »Friedensseminar« 1984 durchgeführte Veranstaltungen in ca. 20 »Friedenskrei-

---

39 Horst Rasch, Jg. 1953, Ingenieur und CDU-Politiker, 1989/90 Landesvorsitzender des Demokratischen Aufbruchs in Sachsen, 1990–2009 Mitglied des Sächsischen Landtags, 1991–2005 CDU-Kreisvorsitzender in Riesa-Großenhain, 2002–04 Sächsischer Staatsminister des Innern.
40 Georg Meusel, Jg. 1942, Elektromonteur und Bürgerrechtler, 1973 Mitbegründer des christlichen Friedensseminars Königswalde, 1989 Mitbegründer des Runden Tisches in Werdau, 1998 Initiator des Martin-Luther-King-Zentrums für Gewaltfreiheit und Zivilcourage – Archiv der Bürgerbewegung Südwestsachsen e.V. in Werdau.
41 Im Original: »Fleischer«. Vermutlich ist gemeint: Dorothee Fleischhack, Jg. 1965, evangelische Theologin. Frau Fleischhack teilte in einem Telefonat dem Bearbeiter mit, dass sie im Netzwerk »Frieden konkret« engagiert war, jedoch kann sie nicht sicher bestätigen, dass sie 1985 in Schwerin teilgenommen hat.
42 Thomas, weitere Angaben zur Person konnten nicht ermittelt werden.

sen«. Er betonte, in Berlin bestünden aufgrund der territorialen Besonderheit bessere internationale Begegnungsmöglichkeiten. Veranstaltungen mit hohen Teilnehmerzahlen seien während der »Friedensdekaden«,[43] der »Blues-Messen«[44] und »Friedenswerkstätten«[45] in Berlin besser erreichbar. Der erreichte Stand sei mit das Ergebnis von Hartnäckigkeit, Geduld und Ausdauer. Ein Lernprozess habe den »inneren Zusammenhalt und Glauben« geprägt, was insgesamt ermutigend wirke. Eine besondere Herausforderung an die Tätigkeit der »Basisgruppen« würden die »Friedensdekaden« und Veranstaltungen der »offenen Jugendarbeit«[46] darstellen. Auf den »Friedenskreis« in Berlin-

[43] Am Ende eines Kirchenjahres eine ökumenische Friedensdekade in den Gemeinden durchzuführen, geht auf eine in den Niederlanden entwickelte und im Herbst 1980 in Deutschland aufgegriffene Idee der ökumenischen Jugendarbeit zurück. Die ökumenische Arbeitsgemeinschaft Christlicher Jugend und die Kommission für Kirchliche Jugendarbeit des Bundes der Evangelischen Kirchen in der DDR hatten dazu Material erarbeitet. Die erste Friedensdekade fand im November 1980 unter dem Motto »Frieden schaffen ohne Waffen« statt. Eine Friedensdekade umfasste jeweils ein zehntägiges Programm mit Gottesdiensten und Veranstaltungen in den evangelischen Kirchengemeinden der DDR. Aufgrund starken staatlichen Drucks setzte eine schrittweise Entpolitisierung der Friedensdekaden ein, seit 1983/84 nahmen spürbar weniger Menschen teil. Nur in einzelnen Kirchengemeinden mit besonders engagierten Pfarrern und Pfarrerinnen wurde auch weiterhin Kritik an der Politik der SED geübt.

[44] Blues-Messen nannte sich die ab 1979 in der Berliner Samariter-Gemeinde von Günter Holwas und Rainer Eppelmann entwickelte Form der offenen Arbeit der Evangelischen Kirche, bei denen auch kirchenferne unangepasste Jugendliche zu Lesungen und Konzerten in gottesdienstähnliche Veranstaltungen kommen konnten. Die erste Blues-Messe fand am 1.6.1979 während des Pfingsttreffens der FDJ statt. In der Folgezeit entwickelte sich die Mischung aus Textlesungen, Musik- und Theatereinlagen, Fürbitten und Sketchen zu Großereignissen mit bis zu 6 000 Teilnehmern. Neben der Friedrichshainer Samariter- und Auferstehungskirche wurde auch die Erlöserkirche in Berlin-Lichtenberg mit einbezogen. Die Messen boten einen neuartigen Rahmen, um politische Themen zu diskutieren und persönliche Nöte von Jugendlichen anzusprechen. Vgl. Moldt, Dirk: Zwischen Haß und Hoffnung. Die Blues-Messen 1979–1986. Berlin 2008.

[45] Die seit 1982 praktizierten Friedenswerkstätten waren eintägige kirchliche Großveranstaltungen mit Gottesdiensten, Galerien, Kleinkunstaufführungen, Ausstellungen und Diskussionsforen. Gestaltet wurden sie von kirchlichen Basisgruppen mit ihren Themen Ökologie, Frieden, Abrüstung und Menschenrechte. Überregionale Bedeutung gewann vor allem die Friedenswerkstatt der Berliner Erlöserkirche. Am 3.7.1983 versammelten sich hier zum zweiten Mal über 3 000 Interessenten unter dem Motto »Frieden pflanzen«. Der Aktionstag wurde zu einem Höhepunkt der unabhängigen Friedensbewegung in der DDR. Bis 1986 folgten drei weitere Werkstätten, bevor die Kirchenleitung auf Drängen des Staates die Treffen untersagte. Als Protest fanden sich die Aktivisten im Jahr 1987 zum »Kirchentag von Unten« als alternatives Forum zum stark entpolitisierten offiziellen Kirchentag in Berlin zusammen.

[46] Ab den 1970er-Jahren öffneten immer mehr Kirchen ihre Räume auch für nicht-gläubige junge Menschen. Mit der sogenannten Offenen Arbeit sollten dem ideologisch geprägten staatlichen Bildungs- und Erziehungssystem Freiräume entgegengesetzt werden, in denen politische Diskussionen, kulturelle Horizonterweiterung sowie individuelle und kollektive Selbstermächtigung möglich wurden. Innerhalb der Kirchen gab es jedoch auch Vorbehalte gegenüber diesem Ansatz, insbesondere dass der Glaube und damit das Kernanliegen der

Alt-Pankow[47] verweisend, führte *Misselwitz* an, dort sei die »Offenheit« durch die Teilnahme von 10 bis 30 Personen, die nicht in die »kirchliche Friedensarbeit« eingeordnet werden könnten, infrage gestellt.

Aus dem Bereich der Evangelisch-Lutherischen Kirche in Thüringen berichtete Pfarrer *Scriba* (Mitglied des »Altendorfer Friedenskreises«/Gera)[48] über Erfahrungen aus der praktischen Arbeit. Gleichzeitig führte er aus, es würden unter Mitgliedern des »Friedenskreises« Erscheinungen der Resignation hinsichtlich eines »Schrumpfungsprozesses« der »Friedenskreise« festgestellt. In einigen Fällen gäbe es »Behinderungen« der Arbeit der »Friedenskreise« durch Superintendenten wie in Jena, Weimar, Gera. Frieden sei nicht mehr Thema Nr. 1, aber nach wie vor wichtig. Friedensprobleme würden immer mehr mit Umweltproblemen verknüpft. Der »Altendorfer Friedenskreis« erachte es weiterhin als notwendig, Wehrpflichtige zu betreuen.

Die Vertreterin der Evangelischen Kirche der Kirchenprovinz Sachsen, *Schorlemmer*/Hausfrau/Wittenberg,[49] plädierte für eine noch stärkere Zusammenarbeit zwischen den »Friedenskreisen«.

Launicke/Student[50] am Katechetischen Oberseminar Naumburg bestätigte, dass sich Mitglieder von »Friedenskreisen« mit »persönlichen Friedensverträgen« beschäftigen.

Kirche in den Hintergrund treten und dadurch ihre politische Autonomie gefährdet würde. Vgl. Lenski, Katharina: Sozialistisches Menschenbild und Individualität. Die »Offene Arbeit« – ein Ort der Freiheit? Entstehung, Konzepte und soziale Praxis alternativer Jugendkultur im Staatssozialismus (1961–1989). In: Deutschland Archiv v. 15.3.2017, online abrufbar unter: www.bpb.de/themen/deutschlandarchiv/242954 (letzter Abruf: 11.6.2024).

47 Der Friedenskreis Pankow wurde im Oktober 1981 in der Kirchgemeinde Alt-Pankow von der Pastorin Ruth Misselwitz und dem Biochemiker Hans-Jürgen Misselwitz ins Leben gerufen. Zu den Gründungsmitgliedern zählten u. a. Martin Hoffmann, Marina Grasse, Freya Klier, Gerd Stadermann und Vera Wollenberger. Der Arbeitskreis widmete sich den Themen Friedenspolitik, Abrüstung, Friedenserziehung und Umweltschutz. Er nahm an kirchlichen Großveranstaltungen wie der Berliner Friedenswerkstatt und der Friedensdekade teil und war über die jährlichen Treffen von »Konkret für den Frieden« in das DDR-weit agierende Netzwerk der unabhängigen Friedens- und Umweltbewegung integriert. Vgl. Subklew, Marianne (Hg.): Ich wurde mutiger. Der Pankower Friedenskreis – politische Selbstbehauptung und öffentlicher Widerspruch. Berlin 2003.

48 Der »Altendorfer Friedenskreis« wurde 1982 von den evangelischen Pfarrern Uwe Koch, Konrad Jahr und Martin Scriba gegründet mit dem Ziel, Wehr- und Waffendienstverweigerer in der DDR stärker zu vernetzen und besser mit Informationen zu versorgen. 1983 übernahm der Friedenskreis die Organisation des Basisgruppentreffens »Frieden konkret II« in Eisenach 1984.

49 Heide Schorlemmer, Jg. 1945, Ärztin, Fachärztin für Allgemeinmedizin/Psychotherapie in der Poliklinik Wittenberg, aktiv in Friedens- und Umweltgruppen, damals verheiratet mit Friedrich Schorlemmer.

50 Karl Otto Launicke, Jg. 1948, Pädagoge, bis Anfang 1985 Theologiestudent am Katechetischen Oberseminar Naumburg, kooperierte als IM »Bob« mit dem MfS u. a. zur Überwachung der Blues-Messen in der Ostberliner Samariter- und Auferstehungskirche, war hier im Vorbereitungskreis aktiv, 1989 Mitglied des Demokratischen Aufbruchs, hier Vorsitzender des Arbeitnehmerverbandes.

Im Mittelpunkt ihrer Tätigkeit stehe die beabsichtigte Herausgabe eines »Informationsblattes«. Er informierte, dass am 4. Mai 1985 ein weiteres »Friedensseminar« in Naumburg stattfinde, ohne dessen Zusammensetzung zu nennen.

Feindlich-negative Aussagen, verbunden mit dem Versuch, orientierend auf andere »Basisgruppen« zu wirken, hatte der ausführliche Beitrag des Heiko *Lietz*/Güstrow, der über Erfahrungen von »Basisgruppen« innerhalb der Evangelisch-Lutherischen Landeskirche Mecklenburgs berichtete, zum Inhalt. *Lietz* untergliederte seinen Vortrag zum Thema »Dialogfähigkeit und Dialogbereitschaft« in vier Punkte (»Auf die eigene Gruppe bezogen«, »zu den Kirchengemeinden hin«, »in Richtung kirchenleitender Gremien«, »in Richtung Staatlicher Organe und gesellschaftlicher Institutionen«). Er forderte die »Friedenskreise« zu einer noch engeren Zusammenarbeit auf und führte beispielhaft dafür die jährliche »Friedensdekade« an. Kritisch erwähnte er die »abwartende Haltung« der Kirchenleitungen gegenüber den »Basisgruppen« und betonte, dass der Staat die »Basisgruppen« als eigenständige Gesprächspartner nach wie vor nicht akzeptiere. Er forderte dazu auf, sich mit diesem Zustand nicht abzufinden, sondern um gesellschaftliche Anerkennung zu ringen. Das am 11. Februar 1985 geführte Gespräch *Honecker – Hempel* sei in dieser Hinsicht »zu wenig basisorientiert« und reiche nicht aus, um »kirchliche Erfahrungen vor Ort« zur Sprache zu bringen.

Lietz erklärte dann weiter, die »Basisvertreter« fühlten sich durch staatliche Organe »in die Ecke gedrängt« und forderte in diesem Zusammenhang, »Konflikte« mit staatlichen Organen künftig öffentlich auszutragen.

Im Verlaufe seiner weiteren Ausführungen diffamierte *Lietz* die Tätigkeit des MfS und verwies dabei auf den Präsidenten des Oberkirchenrates Schwerin, *Müller,* der bezüglich eines im Dezember 1984 aufgetretenen Ereignisses in Güstrow am »sachkundigsten« sei.[51]

In Beantwortung einer provokatorisch aufgeworfenen Anfrage des Diplom-Biologen *Knapp*/Waren,[52] Mitglied des Vipperower »Friedenskreises«[53] zwei-

---

51 Im Dezember 1984 hatte ein Mitarbeiter des MfS in Güstrow zwei Menschen erschossen und einen dritten verletzt. Das MfS vertuschte den Vorfall. Heiko Lietz bemühte sich seit Anfang des Jahres 1985 darum, den Fall publik zu machen und die Angehörigen der Opfer zu unterstützen. Vgl. Güstrow: MfS-Mitarbeiter erschießt zwei Angetrunkene, online abrufbar unter: www.widerstand-in-mv.de/detail/guestrow-mfs-mitarbeiter-erschiesst-zwei-angetrunkene/ (letzter Abruf: 11.6.2024).
52 Hans-Dieter Knapp, Jg. 1950, Biologe, Biologie-Studium in Greifswald und Studium der Geobotanik in Halle, 1977–83 Kustos am Müritz-Museum in Waren, anschließend freischaffend tätig, war 1990 maßgeblich am Nationalparkprogramm der DDR beteiligt.
53 Der Friedenskreis Vipperow wurde 1982 von Markus Meckel gegründet. Der überregionale Arbeitskreis, dem Christen und Nichtchristen der Region angehörten, organisierte jährlich eine Friedensdekade und führte die sogenannten mobilen Friedensseminare durch. Der Friedenskreis unterhielt intensive Verbindungen zu anderen Friedensgruppen und war ein wichtiger Träger der Organisationsarbeit der unabhängigen Friedensbewegung in der DDR.

felte *Müller* den ihm durch leitende Mitarbeiter des Militäroberstaatsanwaltes der DDR mitgeteilten Sachverhalt an und solidarisierte sich mit den von *Lietz* in Güstrow entwickelten Aktivitäten.

(Seitens des anwesenden epd-Korrespondenten *Röder* erfolgten auf dieser Grundlage die bekannten Veröffentlichungen in den westlichen Massenmedien.)[54]

Die Arbeit in den vier »Sektionen« des »Friedensseminars« wurde durch einen Vortrag von Pfarrer *Bindemann* vor allen Teilnehmern eingeleitet. Er führte u. a. ein Zitat von Wolf *Biermann*[55] an, wonach es für den DDR-Bürger drei Formen der Flucht (in den Tod, in den Westen und in die Kirche) gebe. Es habe sich als ein weiterer Weg »die Flucht in die Basisgruppen« herausgebildet. »Basisgruppen« wären nach seiner Auffassung »kreative Minderheiten«, die in der Gesellschaft neue Werte und Maßstäbe setzten und bereits Konfliktfelder gelöst hätten.

Internen Hinweisen zufolge ist im Zusammenhang mit der »Gruppenarbeit« in den vier »Sektionen«, die sich an die Ausführungen von *Bindemann* am 2. März 1985 in der Zeit von 10.00 bis 19.00 Uhr anschloss, bemerkenswert:

Sektion I – Leitung: Scriba/Altendorf – »Altendorfer Friedenskreis«

Thema: »Suchet der Stadt Bestes«, bezogen auf »Verantwortung von Regierenden und Regierten in der sozialistischen Demokratie«.

Provinzialjugendpfarrer *Stauss*/Magdeburg behandelte Aussagen der »Barmer Theologischen Erklärung« von 1934 zur Ordnungsfunktion des Staates, zur Machtfrage sowie zur Stellung und Verantwortung der Christen und Kirchen in der Gesellschaft.[56]

54 Im Wochenspiegel der epd erschienen am 7.3.1985 direkt nebeneinander zwei Artikel, die auf »Frieden konkret« zurückgingen: Ein Bericht über den Verlauf des Treffens der Friedensgruppen und eine Meldung über die zwei Todesfälle und die schwere Verletzung einer dritten Person durch Schüsse eines MfS-Mitarbeiters in Güstrow im Dezember 1984. Vgl. Kompetenter und verbindlicher. Kirchliche Friedensgruppen besprechen Zusammenarbeit. In: Evangelische Information. epd-Wochenspiegel, Nr. 10/17. Jahrgang v. 7.3.1985, S. 10, und Stasi-Mitarbeiter schoss auf drei junge Männer. In: ebenda, S. 10 f.
55 Wolf Biermann, Jg. 1936, Liedermacher und Lyriker, 1953 Übersiedlung in die DDR, 1957–59 Regie-Assistent am Berliner Ensemble, 1959–63 Studium der Philosophie und Mathematik an der HU Berlin, 1961 Mitbegründer des Berliner Arbeiter-Theaters b.a.t., seit 1965 Auftrittsverbot, verfasste und vertonte anschließend zahlreiche Texte in seiner Wohnung in der Chausseestraße 131 mit zum Teil scharfer Kritik an der SED-Nomenklatur. Im November 1976 entschied das SED-Politbüro, Biermann während einer Konzertreise in der Bundesrepublik auszubürgern. Der Schritt löste internationale Proteste aus.
56 Die »Barmer Theologische Erklärung«, die auf der 1. Bekenntnissynode vom 29. bis 31.5.1934 in Wuppertal-Barmen verabschiedet wurde, gilt als theologisches Fundament der Bekennenden Kirche im Nationalsozialismus und als Zeichen der Abgrenzung zu den »Deutschen Christen«. Siehe weiterführend Schneider, Thomas Marin: Wem gehört Barmen? Das Gründungsdokument der Bekennenden Kirche und seine Wirkungen. Leipzig 2017.

Stauss teilte die Entwicklung des Verhältnisses Staat – Kirche in der DDR nach 1945 in Etappen ein: Die Etappe bis zum 6. März 1978,[57] die bis zum 11. Februar 1985 (Gespräche Staat – Kirche), die er als grundsätzlich positiv bezeichnete, und die nach dem 11. Februar 1985, die noch nicht bewertet werden könne. Unter Verwendung von Zitaten *Lenins* zur Rolle des Staates wandte sich *Stauss* gegen eine praktizierte »Verteufelung der politischen Macht der Christen«.

Sektion II – Leitung: Hans-Jürgen Misselwitz/Berlin
Thema: »Liebet Eure Feinde«, bezogen auf »Staatliche Sicherheitspolitik und persönliche Entscheidung«
Seinen grundsätzlichen Ausführungen stellte Pfarrer *Passauer*/Berlin voran, dass er sein Referat auf der Grundlage von Ausarbeitungen u. a. des Pfarrers *Schorlemmer*/Wittenberg,[58] Propst *Falcke*/Erfurt[59] und des Referenten der Studienabteilung des Bundes der Evangelischen Kirchen in der DDR, *Garstecki*/Berlin,[60] erarbeitet habe.

Passauer erläuterte den Begriff »Sicherheitspartnerschaft« und »innerer Zusammenhang zwischen der Sicherheitspolitik eines jeden Staates und dem Verhalten des einzelnen Bürgers«. Er betonte u. a., es gebe »einen Kausalzusammenhang zwischen der wahrnehmbaren und der erlebten Sicherheitspolitik und der nicht mehr wahrnehmbaren und nicht mehr vorstellbaren Sicherheitsanstrengung«.

---

57 Am 6.3.1978 kam es zu einem Treffen des Staatsratsvorsitzenden Erich Honecker mit der Evangelischen Kirchenleitung. Neben Delegationsleiter Albrecht Schönherr nahmen Manfred Stolpe, Christina Schultheiß und Werner Krusche teil. Das Gespräch verdeutlicht die Einsicht in die fortdauernde Existenz von sozialistischer Staatsordnung und christlichem Gemeindeleben in der DDR. Am Ende stand ein Stillhalteabkommen: Die Kirche verzichtete auf politische Konfrontationen und behielt dafür ihre institutionelle Eigenständigkeit bei. Honecker gestattete überdies innerkirchliche Druckerzeugnisse und Organisationsfreiheit, christliche Gefängnisseelsorge, staatliche Zuschüsse für evangelische Kindergärten und einen begrenzten Auftritt kirchlicher Vertreter in Rundfunk und Fernsehen.
58 Friedrich Schorlemmer, Jg. 1944, evangelischer Theologe, Mitglied der Friedens-, Menschenrechts- und Umweltbewegung, 1978–92 Dozent am Evangelischen Predigerseminar und Pfarrer der Schlosskirche in Wittenberg, 1989 Mitbegründer des Demokratischen Aufbruchs, 1990 Wechsel zur SPD, 1990–94 SPD-Fraktionsvorsitzender im Wittenberger Stadtparlament, 1992–2007 Studienleiter der Evangelischen Akademie Wittenberg, ab 2006 Mitherausgeber der Wochenzeitung »Freitag«.
59 Heino Falcke, Jg. 1929, evangelischer Theologe, 1973–94 Propst in Erfurt, 1975–87 Vorsitzender des Ausschusses »Kirche und Gesellschaft« beim Bund der Evangelischen Kirchen in der DDR, trat für ökologische Reformen ein und galt als ein Inspirator der oppositionellen Umweltbewegung, 1983 Mitbegründer des Konziliaren Prozesses, der 1988/89 zu drei großen ökumenischen Versammlungen in Dresden und Magdeburg unter Einbindung zahlreicher Oppositioneller führte.
60 Joachim Garstecki, Jg. 1942, katholischer Theologe (doch ab den frühen 1970er-Jahren für die evangelische Kirche tätig), 1971–90 Studienreferent für Friedensfragen der Theologischen Studienabteilung beim Bund Evangelischer Kirchen, 1983–90 Mitarbeit im Netzwerk »Frieden konkret«, 1991–2000 Generalsekretär von Pax Christi Deutschland, 2001–07 geschäftsführender Studienleiter der Stiftung Adam von Trott Imshausen (Hessen).

Was für die Gerechtigkeit getan werde, sei Friedensarbeit. Weiter sprach er sich dafür aus, die Kirchengemeinden sollten »Trainingslager für Gewaltfreiheit« werden. »Flucht in die BRD« sei für ihn kein Lösungsweg für Konflikte.

Sektion III – Leitung – Wollenberger/Berlin[61]
Thema: »Füllet die Erde und macht sie euch untertan«, bezogen auf »ökologische Krise und eigener Lebensraum«
In der Diskussion wurde das angeblich notwendige christliche Engagement für die Erhaltung der Umwelt begründet. Betont wurde, das Wettrüsten sei mit ökologischen Problemen verbunden. Allgemein wurde dazu aufgerufen, sich mehr für Umweltschutz fragen einzusetzen.

Sektion IV – Leitung – Pfarrer Bindemann/Rostock
Thema: »Gerechtigkeit wie ein nie versiegender Bach«, bezogen auf »Internationale Wirtschaftsordnung und unsere Interessen«
Propst *Falcke*/Erfurt trug aus einem »Arbeitsmaterial« des Facharbeitskreises Diakonie beim Bund der Evangelischen Kirchen in der DDR mit dem Titel »Kirche in Solidarität mit den Armen« einzelne Passagen vor.
Im Verlauf der Diskussion wurde der Versuch unternommen, die »Notwendigkeit einer neuen Wirtschaftsordnung« zu begründen, ohne dazu Festlegungen zu treffen.
Breiten Raum nahmen in der Diskussion Einschätzungen zu dem ökonomischen Entwicklungsstand einzelner Entwicklungsländer sowie zur Infrastruktur einzelner Länder Afrikas und Lateinamerikas ein.
Die Ergebnisse der Arbeit in den »Sektionen« wurden vor dem Gesamtteilnehmerkreis jeweils durch Sprecher wie folgt dargestellt:
In der *Sektion I* seien Probleme zu Fragen der verstärkten Nutzung von Möglichkeiten in Kirche und Gesellschaft, zur Perspektive der menschlichen Gesellschaft, zum Umgang mit der Macht, zur Selbstdarstellung in der Öffentlichkeit und zum Unterschied zwischen Reglementierung und Entfaltung der eigenen Möglichkeiten vorgetragen worden. Dem Plenum wurde dazu eine Ausarbeitung »Erziehung zur Befreiung« vorgelegt und vorgeschlagen, in den Synoden der evangelischen Kirchen in der DDR Beauftragte für »Friedenskreise« zu benennen.

---

61 Vera Wollenberger (heute Lengsfeld), Jg. 1952, Bürgerrechtlerin, 1975–80 wissenschaftliche Mitarbeiterin an der Akademie der Wissenschaften der DDR, 1981–83 Lektorin im Verlag Neues Leben, 1983 Mitbegründerin des Pankower Friedenskreises, im gleichen Jahr SED-Ausschluss und Berufsverbot, 1985–88 Theologiestudium am Sprachenkonvikt Berlin, 1985 und 1987 Mitglied im Fortsetzungsausschuss des Netzwerks »Frieden konkret«, 1987 Mitbegründerin der »Kirche von Unten«, Mitorganisatorin des »Kirchentags von Unten« und von verschiedenen Friedensseminaren und Ökogruppen, nach ihrer Verhaftung am Rande der Liebknecht-Luxemburg-Demonstration im Januar 1988 Abschiebung nach England, im November 1989 Rückkehr in die DDR, Eintritt in die Grüne Partei und Mitarbeit am Zentralen Runden Tisch, 1990–2005 Mitglied des Deutschen Bundestages, ab 1996 für die CDU.

In der *Sektion II* sei in der Tätigkeit der »Friedenskreise« Resignation festgestellt worden. Schwerpunkte seien deshalb Fragen zur Überwindung der Resignation, der Erziehung zur Verantwortung, des Adressenaustausches und des stärkeren Zusammenhalts in der Gruppe gewesen. Eine schriftliche Zusammenfassung der Diskussion wurde dem Plenum eingereicht.

In der *Sektion III* sei herausgestellt worden, dass die Ursachen für ökologische Schäden im »Machtstreben aller Staaten« zu sehen wären. Zur Verhinderung von Schäden trage jeder einzelne Verantwortung. Schriftlich wurde der Vorschlag eingebracht, 1985 ein »Umweltwochenende« durchzuführen.

In der *Sektion IV* sei festgestellt worden, dass der kirchliche Spielraum innerhalb der von der DDR geleisteten Unterstützung sogenannter Entwicklungsländer zu klein wäre. Es wurde der bekannte Vorschlag erneuert, dass der Bund der Evangelischen Kirchen in der DDR einen »Leitfaden zur Betreuung von in der DDR lebenden Ausländern« herausgeben sollte.

Alle genannten Ausarbeitungen und andere von den »Sektionen« verfasste Papiere wurden nicht als offizielle Dokumente verabschiedet, sind jedoch zur Weiterleitung an die Konferenz der Evangelischen Kirchenleitungen in der DDR sowie die Kirchenleitungen und Synoden der Landeskirchen und interessierende »Friedenskreise« vorgesehen. (Sie liegen dem MfS im Wortlaut vor und können bei Bedarf angefordert werden.)[62]

Ein während des »Friedensseminars« durchgeführtes Podiumsgespräch wurde geleitet von Oberkirchenrat *Müller*/Schwerin, Propst *Falcke*/Erfurt, Präses *Becker*/Berlin,[63] Provinzialjugendpfarrer *Stauss*/Magdeburg, *Bohley*/Berlin, Diplom-Psychologin [Name]/Rudolstadt, wobei *Stauss* vorwiegend als Sprecher fungierte.

Inhaltlich wurden Probleme der »kirchlichen Friedensarbeit«, der Notwendigkeit der Verstärkung der »Basisarbeit« durch die »Friedenskreise« sowie der Verstärkung des Engagements der Kirchenleitungen für die Interessen der »Friedenskreise« angesprochen, wobei die Aussagen pseudopazifistisch geprägt waren.

Bemerkenswert waren die Beiträge von *Lietz*, *Becker*, *Falcke* und *Müller* mit Forderungen wie: Engagement kirchenleitender Kräfte, Einbindung der

---

62 Die Papiere der Sektionen finden sich u. a. im Archiv der Robert-Havemann-Gesellschaft e.V.; Robert-Havemann-Gesellschaft/RG/MV 01; Der Gruppenbericht der Sektion I ist abgedruckt in: Meckel, Markus; Gutzeit, Martin: Opposition in der DDR. Zehn Jahre kirchliche Friedensarbeit – kommentierte Quellentexte. Köln 1994, S. 249–251.

63 Manfred Becker, Jg. 1938, Linguist, 1961–90 wissenschaftlicher Mitarbeiter am Zentralinstitut für Sprachwissenschaften an der Akademie der Wissenschaften der DDR, 1973–90 Präses der Synode von Berlin-Brandenburg, 1973–82 ebenso Präses der Synode der Evangelischen Kirche der Union – Bereich DDR, Vorsitzender des Pressebeirats der Evangelischen Kirche Berlin-Brandenburg, November 1989 Mitbegründer der Sozialdemokratischen Partei in der DDR, Anfang der 1980er-Jahre eng in die Vorbereitung der Blues-Messen und Friedenswerkstätten in Ostberlin eingebunden.

»Basisgruppen« in kirchliche Strukturen, Ausrichtung der Arbeit der »Basisgruppen« auf »Langzeitwirkung«.

Falcke betonte, das »Zentrum« könne auch am Rande sein.

Weitere namentlich bekannte Teilnehmer des Podiumsgespräches sprachen sich dafür aus, »durch taktisch kluges Verhalten gegenüber dem Staatsapparat« (z. B. Einholung von Druckgenehmigungen, Einhaltung der Veranstaltungsverordnung) Möglichkeiten für die Gestaltung ihrer Arbeit zu nutzen.

Oberkirchenrat *Müller* ermutigte die Anwesenden, indem er ausführte, dass die »Gruppen« in die Kirchen integriert seien und »allen Schutz der Kirchenleitungen« hätten.

Ein während des »Friedensseminars« durchgeführter »Liederabend« fand bei den Anwesenden wenig Resonanz, sodass ein Drittel vorzeitig die Veranstaltung verließ.

Während des »Liederabends« wurde durch eine dem MfS namentlich bekannte Vertreterin eines »Friedenskreises« Berlin eine an das »Friedensseminar« Schwerin gerichtete »Grußbotschaft« eines »Friedenskreises« aus Siegen/BRD, der zeitgleich tagte, verlesen. Die »Botschaft« enthält u. a. Aussagen dahingehend, dass Christen beider deutscher Staaten für den Frieden kämpfen sollten und mit diesem Ziel »im Dialog bleiben« müssten. (Der Wortlaut liegt dem MfS vor.)

Durch das Mitglied des »Friedenskreises« der Gethsemane-Kirchgemeinde[64] *Utpatel*/Berlin[65] wurde der Text eines an Landesbischof *Hempel*/Dresden zu richtenden Schreibens verlesen und zur Unterzeichnung ausgelegt. Darin wird die von *Hempel* im Gespräch mit dem Vorsitzenden des Staatsrates der DDR, Genossen Erich *Honecker* vom 11. Februar 1985 bezogene »Stellungnahme zum Pazifismus« kritisiert.

(Konkretere Hinweise dazu werden noch erarbeitet.)

---

64 Der Friedenskreis der Gethsemanegemeinde existierte ab 1982, er hatte zwischen 15 und 25 Mitglieder. Der Friedenskreis beschäftigte sich anfangs vor allem mit kirchlichen Themen und war (im Vergleich zu anderen Friedenskreisen) weniger an öffentlicher Wirkung interessiert. Nachdem ab 1983 Henning Utpatel eine führende Rolle im Friedenskreis übernahm, wurde die Arbeit der Gruppe politischer, außerdem suchte die Gruppe dann stärker Vernetzungsmöglichkeiten mit anderen Friedenskreisen. Nachdem Utpatel 1985 Berlin verließ, verringerten sich die Aktivitäten des Friedenskreises wieder.

65 Henning Utpatel, Jg. 1957, evangelischer Theologe, nach Wehrdienst als Bausoldat 1978–81 Theologiestudium in Rostock, nach Intervention des MfS keine Wiederzulassung zum Studium durch die theologische Fakultät Rostock, ab 1982 Studium am Sprachenkonvikt der evangelischen Kirchen in Berlin, 1984 Examen, 1985 Praktikum in der theologischen Studienabteilung des BEK, 1985–87 Vikariat in Neubrandenburg und Predigerseminar in Schwerin, 1987–91 Pastor in Rödlin bei Neustrelitz, 1991–2002 Pastor in Berlin-Lichtenberg, 2002–20 Pfarrer in Breddin, in den 1980er-Jahren Mitorganisator der mobilen Friedensseminare.

Durch das Abschlussplenum wurde folgender »Fortsetzungsausschuss« berufen: Dr. *Knapp*/Waren, Rechtsanwalt *Schnur*/Binz,[66] *Bohley*/Berlin, Präses *Becker*/Berlin, Diplom-Ingenieur *Wollenberger*/Berlin,[67] *Meusel*/Dresden,[68] *Drews*/Magdeburg,[69] Pfarrer *Jahr*/Karlsdorf, *Garstecki*/Berlin – Bund der Evangelischen Kirchen in der DDR.

(Über die Rolle und Aufgaben des sogenannten Fortsetzungsausschusses wurde in der Information des MfS Nr. 70/65 vom 21. Februar 1985 berichtet.)

Der Abschlussgottesdienst wurde durch Pfarrer *Meckel*/Vipperow gehalten. Ausgehend von seinen bekannten gesellschaftskritischen Positionen orientierte er theologisch verbrämt u. a. dahingehend, »derjenige, der handele und Konflikte erfahre, müsse lernen, zurückzustehen«. Er verwies darauf, man müsse etwas tun, »damit die Kinder und die Kindeskinder die Früchte davontragen« und sagte, »wenn wir nicht bleiben wollen wie Schlachtvieh, müssen wir kämpfen, predigen und Nachteile, Verhöre, Festnahmen und Kampf auf uns nehmen ... Für das Glück einer kommenden Zeit gilt es auch, Opfer auf sich zu nehmen.«

Für ein weiteres zentrales »Friedensseminar« wurden keine Festlegungen getroffen.

In Auswertung gewonnener Erkenntnisse des »Friedensseminars« in Schwerin wird vorgeschlagen:

Der Staatssekretär für Kirchenfragen und der Stellvertreter des Vorsitzenden des Rates des Bezirkes Schwerin für Inneres sollten in geeigneter Form in Gesprächen mit Landesbischof *Stier* das provokatorische Auftreten von *Lietz*/Güstrow sowie *Meckel*/Vipperow energisch zurückweisen und deren

---

66 Wolfgang Schnur, Jg. 1944, Rechtsanwalt in Binz/Rügen, Mitglied der Synode der Evangelischen Kirche in Mecklenburg, 1976–82 Vizepräses der Synode der Evangelischen Kirche der Union, vertrat als Anwalt zahlreiche Oppositionelle und Wehrdienstverweigerer und agierte als Vertrauensanwalt der evangelischen Kirche, arbeitete von 1965 bis 1989 als GI »Torsten«, IMB »Torsten« und IMB »Dr. Ralf Schirmer« für das MfS.
67 Laut Ehrhart Neubert wurde Vera Wollenberger (Lengsfeld) (und nicht ihr damaliger Ehemann Knud Wollenberger) in den Fortsetzungsausschuss gewählt. Dann wäre die Berufsbezeichnung als Diplom-Ingenieur jedoch falsch, Vera Wollenberger (Lengsfeld) ist Philosophin. Vgl. Neubert, Ehrhart: Geschichte der Opposition in der DDR 1949–1989. Bonn 1997, S. 622.
68 Es ist unklar, warum Georg Meusel an dieser Stelle – im Gegensatz zur ersten Erwähnung im Dokument, wo er korrekt in Werdau (nahe Zwickau) verortet wurde – nun mit Dresden in Verbindung gebracht wird. Auf der Veranstaltung war auch mindestens eine weitere Person mit Namen Meusel anwesend, diese steht jedoch in keiner Verbindung zu Dresden. Laut Ehrhart Neubert wurde Georg Meusel in den Fortsetzungsausschuss gewählt. Vgl. Neubert, Ehrhart: Geschichte der Opposition in der DDR 1949–1989. Bonn 1997, S. 622.
69 Vermutlich handelt es sich um das Ehepaar Erika und Ludwig Drees (bzw. einen der beiden Ehepartner) aus Stendal. Im folgenden Jahr 1986 fand »Frieden konkret« in Stendal statt, dort wurde Ludwig Drees in den Fortsetzungsausschuss für 1987 gewählt. Erika Drees, Jg. 1935, Ärztin, und Ludwig Drees, Jg. 1934, Psychiater, waren beide in der Friedens- und Umweltbewegung engagiert. Erika Drees wurde zu einer der bekanntesten Atomkraftgegnerinnen der DDR und gehörte 1989 zu den Gründern des »Neuen Forums«.

Disziplinierung sowie weitere gezielte Maßnahmen der Einflussnahme fordern.

Das unkorrekte und das konstruktive Verhältnis Staat – Kirche belastende Auftreten des Präsidenten des Oberkirchenrates *Müller*/Schwerin bezüglich seiner Äußerungen das Vorkommnis in Güstrow betreffend, sind dabei mit auszuwerten und zurückzuweisen.

Die differenzierten Gespräche mit kirchenleitenden Kräften zur vorbeugenden Verhinderung feindlich-negativer Aktivitäten sollten staatlicherseits weiterhin fortgesetzt und intensiviert werden. Auch andere Anlässe sind zielgerichtet zu nutzen. Schwerpunkte sind dabei vor allem die Evangelische Kirche in Berlin-Brandenburg und die Evangelische Kirche der Kirchenprovinz Sachsen.

Zur weiteren Stärkung des politischen und staatlichen Einflusses in den territorialen Bereichen sollte die Einbeziehung von Betrieben und gesellschaftlichen Organisationen zu Gesprächen mit den hinlänglich als feindlich-negativ bekannten Personen unbedingt beibehalten bzw. vertieft werden.

Dazu werden an die Bezirksleitungen der Partei und an die zuständigen staatlichen Organe, Betriebe und gesellschaftliche Organisationen vom MfS konkrete, auswertbare Hinweise zu Personen übergeben.

Die Information ist wegen Quellengefährdung nur zur persönlichen Kenntnisnahme bestimmt.

14. März 1985

Information Nr. 50/85 über Meinungsäußerungen von Schriftstellern und weiteren im kulturellen Bereich tätigen Personen zu Fragen der Kulturpolitik der DDR

Quelle: BArch, MfS, ZAIG 3432, Bl. 1–11 (8. Expl.).
Serie: Informationen.
Verteiler: Honecker (»m[it] beilieg[ender] Einschätzung zur ›Studie‹ durch Gen. Min[ister Mielke] am 19.2.85 pers[önlich] überg[eben]«), Hager (14.3.), Ragwitz (14.3.) – MfS: Mittig, Kienberg (»1.2. m[it] St[udie] zurück, 19.2. erneut 1 Ex[emplar] erh[alten]«), HA XX/7, Schorm (ZAIG), Ablage.
Bemerkungen: Der Akte liegt die Studie »Prosa der DDR in den siebziger Jahren (Prosaskizze)« vom Zentralinstitut für Literaturgeschichte der Akademie der Wissenschaften bei (hier nicht ediert, vgl. Hähnel, Ingrid; Kaufmann, Hans u. a.: Prosa der DDR in den siebziger Jahren (Prosaskizze). Skizze im Auftrag des wissenschaftlichen Rates für marxistisch-leninistische Kultur- und Kunstwissenschaften an der Akademie für Gesellschaftswissenschaften beim ZK der SED als internes Diskussionsmaterial. In: BArch, MfS, HA XX 2945, Bl. 35–140). Außerdem Aktennotiz mit handschriftlichem Verteiler, wonach Mielke zwei Exemplare Honecker übergeben habe; außerdem eine kurze Stellungnahme der HA XX/7 zur Information mit Korrekturhinweisen vom 1.2.1985. Das 1. Exemplar (Honecker, ohne Anmerkungen) ist abgelegt in: BArch, MfS, ZAIG 33334, Bl. 5–11.
Anlage: Einschätzung zur Studie über DDR-Prosa in den 70ern.

Nach vorliegenden streng internen Hinweisen werden in letzter Zeit unter Schriftstellern, weiteren Kulturschaffenden und im kulturellen Bereich tätigen Personen verstärkt Diskussionen zur Kulturpolitik und in diesem Zusammenhang zur Entwicklung der DDR-Literatur geführt.

Als *Anlässe* für derartige Meinungsäußerungen werden insbesondere genannt:
– Aussagen im Bericht des Politbüros an die 9. Tagung des ZK der SED[1] zur weiteren Entwicklung von Kultur und Kunst,
– in jüngster Zeit erfolgte Ablehnungen von Veröffentlichungen bzw. erforderlich gewordene Änderungen einiger literarischer Arbeiten von namhaften und als progressiv bekannten Autoren der DDR-Literatur,[2]

---

1   Die 9. Tagung des Zentralkomitees der SED fand vom 22. bis 23.11.1984 statt. Der Bericht des Politbüros wurde von Erich Honecker vorgetragen, er ist abgedruckt in: ND v. 23.11.1984, S. 3–7.
2   Nach dem Machtantritt Honeckers Anfang der 1970er-Jahre erweiterten sich die Freiräume für Künstler in der DDR. Die Ausbürgerung des Liedermachers Wolf Biermann 1976 und vor allem die darauf folgende Protestwelle aus der Szene der Künstler und Intellektuellen hatte jedoch tiefgreifende Folgen, denn viele Schriftsteller, Schauspieler, Theaterschaffende und Intellektuelle verließen – freiwillig und unfreiwillig – das Land. Die Versuche der SED-Führung, den Exodus als reinigendes Gewitter, bei dem man sich des kritischen Potenzials entledigt habe, zu bewerten und am Beginn der 1980er-Jahre wieder eine ideologisch härtere Kulturpolitik zu betreiben, sorgten im Zusammenspiel mit der seit den 1970er-Jahren einge-

- ein angeblich schwindendes Ansehen und Autoritätsverlust des Schriftstellerverbandes der DDR, bedingt durch Inaktivität der Leitung des Verbandes,
- sowie das Ersuchen des Genossen Hermann *Kant*[3] um Entbindung von der Arbeit, die mit der Funktion des Präsidenten des Schriftstellerverbandes der DDR verbunden ist.[4]

In Meinungsäußerungen progressiver und namhafter Schriftsteller und anderer ihnen nahestehender Personen sind folgende *Tendenzen* zu erkennen:
- Unzufriedenheit über die gegenwärtig praktizierte Linie der Durchsetzung der Kulturpolitik der Partei, verbunden mit Hinweisen auf angeblich fehlende zentrale Orientierungen, besonders unter den Bedingungen der Verschärfung der internationalen Klassenauseinandersetzung, sowie ihrer Auffassung nach fehlende politisch-ideologische Arbeit, besonders in den Künstlerverbänden.
- Unverständnis über angeblich vorhandene Anzeichen des Zurückweichens vor Auseinandersetzungen mit politisch-negativen Auffassungen und Darstellungen in schriftstellerischen Arbeiten.
- Unsicherheit hinsichtlich der Arbeit an Gegenwartsstoffen sowie Unzufriedenheit über fehlende Impulse seitens des Schriftstellerverbandes der DDR.

Als Ursache wird eine angeblich immer sichtbarer werdende konzeptionslose Leitung des Vorstandes genannt.

---

leiteten Öffnung für Konfusion in der Künstlerszene. Für Autoren war es z. B. kaum mehr nachvollziehbar, welche Werke staatlich gefördert und welche strengen Zensurmaßnahmen unterworfen wurden. Vgl. Dietrich, Gerd: Kulturgeschichte der DDR. Band III. Kultur in der Konsumgesellschaft 1977–1990. Bonn 2019, S. 1772–1786.

3 Hermann Kant, Jg. 1926, Schriftsteller, ab 1959 freischaffend tätig, 1967–82 Mitglied des Präsidiums des PEN-Zentrums DDR, 1969–78 Vizepräsident der AdK, 1974–79 Mitglied der SED-Bezirksleitung Berlin, 1978–90 Präsident des Schriftstellerverbands der DDR.

4 Hermann Kant hatte bereits 1982 einmal darum gebeten, vom Amt des Präsidenten des Schriftstellerverbandes der DDR entbunden zu werden und wiederholte diese Bitte Ende 1984. Beide Male spielten sowohl gesundheitliche Probleme als auch Unzufriedenheit mit seiner Funktion als Vermittler zwischen der Kulturpolitik der SED-Führung und den Bedürfnissen der Schriftsteller eine Rolle für seinen Wunsch. 1982 lehnte die SED-Führung sein Anliegen ab und 1984 übernahm Gerhard Holtz-Baumert nur vorübergehend die Führung des Verbandes. Aus Unzufriedenheit mit der Amtsführung Holtz-Baumerts kehrte Kant nach seiner Genesung zurück ins Amt, das er bis 1990 innehaben sollte. Vgl. Salber, Linde: Hermann Kant. Nicht ohne Utopie. Biographie. Bonn 2013, S. 348–369.

Als *Folgeerscheinungen* derartiger Tendenzen werden weiter genannt:
Resignation progressiver Kräfte, die sich insbesondere widerspiegelt in Erscheinungen der Zurückhaltung und des Desinteresses, sich gesellschaftlich zu engagieren und ideologische Auseinandersetzungen zu führen.

Bestrebungen, auf politisch nicht anfechtbare Stoffe und zeitlose Inhalte auszuweichen, sogenannte Problemliteratur nur für die Schublade zu produzieren, teilweise unter Hinweis auf Nichtveröffentlichung oder »administrativ« verfügte Änderungen von Manuskripten namhafter oder als progressiv bekannter Autoren sowie erfolgte Zurückweisungen von Manuskripten durch Verantwortliche des Fernsehens der DDR.

Meinungsäußerungen zu vorgenannten Problemen würde es lediglich in kleineren Gesprächsrunden oder »unter vier Augen« geben. »Offiziell«, z. B. in Vorstandssitzungen des Schriftstellerverbandes der DDR oder in Beratungen der Bezirksverbände, erfolgten dazu keinerlei Bemerkungen.

Namhafte progressive Schriftsteller, u. a. Mitglieder des Vorstandes des Schriftstellerverbandes der DDR, Mitglieder des Bezirksverbandes Berlin, einige führende Literaturwissenschaftler und Dokumentaristen, darunter mehrere Mitglieder der SED, äußerten unabhängig voneinander in vertraulichen Gesprächen, die 9. Tagung des ZK der SED habe »nur unbedeutende Fragen« der kulturpolitischen Situation in der DDR »angerissen«; die Passage über Fragen der Kultur stelle lediglich eine Abrechnung einzelner kulturpolitischer Aufgabenstellungen dar. Sie brachten zum Ausdruck, im kulturpolitischen Bereich sei gegenwärtig »keine klare parteiliche Konzeption erkennbar«; die 9. Tagung habe an dieser Feststellung nichts geändert und keine Aufgaben gestellt. Seit Langem sei »eine Art Kulturkonferenz oder Ähnliches« überfällig.

Aus individuellen Gesprächen sei erkennbar, dass unter vorgenannten Personenkreisen eine pessimistische Stimmung hinsichtlich der gegenwärtigen Situation auf kulturpolitischem Gebiet besteht. Aus der nach ihrer Ansicht »unzureichenden« Einschätzung zu Fragen der Kultur auf der 9. Tagung und der »bisher völlig fehlenden Aufgabenstellung« auf diesem Gebiet in Vorbereitung des XI. Parteitages der SED – im Gegensatz zu allen anderen Bereichen des gesellschaftlichen Lebens in der DDR – leiten sie ab, dass eine gewisse »kulturpolitische Konzeptionslosigkeit« bestehe.

Vom bevorstehenden XI. Parteitag der SED[5] würden viele Schriftsteller eine klare, für alle verständliche kulturpolitische Orientierung erwarten, die

---

5   Der XI. Parteitag der SED fand vom 17. bis 21.4.1986 statt.

auch solchen Künstlern, die nicht ständig Gelegenheit hätten, Funktionäre zu konsultieren, »besser hilft, sich zurechtzufinden«. Es würde in den Materialien des XI. Parteitages eine »einfachere, überschaubarere kulturpolitische Linie, die nicht über die Köpfe hinweggeht, erwartet, ohne von einem Extrem in ein anderes zu verfallen«.

Hervorgehoben wurde, Schriftsteller und Künstler würden z. T. davon ausgehen, dass ihnen eventuell vom Ministerium für Kultur oder von anderen verantwortlichen Stellen rechtzeitig und unter Berücksichtigung ihrer Fähigkeiten erläutert werde, welche Arbeiten oder Kunstwerke mit welchen inhaltlichen Themen von ihnen erwartet werden; die Auswahl der Themen sollte nicht allein den Künstlern überlassen werden, denn was aus seiner subjektiven Sicht als interessant erscheine, müsse nicht für die Gesellschaft bedeutsam sein.

Einige auch international anerkannte ältere Autoren, die die Entwicklung der DDR von Beginn an persönlich miterlebt und entsprechend ihren Möglichkeiten mit gestaltet haben, äußerten in individuellen Gesprächen, die zahlreichen außenpolitischen Aktivitäten führender Funktionäre seien hoch einzuschätzen, aber ihrer Meinung nach würden sie dadurch von innenpolitischen Problemen, wie z.B. der Kulturpolitik, »abgelenkt«. Seit dem 6. Plenum des ZK der SED im Juli 1972[6] habe es keine umfassenden Orientierungen mehr zur Kulturpolitik gegeben und Gespräche mit Künstlern würden durch Genossen der Parteiführung nur in einem so engen Rahmen geführt, dass sie an Ausstrahlung für die Masse der Künstler der DDR verlieren würden. Es habe in letzter Zeit seitens des Vorstandes des Schriftstellerverbandes der DDR Bestrebungen gegeben, verantwortliche Genossen der Parteiführung zu gewinnen, vor diesem Personenkreis grundsätzliche Ausführungen zu machen, oder an Vorstandssitzungen teilzunehmen, damit die Probleme der Schriftsteller besser verdeutlicht werden könnten; diese Bemühungen seien jedoch gescheitert. Außerdem gäbe es in letzter Zeit Beispiele, wo Ablehnungen von literarischen Stoffen »von oben« erfolgt seien, ohne dass gleichzeitig »ein notwendig fördernder Einfluss« auf den Autor ausgeübt worden sei und klärende Gespräche mit ihm stattgefunden hätten.

In einer Reihe Gespräche von Kulturschaffenden wurde im Zusammenhang mit der Ablehnung bestimmter Arbeiten besonders auf die »Kaltstel-

---

6 Die 6. Tagung des ZK der SED fand vom 6. bis 7.7.1972 satt. Den Bericht des Politbüros trug Werner Jarowinsky vor, er ist abgedruckt in: ND v. 7.7.1972, S. 3–6.

lung« von *Kerndl*[7] und *Sakowski*,[8] auf »Schwierigkeiten«, die *Panitz*,[9] *Flegel*,[10] *Neutsch*,[11] *Weber*[12] und *Strahl*[13] bekommen hätten, sowie auf die »Entlastung mit Hintergründen« von Siegfried *Wagner*[14] (ehemaliger Stellvertreter des Ministers für Kultur) verwiesen.

Betont wird, bei diesen und weiteren Personen handele es sich um progressive und »gestandene« Schriftsteller bzw. Funktionäre und es wird wiederholt die Frage der Ursachen »ihres Versagens« und ihrer jetzigen Haltung gestellt.

Mehrfach sei in Meinungsäußerungen auf einen »immer deutlicher werdenden Widerspruch« aufmerksam gemacht worden, wonach sich bestimmte Schriftsteller, die ihre Arbeiten überwiegend in der BRD veröffentlichen, darin abfällig über die DDR äußern könnten, ohne deswegen diszipliniert zu werden, andere progressive Autoren jedoch – darunter ZK-Mitglieder – »in Ungnade fallen würden«, wenn sie sich in ihren Arbeiten »einmal im Ton vergreifen«.

7 Rainer Kerndl, Jg. 1928, Dramatiker und Theaterkritiker, 1961 erste Veröffentlichungen von Dramen, ab 1963 ständiger Theaterkritiker für das ND und die »Junge Welt«, 1973–78 Präsidiumsmitglied des Schriftstellerverbandes der DDR, 1978–89 Vizepräsident des Schriftstellerverbandes der DDR, 1984 Absetzung seines Stücks »Der Georgsberg« am Maxim-Gorki-Theater wegen »parteischädigenden Verhaltens«, 1980–89 vom MfS als GMS »Rita« erfasst.
8 Helmut Sakowski, Jg. 1924, Schriftsteller und Dramatiker, ab 1961 freischaffender Schriftsteller (zuvor Ausbildung und Arbeit als Förster), 1961–91 Mitglied der AdK, 1963–73 Kandidat und ab 1973 Mitglied des ZK der SED, ab 1968 Vizepräsident des Kulturbundes, 1971–74 Vizepräsident der AdK, 1971–89 Mitglied der Kulturkommission beim Politbüro des ZK der SED.
9 Eberhard Panitz, Jg. 1932, Schriftsteller, Studium in Leipzig, ab 1959 freischaffender Schriftsteller, u. a. die Werke »Die sieben Affären der Doña Juanita« und »Der Dritte« von der DEFA verfilmt.
10 Walter Flegel, Jg. 1934, Schriftsteller und Berufsoffizier bei der NVA, ab 1956 Artillerieoffizier der NVA, Studium am Literaturinstitut »Johannes R. Becher«, 1973–86 Mitarbeiter des Militärgeschichtlichen Instituts der DDR, danach freier Schriftsteller.
11 Erik Neutsch, Jg. 1931, Schriftsteller, 1950–53 Journalistikstudium in Leipzig, ab 1953 als Schriftsteller tätig, zunächst als Kulturredakteur, ab 1960 freischaffend, ab 1963 Mitglied der SED-Bezirksleitung Halle, 1974–91 Mitglied der AdK, Autor des Romans »Spur der Steine«, dessen Verfilmung durch Frank Beyer 1966 kurz nach der Uraufführung verboten wurde.
12 Hans Weber, Jg. 1937, Schriftsteller, Lehramtsstudium und Studium am Literaturinstitut »Johannes R. Becher« in Leipzig, Gründer des Schweriner Poetenseminars, 1979 Roman »Einzug ins Paradies« als Vorlage einer Fernsehserie, die 1983 jedoch aus politischen Gründen nicht ausgestrahlt wurde und erst 1987 nach Überarbeitungen und Protesten von Schriftstellern nach Webers Tod ausgestrahlt wurde.
13 Rudi Strahl, Jg. 1931, Schriftsteller, 1957/58 Studium am Literaturinstitut »Johannes R. Becher« in Leipzig, 1959–61 Redakteur bei der Satirezeitschrift »Eulenspiegel«, ab 1961 freischaffend, ab 1973 Mitglied im Vorstand des Schriftstellerverbandes der DDR und ab 1978 Mitglied des Präsidiums, ab 1980 Mitglied des P.E.N.-Zentrums der DDR.
14 Siegfried Wagner, Jg. 1925, SED-Kulturfunktionär, 1957–66 Leiter der Abteilung Kultur im ZK der SED (abberufen wegen angeblicher liberaler Haltung gegenüber Künstlern), 1966–69 Leiter der Hauptverwaltung Film im Ministerium für Kultur (abberufen aus ideologischen Gründe), 1969–84 stellvertretender Minister für Kultur, zuständig für kulturelle Massenarbeit, Museen und Denkmalpflege, 1978–84 Vorsitzender des Staatlichen Komitees für Unterhaltungskunst, 1984 Ruhestand.

Man erwarte, dass zuständige Stellen Maßnahmen ergreifen, um in Zukunft weitestgehendst [sic!] zu verhindern, dass Autoren, die sich über einen längeren Zeitraum in vielen Klassenauseinandersetzungen bewährt hätten, plötzlich Schwierigkeiten bekommen, wenn ihre Arbeiten politisch nicht vertretbare Aussagen enthalten. Wichtig wäre es, auch mit solchen bewährten Genossen und Künstlern ständig im Kontakt und im politischen Gespräch zu bleiben, um sie vor derartigen Situationen zu bewahren. Es werde zu wenig bedacht, dass Schriftsteller und Künstler meist allein, ohne Kollektiv arbeiten und ihr Umfeld zur politisch-ideologischen Auseinandersetzung und Bildung nicht ausreiche.

Der ideologisch stark zersetzende Einfluss des Gegners werde indirekt durch den Umstand begünstigt, dass den Schriftstellern von kompetenter Seite zu wenig Antwort auf ihre Fragen gegeben werde. Dadurch sei der Raum, in welchem »Halbwahrheiten« und gegnerische Positionen verbreitet würden, zu groß.

Betont werde wiederholt, den Schriftstellern müsse Gelegenheit geboten werden, im verantwortlichen Forum über politische und auch »unbequeme« Fragen zu diskutieren und Lösungen anzubieten, wie ein Schriftsteller unseren Menschen Zuversicht und Optimismus vermitteln und in ihnen die Bereitschaft wecken könne, sich stärker für den Sozialismus und für den Frieden zu engagieren.

Prinzipiell wären viele Schriftsteller dazu bereit, hätten aber zu viele Unklarheiten hinsichtlich des Herangehens an derartige Fragen.

Nach weiter vorliegenden Meinungsäußerungen offenbare sich die jetzige Periode der DDR-Literatur und der DDR-Dramatik als eine »Periode der Unterdrückung guter Stoffe und Themata«. Die Literatur und Dramatik der DDR anlässlich des 35. Jahrestages der DDR habe ein »Armutszeugnis« abgelegt, da keine geeigneten Werke herausgekommen seien. Ein Teil der Schriftsteller arbeite »auf zwei Ebenen«; sie würden leichte und problemlose Literatur produzieren, um Geld zu verdienen; anspruchsvollere Literatur schreibe man »für die Schublade«, um sie später und unter günstigeren Bedingungen zu veröffentlichen.

Aus dem PEN-Zentrum der DDR wurden intern Meinungsäußerungen bekannt, wonach unter Schriftstellern Vorbehalte zur Veröffentlichung der Bücher »Briefwechsel Zweig – Feuchtwanger«[15] und »Dialog mit meinem Urenkel«[16] von Jürgen *Kuczynski*[17] geäußert würden und bemerkt werde,

---

15 Vgl. Hofe, Harold von (Hg.): Lion Feuchtwanger Arnold Zweig Briefwechsel 1933–1958. Zwei Bände. Leipzig 1984.
16 Vgl. Kuczinsky, Jürgen: Dialog mit meinem Urenkel. Neunzehn Briefe und ein Tagebuch. Berlin, Weimar 1983.
17 Jürgen Kuczynski, Jg. 1904, Wirtschaftswissenschaftler, 1946–56 Professor und Leiter des Instituts für Wirtschaftsgeschichte an der HU Berlin, 1955 Begründer und bis 1968 Leiter der Abteilung Wirtschaftsgeschichte am Institut für Geschichte der Deutschen Akademie

daraus könne eine gewisse Tendenz der Neubelebung opportunistischer, antisowjetischer Haltungen erkannt werden, zumal vielen Lesern historische Kenntnisse zur richtigen parteilichen Bewertung fehlten. Der »Briefwechsel Zweig – Feuchtwanger« hätte – nach Meinungen aus dem PEN-Zentrum – mit einem Vorwort erscheinen müssen, um im Buch möglicherweise erkennbare antisowjetische Tendenzen abzubauen.

Auch die Veröffentlichung dieser Bücher werfe zahlreiche Fragen auf zur gegenwärtigen kulturpolitischen Linie und ihrer konkreten Umsetzung.

Hinweisen zufolge stellten Personen mit negativer bzw. unklarer politischer Haltung die Frage, inwieweit unter dem Gesichtspunkt der Veröffentlichung dieser Bücher die Änderung von Manuskripten anderer Schriftsteller erforderlich sei. So vertreten sie die Ansicht, der von Christa *Wolf*[18] geschriebene Roman »*Kassandra*«[19] sei anerkennenswert; sie seien gegen die Praktik, dass man Christa *Wolf* wegen einer Änderung von 60 Zeilen in diesem Roman »unter Druck gesetzt« habe.

In diesem Zusammenhang wurde wiederholt die Auffassung vertreten, derzeit würde die Literatur in der DDR »einfach zu Tode gemacht«; mitunter entstehe der Eindruck, dass leitende Institutionen und verantwortliche Funktionäre im Bereich Kultur keine einheitlichen Meinungen vertreten würden; die Literatur in der DDR würde zwischen »uneinheitlichen Auffassungen« Verantwortlicher zu vorgelegten Arbeiten »zerrieben«.

In individuellen Gesprächen wird darauf hingewiesen, der »Mangel an guter Literatur« – insbesondere Gegenwartsliteratur – mache sich in der DDR auch zunehmend an fehlenden Stücken für Theater und Fernsehen bemerkbar.

Progressive Schriftsteller der älteren Generation, die z. T. Mitglieder der SED sind, argumentierten wie folgt:

Bei den Autoren und in der DDR-Literatur »herrsche eine große Kälte«; den Schriftstellern fehle die Initiative zum Schreiben aktueller Stoffe. Es würden viele Probleme »im Raum stehen«, ohne dass darüber gesprochen werde. Es existiere eine »gläserne Wand« zwischen der Kunst und der Kulturpolitik der Partei. Die Kunst sei »realitätsorientiert und realitätsbesessen«, während sich die Kulturpolitik »im Fahrwasser der allgemeinen Ideologie« befände. In der Literatur solle nicht die Gesellschaftsordnung oder der Staat kritisiert werden, sondern es würden einzelne Menschen, die Fehler machen, darge-

---

der Wissenschaften zu Berlin, ab 1968 emeritiert, galt als unabhängiger Denker und Nestor der DDR-Gesellschaftswissenschaften.
18 Christa Wolf, Jg. 1929, Schriftstellerin, ab 1962 freischaffend, erlangte 1963 mit ihrem Roman »Der geteilte Himmel« internationale Berühmtheit, ab 1974 Mitglied der Akademie der Künste, neben vielen Auszeichnungen erhielt sie 1980 den Georg-Büchner-Preis, 1976 Ausschluss aus dem Vorstand der Berliner Sektion des Schriftstellerverbandes nach der Unterzeichnung der Protestresolution gegen die Ausbürgerung Wolf Biermanns, im Jahr 1989 engagierte sie sich für einen Reformsozialismus in der DDR.
19 Vgl. Wolf, Christa: Kassandra. Vier Vorlesungen. Eine Erzählung. Berlin, Weimar 1983.

stellt; Kritik habe noch nie geschadet. Weiterhin wurde die Frage gestellt, warum tatsächliche Probleme unserer Zeit in der DDR-Literatur nicht dargestellt werden dürften; in der Sowjetunion würden diese Fragen offener behandelt. (Dabei wurden u. a. Passagen aus Reden des Genossen *Andropow*[20] zitiert, in denen er zu Fragen der Kulturpolitik Stellung genommen hatte, und betont, darin würden real und kritisch Probleme angesprochen und gleichzeitig Wege des weiteren Voranschreitens aufgezeigt.)

Mehrfach wurde von namhaften Schriftstellern, Funktionären des Schriftstellerverbandes und Mitgliedern der Akademie der Künste auf eine »Studie« verwiesen, die von der Akademie der Wissenschaften der DDR unter Mitwirkung der Literaturwissenschaftler Dieter *Schlenstedt*[21] und Hans *Kaufmann*[22] gefertigt und von der Akademie der Gesellschaftswissenschaften beim ZK der SED gebilligt worden sein soll. Diese »Studie« wird als »sensationelle kulturpolitische Orientierung« bezeichnet. In ihr werde u. a. angeblich vordergründig auf künstlerische Aspekte bei der Schaffung von Literatur, nicht aber auf den parteilichen und klassenverbundenen Charakter orientiert; elitäre Kunstwerke, die auch eine klare Haltung zur Sowjetunion vermissen ließen, würden in den Rang der »eigentlichen DDR-Literatur« erhoben. Sollte sich diese »Linie« durchsetzen – so wird weiter argumentiert – würden politisch-ideologische Auseinandersetzungen, z. B. mit Christa *Wolf* und Elke *Erb*,[23] nicht mehr stattfinden. Angeblich würden in dieser »Studie« solche Autoren wie Christa *Wolf* und Christoph *Hein*[24] als die »eigentlichen Repräsentanten der DDR-Literatur« gefeiert. Falls dies den Tatsachen entspräche, wachse die »Unsicherheit hinsichtlich der gegenwärtigen Linie« noch weiter an. Gleichzeitig werde darauf verwiesen, »unter der Hand schwirre das Material überall herum und gelte als Geheimtipp«. Mehrfach wurde betont, gegen das Material müsse man auftreten, es sei »eine politische Schweinerei«, die man nicht auf den ersten Blick durchschaue; beim Lesen des Materials stelle sich ein »deutliches Unbehagen« ein, da es »unter den Händen wegschlüpfe«. Argumentiert wird weiter, in der »Studie« erscheine der Sozialismus nur noch als kritikwür-

---

20 Juri W. Andropow, Jg. 1914, Funktionär der KPdSU, 1967–82 Vorsitzender des KGB, November 1982 bis Februar 1984 Generalsekretär des ZK der KPdSU, Juni 1983 bis Februar 1984 Vorsitzender des Präsidiums des Obersten Sowjets der Sowjetunion.
21 Dieter Schlenstedt, Jg. 1932, Literaturwissenschaftler, 1966–91 wissenschaftlicher Mitarbeiter am Zentralinstitut für Literaturgeschichte der AdW der DDR, 1991 letzter Präsident des P.E.N.-Zentrum Ost.
22 Hans Kaufmann, Jg. 1926, Literaturwissenschaftler, 1968–91 an der AdW, 1973–76 stellvertretender Direktor des Zentralinstituts für Literaturgeschichte der AdW der DDR.
23 Elke Erb, Jg. 1938, Schriftstellerin und Übersetzerin, 1963–65 Lektorin beim Mitteldeutschen Verlag, anschließend freischaffende Autorin von Kurzprosa, Lyrik und Übersetzungen, in den 1980er-Jahren Engagement in unabhängigen Friedensgruppen, Mitarbeit an einer staatlich nicht genehmigten Lyrik-Anthologie.
24 Christoph Hein, Jg. 1944, Dramatiker und Schriftsteller, 1967–71 Studium der Philosophie und Logik in Berlin und Leipzig, anschließend Dramaturg an der Volksbühne in Ostberlin, seit 1979 freischaffender Schriftsteller.

dige Gesellschaft, werde eine Gleichschaltung von Sozialismus und Imperialismus vorgenommen, erfolge eine Gleichstellung der Verhältnisse in der DDR und in der BRD im Namen einer »Kulturgesellschaft« und es werde ein »Gegensatz von Kunst und Macht« in unserem Staat propagiert.

In mehreren Gesprächen sei die Frage aufgeworfen worden, welche Stellung leitende Parteiorgane zu dieser »Studie« einnehmen würden, da es sich bei den Verfassern eigentlich um erfahrene und anerkannte Literaturexperten und Mitglieder der SED handele. (Nach vorliegenden Hinweisen handelt es sich bei dieser »Studie« um ein noch nicht bestätigtes Diskussionsmaterial, zu dessen Inhalt unter der Leitung der Abteilung Wissenschaften beim ZK der SED Auseinandersetzungen geführt werden mit dem Ziel zu entscheiden, ob und in welcher Form Veröffentlichungen erfolgen. In diesem Zusammenhang wird empfohlen, über diese »Studie« auch in zuständigen Gremien auf dem Gebiet Kultur – Abteilung Kultur beim ZK der SED, Vorstand des Schriftstellerverbandes der DDR – Auseinandersetzungen zu führen.)

In weiteren Meinungsäußerungen sei wiederholt auf Zusammenhänge zwischen Mängeln bei der praktischen Umsetzung der kulturpolitischen Linie der Partei, der ungenügenden politisch-ideologischen Arbeit der Leitung des Schriftstellerverbandes der DDR und des Ersuchens des Genossen Hermann *Kant* um Entbindung von der Arbeit, die mit der Funktion des Präsidenten des Schriftstellerverbandes der DDR verbunden ist, verwiesen worden. Vom Verband würden keine politisch-ideologischen Aktivitäten ausgehen und zu tatsächlichen Problemen herrsche »Schweigen«. Die Leitung des Schriftstellerverbandes der DDR komme ihrer Verantwortung zur Anleitung und Lenkung der Bezirksverbände in immer geringerem Maße nach. Schriftsteller in Bezirken und Kreisen kämen sich z. T. »alleingelassen« vor. Eine Reihe Schriftsteller und im kulturellen Bereich tätige Personen äußerte, das gegenwärtige Geschehen um die Funktion des Präsidenten des Schriftstellerverbandes stelle sich für sie als undurchschaubar und unverständlich dar und es bestehe keine Übersicht, wer eigentlich diese Funktion wahrnehme – Hermann *Kant* oder Gerhardt *Holtz-Baumert*.[25] In diesem Zusammenhang wurde auch darauf verwiesen, es sei offensichtlich, dass Hermann *Kant* nicht aus gesundheitlichen Gründen allein diesen Schritt getan habe. Wahrscheinlich befände er sich zum Teil auch im Widerspruch zu einigen kulturpolitischen Entscheidungen. In letzter Zeit habe er sich bei den verschiedensten Gelegenheiten bei bester Gesundheit gezeigt. *Kant* habe gegenüber anderen Personen geäußert, die Partei würde ihm »nicht genügend Spielraum« für die Ausübung dieser Funktion

---

25 Gerhard Holtz-Baumert, Jg. 1927, Schriftsteller und SED-Funktionär, 1951–58 Chefredakteur des FDJ-Organs »ABC-Zeitung« für Jungpioniere, 1963–88 Chefredakteur der »Beiträge zur Kinder- und Jugendliteratur«, Autor der populären Kinderbücher über Alfons Zitterbacke, 1969–90 Mitglied des Vorstandes des DDR-Schriftstellerverbands, 1971–90 Mitglied der Volkskammer für den Kulturbund, ab 1986 Mitglied des ZK der SED.

einräumen; wenn er nicht mehr mit der Kulturpolitik der DDR zu tun habe, ginge es ihm wesentlich besser.

Die Information ist wegen Quellengefährdung nur zur persönlichen Kenntnisnahme bestimmt.

Anlage zur Information Nr. 50/85

Einschätzung zu der »Studie«: »Prosa der DDR in den siebziger Jahren« – Prosa-Skizze –

Vor ca. drei Jahren wurde von der Akademie für Gesellschaftswissenschaften, Institut für marxistische Kultur- und Kunstwissenschaften, an verschiedene Institute der Auftrag erteilt, jeweils ein Gebiet der Literatur einzuschätzen. Ziel sollte sein, den Stand zu bilanzieren und jene ideologischen und ästhetischen Fragen zu benennen, die in der Vorbereitung des XI. Parteitages den Kern der Diskussion bestimmen sollen. Die Prosa der DDR zu untersuchen, wurde dem Zentralinstitut für Literaturgeschichte an der Akademie der Wissenschaften der DDR aufgetragen.

Geleitet wurde die Arbeit von Prof. Dr. Hans *Kaufmann* und Dr. Ingrid *Hähnel*. Die Endfassung wurde von Ingrid *Hähnel*, Hans *Kaufmann* und Dieter *Schlenstedt* vorgenommen.

Die »Studie« lässt folgende politische Zielrichtungen erkennen:

Der Sozialismus erscheint als eine nur noch kritikwürdige, nicht mehr bejahenswerte Gesellschaft. Mit dem Begriff: »Sozialismusinterne Auseinandersetzung« wird von Anfang an gearbeitet und gerade diese Haltung als die wichtigste Errungenschaft der neuesten Literatur gewertet. In der »Studie« ist zu lesen: »Sozialismusinterne Auseinandersetzung erreicht hier einen Punkt, an dem Literatur zur ›Peitsche der Gesellschaft‹ wird«.

Alles, was sich kritisch zum Sozialismus verhält, wird bejaht, alles andere wird deklassiert. In der »Studie« ist vom »Abbau von Illusionen« – in Bezug auf den Sozialismus – die Rede.

Autoren, die sozialismusfeindliche Haltungen einer Kritik unterziehen, werden diffamiert.

So wird behauptet: »In Harry *Thürks* ›Der Gaukler‹ gerät die Hauptfigur durch die Fixierung auf das ›rein‹ Negative zum Klischee« (es handelt sich um eine literarische Polemik gegen den aus der Sowjetunion ausgewiesenen Solschenizyn).[26] Hervorgehoben wird hingegen die Haltung von Erich *Loest* (der die Republik verlassen hat und in der BRD gegen die DDR arbeitet) und der schon vorher, also noch während seines Aufenthaltes in der DDR mit sei-

---

26 Vgl. Thürk, Harry: Der Gaukler. Berlin 1980. 1995 verließ Thürk im Streit über seinen Roman »Der Gaukler«, in dem er den sowjetischen Dissidenten und Literatur-Nobelpreisträger Alexander Solschenizyn als vom US-amerikanischen Geheimdienst CIA gesteuert darstellte, das P.E.N.-Zentrum (Ost).

nem Buch »Es geht seinen Gang«[27] Aufsehen erregte, weil es konzeptionell eine gegen die DDR gerichtete Position beinhaltet.

Gleichsetzung des Sozialismus und des Imperialismus (Hinweise auf gleiche Formen der Auseinandersetzung in beiden Gesellschaftsordnungen).

So wird behauptet: »Die Kritik richtet sich gegen Verhaltensweisen einzelner Vertreter der Macht; gefragt wird nach dem Verhältnis von menschlichem und politischem Verhalten. Volker Braun fragt in seiner ›Unvollendeten Geschichte‹[28] ... nach der ›menschlichen Dimension‹ politischer Macht, d.h. nach den Möglichkeiten des Einzelnen, politische Strukturen und Machtmechanismen zu durchschauen und auch die Möglichkeit, sich gegen Machtmissbrauch zu wehren.«

Es geht den Verfassern also nicht um konkrete Macht, sondern um Macht schlechthin.

Wichtige Themen gegenwärtiger Auseinandersetzung mit der Realität werden so allgemein gefasst, dass sie überall gültig sein können.

»Angesichts der wachsenden Bedrohung des Weltfriedens, der verheerenden Folgen des Missbrauchs wissenschaftlicher Entdeckungen und Erkenntnisse (atomare Gefahr, Umweltzerstörung) rücken nunmehr globale Probleme der gegenwärtigen und künftigen Entwicklung der Menschheit in das Zentrum poetischer Verständigung.«

Die Begriffe Klasse und Klassenkampf, Imperialismus und Gefährdung der Menschheit durch den Imperialismus kommen im ganzen Material nicht vor; alles wird eingeebnet.

Eine den Sozialismus bejahende Haltung wird von vornherein als unsinnig erklärt.

Progressive Schriftsteller und ihre Arbeiten, die sich als echte Verfechter des Sozialismus vielfältig bewährt haben, wie z.B. Günter *Görlich*, Erik *Neutsch*, Dieter *Noll*, Harry *Thürk*, Horst *Bastian*, werden in einer unverschämten Art und Weise abgewertet.

Es wird behauptet, dies seien Schriftsteller, die nicht Literatur, sondern falsche Propaganda betreiben würden.

Besonders bemerkenswert ist die Diffamierung der den Sozialismus bejahenden Haltung als eine didaktische, also als eine nicht kritische Haltung. Die Darstellung der Lösung von Widersprüchen wird von den Verfassern der »Studie« verurteilt.

Demgegenüber wird die Darstellung kritikwürdiger Erscheinungen im Sozialismus als »produktive Funktion der Prosaliteratur« bezeichnet.

In der »Studie« wird auf »existentielle Nöte« orientiert und Pessimismus verbreitet. Die Ausübung der Warnfunktion von Literatur bestehe im »Nichtverschweigen von Gefühlen der Angst und Lähmung, die angesichts

---

27 Vgl. Loest, Erich: Es geht seinen Gang. 1979.
28 Vgl. Braun, Volker: Unvollendete Geschichte. Frankfurt/M. 1977.

der sich verschärfenden Weltlage in das allgemeine Bewusstsein und in die allgemeine Lebenshaltung dringen. Damit nehmen diese Werke die Chance der Literatur wahr, Empfindungen zur Sprache zu bringen, über die es kaum öffentliche Verständigung gibt, deren Verdrängung der Entfaltung von mehr Verantwortungsbewusstsein nicht unbedingt förderlich ist.«

Unterschwellig wird in der »Studie« eine Gleichschaltung der Verhältnisse in der DDR und in der BRD im Namen einer »Kulturgesellschaft« vorgenommen. Ohne Wertung eher zustimmend wird darauf hingewiesen, dass »Prosawerke von in der DDR lebenden Autoren zuerst in ungekürzter Form bzw. ausschließlich in der BRD erscheinen« (als jüngstes Beispiel wird Christa *Wolfs* »Kassandra« angeführt).

Weiter heißt es: »Einige Autoren (Christa *Wolf* u. a.) sprechen davon, dass Annäherungen zwischen Lesern aus der DDR und der BRD in der Rezeptionsweise von DDR-Literatur sichtbar werden und vom Autor zunehmend einkalkuliert werden müssen.«

An anderer Stelle wird wie selbstverständlich vom Inhalt der Erstwerke jener »DDR-Autoren« gesprochen, die nicht in der DDR, sondern in der BRD erscheinen.

Aussagen gegen die sozialistische Gesellschaftsordnung erfolgen durchgängig unterschwellig, indem die Verfasser vorwiegend mit der Methode der Ausnutzung literarischer Aussagen arbeiten.

Um politisch indifferente und negative Aussagen zu verschleiern, wird mit literaturwissenschaftlichen Termini und Theorien gearbeitet.

Autoren mit politisch indifferenten und negativen Grundhaltungen und deren Arbeiten werden in den Vordergrund gerückt und aufgewertet. So werden Christa *Wolf*, Franz *Fühmann*, Erich *Loest*, Karl-Heinz *Jakobs*, Volker *Braun*, Christoph *Hein* als Repräsentanten von neuen Tendenzen in der DDR-Literatur hervorgehoben.

Durchgängig ist die Tendenz zu verzeichnen, die Funktion der Literatur auf die Verstärkung des »kritischen Elements« gegenüber dem Sozialismus auszurichten.

15. März 1985

Hinweise zur Reaktion der Bevölkerung der DDR zum Ableben des Generalsekretärs des ZK der KPdSU, Genossen Tschernenko, und zur Wahl des Genossen Gorbatschow in diese Funktion [O/139]

Quelle: BArch, MfS, ZAIG 4190, Bl. 2–5.
Serie: Informationen.
Verteiler: Kein Nachweis für externe Verteilung – MfS: Mielke, Mittig, Neiber, Geisler, Irmler.
Bemerkungen: Der Verteilervorschlag ist auf gesondertem Zettel vermerkt (Bl. 1). Die einzelnen Namen sind handschriftlich abgehakt.

Hinweisen aus allen Bezirken, einschließlich der Hauptstadt der DDR, Berlin, zufolge, wurde die Nachricht vom Ableben des Generalsekretärs des ZK der KPdSU und Vorsitzenden des Präsidiums des Obersten Sowjets der UdSSR, Genossen Konstantin *Tschernenko*,[1] von der Mehrheit der Bevölkerung mit Betroffenheit und Anteilnahme aufgenommen.

In zahlreichen Meinungsäußerungen wird die Persönlichkeit des Genossen *Tschernenko* gewürdigt, wobei vor allem seine
- Verdienste als führender Repräsentant des sowjetischen Staates,
- außenpolitischen Aktivitäten zur Erhaltung des Friedens und zur Entspannung der internationalen Lage,
- konsequente Haltung bei der Überwindung noch vorhandener innenpolitischer Probleme,
- Bemühungen zum Zustandekommen der Genfer Verhandlungen zwischen der UdSSR und den USA[2]

hervorgehoben werden.

---

1 Konstantin Tschernenko, Jg. 1911, KPdSU-Funktionär, 1976–84 Sekretär des Zentralkomitees der KPdSU, Februar 1984 bis März 1985 Generalsekretär der KPdSU.
2 Seit Herbst 1984 gab es zwischen der Sowjetunion und den USA erste Bemühungen, wieder in einen Dialog zu treten, nachdem 1983 alle gemeinsamen Abrüstungsbemühungen abgebrochen worden waren. Diese neue Initiative mündete schließlich in der Genfer Gipfelkonferenz im November 1985, bei der sich US-Präsident Ronald Reagan und KPdSU-Generalsekretär Gorbatschow persönlich begegneten und einen Prozess der Annäherung der beiden Weltmächte begannen. Vgl. Loth, Wilfried: Die Rettung der Welt. Entspannungspolitik im Kalten Krieg 1950–1991. Frankfurt/M. 2016, S. 245–254.

Politisch interessierte Bürger werten seine Leistungen als kontinuierliche Fortsetzung der Politik der KPdSU und der UdSSR unter Führung der Genossen *Breshnew*[3] und *Andropow*.[4]

Darüber hinaus sei es ihrer Meinung nach vor allem auch dem Genossen *Tschernenko* zu verdanken, dass erkannte Mängel, Schwächen und Hemmnisse der inneren Entwicklung des Landes weiterhin konsequent und in aller Öffentlichkeit angesprochen sowie Wege zu ihrer Überwindung umfassend aufgezeigt wurden. Im Zusammenhang damit werden seine Zielstrebigkeit, Klarheit und Entschlossenheit gewürdigt.

Weiter kommt in den Meinungsäußerungen zum Ausdruck, dass mit dem Ableben des Genossen *Tschernenko* keine Änderung des außenpolitischen Kurses der UdSSR erfolge und dementsprechend die Gespräche in Genf wie vorgesehen durchgeführt werden.

Relativ häufig bringen Bürger zum Ausdruck, der Tod des Genossen *Tschernenko* komme für sie nicht überraschend. Dabei nehmen sie verbreitet Bezug auf den äußerlich sichtbaren schlechten Gesundheitszustand bei seinen letzten öffentlichen Auftritten.

In mehreren Bezirken trat teilweise Unverständnis darüber auf, warum über das Ableben in unseren Massenmedien erst relativ spät informiert wurde. Westliche elektronische Funkmedien hätten sich schon Stunden zuvor auf entsprechende Verlautbarungen aus Moskau berufen.

Vereinzelte Argumentationen dazu beinhalten, eine aktuelle Informierung zu bedeutsamen Problemen erfolge offensichtlich nur von den Westmedien.

Weiteren einzelnen Meinungsäußerungen zufolge wurde nach Bekanntgabe des ärztlichen Bulletins auch Unverständnis darüber geäußert, dass dem Genossen *Tschernenko* nach ebenfalls nur kurzem Wirken des Genossen *Andropow* in dieser Funktion eine solche verantwortungsvolle Aufgabe übertragen worden sei.

Die unverzügliche Wahl des Genossen *Gorbatschow*[5] als Generalsekretär des ZK der KPdSU wurde überwiegend mit großer Zustimmung aufgenommen.

---

3   Leonid Iljitsch Breschnew, Jg. 1906, KPdSU-Funktionär, ab 1952 Mitglied des Zentralkomitees der KPdSU und ab 1957 Mitglied des Politbüros, 1960–64 Vorsitzender des Präsidiums des Obersten Sowjets, 1964–66 Erster Sekretär des ZK der KPdSU, 1966–82 Generalsekretär des ZK der KPdSU.
4   Juri W. Andropow, Jg. 1914, Funktionär der KPdSU, 1967–82 Vorsitzender des KGB, November 1982 bis Februar 1984 Generalsekretär des ZK der KPdSU, Juni 1983 bis Februar 1984 Vorsitzender des Präsidiums des Obersten Sowjets der Sowjetunion.
5   Michail S. Gorbatschow, Jg. 1931, KPdSU-Funktionär, März 1985 bis August 1991 Generalsekretär des Zentralkomitees der KPdSU, 1986 Propagierung des politischen und gesellschaftlichen Erneuerungsprogramms von »Glasnost« (Offenheit) und »Perestroika« (Umstrukturierung), 1988 Aufgabe der Breschnew-Doktrin, 1990 Friedensnobelpreis.

Insbesondere progressive Bürger bringen Genugtuung darüber zum Ausdruck, wonach im Verhältnis zu den anderen Mitgliedern der Parteiführung ein relativ junger Genosse mit dieser Funktion betraut wurde. Er sei in der Geschichte der KPdSU einer der jüngsten Generalsekretäre. Von ihm könne man erwarten, dass er über einen längeren Zeitraum die Politik der UdSSR entscheidend mitprägen werde. Er sei ein bewährter Genosse, der erfahrene und erprobte Funktionäre an seiner Seite habe. Ausgehend von dem im ZK der KPdSU erreichten hohen Stand der Kollektivität der Führung finde Genosse *Gorbatschow* beste Bedingungen vor, um den Leninschen Kurs der Außen- und Innenpolitik zielstrebig fortzusetzen.

Diesbezüglich wird davon ausgegangen, dass die auf Frieden, Verständigung und Abrüstung gerichtete Politik weitergeführt wird und berechenbar bleibt. Ein Beweis dafür, so wird weiter argumentiert, sei die Entscheidung des Genossen *Gorbatschow,* die Genfer Verhandlungen planmäßig zu beginnen und durchzuführen.

Bürger aller Bevölkerungsschichten sehen in der Wahl des Genossen *Gorbatschow*
- einen würdigen Nachfolger, der die Kontinuität in der Politik der KPdSU gewährleiste und zur weiteren Festigung der sozialistischen Staatengemeinschaft beitragen werde,
- neue Möglichkeiten, um durch einen dynamischen Führungsstil die außenpolitischen Aktivitäten zu verstärken,
- einen Repräsentanten der UdSSR, der diesen Staat auch im Ausland vertreten und entscheidende Gespräche selbst führen könne.

Es wird weiter darauf verwiesen, dass seit dem Ableben des Genossen *Breshnew* kein Partei- und Regierungschef der UdSSR zu Verhandlungen im Ausland weilte. Ein ständiger Wechsel in der Führungsspitze bringe naturgemäß bestimmte Unsicherheiten in der Außenpolitik und ihrer Berechenbarkeit, für die innere Stabilität sowie für die Glaubwürdigkeit der verfolgten politischen Linie mit sich.

Mit der schnellen Wahl des neuen Generalsekretärs des ZK der KPdSU und der sofortigen Bekanntgabe sei nach Auffassung vor allem progressiver Bürger jeglichen Spekulationen der Boden entzogen worden. Eine solche Verfahrensweise ließe auch keine Zweifel offen und beweise, dass auch die KPdSU eine kontinuierliche Kaderpolitik betreibe.

Nur in Einzelfällen wurde Überraschung geäußert, dass dem Genossen *Gorbatschow* für seine neue Funktion uneingeschränkt das Vertrauen aller ZK-Mitglieder entgegengebracht wurde, obwohl er bedeutend jünger sei als die Mehrzahl der Politiker dieses Führungsorgans.

Aus einzelnen Bezirken liegen Hinweise vor, wonach von Teilen der Bevölkerung die im BRD-Fernsehen ausgestrahlten Sendebeiträge über den Besuch des Genossen *Gorbatschow* in Großbritannien aufmerksam verfolgt wurden.⁶ Sein ihrer Meinung nach »offenes und weltmännisches« Auftreten fand hierbei besondere Beachtung.

Dem MfS bekannte Personen mit politisch-negativer Grundeinstellung äußerten sich in Einzelfällen abwertend und diffamierend.

Derartige Einzelmeinungen beinhalten:
– Die »Politik der alten Männer«, die die Oktoberrevolution miterlebt haben, sei endlich vorbei.
– Die Führung der UdSSR habe aus den schlechten Erfahrungen mit der Wahl alter Kader gelernt.
– Der neue Generalsekretär sei zwar völlig unbekannt, aber unter seiner Leitung bleibe das Abhängigkeitsverhältnis der DDR von der UdSSR erhalten.

---

6 Im Dezember 1984, nur wenige Monate vor seinem Machtantritt als KPdSU-Generalsekretär im März 1985, war Michail Gorbatschow als Vertreter des sowjetischen Politbüros für ein Gespräch mit der britischen Premierministerin Margaret Thatcher nach Großbritannien gereist. Es ging beiden Seiten darum, in einer Phase des angespannten Wettrüstens zwischen den Machtblöcken im Kalten Krieg Möglichkeiten eines Dialogs auszuloten. Das Treffen gehörte damit zu dem Prozess, der zum Gipfeltreffen von US-Präsident Reagan und KPdSU-Generalsekretär Gorbatschow in Genf im November 1985 führen sollte.

19. März 1985

Weitere Hinweise über Reaktionen der Bevölkerung der DDR auf die Veröffentlichungen in unseren Massenmedien zu den Rückkehrabsichten ehemaliger DDR-Bürger (3. Bericht) [O/138b]

Quelle: BArch, MfS, ZAIG 4189, Bl. 12–17.
Serie: Ablage O (Reaktionen der Bevölkerung).
Verteiler: Kein Nachweis für externe Verteilung – MfS: Mielke, Mittig, Neiber, Leiter ZKG (Niebling), Leiter HA VII (Büchner), Leiter ZAIG (Irmler).
Bemerkungen: Aufgrund des eigenen Verteilers und des abweichenden Datums vom O/138 wird das Dokument nicht als Anlage, sondern als eigener Bericht aufgefasst. Der Verteiler ist auf einem gesonderten Zettel vermerkt (Bl. 11).
Verweise: Berichte O/138 (1. Bericht) v. 7.3.1985 u. O/138a (2. Bericht) v. 11.3.1985.

Die Diskussionen über den Wunsch ehemaliger DDR-Bürger, in unsere Republik zurückzukehren, halten weiter an.[1]

Dabei überwiegen im Stimmungsbild nach wie vor ablehnende Haltungen bezüglich der Wiederaufnahme dieser Personenkreise in die DDR.

Verstärkt werden Forderungen nach Ablehnung der Wiederaufnahme vor allem von solchen Arbeitskollektiven gestellt, in denen ehemalige DDR-Bürger tätig waren.

Begründet wird diese Haltung hauptsächlich mit dem Persönlichkeitsbild dieser Personen und dem hohen Zeit- und Kraftaufwand, der betrieben wurde, um die Übersiedlungsersuchenden von ihrem Schritt abzuhalten.

Darüber hinaus vertreten Bürger verschiedenster Bevölkerungsschichten, unter ihnen Angehörige der medizinischen, wissenschaftlich-technischen und pädagogischen Intelligenz, die Auffassung, insbesondere Hoch- und Fachschulkader hätten aufgrund ihres Intellekts die auf sie zukommenden Probleme vorausschauender beurteilen müssen.

Wiederholt wurde von Ärzten argumentiert, in das NSA übergesiedelte Mediziner hätten die Patienten »im Stich gelassen« und somit ein Recht auf Rückkehr verwirkt.

Von Einzelpersonen und von einem Kollektiv des VEB Presswerk Ottendorf-Okrilla,[2] [Bezirk] Dresden wurden Schreiben an zuständige Staats- und

---

[1] Vgl. ND v. 6.3.1985, S. 3. Im Jahr 1984 genehmigte die SED kurzfristig ca. 30 000 Ausreiseanträge und hoffte, dass sie sich damit vieler Kritiker entledigen und zugleich die Ausreiseproblematik abmildern könne. Doch die Genehmigung der Ausreisen führte zum Gegenteil: Abertausende neue Ausreiseanträge wurden gestellt. Im März 1985 reagierte die SED darauf mit einer öffentlichen Kampagne über angeblich viele Tausend vom Westen enttäuschte Menschen, die in die DDR zurückwollten. Die Kampagne sollte eine abschreckende Wirkung auf Ausreisewillige entfalten, dabei waren die in der Kampagne genannten Zahlen Rückkehrwilliger völlig übertrieben.

[2] Im Original: »VEB Plastverarbeitungswerk Okrilla«.

Parteiorgane gesandt, in denen Einspruch gegen eine Wiederaufnahme der »Ehemaligen« erhoben worden ist.

Im Zusammenhang mit Diskussionen über die Prüfung vorliegender Anträge auf Rückkehr in die DDR und das Anlegen strengster Maßstäbe dafür wird argumentiert, Genehmigungen zur Rückkehr könnten durch Übersiedlungsersuchende als Ermunterung zum unbedingten Festhalten an ihren Übersiedlungsbestrebungen betrachtet werden, eine Wiederaufnahme der »Ehemaligen« könnte bezüglich des Vorgehens dieser Personen bei politisch labilen DDR-Bürgern zur Nachahmung anregen.

Von breiten Teilen der Bevölkerung werden immer wieder solche Fragen gestellt wie:
– Wieviel »Ehemalige« werden in die DDR zurückkehren?
– Welche Belastungen bringt das für unsere Sozialpolitik mit sich?
– Wirkt sich die Vergabe von Wohnungen, Kinderkrippen- und Kindergartenplätzen sowie Krediten an diese Personen auf die Bürger unserer Republik nachteilig aus?

Es wird damit die Erwartung verbunden, dass die Massenmedien hinsichtlich getroffener Entscheidungen über eine Rückkehr ehemaliger DDR-Bürger berichten.

Wiederholt wird in Meinungsäußerungen kritisch vermerkt, dass über Rückkehrersuchen »Ehemaliger« nicht auch in der Bezirkspresse in entsprechendem Umfang informiert wurde.

Darüber hinaus wird hervorgehoben, die Veröffentlichung der Wünsche auf Rückkehr hätte noch mehr Aussagekraft gewonnen, wären auch die Gründe der im ND genannten Personen für ihre vorherige Übersiedlung in die BRD aufgeführt worden.

Verschiedentlich wurde auch geäußert, der Abdruck von Originalbriefen der »Ehemaligen« in der Presse hätte sicher noch zu einer höheren Glaubwürdigkeit beigetragen und noch mehr Wirkung hinterlassen.

Teilweise bekunden Bürger jedoch auch Unverständnis zu den Presseveröffentlichungen, da Fragen, die mit der Ausreise von DDR-Bürgern zusammenhängen, bisher in unseren Massenmedien keine Beachtung fanden.

Mit direktem Hinweis auf entsprechende Sendungen westlicher elektronischer Funkmedien wird in Diskussionen häufig die Zahl der Rückkehrwilligen angezweifelt und vereinzelt argumentiert, jedem Bürger solle die Möglichkeit eingeräumt werden, seinen Wohnsitz selbst zu wählen; die DDR könnte diese bestehenden Probleme unkomplizierter lösen, wenn sie allen Bürgern »Reisefreiheit« einräumen würde.

In Einzelfällen wird gefordert, man sollte endlich die »Grenzen öffnen« und die DDR-Bürger nicht wie »Unmündige« behandeln.

Bezug nehmend auf die im BRD-Fernsehen ausgestrahlten Interviews mit ehemaligen DDR-Bürgern, die im ND namentlich aufgeführt waren, wird u. a. von politisch engagierten Personen die Auffassung vertreten, deren Aussagen seien zum Teil manipuliert worden. Damit würde ihr Standpunkt bekräftigt, keinem dieser »Ehemaligen« die Rückkehr zu gestatten.

Kirchliche Amtsträger aus dem Bereich der Evangelisch-Lutherischen Kirche in Thüringen verweisen in diesem Zusammenhang auf den durch Landesbischof Dr. *Leich*[3] vertretenen Standpunkt, wonach jeder Christ in der DDR einen Platz finden und hier seiner Pflicht nachkommen könne. Es wird erwartet, dass die DDR-Regierung keiner »massenhaften Rücksiedlung« zustimmt.

Amtsträger aus anderen evangelischen Landeskirchen sowie einzelne katholische Geistliche, die sich aus humanitären Gründen für eine Wiederaufnahme »Ehemaliger« aussprechen, vertreten des Weiteren den Standpunkt, mit einer solchen Maßnahme könne unser Staat sein internationales Ansehen erhöhen.

Mitarbeiter der Abteilungen Innere Angelegenheiten und weitere in den Prozess der Zurückdrängung der Übersiedlungsersuchen einbezogene DDR-Bürger bringen in Meinungsäußerungen zum Ausdruck, dass sie in persönlichen Gesprächen mit Übersiedlungsersuchenden oft vergeblich argumentiert und ihre ganze Kraft eingesetzt hätten, die Personen von ihrem Vorhaben abzubringen. Im Falle einer Wiedereingliederung würden sie wiederum erhebliche zusätzliche Arbeit erhalten.

Solche Personen, die sich
- oftmals arrogant und überheblich über alle Argumente hinweggesetzt haben,
- wiederholt die DDR bei internationalen Gremien verleumdet hätten, um ihre Übersiedlung zu erzwingen,
- auch in den »Auffanglagern« der BRD unflätig gegen über der DDR ausgelassen haben,

dürften keine Genehmigungen auf eine Rückkehr erhalten.

Zahlreiche Gespräche mit Übersiedlungsersuchenden nach der Veröffentlichung am 6. März 1985 lassen erkennen, dass die Mehrheit dieser Personen an ihrem Vorhaben festhält. Sie äußern sich dahingehend, ihren Schritt genauestens überlegt zu haben und ließen sich auch nicht durch »gezielte Agitation« davon abbringen.

Diese Übersiedlungsersuchenden zweifeln vor allem die Zahlenangaben über den Umfang der Rückkehrwilligen und den Wahrheitsgehalt einiger Stellungnahmen unter Bezugnahme auf entsprechende Sendungen westlicher Funkmedien an.

---

3 Werner Leich, Jg. 1927, evangelischer Theologe, 1954–69 Pfarrer in Wurzbach, 1969–78 Superintendent in Lobenstein, 1978–92 Landesbischof der Evangelisch-Lutherischen Kirche Thüringens, 1980–83 Vorsitzender des kirchlichen Lutherkomitees zum Lutherjahr 1983, 1986–90 Vorsitzender der Konferenz der Evangelischen Kirchenleitungen in der DDR.

So wird argumentiert:
- Die im ND diesbezüglich abgedruckten Artikel wären mit »Vorsicht« aufzunehmen und dienten der »Abschreckung«.
- Die Veröffentlichungen seien nur »propagandistische Methoden«; die genannten Zahlen seien nicht glaubhaft, man habe andere »Beweise«.
- Die Rückkehrwilligen hätten keinen Standpunkt. Ihr jetziges Vorhaben sei abzulehnen. Sie selbst würden wissen, was sie in der BRD erwartet und keinesfalls zurückkommen.
- Es wollten nur solche Personen zurück in die DDR, die in der BRD keine Verwandten hätten. Das träfe für sie nicht zu.
- Die genannten ehemaligen DDR-Bürger besäßen kein Talent, sich Arbeit zu verschaffen bzw. seien Müßiggänger.

Mehrmals wurde von Übersiedlungsersuchenden die Überzeugung zum Ausdruck gebracht, die in der BRD bzw. in Westberlin wohnhaften Verwandten würden ein gutes Leben garantieren und den »beruflichen Einstieg« ermöglichen. Man könne auf seine Verbindungen vertrauen. Daher bleibe der eigene gestellte Antrag auf Übersiedlung bestehen.

Nur in Einzelfällen äußerten Übersiedlungsersuchende Zweifel an der Richtigkeit ihrer Antragstellung. Sie bekundeten die Absicht, unter dem Eindruck der ND-Veröffentlichungen ihren Schritt überdenken bzw. ihr Ersuchen zurückziehen zu wollen.

In Einzelmeinungen unter politisch labilen Personen, darunter auch Jugendlichen, kommt zum Ausdruck, es würde nicht zu Antragstellungen kommen, wenn man sich selbst über die Zustände in der BRD oder in Westberlin informieren könnte. Sicherlich wären dann auch einige der »Ehemaligen« nicht ausgereist.

Ein dem MfS bekannter Exponent politischer Untergrundtätigkeit unterstellte, alle namentlich im ND genannten Personen hätten die DDR aus rein materiellen Gründen verlassen und seien jetzt enttäuscht, da ihre Vorstellungen nicht in Erfüllung gegangen wären. Die oft zitierten Begründungen nach Rückkehr machten aber deutlich, dass die Betreffenden nicht mit den westlichen Verhältnissen zurechtgekommen seien. Das sei aber ein »Beweis« dafür, wie sehr der Staat der DDR die Menschen »verkrüppelt« hätte. Diese hätten nie gelernt, selbstständig zu sein und wären unfähig geblieben, ihr Leben selbst zu gestalten.

Im Zusammenhang mit einer möglichen Rückkehr von ehemaligen DDR-Bürgern in unsere Republik wurden erste Gerüchte bekannt:
- In der Nähe von Bernau, [Bezirk] Frankfurt/Oder würden bereits Auffanglager für »Ehemalige« gebaut.
(Kombinat Plast- und Elastverarbeitung Berlin)
- In Bernau würden zwei Wohnblöcke errichtet, die zur Aufnahme von Rückkehrern vorgesehen seien.
(Kraftfahrzeug-Instandsetzungs-Betrieb Berlin-Niederschönhausen)

30. März 1985

Information Nr. 135/85 über das demonstrative Auftreten von fünf Mitgliedern der Friedensbewegung der BRD in der Hauptstadt der DDR, Berlin, am 29. März 1985

Quelle: BArch, MfS, ZAIG 3444, Bl. 1–6 (10. Expl.).
Serie: Informationen.
Verteiler: Krenz, Naumann – MfS: Mittig, Neiber, Leiter HA VI (Fiedler), Leiter HA XX (Kienberg), Leiter BV Berlin (Schwanitz), ZAIG/1/6, Ablage.
Bemerkungen: Im Verteiler ist das 6. Exemplar als vernichtet vermerkt. Der Akte liegt noch ein Blatt bei, mit näheren Angaben zu den beiden auf dem Flugblatt erwähnten DDR-Bürgern (hier nicht ediert).
Anlage: Flugblatt der Mutlanger Blockierer/innen (Faksimile vom Flugblatt Mutlanger Blockierer/innen).

Am 29. März 1985, gegen 12.00 Uhr traten in Höhe des Brunnens der Völkerfreundschaft auf dem Alexanderplatz in der Hauptstadt der DDR, Berlin, fünf – in der Folge als Bürger der BRD identifizierte – Personen kurzzeitig demonstrativ in Erscheinung. Sie entrollten ein Spruchband (ca. 3 m × 1,50 m) mit dem Text »Gegen die Verfolgung der Friedensbewegung in Ost und West. Mutlangen – Blockierer/innen«[1] und dem Symbol einer Friedenstaube hinter Gittern. Gleichzeitig verbreiteten sie Flugblätter (Format A5, beidseitig bedruckt), in denen Aktionen der »Mutlanger Friedensbewegung« und der sogenannten staatlich unabhängigen Friedensbewegung in der DDR propagiert und staatliche Vorgehensweisen gegen die Akteure derartiger Aktionen in der BRD und der DDR aufgezeigt werden (Kopie des Flugblattes als Anlage).[2]

Durch sofort einschreitende Sicherungskräfte wurde die demonstrative Aktion unterbunden: Die genannten Personen wurden vorläufig festgenommen und zum Präsidium der Volkspolizei Berlin zugeführt.

Dabei hielten sich die BRD-Bürger an den Händen fest und sangen ein in der BRD bekanntes Friedenslied (»Frieden soll die Botschaft sein«).

---

1 Im Zuge des NATO-Doppelbeschlusses wurden ab Ende 1983 auf der US-Militärbasis in Mutlangen Pershing-II-Raketen stationiert. Die bundesdeutsche Friedensbewegung demonstrierte dagegen über einen längeren Zeitraum u. a. mit Sitzblockaden vor der Zufahrt der Militärbasis. Im September 1983 duldeten die Behörden eine Blockadeaktion mit prominenten Teilnehmern wie Petra Kelly und Heinrich Böll. Anschließend wurden die Blockaden zunehmend kriminalisiert, zahlreiche Demonstranten festgenommen und häufig zu Geldstrafen verurteilt. Die Blockaden in Mutlangen lösten in der Bundesrepublik Debatten um die Legitimität von zivilem Ungehorsam aus und führten zu Entscheidungen des Bundesverfassungsgerichts über die Strafbarkeit von Sitzblockaden als Demonstrationsform.
2 Zur Protestaktion und zum Bericht einer beteiligten Demonstrantin vgl. Hildebrand, Gerold: Just for Peace. Blockübergreifende Solidarität. In: Horch und Guck, Heft 17(1995)4, S. 30; Aktion in Ost-Berlin. In: ebenda, S. 31–35.

Das demonstrative Auftreten der genannten BRD-Bürger und ihre Zuführung wurden von zwei Kamerateams der ARD/Fernsehen der BRD gefilmt. Anwesend war auch der in der DDR akkreditierte dpa-Korrespondent *Jennerjahn*.[3]

Im Ergebnis der Personenidentifizierung und Befragung wurde bekannt: Die fünf BRD-Bürger im Alter zwischen 20 und 27 Jahren, darunter zwei Studenten und zwei Personen ohne Arbeitsrechtsverhältnis (zwei Personen gehören der Partei »Die Grünen« in der BRD an), kennen sich von gemeinsamen Aktionen der »Mutlanger Friedensbewegung« und kamen angeblich Ende Januar/Anfang Februar 1985 überein, im März 1985 in der Hauptstadt der DDR, Berlin, unter Einbeziehung des Fernsehens und der Presse der BRD, eine öffentliche Aktion durchzuführen und dabei ihre Auffassungen von der Anwendung staatlicher Zwangsmaßnahmen gegen Angehörige der Friedensbewegung in der BRD und Mitglieder der sogenannten staatlich unabhängigen Friedensbewegung in der DDR darzustellen.

Nachdem sie entsprechend ihrem Vorhaben Fernseh- und Pressevertreter der BRD in ihren Plan eingeschaltet hatten, begaben sie sich auf unterschiedliche Weise nach Berlin (West). Dort ließen sie in einer Druckerei ca. 50 Exemplare des bereits in Mutlangen verfaßten Flugblattes herstellen und fertigten gleichfalls das bereits dargestellte Transparent an. Unter Mitnahme der Flugblätter und des Transparentes reisten sie am 29. März 1985 getrennt über die GÜST Bahnhof Friedrichstraße in die Hauptstadt der DDR ein und trafen gegen 10.00 Uhr an der Marienkirche in Berlin-Mitte zusammen. Vereinbarungsgemäß begaben sie sich gegen 12.00 Uhr zur Durchführung ihrer Aktion zum Alexanderplatz.

Alle fünf BRD-Bürger wurden nach eingehender Belehrung am 29. März 1985 um 15.40 Uhr über die GÜST Bahnhof Friedrichstraße zur Ausreise nach Berlin (West) gebracht.

Gegen sie wurden Reisesperrmaßnahmen verfügt.

Anlage zur Information Nr. 135/85

Mutlanger Blockierer/innen grüßen die unabhängige Friedensbewegung in der DDR

Das gegenwärtige Wettrüsten bedroht täglich das Leben der Menschen in Ost und West, bedroht die ganze Schöpfung. Schon heute tötet die Aufrüstungspolitik von NATO und Warschauer Pakt,[4] indem sie die Mittel ver-

---

3 Hartmut Jennerjahn, Jg. 1944, Journalist, 1980–88 als Korrespondent der dpa in der DDR akkreditiert.
4 Der »Vertrag über Freundschaft, Zusammenarbeit und gegenseitigen Beistand«, kurz »Warschauer Vertrag«, wurde 1955 als Militärbündnis gegründet. Er sollte die Militärkräfte der kommunistischen Staaten Europas bündeln und ein Gegengewicht zur NATO bilden. Die

schlingt, die zur Bekämpfung des Welthungers und für Programme der Weltgesundheitsorganisation dringend gebraucht werden.

Der Weltkirchenrat hat es 1983 in Vancouver deutlich gesagt: Die Herstellung, Bereithaltung und Anwendung von Atomwaffen ist ein Verbrechen gegen die Menschheit.[5]

Millionen von Menschen *in der BRD* drückten mit Großdemonstrationen, Unterschriftensammlungen, Informationsveranstaltungen, Mahnwachen und Fastenaktionen ihren Protest gegen die Stationierung der neuen Mittelstreckenraketen aus. Dennoch setzte sich die Bundesregierung über den Willen der Mehrheit hinweg.

Seit dem Beginn der Stationierung der Pershing-II-Raketen leisten wir deshalb gewaltfreien Widerstand, indem wir uns der Kriegsmaschinerie in den Weg setzen und immer wieder die Zufahrtswege zu Pershing-Depots, wie z. B. in Mutlangen, blockieren.

Viele Tausende sind bei diesen Blockaden festgenommen und wegen sogenannter Nötigung (§ 240 Strafgesetzbuch)[6] verurteilt worden,

Wir wurden zu folgenden Strafen verurteilt:
- *Hinrich Olsen* zu 150 Tagessätzen
- *Bernhard Friedrich* zu 20 Tagessätzen
- *Rüdiger Müller* zu 80 Tagessätzen
- *Andrea Drosihn* zu 20 Tagessätzen
- [Vorname Name], wegen zwei Blockaden zu 40 Tagessätzen verurteilt, wollte an der Aktion teilnehmen, wurde aber vorher verhaftet und sitzt zurzeit im Heidelberger Gefängnis.

Da wir nicht bereit sind zu zahlen, werden wir die Haft in der nächsten Zeit antreten müssen.

Andrea Drosihn saß bereits 20 Tage im Frauengefängnis Schwäbisch Gmünd ab.

Sobald wir den von unserer Regierung abgesteckten Spielraum (Demos, Flugblattverteilen, Unterschriftensammlungen ...) verlassen, werden wir kriminalisiert. Wir dürfen zwar sagen, was wir denken, – denn das Recht auf freie

---

DDR, die anfangs vom militärischen Teil des Vertragswerks ausgeschlossen war, trat dem Bündnis im Januar 1956 nach der Gründung der Nationalen Volksarmee bei.

5 Die 6. Vollversammlung des »Ökumenischen Rates der Kirchen« fand vom 24.7. bis 10.8.1983 in Vancouver statt. Unter dem Thema »Jesus Christus, das Leben der Welt« verständigten sich Delegationen von 301 Mitgliedskirchen. Aus dem Vorschlag der Vertreter aus der DDR, ein gesamtchristliches Friedenskonzil einzuberufen, entwickelte sich der »Konziliare Prozess« für Frieden, Gerechtigkeit und Bewahrung der Schöpfung. Vgl. Information 296/83.

6 Laut § 240 des StGB der Bundesrepublik drohen jemandem, der »einen Menschen rechtswidrig mit Gewalt oder durch Drohung mit einem empfindlichen Übel zu einer Handlung, Duldung oder Unterlassung nötigt« bis zu drei Jahre Haft oder eine Geldstrafe. Besonders schwere Fälle werden mit Haft zwischen sechs Monaten und fünf Jahren bestraft. Vgl. Bundesministerium der Justiz: § 240 Strafgesetzbuch (Nötigung). In: BGBl. I, S. 2460.

Meinungsäußerung bringt unserem Regime Prestigegewinn – doch wenn wir anfangen zu handeln, sind wir auch staatlicher Verfolgung ausgesetzt.

In der DDR nimmt der Protest gegen die zunehmende Militarisierung der Gesellschaft und gegen die Stationierung neuer Massenvernichtungswaffen seit ca. 1981 öffentliche Formen an.

Dies, obwohl es in der DDR ungleich mehr Mut erfordert, sich für die Sache des Friedens einzusetzen, außerhalb des Rahmens, den die SED setzt.

Eine erste große Aktion war anlässlich des 37. Jahrestages der Bombardierung Dresdens eine Friedensdemonstration mit 6 000 Teilnehmern in Dresden.[7]

Einige weitere bekannte Daten waren:
- 25.1.1982 Berliner Appell[8]
- 27.5.1982 Friedensseminar in Königswalde (»Den Aufnäher können sie uns wegnehmen, nicht aber unsere Haltung«)[9]
- 1.9.1983 Menschenkette zwischen den Botschaften der USA und der UdSSR am Weltfriedenstag[10]

---

7   Im Februar 1982 gelang es unabhängigen, kirchennahen Friedensgruppen eine große Gedenkveranstaltung an der Ruine der Frauenkirche zu organisieren. Vgl. dazu außerdem Information 85/82.
8   Im Januar 1983 veröffentlichten Robert Havemann und Rainer Eppelmann den Berliner Appell »Frieden schaffen ohne Waffen«. Darin forderten sie eine dauerhafte Grundlage für eine neue Friedensordnung, die über die bloße Abwesenheit von Krieg herausgehen sollte. Dafür sollten alle Atomwaffen aus Europa verbannt und die beiden deutschen Staaten entmilitarisiert und jeweils aus den beiden Machtblöcken herausgelöst werden. Außerdem wandte sich der Appell gegen militaristische Propaganda und den Wehrkundeunterricht in der DDR. Zu den ca. 80 Erstunterzeichnern des Aufrufs gehörten vor allem Mitglieder der Ostberliner Friedensbewegung.
9   Als überregionale Veranstaltungsforen der unabhängigen Friedensbewegung unter dem Dach der Kirche entstanden ab Anfang der 1970er-Jahre sogenannte Friedensseminare. Sie widmeten sich den Themen Gewaltfreiheit, Menschenrechte, Wehrdienstverweigerung oder Friedenserziehung und dienten als wichtige Informationsbörsen und Kontaktstellen. Das erste regelmäßig tagende Friedensseminar wurde 1972 von ehemaligen Bausoldaten im Pfarrhaus von Königswalde ins Leben gerufen. Als sich das Treffen schnell zu einem Zentrum für politisch aktive Gruppen entwickelte, wurde der Gründer und Organisator des Friedensseminars, Hansjörg Weigel, im Mai 1980 zu 18 Monaten Haft wegen »staatsfeindlicher Hetze« verurteilt. Nach dem Königswalder Vorbild entstanden in den Folgejahren auch in Karl-Marx-Stadt, Naumburg und Leuna ähnliche Zirkel. 1983 trat schließlich das erste jährlich tagende Seminar »Konkret für den Frieden« als übergeordnetes »Parlament der Friedensgruppen« in Berlin zusammen.
10 Anlässlich des internationalen Weltfriedenstages (1.9.) versuchten Ostberliner Friedensaktivisten 1983 eine Menschenkette im Zentrum Berlins zwischen den Botschaften der UdSSR und der USA zu organisieren. Bis zu 100 Frauen und Männer wollten sich die Hände reichen, um für erfolgreiche Abrüstungsgespräche zwischen den Weltmächten zu demonstrieren. Jedoch war die sowjetische Botschaft vollkommen abgeriegelt, sodass nur wenige Demonstranten mit Kerzen vor der amerikanischen Botschaft protestieren konnten. Kurz darauf lösten Sicherheitskräfte die Mahnwache auf und nahmen mehrere Personen fest. Vgl. dazu außerdem Information 193/83.

- 22.10.1983 Versuch einer ähnlichen Aktion auf dem Alexanderplatz (300 Personen wurden schon am Vorabend festgenommen.)[11]
- 11.11.1983 Rostocker Appell[12]
- 1.2.1985 offener Brief von Jugendlichen an die DDR-Regierung mit u. a. der Forderung nach »Entmilitarisierung des öffentlichen Lebens«[13]

Die Staatsorgane versuchen, die Bewegung zu unterdrücken und Menschen von einem Engagement abzuhalten, indem sie bekannte Personen der unabhängigen Friedensbewegung aus der DDR ausweisen oder sie zu jahrelangen Haftstrafen verurteilen.

So sitzen zurzeit in DDR-Gefängnissen (wir nennen zwei stellvertretend für viele) *Petra Heinrich*, Mitglied der unabhängigen Friedensbewegung in Dresden, wegen angeblichen Fluchtversuchs zu 18 Monaten Haft verurteilt, *Peter Nowick*, seit November 1982 im Cottbusser Gefängnis.

40 Jahre nach Kriegsende sind BRD und DDR wieder hochgerüstet, Pershing-II und SS-20 bedrohen den Frieden in Europa.

40 Jahre nach Kriegsende werden Menschen, die sich gegen diese Hochrüstung wehren, kriminalisiert.

Wenn es darum geht, zu verhindern, dass sich die Betroffenen von Militarisierung und Raketenstationierung über die Grenze hinweg miteinander solidarisieren und zusammenarbeiten, sind sich die Herrschenden in Ost und West einig.

Wir lassen uns nicht einschüchtern und werden weiterhin für das Leben und gegen den Tod einstehen.

Wir werden uns auch weiterhin für einseitige Abrüstungsschritte einsetzen, für die Entwicklung von Konzepten zur sozialen Verteidigung, die das Töten von Menschen ausschließt und nicht auf Gewalt basiert.

Denn unsere Zukunft wird gewaltfrei sein oder es wird keine Zukunft mehr geben!

Mut zum *Frieden*

---

11 Ende Oktober 1983, kurz vor einem Treffen von Erich Honecker mit einer Delegation der Partei »Die Grünen«, planten DDR-Friedensaktivisten unter dem Motto »fünf Minuten vor Zwölf« die Inszenierung eines »Massensterbens« auf dem Alexanderplatz in Ostberlin, um gegen nukleare Waffen zu demonstrieren. Dies konnten die DDR-Sicherheitskräfte durch umfangreiche Absperrmaßnahmen jedoch verhindern. Vgl. die Informationen 361/83 u. 362/83.

12 In Anlehnung an den Berliner Appell verfasste Heiko Lietz zusammen mit dem Friedenskreis Warnemünde im November 1983 einen an den Nationalen Verteidigungsrat der DDR gerichteten Appell, der sich gegen die Stationierung sowjetischer SS-20-Mittelstreckenraketen in der DDR wandte. Im Rahmen der Friedensdekade 1983 und auf der Synode der Mecklenburgischen Landeskirche 1983 warb Lietz um Unterzeichner.

13 Anlässlich des von der UNO ausgerufenen Jahres der Jugend 1985 verfassten junge Friedensaktivisten aus der DDR einen offenen Brief an die Regierung der DDR, in dem sie mehr Möglichkeiten der freien Entfaltung für Jugendliche im Land forderten. Dazu zählten sie u. a. Reise- und Versammlungsfreiheit, aber auch eine Entmilitarisierung des öffentlichen Lebens.

12. April 1985

Information Nr. 149/85 über die Frühjahrssynoden der Evangelisch-Lutherischen Landeskirchen Mecklenburgs und Sachsens, der Evangelisch-Lutherischen Kirche in Thüringen und der Evangelischen Kirche des Görlitzer Kirchengebietes im Zeitraum vom 21. bis 27. März 1985

Quelle: BArch, MfS, ZAIG 3447, Bl. 1–16 (8. Expl.).
Serie: Informationen.
Verteiler: Jarowinsky, Bellmann, Gysi – MfS: Mittig, Leiter HA XX (Kienberg), ZAIG/1, HA XX/4 (am 22.4.), Ablage.
Bemerkungen: Das 5. Exemplar (Kienberg) ist abgelegt in: BArch, MfS, HA XX/ AKG 1044, Bl. 115–130.

Vom 21. bis 27. März 1985 wurden die Synodaltagungen der Evangelisch-Lutherischen Kirche in Thüringen (21. bis 24.3.1985, Eisenach), Evangelisch-Lutherischen Landeskirche Mecklenburgs (21. bis 24.3.1985, Schwerin), Evangelisch-Lutherischen Landeskirche Sachsens (23. bis 27.3.1985, Dresden), Evangelischen Kirche des Görlitzer Kirchengebietes (22. bis 25.3.1985, Görlitz) durchgeführt.

An allen Synodaltagungen nahmen als Gäste Vertreter der »Partnerschaftskirchen« aus der BRD teil. Außerdem waren auf den Tagungen, mit Ausnahme der Synode der Evangelisch-Lutherischen Kirche in Thüringen, in der DDR akkreditierte BRD-Korrespondenten zeitweilig anwesend.

Der Inhalt der Berichte der Kirchenleitungen, die dazu geführten Diskussionen und die gefassten Beschlüsse stimmten im Wesentlichen mit den auf der Herbstsynode des Bundes des Evangelischen Kirchen in der DDR gegebenen Orientierungen überein.[1]

Während sich die Synodaltagung der Evangelischen Kirche des Görlitzer Kirchengebietes, bedingt durch die Situation in der Landeskirche, vorrangig mit innerkirchlichen Problemen beschäftigte, wurden auf den Synodaltagungen der anderen drei Landeskirchen eine Reihe Bezugspunkte zu aktuellen politischen und das Verhältnis Staat – Kirche berührenden Fragen hergestellt.

Im Mittelpunkt standen dabei Stellungnahmen und Standpunkte zum 40. Jahrestag des Sieges über den Hitlerfaschismus und der Befreiung des deutschen Volkes,[2] zum Gespräch des Vorsitzenden des Staatsrates der DDR,

---

1 Für die Herbstsynoden 1984 vgl. die Informationen 437/84 u. 487/84.
2 Gemeint ist der 40. Jahrestag des Endes des Zweiten Weltkrieges in Europa, der sowohl in der DDR als auch der Bundesrepublik große öffentliche Aufmerksamkeit erfuhr und von hoher geschichtspolitischer Bedeutung für die SED war.

Genossen *Erich Honecker*,[3] mit Bischof Dr. *Hempel*[4] vom 11. Februar 1985,[5] verbunden mit Erwartungshaltungen hinsichtlich der Führung von sogenannten Sachgesprächen zu Problemen der Volksbildung sowie zum Umweltschutz.

Besonders die im Bericht des Bischofs Dr. *Leich*/Eisenach[6] und im Vortrag des Kirchenpräsidenten *Domsch*/Dresden[7] getroffenen Aussagen zum 40. Jahrestag der Befreiung enthielten im Vergleich zu dem vom Bund der Evangelischen Kirchen in der DDR (BEK) und der »Evangelischen Kirche in Deutschland« (»EKD«) verfassten gemeinsamen »Wort zum Frieden«[8] eindeutigere, politisch realistische Standpunkte.

Einige Synodale der Thüringer Landeskirche, darunter dem MfS hinlänglich bekannte kirchliche Amtsträger, versuchten, die positive Bewertung dieses Jubiläums durch zum Teil offene Angriffe gegen die sozialistische Staats- und Gesellschaftsordnung zu entkräften. Dieses Vorgehen richtete sich zugleich gegen die Person des Bischofs, der als möglicher Nachfolger für das Amt des Vorsitzenden der Konferenz der Evangelischen Kirchenleitungen in der DDR (KKL)[9] gilt.

---

3   Erich Honecker, Jg. 1912, SED-Funktionär, 1958–89 Mitglied des Politbüros, ab 1971 Erster Sekretär, ab 1976 Generalsekretär der SED, 1971–89 Vorsitzender des Nationalen Verteidigungsrates, 1976–89 Vorsitzender des Staatsrates.
4   Johannes Hempel, Jg. 1929, evangelischer Theologe, 1958–63 Pfarrer an der Thomas-Kirche in Leipzig, 1963–71 Studentenpfarrer in Leipzig, ab 1972 Landesbischof der Evangelisch-Lutherischen Kirche Sachsens, 1982–86 Vorsitzender des BEK, 1983–86 Leitender Bischof der VELKD.
5   Am 11.2.1985 trafen sich der Vorsitzende des BEK Johannes Hempel und Erich Honecker zu einem Gespräch, an dem auch der Staatssekretär für Kirchenfragen Klaus Gysi, der Sekretär des Staatsrates Heinz Eichler und der Leiter des Sekretariats des BEK Martin Ziegler teilnahmen. Bei dem Treffen ging es in erster Linie darum, das Spitzengespräch vom 6.3.1978 symbolisch zu erneuern, das eine neue Beziehung zwischen SED-Führung und evangelischer Kirche in der DDR eingeleitet hatte. Vgl. Begegnung Erich Honecker mit Landesbischof Dr. Johannes Hempel. In: ND v. 12.2.1985, S. 1. Vgl. die Informationen 64/85 u. 84/85.
6   Werner Leich, Jg. 1927, evangelischer Theologe, 1954–69 Pfarrer in Wurzbach, 1969–78 Superintendent in Lobenstein, 1978–92 Landesbischof der Evangelisch-Lutherischen Kirche Thüringens, 1980–83 Vorsitzender des kirchlichen Lutherkomitees zum Lutherjahr 1983, 1986–90 Vorsitzender der Konferenz der Evangelischen Kirchenleitungen in der DDR.
7   Kurt Domsch, Jg. 1928, Bauingenieur, 1970–75 Präsident der Generalsynode der Vereinigten Evangelisch-Lutherischen Kirche, 1975–89 Präsident des Sächsischen Landeskirchenamtes, leitender Angestellter im VEB Brücken- und Hochbau Neustadt/Sachsen.
8   Vgl. Wort zum Frieden: Der Bund der Evangelischen Kirchen in der DDR und die Evangelische Kirche in Deutschland zum 40. Jahrestag des Endes des Zweiten Weltkrieges. In: Junge Kirche 46(1985)4, S. 186–188.
9   Die Konferenz der Evangelischen Kirchenleitungen (KKL) war ein Leitungsgremium der evangelischen Kirche in der DDR. Spätestens mit dem Mauerbau 1961 war die gesamtdeutsche Organisation der evangelischen Kirche nicht mehr möglich. Darum entstanden im Laufe der 1960er-Jahre eigenständige Strukturen in der DDR wie der Bund der Evangelischen Kirchen in der DDR (BEK) mit seinem zweimonatlich tagenden Leitungsgremium, der KKL.

(Auf der Sitzung der KKL am 8./9. März 1985 hatte Bischof Dr. *Hempel* angekündigt, im Jahre 1986 nicht mehr für diese Funktion kandidieren zu wollen.)[10]

Das Gespräch des Vorsitzenden des Staatsrats der DDR, Genossen *Erich Honecker,* mit Bischof Dr. *Hempel* wurde auf allen Synodaltagungen positiv bewertet.

Nur in einzelnen Fällen wurde der »Nutzeffekt« dieses Gespräches für die evangelischen Kirchen angezweifelt. In diesem Zusammenhang wurde in Fortsetzung von bereits auf den Herbstsynoden des Jahres 1984 geführten Diskussionen erneut auf Erscheinungen der »Benachteiligung von Christen« in der schulischen und beruflichen Entwicklung verwiesen und wiederum die Forderung nach einem Grundsatzgespräch mit dem Ministerium für Volksbildung erhoben.

Probleme des Umweltschutzes wurden auf allen Synodaltagungen behandelt. Besonders breiten Raum nahm diese Problematik auf der Synode der Evangelisch-Lutherischen Landeskirche Mecklenburgs ein. Die Diskussionen beinhalteten sowohl Anerkennung durchgeführter staatlicher Maßnahmen auf diesem Gebiet als auch Zweifel an einer langanhaltenden Wirksamkeit derartiger Maßnahmen. Zu dieser Thematik erfolgte Eingaben an die Synode und ein diesbezüglicher Beschluss zielen auf die Durchführung weiterer Umweltaktivitäten an der kirchlichen Basis ab. Erneut ist festzustellen, dass hinlänglich bekannte reaktionäre kirchliche Kräfte, vor allem in sogenannten Friedenskreisen agierende Personen, versuchten, über Eingaben und Anträge an die Synoden Druck auf die Kirchenleitungen auszuüben und ihre feindlich-negativen Positionen sowie entsprechende Forderungen in Beschlüssen der Synoden durchzusetzen.

Auf allen Synodaltagungen erfolgte die Wahl von Mitgliedern der 5. Legislaturperiode der Synode des Bundes der Evangelischen Kirchen in der DDR (BEK – Konstituierung im Zeitraum vom 31. Januar bis 2. Februar 1986) und der 7. Legislaturperiode der Generalsynode der Vereinigten Evangelischen Kirchen in der DDR (VELK – Konstituierung im Zeitraum vom 13. Juni bis 16. Juni 1985).

An der Einschätzung der gewählten Synodalen wird gegenwärtig gearbeitet.

Die *2. Tagung der VII. Synode der Evangelisch-Lutherischen Kirche in Thüringen* wurde als geschlossene Sitzung durchgeführt.

Als Gäste nahmen drei Vertreter der Evangelischen Landeskirche in Württemberg/BRD teil.

---

10 Für die KKL-Sitzung vom März 1985 vgl. Information 116/85.

Im Mittelpunkt der Synodaltagung standen der Bericht von Landesbischof Dr. *Leich*/Eisenach und dessen Erörterung im Plenum der Synode. Des Weiteren wurden innerkirchliche und theologische Probleme behandelt.

Bischof Dr. *Leich* ging in seinem Bericht ausführlich auf die Bedeutung des 40. Jahrestages der Befreiung vom Faschismus ein. Er hob hervor, dass dieser Gedenktag auch durch die Kirche unter dem Leitmotiv »Befreiung« begangen werden müsse. Hinter Deutungen des 8. Mai 1985 als Kapitulation, als nationale Katastrophe könne sich nur eine »totale Fehleinschätzung der Ziele des Nationalsozialismus oder – schlimmer noch – ein getarntes Eintreten dafür verbergen«.

Auf die Entwicklung der Ereignisse unmittelbar nach dem Sieg über den Hitlerfaschismus eingehend unterstrich Bischof Dr. *Leich,* der 8. Mai 1945 habe mit der Beseitigung der nationalsozialistischen Herrschaft auch das ganze Ausmaß der Verbrechen, Grausamkeiten und Entwürdigung aufgedeckt, das im Namen des deutschen Volkes begangen worden sei. Jede Beschönigung und Entschärfung verbaue in diesem Zusammenhang das Erkennen der Wahrheit.

Wörtlich erklärte er: »Das Geschehen nach dem 8. Mai [19]45 mit seinen Härten an deutschen Menschen braucht nicht verschwiegen zu werden, wenn man sich deutlich macht, dass die Sieger als Menschen kamen, denen unendliches Leid zugefügt worden war ... Weder das Ausmaß der Leiden noch die darin enthaltene Unmenschlichkeit sind vergleichbar und ebenso wenig kann das Verhältnis von Ursache und Folge umgekehrt werden. Krieg ist einschließlich der Vollstreckung des Sieges eine Geißel der Menschheit. Wer ihn auslöst, der hat Gesetzmäßigkeiten freigesetzt, die Last und Leiden nach sich ziehen.«

Für den Verkündigungsauftrag der Kirche – so Bischof Dr. *Leich* weiter – sei es »wichtig und wesentlich, politisch gesellschaftliche und soziale Fragestellungen im Zusammenhang mit dem 8. Mai 1945 zur Kenntnis und ernst zu nehmen«. Die Ablehnung, ein erneutes Schuldbekenntnis der Kirche in den Mittelpunkt der kirchlichen Gedenkveranstaltungen zu stellen, dürfe »nicht zum Vergessen und zur Verharmlosung der damit zusammenhängenden Ereignisse führen«.

Ausdrücklich unterstrich Bischof Dr. *Leich,* seine diesbezüglichen Ausführungen seien als »Orientierungshilfen für die inhaltliche Gestaltung von kirchlichen Gedenkveranstaltungen oder Gottesdiensten« zu dieser Thematik gedacht.

Er empfahl den anwesenden Synodalen, allen Einladungen zu staatlichen und gesellschaftlichen Gedenkveranstaltungen anlässlich des 8. Mai 1985 nachzukommen.

Bezug nehmend auf das Gespräch zwischen dem Vorsitzenden des Staatsrates der DDR, Genossen *Erich Honecker,* und Bischof Dr. *Hempel* vom 11.2.1985 unterstützte er den Standpunkt *Hempels,* dass alle offenen Fragen hinter der Aufgabe, den Frieden zu erhalten, zurückzutreten hätten.

Im zweiten Teil seines Berichtes behandelte Bischof Dr. *Leich* ausschließlich theologische Fragen.

In der sich anschließenden Diskussion zum Bericht traten insbesondere die Superintendenten *Große*/Saalfeld,[11] *Hoffmann*/Gera,[12] und *Küfner*/Scheibe-Alsbach,[13] [Bezirk] Suhl sowie Pfarrer *Modersohn*/Hoheneiche,[14] [Bezirk] Gera und der Synodale *Ahnemüller*/Gerstungen,[15] [Bezirk] Erfurt mit zum Teil offen feindlichen Auffassungen und Standpunkten in Erscheinung.

Der hinlänglich bekannte Superintendent *Große*/Saalfeld behauptete, in der DDR würde ein Umbruch gefeiert, der im Grunde keiner sei. Viele Menschen hätten sich aus ihrer Schuld unter dem Naziregime herausgeredet, indem sie auf ein Pflichtgefühl verwiesen hätten.

Gleiches vollziehe sich derzeit bei vielen Soldaten der NVA und Mitgliedern der SED, die das Pflichtgefühl in den Vordergrund stellten und das Gewissen verdrängten. Es sei das Ziel jeder Regierung, die Seele im Menschen auszuschalten, um die Menschen gleichschalten zu können. Derartige Auswirkungen zeigten sich auch in der FDJ, in den Schulen und Betrieben. Er sei tief deprimiert über den Wortbruch der Regierungen beider deutscher Staaten, die das nach Kriegsende ausgesprochene Bekenntnis, dass nie ein Deutscher wieder eine Waffe anfassen werde, verletzt hätten. Von beiden Seiten würden Feindbilder aufgebaut und wer nicht bereit sei, eine Waffe in die Hand zu nehmen, werde als Feind behandelt. Nur die Wehrdienstverweigerer in der DDR[16] hätten die richtigen Lehren aus der Vergangenheit gezogen. Die Kirche müsse sich mehr für sie einsetzen.

---

11 Ludwig Große, Jg. 1933, evangelischer Theologe, 1970–88 Superintendent in Saalfeld, 1977–89 Mitglied der Kirchenleitung der VELK in der DDR, ab 1988 Leiter des Dezernats für Ausbildung in der Thüringischen Landeskirche als Oberkirchenrat.
12 Für den Bezirk Gera konnte kein Superintendent »Hoffmann« ermittelt werden. Möglicherweise ist hier Superintendent Eckardt Hoffmann aus Gotha gemeint, der 1985 Mitglied der Synode war. Eckardt Hoffmann, Jg. 1934, evangelischer Theologe, 1980–97 Superintendent in Gotha, 1989 Moderator des Runden Tisches in Gotha, 1990–2007 Stadtrat in Gotha.
13 Volkwart Küfner, Jg. 1930, evangelischer Theologe, 1957–96 Pfarrer in Scheibe-Alsbach, ab 1972 Superintendent.
14 Hans-Werner Modersohn, Jg. 1939, evangelischer Theologe, 1966–73 Pfarrer in Heinichen, 1973–90 Pfarrer in Hoheneiche, ab 1990 Superintendent und Pfarrer an der St. Bartholomäikirche in Altenburg.
15 Fritz Ahnemüller, Jg. 1931, Schlossermeister, Gemeindevertreter für die LDPD, Synodaler der evangelischen Landeskirche Thüringens.
16 In der DDR gab es keine Möglichkeit, den Wehrdienst zu verweigern bzw. zivilen Ersatzdienst zu leisten. Seit der Verabschiedung des Wehrdienstgesetzes vom 24.1.1962 (GBl. I 1962, S. 2–4) bestand in der DDR eine 18-monatige Wehrpflicht. Durch eine Anordnung des Nationalen Verteidigungsrates wurde am 7.9.1964 (GBl. I 1964, S. 129 f.) ein waffenloser Ersatzdienst in Bausoldateneinheiten eingeführt, in dem Wehrpflichtige, die den Dienst an der Waffe aus Gewissensgründen verweigerten, ihre Wehrpflicht ableisten mussten. Für Wehrdienstverweigerer sah § 43 des Wehrdienstgesetzes Freiheitsstrafen von bis zu fünf Jahren oder Geldstrafen vor. DDR-Gerichte verurteilten in den 1980er-Jahren jährlich im Schnitt 150 Totalverweigerer. Die Freiheitsstrafen lagen zwischen 18 und 22 Monaten. Erst im Jahr 1985 wurden auf Anweisung des Verteidigungsministeriums Inhaftierung und Verurteilung von Totalverweigerung beendet. Vgl. Eintrag »Wehrdienstverweigerung«. Hg. v. d. Bundeszentrale für politische

Superintendent *Küfner*/ Scheibe-Alsbach unterstellte, dass die Vergangenheit weder durch die beiden deutschen Staaten noch von anderer Seite genügend aufgearbeitet worden sei. In der DDR habe man das Problem verdrängt. Es sei aber vorhanden, wie Gespräche mit älteren Menschen zeigten. Nach 1945 hätten viele Tausend Thüringer Bürger im KZ Buchenwald eine elende Haft verbüßen müssen. Er habe selbst Häftlinge, die nach 1945 im KZ Buchenwald interniert waren, beerdigt und ihre persönlichen Lebensschicksale kennengelernt. *Küfner* behauptete demagogisch, im KZ Buchenwald seien nach 1945 mehr Menschen umgebracht worden bzw. umgekommen, als vor 1945.[17] (Seine Ausführungen wurden durch Synodalen mit Beifall bedacht.)

Superintendent *Hoffmann*/Gera äußerte, Befreiung bedeute, dass etwas da sein müsse, was wirklich frei wäre. Dies sei jedoch in der DDR nicht der Fall. Man habe nur eine Diktatur durch eine etwas freiere Diktatur ausgetauscht. Für viele Menschen in Deutschland habe es eine persönliche Katastrophe gegeben. In diesem Zusammenhang sei das Wort »Katastrophe« für den 8. Mai 1945 nicht fehl am Platze.

Pfarrer *Modersohn*/Hoheneiche vertrat die Auffassung, die Ausführungen des Bischofs zum 8. Mai 1945 seien unzulänglich. Möglichkeiten des Neuanfangs seien weder vom Staat noch von der Kirche richtig wahrgenommen worden. Auch in der jetzigen Zeit werde die Menschenwürde in der DDR nicht so geachtet, wie es nach den Erfahrungen des Zweiten Weltkrieges sein müsste.

Der Synodale *Ahnemüller*/Gerstungen erklärte, dass es für ihn noch kein Ende des Krieges gebe. Er wohne im Sperrgebiet, sehe auf beiden Seiten der Grenze Soldaten und Panzerfahrzeuge und fühle sich stets wie in einem Niemandsland zwischen den Fronten. Die SS sei während der Nazizeit genauso kaltblütig vorgegangen wie heute teilweise die Sicherheitsorgane der DDR.

Diese Äußerungen blieben auf der Synodaltagung unwidersprochen.

Nur Bischof Dr. *Leich* entgegnete, dass die größte Gefahr im Menschen selbst läge.

Bildung und Robert-Havemann-Gesellschaft e.V., letzte Änderung Dezember 2019, online abrufbar unter: www.jugendopposition.de/145369 (letzter Abruf: 11.6.2024).

17 In der DDR waren die sowjetischen Speziallager, die der NKWD nach Ende des Zweiten Weltkrieges in der Sowjetischen Besatzungszone eingerichtet hatte, ein Tabuthema. Die sowjetischen Sicherheitsorgane betrieben die Lager zwischen 1945 und 1950. Anfangs ging es vor allem darum, belastete NS-Funktionäre, Kriegsverbrecher und Personen, die verdächtigt wurden, Vergeltungsakte gegen die sowjetischen Besatzungskräfte zu planen, zu internieren. Später entwickelten sich die Lager zunehmend auch zu einem Instrument der Willkürherrschaft. Insgesamt internierten die sowjetischen Sicherheitsorgane zwischen 1945 und 1950 ca. 158 000 Menschen (darunter ca. 35 000 Ausländer) in den Speziallagern. Ungefähr ein Drittel der Insassen starb. Teilweise wurden die Speziallager auf dem Gelände von NS-Konzentrationslagern betrieben, so auch in Buchenwald. Im Speziallager Nr. 2 auf dem Gelände des vormaligen KZ Buchenwald waren in den fünf Jahren seiner Existenz insgesamt ca. 28 500 Menschen interniert, davon starben ca. 7 100. Im KZ Buchenwald waren zwischen 1937 und 1945 insgesamt ca. 280 000 Menschen interniert gewesen, ungefähr 56 000 fanden hier den Tod.

Im Ergebnis der Plenardebatte erfolgte die Wahl von sieben Mitgliedern der 5. Legislaturperiode der Synode des BEK in der DDR und der 7. Legislaturperiode der Generalsynode der VELK in der DDR.

Die durch das Mitglied einer feindlich-negativen Gruppierung (»Montagskreis«/Weimar)[18] in einer Eingabe vorgebrachte Beschwerde über fehlende Unterstützung durch die Kirchenleitung wurde an den Landeskirchenrat übergeben.

Der Antrag des Arbeitskreises »Umweltschutz«/Eisenach,[19] in der Kirchenzeitung »Glaube und Heimat« einfache Lebensformen zu publizieren, einen Umweltschutzbeauftragten der Landeskirche einzusetzen und das Anliegen des Umweltschutzes in allen Synodaltagungen zu behandeln, wurde vertagt. Weitere Eingaben befassten sich mit innerkirchlichen Problemen.

An der 7. *Tagung der X. ordentlichen Synode der Evangelisch-Lutherischen Landeskirche Mecklenburgs* nahmen als Gäste aus der BRD Vertreter der Nordelbisch Evangelisch-Lutherischen Kirche und der Evangelisch-Lutherischen Kirche in Bayern sowie zeitweilig die in der DDR akkreditierten Korrespondenten *Röder,*[20] *Baum*[21] und *Jennerjahn*[22] teil. (Internen Hinweisen zufolge wurde der Wunsch des FAZ-Korrespondenten *Baum,*[23] ein Interview mit Bischof *Stier*[24] zu führen, von diesem abgelehnt.)

18 Im Rahmen der »Offenen Arbeit« der evangelischen Kirche in Weimar trafen sich seit den frühen 1980er-Jahren Jugendliche regelmäßig im »Montagskreis«. Sie diskutierten über die Forderung nach einem Sozialen Friedensdienst, Umweltprobleme und die Friedensarbeit im Angesicht des nuklearen Wettrüstens der Weltmächte und solidarisierten sich mit Weimarer Jugendlichen, die wegen Friedenslosungen, die sie an öffentliche Wände geschrieben hatten, verfolgt wurden. Zwischen 1984 und 1985 ging das MfS mit dem OV »Inspirator« gegen dem Montagskreis Weimar vor. Als die Gruppe im Jahr 1984 Flugblätter, die die anstehende Kommunalwahl kritisierten, herstellte, wurden führende Mitglieder der Gruppe verhaftet oder vom MfS zur Ausreise in die Bundesrepublik bewegt. Vgl. Operativer Vorgang »Inspirator«. Der Weimarer Montagskreis. Hg. v. BArch/Stasi-Unterlagen-Archiv. Berlin 2014.
19 Ab 1983 trafen sich regelmäßig montags die ca. 15 Mitglieder des »Arbeitskreises Umweltschutz der Kirchengemeinde Eisenach«. Unterstützt wurde der Kreis vom Superintendenten Hans Herbst. Darüber hinaus organisierte der Arbeitskreis in Kooperation mit dem örtlichen Forstwirtschaftsbetrieb Waldeinsätze in der Umgebung Eisenachs, um Bäume zu pflanzen. Bei solchen Aktionen gelang es bis zu 100 Helfer zu mobilisieren. 1988 richtete die Gruppe eine Umweltbibliothek ein. 1990 ging aus dem Arbeitskreis das Thüringische Umweltzentrum e.V. Eisenach hervor.
20 Hans-Jürgen Röder, Jg. 1946, Journalist, ab 1975 Redakteur der Westberliner Zeitschrift »Kirche im Sozialismus«, 1979–90 Korrespondent für den Evangelischen Pressedienst in der DDR, danach Chefredakteur und Geschäftsführer des epd-Landesdienstes Ost.
21 Karl-Heinz Baum, Jg. 1941, Autor und Journalist, 1977–90 DDR-Korrespondent der »Frankfurter Rundschau«, von 1985 bis 1989 berichtete er auch für die »Westdeutsche Allgemeine Zeitung«.
22 Hartmut Jennerjahn, Jg. 1944, Journalist, 1980–88 als Korrespondent der dpa in der DDR akkreditiert.
23 Karl-Heinz Baum war Korrespondent für die »Frankfurter Rundschau« und nicht für die FAZ.
24 Christoph Stier, Jg. 1941, evangelischer Theologe, 1970–76 Pfarrer in Rostock Lütten Klein, 1976–83 Landespastor für Weiterbildung und Akademiearbeit der Mecklenburgischen Lan-

Im Mittelpunkt der Synode standen
- der Bericht der Kirchenleitung und des Präsidiums der Landessynode,
- ein Vortrag des Leiters des kirchlichen Forschungsheimes Wittenberg,[25] Dr. Gensichen[26] zum Thema »Gottes Schöpfung – unsere Verantwortung«.

Im Bericht der Kirchenleitung wurden – neben vielfältigen theologischen und innerkirchlichen Problemen – auch Bezugspunkte zu aktuellen gesellschaftspolitischen Fragen hergestellt. Im Gegensatz zum Bericht an die Thüringer Synode stellten die Aussagen im Bericht der Mecklenburgischen Landeskirche zum 40. Jahrestag der Befreiung vom Faschismus nur eine Wiederholung der im »Wort zum Frieden« enthaltenen Standpunkte des BEK und der »EKD« dar. In diesem Zusammenhang wurden die bekannten Positionen einer sogenannten eigenständigen kirchlichen Friedensarbeit bekräftigt und die pseudopazifistischen Aktivitäten im Rahmen der »Friedensdekade 1984«[27] gewürdigt. Außerdem wurden Forderungen erhoben nach rechtlicher Fixierung des Grundsatzes der »Gleichachtung, Gleichberechtigung und Chancengleichheit für Christen« sowie nach Zustandekommen eines Gespräches der KKL mit dem Ministerium für Volksbildung.

deskirche, 1984–96 Landesbischof von Mecklenburg, 1986–89 Leitender Bischof der Vereinigten Evangelisch-Lutherischen Kirche in der DDR.
25 Das 1927 von Otto Kleinschmidt gegründete Kirchliche Forschungsheim in der Lutherstadt Wittenberg entwickelte sich unter der Leitung von Hans-Peter Gensichen besonders in den 1980er-Jahren zu einem intellektuellen Zentrum der unabhängigen kirchlichen Umweltbewegung in der DDR. Gensichen und sein wissenschaftlicher Mitarbeiter Gerd Pfeiffer sorgten für eine klare umweltethische Ausrichtung des Instituts. Dazu zählte nicht nur die theologische und naturwissenschaftliche Analyse ökologischer Fragen, sondern auch die Initiierung öffentlichkeitswirksamer Aktionen wie der Umwelttag »Mobil ohne Auto«. Ab 1980 gab das Institut die Umweltzeitschrift »Briefe« heraus, 1988/89 erschienen fünf Ausgaben der »Pusteblume«.
26 Hans-Peter Gensichen, Jg. 1943, evangelischer Theologe, 1975–2002 Leiter des Kirchlichen Forschungsheimes Wittenberg.
27 Am Ende eines Kirchenjahres eine ökumenische Friedensdekade in den Gemeinden durchzuführen, geht auf eine in den Niederlanden entwickelte und im Herbst 1980 in Deutschland aufgegriffene Idee der ökumenischen Jugendarbeit zurück. Die ökumenische Arbeitsgemeinschaft Christlicher Jugend und die Kommission für Kirchliche Jugendarbeit des Bundes der Evangelischen Kirchen in der DDR hatten dazu Material erarbeitet. Die erste Friedensdekade fand im November 1980 unter dem Motto »Frieden schaffen ohne Waffen« statt. Eine Friedensdekade umfasste jeweils ein zehntägiges Programm mit Gottesdiensten und Veranstaltungen in den evangelischen Kirchengemeinden der DDR. Aufgrund starken staatlichen Drucks setzte eine schrittweise Entpolitisierung der Friedensdekaden ein, seit 1983/84 nahmen spürbar weniger Menschen teil. Nur in einzelnen Kirchengemeinden mit besonders engagierten Pfarrern und Pfarrerinnen wurde auch weiterhin Kritik an der Politik der SED geübt.

In der Aussprache zum Bericht vertraten insbesondere die Synodalen Prof. Dr. *Kiesow*[28] und Dr. *Kuske*[29] (beide aus Rostock) politisch realistische Auffassungen. Sie schätzten ein, dass die im »Wort zum Frieden« enthaltene Wertung des 8. Mai 1945 und das Schuldbekenntnis der Kirchen unklar geblieben seien. Daraus abgeleitet forderten sie »klare Stellungnahmen zur historischen Wahrheit«, damit dieser Tag als Jahrestag der Befreiung in das Bewusstsein der Christen eingehe.

Der Synodale Dr. *Seite*/Neubrandenburg[30] stellte in seinem Beitrag Vergleiche zwischen den Gesprächen des Vorsitzenden des Staatsrates der DDR, Genossen *Erich Honecker,* mit der KKL am 6. März 1978[31] und mit Bischof Dr. *Hempel* am 11. Februar 1985 an. Er betonte, aus dem jüngsten Gespräch keinen praktischen Nutzen für die Kirchen erkannt zu haben. Unter Bezugnahme auf die im Bericht der Kirchenleitung enthaltene Forderung nach Gesprächen mit dem Ministerium für Volksbildung forderte er »den Realitäten entsprechende Betrachtungsweisen«. Die kommunistische Erziehung sei »eine tragende Säule des Staates«, und darüber Sachgespräche mit der Volksbildung führen zu wollen, sei illusorisch.

---

28 Ernst-Rüdiger Kiesow, Jg. 1926, evangelischer Theologe, 1951–61 wissenschaftlicher Assistent am Theologischen Institut der HU Berlin, 1961–65 Pfarrer in Berlin-Pankow, 1965–91 Dozent, ab 1967 Professor für Praktische Theologie an der Sektion Theologie der Universität Rostock, 1977–87 stellvertretender Sektionsdirektor für Forschung, ab 1973 Mitglied in der Synode des Bundes der Evangelischen Kirchen in der DDR, 1984 Wahl in die Konferenz der Kirchenleitungen.

29 Martin Kuske, Jg. 1940, evangelischer Theologe, 1965–69 Assistent am Systematisch-Theologischen Institut der Theologischen Fakultät Rostock, 1969–73 Pastor der Kirchengemeinde Rostock-Südstadt, 1973–78 Direktor des Predigerseminars in Gnadau, 1978–94 Pastor der Peter-und-Paul-Kirche in Teterow, 1994/95 Landespfarrer für Diakonie der Evangelisch-Lutherischen Landeskirche Mecklenburgs, Mitbegründer des Bonhoeffer-Komitees beim Bund der Evangelischen Kirchen in der DDR.

30 Berndt Seite, Jg. 1940, Tierarzt und CDU-Politiker, 1964–90 Tierarzt in Walow, 1975–89 Synodaler der Evangelisch-Lutherischen Landeskirche Mecklenburgs, setzte sich hier für die Thematisierung von Ökologie- und Menschenrechtsfragen ein, Mitglied des Friedenskreises Vipperow, September 1989 Mitbegründer des »Neuen Forums« in Röbel/Müritz, 1990 erster frei gewählter Landrat des Kreises Röbel/Müritz, 1992–98 Ministerpräsident des Landes Mecklenburg-Vorpommern.

31 Am 6.3.1978 kam es zu einem Treffen des Staatsratsvorsitzenden Erich Honecker mit der Evangelischen Kirchenleitung. Neben Delegationsleiter Albrecht Schönherr nahmen Manfred Stolpe, Christina Schultheiß und Werner Krusche teil. Das Gespräch verdeutlicht die Einsicht in die fortdauernde Existenz von sozialistischer Staatsordnung und christlichem Gemeindeleben in der DDR. Am Ende stand ein Stillhalteabkommen: Die Kirche verzichtete auf politische Konfrontationen und behielt dafür ihre institutionelle Eigenständigkeit bei. Honecker gestattete überdies innerkirchliche Druckerzeugnisse und Organisationsfreiheit, christliche Gefängnisseelsorge, staatliche Zuschüsse für evangelische Kindergärten und einen begrenzten Auftritt kirchlicher Vertreter in Rundfunk und Fernsehen. Siehe weiterführend Besier, Gerhard: Der SED-Staat und die Kirche 1969–1990. Berlin, Frankfurt/M. 1995, S. 243–246.

Hinsichtlich des Anliegens ehemaliger DDR-Bürger auf Rückkehr in die DDR habe ihn sehr betroffen gemacht, dass diese Personen als Verräter bezeichnet würden. Sie hätten ein Recht darauf, wieder zurückzukehren. (Beachtenswert sind in diesem Zusammenhang auch Feststellungen des Synodalen *Vogt*/Rostock[32] über angeblich bestehende Schwierigkeiten für Christen, sich in die Gesellschaftsordnung der DDR zu integrieren.)

Einen besonderen Stellenwert erhielt die Erörterung von Problemen der Ökologie und des Umweltschutzes durch einen Vortrag des Leiters des kirchlichen Forschungsheimes Wittenberg, Dr. *Gensichen,* zum Thema »Gottes Schöpfung – unsere Verantwortung«.

Im Vortrag und in der sich anschließenden Diskussion wurde erneut das Bestreben sichtbar, die bekannten Grundsätze für eine sogenannte kirchliche Umweltverantwortung zu erörtern und diesbezügliche Orientierungen für die Arbeit in den Kirchengemeinden zu geben. Trotz Hervorhebung und teilweise Anerkennung der »Bemühungen des Staates« auf dem Gebiet des Umweltschutzes wurden in der Diskussion – beeinflusst durch den Vortrag – auch mehrfach Zweifel an den Erfolgsaussichten staatlicher Umweltschutzmaßnahmen geäußert und Kritik an der »unzureichenden« Berichterstattung der Massenmedien zu Problemen des Umweltschutzes geübt.

Die Synode wählte vier Mitglieder für die 5. Legislaturperiode der Synode des BEK in der DDR und sechs Mitglieder für die 7. Legislaturperiode der Generalsynode der VELK in der DDR.

Die im Ergebnis der Synodaltagung gefassten Beschlüsse enthalten keine offenen Angriffe gegen die sozialistische Staats- und Gesellschaftsordnung. Dennoch gelang es den hinlänglich bekannten Kräften wie Pfarrer *Meckel/* Vipperow[33] und *Heiko Lietz*/Güstrow,[34] einige in Eingaben an die Synode

---

32 Im Original: »Voigt«. Gerd Vogt, Jg. 1943, Architekt, 1982–2006 Mitglied der Landessynode Mecklenburgs, zeitweise Vorsitzender des Ausschusses »Frieden, Umwelt und Gesellschaft«.

33 Markus Meckel, Jg. 1952, evangelischer Theologe, 1970 totale Wehrdienstverweigerung, anschließend Theologiestudium und Engagement in der Friedens- und Oppositionsbewegung der DDR, 1980–88 Vikariat und evangelisches Pfarramt in Vipperow/Müritz, 1982 Begründer des Friedenskreises Vipperow, 1988–90 Leiter der Ökumenischen Begegnungs- und Bildungsstätte in Niederndodeleben bei Magdeburg, 1989 Mitbegründer der Sozialdemokratischen Partei der DDR (SDP), 1990 Mitglied der 10. Volkskammer und Minister für Auswärtige Angelegenheiten, DDR-Vertreter bei den 2+4-Verhandlungen, 1990–2008 Mitglied des Deutschen Bundestages (SPD), 2013–16 Präsident des Volksbundes Deutsche Kriegsgräberfürsorge e.V.

34 Heiko Lietz, Jg. 1943, evangelischer Theologe, 1970–80 Pfarrer der Domgemeinde Güstrow, ab 1979 Mitarbeit in der unabhängigen Friedensbewegung, 1980 Aufgabe seines Pfarramtes nach Konflikten mit der Kirchenleitung, anschließend bis 1988 als Hausmeister für die Volkssolidarität in Güstrow tätig, in dieser Zeit Engagement für Oppositionsgruppen im Norden der DDR, ab 1984 Mitorganisator der DDR-weiten Treffen von »Frieden konkret«, Organisation und Moderation des »Arbeits- und Koordinierungskreises zum Wehrdienstproblem«, ab 1986 Leiter der »Arbeitsgruppe Frieden« der Mecklenburgischen Landeskirche, ab Sep-

initiierte politisch negative Standpunkte und Forderungen bei der Beschlussfassung durchzusetzen. So enthält der Beschluss der Synode zum 40. Jahrestag der Befreiung außer Empfehlungen zur Durchführung von Erinnerungs- und Bußgottesdiensten sowie Gemeindenachmittagen auch die Orientierung, sich inhaltlich u. a. mit Problemen des Umgangs mit Feindbildern zu beschäftigen sowie sich auseinanderzusetzen mit Fragen der »Anpassung und der Angst« als »lähmende Faktoren des Denkens und Handelns«.

Im Beschluss zum Umweltschutz wird den Kirchengemeinden und kirchlichen Umweltgruppen empfohlen, solche Aktionen durchzuführen wie »mobil ohne Auto«,[35] Gemeindewandertage, Baumpflanzaktionen und Ähnliches.

An der 22. *Landessynode der Evangelisch-Lutherischen Landeskirche Sachsens* nahmen als Gäste aus der BRD kirchenleitende Personen der Evangelisch-Lutherischen Landeskirchen Braunschweigs und Hannovers teil. Zeitweilig anwesend waren die BRD-Korrespondenten *Röder* und *Jennerjahn.*

Schwerpunkte der Tagesordnung bildeten der Vortrag »Der Weg unserer Kirche seit 1945 – Erfahrungen und Auftrag« (Referent: Kirchenpräsident *Domsch*/Dresden), der Bericht des Diakonischen Werkes – Innere Mission und Hilfswerk, sowie innerkirchliche und theologische Fragen.

Kirchenpräsident *Domsch* wertete seinen Vortrag als Versuch der »Aufarbeitung der Geschichte nach 1945« aus kirchlicher Sicht.

Seine politischen Bezugspunkte zur Entwicklung nach dem 8. Mai 1945 sind im Wesentlichen als politisch positiv einzuschätzen. Ausgehend von seiner Feststellung, die meisten Menschen hätten aufgrund persönlicher Erfahrungen und Leiden übersehen, dass das Kriegsende zugleich die »Befreiung von nationalsozialistischer Gewaltherrschaft« gewesen sei, »eine Befreiung, wozu das deutsche Volk nicht fähig gewesen war«, erklärte *Domsch* wörtlich: »Mit der Verfassung der DDR ist die absolute Vorherrschaft der SED rechtlich fixiert. Jedes Anzweifeln dieser Tatsache hieße, die Machtfrage zu stellen. Das kann nicht Sache der Kirche sein. Die Kirche kann nicht prägend und bestimmend auf Gesellschaft und Politik einwirken. Wenn wir uns zu politischen Fragen äußern, müssen wir uns immer wieder neu vergegenwärtigen, dass wir es ohne Anspruch auf Macht tun und dass uns politische Mittel zur

---

tember 1989 Mitglied des »Neuen Forums« (NF), Vertreter des NF am Zentralen Runden Tisch, 1992 Mitglied des Bundessprecherrats der Partei Bündnis 90, Teilnehmer an der Aushandlung des Assoziationsvertrages mit den Grünen, 1993 Sprecher des Landesvorstandes Mecklenburg-Vorpommern Bündnis 90/Die Grünen, 1994 Spitzenkandidat für die Landtagswahl, 1997 Austritt aus Bündnis 90/Die Grünen, 1994–99 Mitglied der Synode der Evangelisch-Lutherischen Landeskirche Mecklenburgs.

35 Bei der 1981 vom Kirchlichen Forschungsheim Wittenberg ins Leben gerufenen Aktion »mobil ohne Auto« ging es darum, jeweils an einem Wochenende im Sommer auf das Autofahren zu verzichten. Der Aufruf erzeugte große Resonanz bei Umweltgruppen in der DDR und später auch in der Bundesrepublik. Begleitet wurden die Aktionstage oftmals von dezentral organisierten Informationsveranstaltungen, Umweltgottesdiensten und Fahrraddemonstrationen.

Durchsetzung verwehrt sind. Die Vertreter der Kirchen wollen sich beim Neuaufbau beteiligen. Die Trennung zwischen Staat und Kirche und die Eigenständigkeit der Kirche muss bleiben. Das waren von der Kirche, aber auch von der Besatzungsmacht, von den Parteien und von den Regierungen anerkannte Grundsätze.«

Wie immer entstünden die Probleme bei der praktischen Anwendung dieser Grundsätze.

In seinen Ausführungen verwies er auch auf die »besondere Gemeinschaft« zwischen den evangelischen Kirchen in beiden deutschen Staaten, die er als »wertvolles Gut« für die DDR-Kirchen bezeichnete.

In der Diskussion unterstützten mehrere Synodale, darunter Superintendent *Küttler*/Plauen[36] und Rektor *Vogel*/Krummenhennersdorf,[37] die realistischen Aussagen des Vortrages.

Demgegenüber traten vor allem der hinlänglich bekannte Pfarrer *Albani*/Frauenstein[38] sowie Pfarrer *Pilz*/Mittelherwigsdorf[39] mit politisch-negativen Beiträgen in Erscheinung.

Albani erklärte, dass man sich mit der Herrschaft des Marxismus nicht bedingungslos abfinden müsse. Kritisch bemerkte er zum Vortrag von Kirchenpräsident *Domsch,* darin Stellungnahmen zu den Problemen der Bausoldaten,[40] Kriegsdienstverweigerer und »Friedensgruppen« vermisst zu haben.

---

36 Thomas Küttler, Jg. 1937, evangelischer Theologe, 1974–79 Studieninspektor am Predigerkolleg St. Pauli in Leipzig, 1979–2002 Superintendent des Kirchenbezirks Plauen, 1972–2002 Mitglied der Sächsischen Landessynode, 1975–85 Mitglied der Synode des BEK.
37 Peter Vogel, Jg. 1944, evangelischer Theologe, 1971–76 Pfarrer in Flöha, ab 1976 Stadtjugendpfarrer in Dresden, 1981–92 Rektor des Pastoralkollegs Krummenhennersdorf, ab 1992 Leiter der Evangelischen Erwachsenenbildung der Evangelisch-Lutherischen Landeskirche in Sachsen, 1998–2006 Direktor der Evangelischen Akademie Meißen und Domprediger am Meißner Dom.
38 Bernd Albani, Jg. 1944, evangelischer Theologe, 1982–89 Pfarrer in Frauenstein, 1983 Mitbegründer des kirchlichen Arbeitskreises »Frieden/Umwelt in der Region Frauenstein/Freiberg«, 1984–89 Mitglied der sächsischen Landessynode, 1987–89 Vertreter der sächsischen Basisgruppen im Fortsetzungsausschuss des Netzwerks »Konkret für den Frieden«, ab 1.10.1989 Pfarrer der Gethsemane-Gemeinde in Berlin, hier aktive Beteiligung am Protest im Umfeld des 40. Jahrestags der DDR, ab Dezember 1989 Sprecher des »Neuen Forums« Berlin-Prenzlauer Berg.
39 Günter Pilz, Jg. 1936, evangelischer Theologe, 1961–86 Pfarrer in Mittelherwigsdorf, 1986–94 Superintendent in Flöha, 1994–98 Pfarrer in Wilthen, ab 1972 Mitglied der sächsischen Landessynode, ab 1981 Mitglied der Bundessynode.
40 In der DDR gab es keine Möglichkeit den Wehrdienst zu verweigern bzw. zivilen Ersatzdienst zu leisten. Seit der Verabschiedung des Wehrdienstgesetzes vom 24.1.1962 (GBl. I 1962, S. 2–4) bestand in der DDR eine 18-monatige Wehrpflicht. Durch eine Anordnung des Nationalen Verteidigungsrates wurde am 7.9.1964 (GBl. I 1964, S. 129 f.) ein waffenloser Ersatzdienst in Bausoldateneinheiten eingeführt, in dem Wehrpflichtige, die den Dienst an der Waffe aus Gewissensgründen verweigerten, ihre Wehrpflicht ableisten mussten. Vgl. Eisenfeld, Bernd; Schicketanz, Peter: Bausoldaten in der DDR. Die »Zusammenführung feindlich-negativer Kräfte« in der NVA. Berlin 2011.

Pfarrer *Pilz* unterstellte, der Führungsanspruch der SED bewirke, dass nur ein Sechstel der Bevölkerung für leitende Positionen im Staat und in der Wirtschaft infrage komme und dadurch viele fähige Menschen von leitenden Positionen ausgeschlossen würden.

Gleichzeitig forderte er Auskunft darüber, warum kirchliche Amtsträger während der staatlichen Gedenkveranstaltung am 13.2.1985 in Dresden auf der Tribüne gestanden hätten.[41]

In seinen Schlussbemerkungen erwiderte Kirchenpräsident *Domsch,* die Teilnahme an der Kundgebung in Dresden am 13.2.1985 sei im kleinen Kollegium des Landeskirchenamtes eingehend beraten worden. Man sei davon ausgegangen, durch die Teilnahme »Solidarität mit denen zu zeigen, die im politischen Raum stehen«. Es sei kein Präzedenzfall, denn der 13.2.1985 in Dresden sei etwas Besonderes gewesen. Die kirchliche Basis habe darauf positiv reagiert.

Der Bericht der Inneren Mission lag den Synodalen schriftlich vor, nur der Abschnitt »Suchtgefährdende Diakonie« wurde durch Oberkirchenrat *Merchel*/Dresden[42] vorgetragen. Darin wird festgestellt, dass der Missbrauch von Alkohol, Rauschgift und Nikotin in allen Ländern zugenommen hat. Als Ursachen wurden u. a. »Zunahme einseitiger Leistungsorientiertheit, Reizüberflutung und Vereinsamung« genannt. Es wurde orientiert, in allen Kirchengemeinden und auf kirchlichen Tagungen über die Zusammenhänge der Alkoholabhängigkeit zu informieren, Vorurteile abzubauen und »den Suchtkranken den Weg in ihre Heimatgemeinden« zu weisen. In der Diskussion zu diesem Bericht wurde die Unterstützung des Staates für die Diakonie gewürdigt.

Von Bedeutung ist die einstimmige Annahme einiger von zuständigen Ausschüssen eingebrachter Anträge durch die Synode.

In dem bestätigten Antrag des »Bildungs- und Erziehungsausschusses« wird das Landeskirchenamt gebeten, mit maßgeblichen Vertretern des Staates »Probleme zu besprechen, die sich für Kinder, Jugendliche und deren Eltern aus der Praxis des Bildungswesens ergeben«.

Es seien »handhabbare Richtlinien« notwendig, um »nicht den Eindruck entstehen zu lassen, dass christliche Eltern von der Arbeit in Elternaktivs und -beiräten ausgeschlossen werden«.

---

41 Gemeint ist das Gedenken an die Zerstörung Dresdens am 13.2.1945 durch die britische und US-amerikanische Luftwaffe im Zweiten Weltkrieg. Vgl. Information 38/85.
42 Friedhelm Merchel, Jg. 1930, evangelischer Theologe, 1955 Vikariat in Plauen, danach Pfarrstellen in Straßberg und Dresden, ab 1966 Leiter der Dresdner Stadtmission, ab 1972 Superintendent im Kirchenbezirk Oelsnitz, 1977–95 Leiter des Diakonischen Amtes in Radebeul, Oberkirchenrat.

Der von dem hinlänglich bekannten Synodalen *Weigel*/Königswalde[43] (Leiter des »Friedensseminars« Königswalde)[44] begründete Antrag des »Sozialethischen Ausschusses« beinhaltet den Auftrag an das Landeskirchenamt, der KKL den Wunsch der Landessynode mitzuteilen, im Rahmen des vom Vorsitzenden des Staatsrates der DDR, Genossen Honecker, in Aussicht gestellten Sachgespräches Fragen des Wehrdienstes und der vormilitärischen Ausbildung[45] anzusprechen. Dazu gehörten u. a. der stärkere Einsatz von Bausoldaten in zivilen und sozialen Objekten sowie die Einrichtung eines Wehrersatzdienstes im sozialen Bereich[46] für diejenigen, die aus Glaubens- und Gewissensgründen den Dienst in der Armee überhaupt ablehnen.

Heftige Auseinandersetzungen löste die Eingabe wehrpflichtiger Jugendlicher einer Basisgruppe der Christlichen Friedenskonferenz Königswartha aus, in der sie sich für die Möglichkeit und Notwendigkeit des Wehrdienstes mit der Waffe durch Christen ausgesprochen hatten. In einem von Pfarrer *Albani* unterbreiteten Antrag für ein Antwortschreiben des Sozialethischen Ausschusses an diese Basisgruppe wurde dazu der Synode die Formulierung

---

43 Hansjörg Weigel, Jg. 1943, Kfz-Elektriker, tätig in einer PGH in Werdau, 1966/67 Wehrdienst als Bausoldat, ab 1968 Mitglied des Königswalder Gemeindekirchenrats, ab 1973 Mitorganisator des zweimal im Jahr stattfindenden Christlichen Friedensseminars in Königswalde bei Zwickau; 1980 Verhaftung und nach drei Monaten Untersuchungshaft Verurteilung zu 18 Monaten Haft – infolge westlicher Berichte, der Solidarisierung der Bevölkerung und Protesten der Kirchenleitung nach zweieinhalb Monaten Umwandlung in eine Bewährungsstrafe, 1984–94 Mitglied der sächsischen Landessynode.
44 Als überregionale Veranstaltungsforen der unabhängigen Friedensbewegung unter dem Dach der Kirche entstanden ab Anfang der 1970er-Jahre sogenannte Friedensseminare. Sie widmeten sich den Themen Gewaltfreiheit, Menschenrechte, Wehrdienstverweigerung oder Friedenserziehung und dienten als wichtige Informationsbörsen und Kontaktstellen. Das erste regelmäßig tagende Friedensseminar wurde 1972 von ehemaligen Bausoldaten im Pfarrhaus von Königswalde ins Leben gerufen. Als sich das Treffen schnell zu einem Zentrum für politisch aktive Gruppen entwickelte, wurde der Gründer und Organisator des Friedensseminars, Hansjörg Weigel, im Mai 1980 zu 18 Monaten Haft wegen »staatsfeindlicher Hetze« verurteilt. Nach dem Königswalder Vorbild entstanden in den Folgejahren auch in Karl-Marx-Stadt, Naumburg und Leuna ähnliche Zirkel. 1983 trat schließlich das erste jährlich tagende Seminar »Konkret für den Frieden« als übergeordnetes »Parlament der Friedensgruppen« in Berlin zusammen.
45 Der Wehrkundeunterricht, auch Wehrerziehung genannt, fand ab dem 1.9.1978 Einzug in die Lehrpläne der 9. und 10. Klassen der POS. Ab Mai 1981 gab es ihn auch in den 11. Klassen der EOS. Am Ende der 9. Klasse mussten die Jungen in ein zwölftägiges Wehrlager. Die Mädchen und diejenigen Jungen, die aus Gesundheitsgründen nicht am Lager teilnehmen konnten oder die Ausbildung an Waffen verweigerten, hatten einen zwölftägigen Lehrgang in Zivilverteidigung zu absolvieren.
46 Die Forderung nach einer Alternative zum Militärdienst bei der NVA, die über den Dienst als Bausoldat hinausging und tatsächlich zivilen und sozialen Charakter trug, war 1980 von Christoph Wonneberger mit den Mitgliedern seines Friedenskreises in Dresden in einem Aufruf an die Volkskammer formuliert und als Rundbrief bekannt gemacht worden. Vgl. Silomon, Anke: Schwerter zu Pflugscharen und die DDR. Die Friedensarbeit der evangelischen Kirchen in der DDR im Rahmen der Friedensdekaden 1980–1982. Göttingen 1999.

vorgeschlagen: »Wir respektieren die Haltung derjenigen unserer Brüder, die sich bewusst für den Wehrdienst mit der Waffe entscheiden. In dem Wehrdienst ohne Waffe sehen wir die Chance zu einem deutlichen Zeichen des Friedenswillens.«

Gegen diese Formulierung traten die Synodalen Superintendent *Kreß*/Bautzen[47] und *Nebe*/Tharandt[48] auf.

Bischof *Hempel*/Dresden empfahl ebenfalls, den Antrag an den Ausschuss zurückzuverweisen.

Im Ergebnis der kontroversen Diskussion wurde der Antrag Pfarrer *Albanis* mit dem Zusatz »Aber Zeichen des Friedenswillens junger Christen müssen auch unter uns in ihrer Gegensätzlichkeit ausgehalten werden«, angenommen.

Abschließend wählte die Landessynode zehn Mitglieder für die 1. Legislaturperiode der Generalsynode der VELK.

An der *4. Tagung der IX. Provinzialsynode der Evangelischen Kirche des Görlitzer Kirchengebietes* nahmen u. a. Vertreter der Evangelisch-Lutherischen Kirche in Oldenburg/BRD und der Evangelischen Kirche im Rheinland/BRD sowie der epd-Korrespondent *Röder* teil.

Im Mittelpunkt der Synode standen der Vortrag zum Thema »Weiterer Weg der Görlitzer Kirche« und die Diskussion zum Thema »Lebensstil der Kirche« und zum Dokument des Ausschusses »Friedensverantwortung« mit dem Titel »Katalog möglicher kleiner Schritte zum Frieden«.

Entsprechend den im Vortrag von Oberkirchenrat *Winde*/Görlitz zum Thema »Weiterer Weg der Görlitzer Kirche« enthaltenen Vorschlägen und im Ergebnis der dazu geführten Aussprache beschloss die Synode den Fortbestand der Evangelischen Kirche des Görlitzer Kirchengebietes sowie die vorbereitenden Maßnahmen für die Neuwahl eines Bischofs anstelle des aus gesundheitlichen Gründen zurückgetretenen Bischofs *Wollstadt*/Görlitz.[49] (Vorschläge für die Neubesetzung dieses Amtes sollen bis zur 2. Sitzung des Bischofswahlkollegiums am 1. Juni 1985 unterbreitet werden.)

---

47 Volker Kreß, Jg. 1939, evangelischer Theologe, 1979–94 Superintendent des Kirchenbezirks Bautzen, 1994–2004 Landesbischof der Evangelisch-Lutherischen Landeskirche Sachsens.
48 Wolfgang Nebe, Jg. 1934, Forstwissenschaftler, ab 1960 wissenschaftlicher Mitarbeiter am Institut für Bodenkunde und Standortslehre in Tharandt, Promotion 1966, Habilitation 1968, aufgrund seines Engagements in der Kirche beruflich benachteiligt, ab 1990 ordentlicher Dozent und 1992 Professor für Forstliche Standortslehre, 1995–97 Geschäftsführender Direktor des Instituts für Bodenkunde und Standortslehre der TU Dresden.
49 Hans-Joachim Wollstadt, Jg. 1929, evangelischer Theologe, 1956–60 Pfarrer in Jänkendorf, 1960–65 Provinzialpfarrer für Innere Mission und Evangelisches Hilfswerk, 1965–70 Leiter des Diakonischen Werkes des Görlitzer Kirchengebietes, bis 1979 Vorsteher der Heil- und Pflegeanstalt Martinshof in Rothenburg, 1970–76 Vizepräsident der EKU-Synode, 1979–85 Bischof der Evangelischen Kirche des Görlitzer Kirchengebietes, 1982–84 Vorsitzender des Rates der EKU.

Die Diskussion zum Thema »Lebensstil der Kirche« befasste sich mit Fragen der Lebenshaltung von Christen und mit Problemen des Umweltschutzes. Dabei kam es zu keinen Angriffen gegen die sozialistische Staats- und Gesellschaftsordnung in der DDR. Oberkonsistorialrat *Fichtner*/Görlitz[50] bat die Synode, an zuständige staatliche Organe die Bitte nach umfassenderen Informationen zu Umweltfragen heranzutragen. Superintendent Mader/Kunnerwitz[51] informierte darüber, dass sich die Kreissynode Reichenbach, [Kreis] Görlitz[-Land] mit Umweltfragen, insbesondere im Zusammenhang mit der Erschließung des Raumes Deutsch-Ossig, [Kreis] Görlitz[-Land] für den Bergbau befasst habe.

Dabei warf er die Frage auf, ob es sich lohne, wegen des Abbaus von Braunkohle Menschen zu entwurzeln.

Konsistorialrat *Ernst*/Gersdorf[52] sprach die Erwartung aus, dass im Ergebnis des Gesprächs des Staatsratsvorsitzenden, Genossen *Honecker,* mit Bischof Dr. *Hempel* »baldigst das Sachgespräch zu Problemen der Volksbildung stattfindet«.

Die staatlichen Maßnahmen zur Neuregelung der Renten für Diakonissen wurden begrüßt und als bedeutende finanzielle Entlastung der Kirchen gewertet.[53]

Die Synode verabschiedete im Ergebnis der Diskussion das Dokument »Katalog möglicher kleiner Schritte zum Frieden«. Es enthält die bekannten Positionen einer sogenannten eigenständigen kirchlichen Friedensarbeit und orientiert auf »praktische Schritte« eines friedlichen Nebeneinanderlebens von Christen. Politisch negative Aussagen sind in diesem Dokument nicht enthalten.

Für die 5. Legislaturperiode der Synode des BEK wurden zwei Mitglieder gewählt.

Die Information ist wegen Quellengefährdung nur zur persönlichen Kenntnisnahme bestimmt.

---

50 Hans-Eberhard Fichtner, Jg. 1930, evangelischer Theologe, Pfarrer in Reichenbach und Hoyerswerda, 1974–95 Landespfarrer für Ökumene der Görlitzer Landeskirche, stellvertretender Vorsitzender der Ökumenischen Kommission des Bundes der Evangelischen Kirchen in der DDR und Vorsitzender des Ost-Bereichs des Ökumenischen Ausschusses der EKU.

51 Uwe Mader, Jg. 1942, evangelischer Theologe, 1978–2006 Pfarrer in Kunnerwitz, 1982–86 Vorsitzender des Kreiskirchenrates Reichenbach/Oberlausitz und damit Leiter der Superintendentur, ab 1991 Polizeiseelsorger.

52 Norbert Ernst, Jg. 1943, evangelischer Theologe, 1958 Hilfsvikar, ab 1960 Pfarrer in Gersdorf, 1973–82 Superintendent Kirchenkreis Reichenbach, 1982–85 nebenamtlicher Konsistorialrat im Görlitzer Kirchengebiet, ab 1985 hauptamtlicher Mitarbeiter im Görlitzer Konsistorium, ab 1991 Oberkonsistorialrat, verantwortlich für Erziehung, Diakonie und Kirchenmusik.

53 Zwischen Diakonie und Staat gab es in der DDR immer wieder Konflikte über den Status der Beschäftigten in kirchlichen Einrichtungen. Am 1.3.1985 erreichten beide Seiten eine Vereinbarung über die Rentenversorgung der Diakonissen, die deren Renten mit denen der übrigen Werktätigen in der DDR gleichstellte. Vgl. Grelak, Uwe; Pasternack, Peer: Das kirchliche Berufsbildungswesen in der DDR (HoF-Arbeitsbericht 105). Halle 2018.

15. April 1985
Auskunft über Cohrs, Eberhard [K 3/74]

Quelle: BArch, MfS, ZAIG 5584, Bl. 2–5.
Serie: Ablage K 3 (Kunst, Kultur u. a. Bereiche).
Verteiler: Kein Nachweis für externe Verteilung – MfS: Mielke (2 Exemplare), Mittig, Leiter HA X (Kienberg), Leiter BV Frankfurt (Stöß), Irmler.
Bemerkungen: Verteiler ist auf gesondertem Zettel vermerkt (Bl. 1).

Der freischaffende Unterhaltungskünstler *Cohrs,* Eberhard[1] (64), geboren am 4.1.1921 in Dresden, bis 1977 wohnhaft gewesen in Diensdorf-Radlow, Kreis Beeskow, Bezirk Frankfurt/Oder, Uferweg, NW: Berlin-Pankow, Vesaliusstraße, Beruf: Konditor/Bäcker, parteilos, kehrte von einem ihm durch die Künstleragentur der DDR vermittelten Gastspielaufenthalt in Westberlin am 19.2.1977 nicht in die DDR zurück.

Für seine Nichtrückkehr in die DDR wurden keine politischen Motive bekannt. In seiner politischen Grundhaltung zu unserem Staat wurde er als loyal eingeschätzt.

(Hinweisen zufolge war *Cohrs,* Eberhard seit 18.1.1941 Angehöriger der faschistischen Wehrmacht und seit 6.8.1944 der SS. Vom 6.9.1944 bis 16.2.1945 gehörte er als Rottenführer zum SS-Totenkopf-Wachbataillon, Konzentrationslager Sachsenhausen. Es wurden in diesem Zusammenhang keine Hinweise auf eine Beteiligung an Verbrechen gegen die Menschlichkeit bekannt.)

Zwischen ihm und der Künstleragentur der DDR bestand insgesamt ein gutes Arbeitsklima. *Cohrs* nahm berufliche Verpflichtungen ernst und hielt die mit ihm abgeschlossenen Verträge ein. Es gab mit ihm keine ernsthaften politischen oder fachlichen Auseinandersetzungen. Bei Gastspielen in Westberlin und in der Schweiz trat er gegen die DDR nicht negativ auf.

Die Überprüfungen der von *Cohrs* im Februar 1977 laut westlichen Pressemeldungen angegebenen Gründe für seine Nichtrückkehr in die DDR – »zunehmende Beschränkung der künstlerischen Freiheit«, »Verweigerung von Gastspielen im westlichen Ausland« – erbrachten keine Bestätigung.

Bei den angeblich verweigerten Gastspielen handelte es sich um einen in der Zeit vom 28.12.1976 bis 31.1.1977 in der Schweiz vorgesehenen Einsatz, den die Vertragspartner selbst nicht bestätigten, da das Repertoire des *Cohrs* zu stark auf die Spezifik der DDR zugeschnitten war. Auch für eine im Jahre

---

1 Eberhard Cohrs, Jg. 1921, Komiker, 1930er-Jahre Ausbildung zum Konditor, ab 1941 Militärdienst, 1944/45 Mitglied des SS-Totenkopf-Wachbataillons im KZ Sachsenhausen, ab 1945 Tourneen, Rundfunkauftritte und DEFA-Filme als Komiker, 1977 Übersiedlung nach Westberlin, hier zwar weiter Auftritte, jedoch weniger erfolgreich als in der DDR, daher insbesondere als Autor für bekannte Komiker tätig.

1977 durch die Künstleragentur der DDR geplante BRD-Tournee mit Spitzenkünstlern der Unterhaltungskunst, darunter *Cohrs,* wurde dieser vom Vertragspartner nicht verpflichtet. Auf diese Absagen, übermittelt durch die Künstleragentur der DDR, reagierte *Cohrs* verstimmt, hinsichtlich der Angabe der Gründe offensichtlich ungläubig und betrachtete sie als Misstrauensvotum gegenüber seiner Person.

Zu einem ihm 1976 vom Generaldirektor des Komitees für Unterhaltungskunst der DDR angebotenen Exklusivvertrag, der neben einer Reihe finanzieller und sozialer Vergünstigungen auch die Zusammenarbeit mit einem Mentor vorsah (in der Absicht, das sinkende Niveau der Darbietungen des *Cohrs* zu verbessern), gab *Cohrs* ohne Nennung von Gründen keine Zusage.

Hinweisen zufolge zeigte sich *Cohrs* bis 1977 stark materiell und finanziell interessiert. Er überschätzte seine künstlerischen Leistungen und ließ mehrfach durchblicken, dass er sich bezüglich der Verleihung hoher staatlicher bzw. gesellschaftlicher Auszeichnungen im Vergleich zu anderen Künstlern übergangen fühle.

In den ersten Wochen nach seinem ungesetzlichen Verlassen der DDR ließ sich *Cohrs* bereitwillig von westlichen Medien mit gegen die DDR gerichteten Verleumdungen vermarkten. Unter anderem verherrlichte er mehrfach in zum Teil primitiver Form die westliche Lebensweise. Mehrfach wurden die »Reisefreiheit im Westen« verherrlichende Äußerungen (u. a. »endlich reisen, ohne Rentner zu sein«) von *Cohrs* veröffentlicht.

Publikationen in westlichen Medien über *Cohrs* wurden wenige Wochen nach seinem ungesetzlichen Verlassen der DDR immer geringer und bildeten in den darauffolgenden Jahren nur noch die Ausnahme.

Hinweisen zufolge entwickelte *Cohrs* mit Beginn seines Aufenthaltes in Westberlin viele Aktivitäten, um mit einem eigenen Programm auftreten zu können, wozu er in dieser Zeit zunächst auch Gelegenheit erhielt. In allen Fällen wurde er entweder nicht wieder verpflichtet bzw. die Verträge mit ihm wurden nicht verlängert.

Cohrs hatte eine geringe Publikumsresonanz, zunehmend wurde öffentlich Kritik an seinem künstlerischen Niveau geübt. Er bekam deshalb nur künstlerisch unbedeutende Auftritte (untergeordnete Rollen in verschiedenen Theatern, Kabaretts bis hin zu Auftritten auf Betriebsfesten und auf der Hamburger Reeperbahn).

Politisch beachtenswert ist die Mitwirkung des *Cohrs* in der in der Zeit vom 27.5. bis 27.8.1979 im »Zweiten Deutschen Fernsehen« ausgestrahlten und gegen die DDR gerichteten sechsteiligen Hetzserie »Freiheit die ich meine – Christen und Marxisten in der DDR«[2] (Auftragswerk für Siegmar

---

2 Die Episodenserie »Die Freiheit, die ich meine« behandelte das Leben von Christen in der DDR. Sie bestand aus sechs jeweils 45-minütigen abgeschlossenen Folgen und wurde von der katholischen Redaktion des ZDF produziert. Regie führte Alexander Ziebell, die Drehbücher stammten von Siegmar Faust.

*Faust*³ und Alexander *Ziebell*⁴), in der *Cohrs* in der fünften Folge die Rolle eines Parteifunktionärs spielte.

(Mehrere westdeutsche Schauspieler hatten in dieser Serie Rollen abgelehnt mit der Begründung, sie wollten sich nicht als Instrument des kalten Krieges missbrauchen lassen. »Hör zu« 21/79,⁵ »Morgenpost« 27.5.1979⁶)

1983 erschien von *Cohrs* das Buch »Späße mit *Cohrs* – Tolle Sketche zum Nachspielen«,⁷ herausgegeben durch den Falken-Verlag.

Politisch negative Aktivitäten und Äußerungen des *Cohrs* gegenüber der DDR, die über die angeführten Beispiele hinausgehen, wurden nicht bekannt.

Hinweisen zufolge seien bereits einige Wochen nach seinem ungesetzlichen Verlassen der DDR bei *Cohrs* Anzeichen von Resignation hinsichtlich seiner Anerkennung als Unterhaltungskünstler deutlich geworden, die sich nach öffentlichen Kritiken in der Folgezeit wesentlich verstärkt hätten. Ende 1977 berichtete »Stern«, bei *Cohrs* sei »Verzagtheit« festzustellen.

Die von *Cohrs* angestrebte Mitwirkung seiner Ehefrau, Schauspielerin und bisherige Partnerin in Unterhaltungssendungen (die nach offizieller Antragstellung und Genehmigung mit dem fünfjährigen Sohn am 15.4.1977 nach Westberlin übersiedelte), scheiterte in allen Fällen, da keine entsprechenden Verträge zustande kamen.

Diese Einstellung des *Cohrs* wurde auch in seinen Äußerungen gegenüber der Presse mit folgenden ausgewählten Beispielen deutlich: »Die freie Markt- und Humorwirtschaft im Westen ist irritierend«, »Ich hab das wohl zu sehr mit der linken Hand machen wollen«, »Man wird doch manchmal nachdenklich, wenn man merkt, was man gemacht hat und man kann nicht mehr zurück«.

---

3   Siegmar Faust (eigentlich Siegmar Kayenberg), Jg. 1944, Schriftsteller, in den 1960er-Jahren zweimal aus politischen Gründen exmatrikuliert (Kunst-/Geschichts-Studium an der Karl-Marx-Universität Leipzig und Literaturinstitut »Johannes R. Becher« Leipzig), in den 1970er-Jahren mehrfach inhaftiert wegen »staatsfeindlicher Hetze«, 1976 vorzeitige Haftentlassung dank öffentlicher Unterstützung aus dem In- und Ausland und Übersiedlung nach Westberlin, dann freischaffender Autor u. a. für Fernsehproduktionen, in den 1990er-Jahren Referent beim Landesbeauftragten für die Stasi-Unterlagen Berlin, 1996–99 sächsischer Landesbeauftragter für die Stasi-Unterlagen, infolge rechtsradikaler Äußerungen und Holocaust-Relativierung Verbot von Führungen in den Gedenkstätten Hohenschönhausen und Zuchthaus Cottbus.
4   Alexander Ziebell, Jg. 1941, Filmemacher, Studium an der Hochschule für Filmkunst in Potsdam-Babelsberg, später aus DDR-Haft in den Westen entlassen, weitere Angaben zur Person konnten nicht ermittelt werden.
5   In der »Hör zu!« hieß es, dass »einige Schauspieler ein Engagement mit der Begründung ablehnten, sie wollten sich nicht als Instrument des Kalten Krieges missbrauchen lassen«. Bertram, Helga: Wenn drüben jemand anfängt zu denken … In: Hör zu! Nr. 21/1979 (o. Pag.).
6   Die Morgenpost berichtete von »[…] Skepsis einiger Schauspieler bei den ersten Kontaktgesprächen (wollen Sie etwa einen Hetzfilm machen?)« mit dem Regisseur; vgl. Berliner Morgenpost v. 27.5.1979, S. 11.
7   Vgl. Cohrs, Eberhard: Tolle Sketche: mit zündenden Pointen – zum Nachspielen. Niedernhausen/Ts. 1983.

20. April 1985

Information Nr. 170/85 über die Ergebnisse der geführten Überprüfungen im Zusammenhang mit dem am 18. April 1985 in der BRD-Zeitung »Die Welt« veröffentlichten Artikel unter der Überschrift »Papst trifft frühere DDR-Häftlinge«

Quelle: BArch, MfS, ZAIG 3451, Bl. 1–6 (6. Expl.).
Serie: Informationen.
Verteiler: Honecker – MfS: Neiber, Leiter ZKG (Niebling), Volpert, ZAIG/1, Ablage.
Bemerkungen: Aufgrund schutzwürdiger Informationen wird der zweite Teil der Information hier nicht ediert.
Verweis: Bericht K 1/148 v. 20.4.1985.

1. Die ehemaligen Bürger der DDR, *Schmidt*, Günter (38), geboren am [Tag, Monat] 1946 in Dresden und *Gallus*, Jutta (38), geboren am [Tag, Monat] 1946 in Dresden, beide wohnhaft 6921 Lobbach/Baden, [Straße, Nr.], streben an, die zuständigen Organe der DDR zur Genehmigung der Ausreise ihrer Kinder aus den geschiedenen Ehen zu veranlassen.[1]

Seit Oktober 1984 führen die genannten Personen öffentlichkeitswirksame Provokationen vor diplomatischen Einrichtungen der DDR in der BRD, der Republik Österreich und der Schweizerischen Eidgenossenschaft sowie mehrfach provokativ-demonstrative Plakataktionen in Westberlin im Vorfeld der Grenzübergangsstelle Friedrich-/Zimmerstraße durch, verbunden mit der Forderung der Genehmigung der Ausreise ihrer Kinder aus den geschiedenen Ehen *Schmidt*, Silvio[2] (16), *Gallus*, Claudia (14), *Gallus*, Beate (12).[3]

Schmidt, Günter und *Gallus*, Jutta wurden am 6. Oktober bzw. 2. Dezember 1981 rechtskräftig geschieden. Im August 1982 unternahmen der *Schmidt* und die *Gallus* unter Mitnahme der angeführten Kinder den Versuch, die DDR unter Ausnutzung einer genehmigten Reise nach der SR Rumänien ungesetzlich nach der BRD zu verlassen. Beide wurden wegen landesverräteri-

---

1 Zum vorliegenden Fall vgl. Veith, Ines: Die Frau vom Checkpoint Charlie. Der verzweifelte Kampf einer Mutter um ihre Töchter. München 2006 (das Buch war die Vorlage für den Fernsehfilm »Die Frau vom Checkpoint Charlie« aus dem Jahr 2007). Vgl. des Weiteren Jutta Gallus – Fernsehpopularität als Hindernis für den Freikauf. In: Aretz, Jürgen; Stock, Wolfgang: Die vergessenen Opfer der DDR. 13 erschütternde Berichte mit Original-Stasi-Akten. Bergisch-Gladbach 1997, S. 184–203; Pötzl, Norbert F.: Mission Freiheit. Wolfgang Vogel. München 2014, S. 344–353; Deutscher Bundestag (Hg.): Schriftliche Fragen mit den in der Woche vom 28. Oktober 1985 eingegangen Antworten der Bundesregierung v. 31.10.1985 (Drucksache 10/4115), S. 12 f.
2 Im Original durchgängig: »Sylvio«.
3 Anlass für die Information war der Artikel: Papst trifft frühere DDR-Häftlinge. In: Die Welt v. 18.4.1985, S. 1.

scher Agententätigkeit sowie ungesetzlichen Grenzübertritts zu drei Jahren Freiheitsentzug verurteilt. Am 18.4.1984 wurden die *Gallus* und am 30.5.1984 der Schmidt aus dem Strafvollzug entlassen und nach der BRD übersiedelt.

Das Erziehungsrecht für das Kind *Schmidt,* Silvio wurde bereits mit der Ehescheidung der in der DDR weiter wohnhaften Kindesmutter übertragen. Rechtskräftig gerichtliche Entscheidungen über die Übertragung des Erziehungsrechts für die Kinder *Gallus,* Beate und Claudia an den in der DDR weiter wohnhaften Kindesvater erfolgten am 29.2.1984.

Von der *Gallus,* Jutta eingelegte Rechtsmittel wurden in der 1. und 2. Instanz als unbegründet zurückgewiesen.

Die zu den Erziehungsrechten getroffenen gerichtlichen Entscheidungen wurden auch unmittelbar nach Bekanntwerden der ersten provokatorischen Auftritte von *Schmidt* und *Gallus* durch das Oberste Gericht der DDR geprüft und bestätigt. Es gibt keinerlei Veranlassung, diese Entscheidungen zu revidieren.

Die für die Erziehung der Kinder verantwortlichen Elternteile, die DDR-Bürger *Schmidt,* Monika (37) und *Gallus,* Christian (42) wollen auf das Recht und die Pflicht der Sorge für ihre Kinder nicht verzichten. Sie wandten sich mehrfach schriftlich an die zuständigen staatlichen Organe der DDR und an Rechtsanwalt Dr. *Vogel*[4] mit der Bitte der Einflussnahme auf eine Unterbindung der Provokationen ihrer geschiedenen Ehepartner sowie deren ständige Versuche der negativen Beeinflussung ihrer Kinder.

Nach gründlicher Überprüfung der zuständigen staatlichen Organe der DDR fühlen sich die beiden Mädchen Claudia und Beate *Gallus* bei ihrem Vater wohl und stehen zu diesem.

Der Silvio *Schmidt* wurde während des Ehescheidungsverfahrens und danach bis zu seiner Festnahme am 31.8.1982 durch seinen Vater erheblich gegen die Mutter beeinflusst. [Passage mit schutzwürdigen Informationen nicht wiedergegeben]

Durch die Inspirierung seines Vaters lehnte Silvio nachfolgend bis jetzt eine ständige Rückkehr in den Haushalt seiner Mutter ab, obwohl ihm dort ein eigenes Zimmer zur Verfügung steht. Das Verhältnis zwischen Mutter und Sohn hat sich inzwischen konsolidiert. Silvio hält sich an den Wochenenden und in den Ferien bei seiner Mutter und der Schwester auf. Ab September 1985 wird er eine Lehre als Kfz-Schlosser aufnehmen und dann ständig im Haushalt seiner Mutter leben.

---

4 Wolfgang Heinrich Vogel, Jg. 1925, Rechtsanwalt, Unterhändler der DDR beim Häftlingsfreikauf und Austausch von Agenten, ab Mitte der 1970er-Jahre Beauftragter Honeckers für humanitäre Fragen.

2. Durch die in der BRD lebenden *Hobusch,* [Vorname 1]⁵ (36), geboren am [Tag, Monat, Jahr] und *Hobusch,* [Vorname 2]⁶ [Passage mit schutzwürdigen Informationen nicht wiedergegeben] [Name 3] [Tag, Monat] 1957 [Adresse] wird die Ausreise des leiblichen Kindes [Name, Vorname 3] 1978, wohnhaft bei der Großmutter in [Ort, Adresse] gefordert.

[Passage mit schutzwürdigen Informationen nicht wiedergegeben]

Die provokatorische Forderung nach der Ausreise des Kindes wird durch die bekannte Feindorganisation »Internationale Gesellschaft für Menschenrechte e.V.«⁷ direkt gesteuert und unterstützt, wobei Entscheidungen staatlicher Organe der DDR im Zusammenhang mit der Festlegung des Erziehungsrechts zum Kind [Vorname 3]⁸ und andere Fakten bewusst verfälscht dargestellt wurden.

[Passage mit schutzwürdigen Informationen nicht wiedergegeben]

---

5 Die Person, die hier als »[Vorname 1]« anonymisiert ist, ist dieselbe Person, die in Bericht K 1/148 v. 20.4.1985 als Person »[Vorname 1]« anonymisiert wurde.
6 Die Person, die hier als »[Vorname 2]« anonymisiert ist, ist dieselbe Person, die in Bericht K 1/148 v. 20.4.1985 als Person »[Vorname 2]« anonymisiert wurde.
7 Die Internationale Gesellschaft für Menschenrechte e.V. (IGFM) war 1972 als Gesellschaft für Menschenrechte in der Bundesrepublik gegründet worden, um auf die Verletzung der Menschenrechte in kommunistischen Staaten aufmerksam zu machen. Das MfS betrachtete die IGFM als Feindorganisation. Doch auch in der Bundesrepublik erfuhr sie Kritik: Ihr einseitiger Einsatz für die Menschenrechte in kommunistischen Staaten, während sie etwa das Apartheid-Regime in Südafrika nur sehr zurückhaltend kritisierte und mit dem Verweis auf die Gewalttätigkeit von Anti-Apartheid-Aktivisten deren Engagement delegitimierte, brachten der IGFM Rechtsextremismus- und Rassismusvorwürfe ein. Vgl. Wüst, Jürgen: Menschenrechtsarbeit im Zwielicht. Zwischen Staatssicherheit und Antifaschismus. Bonn 1999.
8 Die Person, die hier als »[Vorname 3]« anonymisiert ist, ist dieselbe Person, die in Bericht K 1/148 v. 20.4.1985 als Person »[Vorname 3]« anonymisiert wurde.

30. April 1985

Information Nr. 152b/85 über die Durchführung des zweiten überregionalen Treffens sogenannter Frauenfriedensgruppen aus der DDR in der Zeit vom 29. bis 31. März 1985 in der Hauptstadt der DDR, Berlin (Kurzfassung)

Quelle: BArch, MfS, ZAIG 33343, Bl. 22–31 (1. Expl.: zurückgegebenes Honecker-Exemplar).
Serie: Informationen.
Verteiler: Honecker – MfS: Neiber, ZAIG/1, Ablage.
Vermerk: Handschriftlich in schwarz im Dokumentenkopf: »Einverstanden E. Honecker 2.5.85«.
Bemerkungen: Es handelt sich um die Kurzfassung einer Information (siehe Verweis). Das Ablageexemplar dieser Kurzfassung ist abgedruckt in: Deutscher Bundestag (Hg.): Materialien der Enquete-Kommission »Aufarbeitung von Geschichte und Folgen der SED-Diktatur in Deutschland« (1992–1994). Wahlperiode 12, Bd. VII/2. Baden-Baden/Frankfurt am Main 1995, S. 1392–1399. Aus dem Verteiler des Ablageexemplars geht hervor, dass Honeckers Exemplar am »2.5. du[rch] Min[ister Mielke] übergeb[en] u[nd] zurück[gegeben]« wurde. Nummerierung durch Bearbeiter.
Verweise: Informationen 152a/85 (Langfassung) u. 368/84.

[Faksimile vom Deckblatt zu Information 152b]

In der Zeit vom 29. bis 31. März 1985 wurde im kirchlichen Objekt Stephanus-Stiftung in Berlin-Weißensee – in Fortführung eines im September 1984 in Halle stattgefundenen Treffens – ein erneutes überregionales Treffen von Vertretern sogenannter Frauenfriedensgruppen aus der DDR mit der Bezeichnung »Frauenfriedensseminar« durchgeführt.

Es stand unter Schirmherrschaft der Evangelischen Kirche in Berlin-Brandenburg und wurde vorbereitet und organisiert von den Führungskräften der wegen fortgesetzter feindlich-negativer Aktivitäten hinlänglich bekannten Gruppe »Frauen für den Frieden«[1] Berlin (u. a. Bärbel *Bohley*,[2] Ulrike *Pop-*

---

1 Die Gruppe »Frauen für den Frieden« entstand im Oktober 1982 in Ostberlin, um sich gegen die zunehmende Militarisierung der Gesellschaft in der DDR zu wenden. Hintergrund war das DDR-Wehrdienstgesetz von 1982, das im Fall der Mobilmachung auch Frauen im Militärdienst vorsah. Bärbel Bohley, Katja Havemann, Almut Ilsen, Irena Kukutz, Ulrike Poppe, Bettina Rathenow und Karin Teichert verfassten daraufhin ein Protestschreiben an Erich Honecker, das von 150 Frauen unterschrieben wurde. Später gründeten sich in weiteren Städten Frauengruppen, die sich zu einem DDR-weiten Netzwerk zusammenschlossen. Seit 1984 fanden jährliche DDR-weite Frauentreffen statt, u. a. 1988 in Karl-Marx-Stadt zum Thema »Frauen und Autoritätsstrukturen«.
2 Bärbel Bohley, Jg. 1945, Malerin, Mitbegründerin der Oppositionsgruppe »Frauen für den Frieden« (1982) und der Initiative Frieden und Menschenrechte (1985/86), Januar 1988 Verhaftung nach Protestaktionen während der Liebknecht-Luxemburg-Demonstration und Abschiebung nach England, August 1988 Rückkehr in die DDR, September 1989 Mitbe-

pe,³ Irena *Kukutz*,⁴ Rommy *Mehner*,⁵ Jutta *Seidel*,⁶ Gisela *Metz*,⁷ Annedore *Havemann*⁸).

Vorliegenden internen Hinweisen zufolge nahmen an diesem Treffen – seinem Charakter nach bisherigen Treffen sogenannter Friedenskreise und Umweltgruppen nahekommend – insgesamt 107 Frauen aus zehn Bezirken der DDR teil (1984 in Halle = 47 Frauen aus sechs Bezirken). Sie vertraten insgesamt 15 sogenannte Frauenfriedensgruppen. Die Mehrzahl der Teilnehmer kam aus der Hauptstadt der DDR, Berlin (51 Personen) sowie aus den Bezirken Erfurt (11) und Halle (9). Die Mehrheit ist wegen wiederholter feindlich-negativer Handlungen und Verhaltensweisen hinlänglich bekannt;

gründerin des »Neuen Forums«, Mai–Dezember 1990 Mitglied der Berliner Stadtverordnetenversammlung, September 1990 Mitbesetzerin der MfS-Zentrale in Berlin, Initiatorin des »Runden Tisches von unten«, 1991 Mitarbeiterin der Fraktion Neues Forum/Bürgerbewegung im Berliner Abgeordnetenhaus, 1994 Spitzenkandidatin des »Neuen Forums« zur Europawahl, 1996 Gründungsvorsitzende des Bürgerbüros zur Aufarbeitung von Folgeschäden der SED-Diktatur, 1996–99 EU-Beauftragte in Sarajewo für die Rückkehr von Flüchtlingen und den Wiederaufbau.

3 Ulrike Poppe, Jg. 1953, Angestellte, seit 1982 Mitglied in der Gruppe »Frauen für den Frieden«, im Dezember 1983 zusammen mit Bärbel Bohley vom MfS verhaftet, nach internationalen Protesten nach sechs Wochen entlassen. Ab 1986 Mitglied der Initiative Frieden und Menschenrechte, 1987 Arbeitskreis »Absage an Praxis und Prinzip der Abgrenzung«, Mitbegründerin von »Demokratie Jetzt« (DJ), Dezember 1989–90 DJ-Vertreterin am Zentralen Runden Tisch, 1990 Mitarbeiterin der Volkskammerfraktion Bündnis 90/Die Grünen, 2009–17 Beauftragte des Landes Brandenburg zur Aufarbeitung der Folgen der kommunistischen Diktatur.

4 Irena Kukutz, Jg. 1950, Keramikerin, 1969–74 Studium an der Kunsthochschule Berlin, danach freischaffende Keramikerin. Kukutz initiierte 1982 gemeinsam mit Bärbel Bohley, Ulrike Poppe und Jutta Seidel die Gründung des Netzwerks »Frauen für den Frieden«, im Dezember 1983 vorübergehende Inhaftierung wegen des Vorwurfs der »landesverräterischen Nachrichtenübermittlung«, 1989 Mitbegründerin des »Neuen Forums«, 1991–94 Mitglied des Abgeordnetenhauses Berlin für das Neue Forum, ab 1995 wissenschaftliche Mitarbeiterin der Robert-Havemann-Gesellschaft e.V.

5 Im Original: »Romy«. Rommy Baumann (verheiratet Mehner), Jg. 1960, Handwerkerin und Ärztin, 1977–81 Lehre, anschließend berufstätig als Korbmacherin, bis 1984 Inhaberin einer Korbmacherwerkstatt in Prenzlauer Berg, Meisterausbildung in Dresden, 1985 Ausreise nach Westberlin, Ausbildung zur Krankenschwester, Medizinstudium, ab 2014 Ärztin.

6 Jutta Seidel, Jg. 1950, Zahnärztin, 1982 Mitbegründerin des unabhängigen Netzwerks »Frauen für den Frieden«, 1983 Gründungsmitglied des kirchennahen Arbeitskreises »Ärzte für den Frieden«, seit 1986 als Einzelperson für die Organisation »Internationale Ärzte zur Verhütung eines Atomkrieges« engagiert, im September 1989 Mitbegründerin des »Neuen Forums«, Mitarbeit am Zentralen Runden Tisch in der Arbeitsgruppe Sicherheit.

7 Gisela Metz, Jg. 1952, Bauingenieurin, ab 1982 tätig bei der kommunalen Wohnungsverwaltung in Berlin-Mitte 1990 Mitarbeiterin in einer Arbeitsgruppe zur Beratung des Berliner Innensenators in Stasi-Fragen.

8 Katja (Annedore) Havemann, Jg. 1947, Erzieherin, 1974 Heirat mit Robert Havemann, 1982 Mitbegründerin von »Frauen für den Frieden«, ab 1986 Mitglied der Initiative Frieden und Menschenrechte, 1989 Mitbegründerin des »Neuen Forums«.

eine Reihe der anwesenden Personen war bereits Teilnehmer des Treffens 1984 in Halle bzw. weiterer Treffen und Zusammenkünfte oppositioneller und feindlich-negativer Kräfte in der Vergangenheit.

Mit dem Ziel der möglichen Verhinderung des Treffens bzw. der vorbeugenden Verhinderung dessen politischen Missbrauchs wurden u. a. Gespräche mit dem Bischof der Evangelischen Kirche in Berlin-Brandenburg, *Forck*,[9] und mit Generalsuperintendent *Krusche*[10] geführt.

Ihnen wurde die staatliche Erwartungshaltung, in kirchlichen Einrichtungen ausschließlich Handlungen religiösen Inhalts und Charakters zuzulassen, erläutert. Dieser Erwartungshaltung wurde durch Toleranz und Inkonsequenz insbesondere der Kirchenleitung der Evangelischen Kirche in Berlin-Brandenburg und seitens Generalsuperintendent *Krusche* nicht im Geringsten entsprochen.

Im Ergebnis aller bisher vorliegenden Hinweise und Erkenntnisse ist das zweite überregionale Treffen sogenannter Frauenfriedensgruppen in der DDR als ein weiterer bedeutsamer Schritt hinlänglich bekannter feindlich-negativer Kräfte zu werten, im Sinne der Inspirierung/Organisierung einer sogenannten inneren Opposition wirkende Frauengruppen zusammenzuführen, auf einheitliche politische und organisatorische Grundpositionen festzulegen und auf weit ergehende Aktivitäten zu orientieren.

Es ist einzuschätzen:

Mit dem Treffen haben die Inspiratoren/Organisatoren einer sogenannten alternativen Frauenbewegung in der DDR qualitativ und quantitativ eine höhere Stufe ihrer Entwicklung erreicht. Es zeichnet sich eine Organisationsform ab, die Ausgangspunkt einer weiteren Formierung dieser Kräfte sein könnte. Die Gruppe »Frauen für den Frieden« Berlin wurde gewissermaßen als »Leitgruppe« anerkannt.

Die feindlich-negativen Führungskräfte der sogenannten alternativen Frauenbewegung um Bärbel *Bohley* haben ihre inhaltlich weiter präzisierten Konzeptionen und Vorstellungen bezogen auf das künftige Wirksamwerden sogenannter Frauengruppen umfassend popularisieren und durchsetzen können.

Dieses Konzept beinhaltet auch die »Einbindung« der sogenannten alternativen Frauenbewegung der DDR in die sogenannte blockübergreifende eu-

---

9 Gottfried Forck, Jg. 1923, evangelischer Theologe, 1954–59 Studentenpfarrer an der HU Berlin, 1959–63 Pfarrer in Lautawerk (Niederlausitz), 1963–72 Leiter des Predigerseminars Brandenburg, 1972–81 Generalsuperintendent des Sprengels Cottbus, 1981–91 Bischof der Evangelischen Kirche Berlin-Brandenburg – Bereich Ost, 1984–87 Vorsitzender des Rates der Evangelischen Kirche der Union für den Bereich DDR.

10 Günter Krusche, Jg. 1931, evangelischer Theologe, 1956–58 Pfarrer in Taucha, 1958–66 Studieninspektor im sächsischen Predigerseminar in Lückendorf, 1966–69 Referent im Landeskirchenamt Sachsen und Pfarrer in Dresden, 1969–74 Studiendirektor in Lückendorf, ab 1974 Dozent am Sprachenkonvikt Berlin, 1983–92 Generalsuperintendent des Sprengels Berlin der Evangelischen Kirche Berlin-Brandenburg.

Info Nr. 152b/85 vom 30.4.1985   201

ropäische Friedensbewegung,[11] wozu seitens der bekannten Führungskräfte umfassende Verbindungen zu feindlichen Kräften in nichtsozialistischen Staaten unterhalten werden und wovon auch die Anwesenheit der ehemaligen Bundestagsabgeordneten der Partei »Die Grünen« der BRD, *Potthast,*[12] am Treffen zeugt.

Gegenüber den hinlänglich bekannten feindlich-negativen Führungskräften und differenziert gegenüber weiteren Mitgliedern von Frauengruppen eingeleitete Disziplinierungsmaßnahmen und gezielte Maßnahmen staatlicher und gesellschaftlicher Einflussnahme blieben in der Regel ohne die erhoffte andauernde Wirkung.

Einige exponierte Kräfte intensivieren demgegenüber noch ihr feindlich-negatives Wirksamwerden (Beweis dafür ist u. a. das Auftreten der *Bohley*. Intern vorliegenden Hinweisen zufolge äußerte sie, sich in der DDR wohlzufühlen und tun zu können, was sie wolle. Der Staat wage es nicht, etwas gegen sie zu unternehmen. Sie sei von einem gewissen Nimbus umgeben, den sie auch auf Veröffentlichungen in westlichen Medien zurückführe.).

Der Tagungsverlauf war wesentlich geprägt durch die sogenannte Gruppenarbeit. In vier Gesprächsgruppen bestimmten die feindlich-negativen Kräfte der Gruppe »Frauen für den Frieden« Berlin die Diskussion, wobei sie sich wesentlich auf die vorbereiteten schriftlichen Konzeptionen zur jeweiligen Themenstellung stützten. Diese Gruppe stellte auch die jeweiligen Gruppenleiter.

Gesprächsgruppe »Unsere Verantwortung für das Leben ist eine politische Verantwortung« – Leitung: Ulrike Poppe

In den Ausgangsthesen wurde u. a. hervorgehoben, dass es kein »Sich heraushalten« gebe. Jedes schweigen und gewähren lassen heiße, sich unterzuordnen und das Bestehende zu stützen. »Wollen wir als selbstständig denkende und urteilende Frauen unser Recht auf Verantwortung ausschöpfen, müssen wir über die uns vom Staat zugewiesenen Möglichkeiten hinaus neue Wege versuchen … Wir wollen Politik machen, jedoch nicht nach dem herrschenden Politikverständnis … eine Art Antipolitik, in der wir Frau sein können …« Die *Poppe* hob u. a. hervor, dass politische Verantwortung sich im »Recht auf Widerstand« äußere. Ihre Gruppe würde sich deshalb in Kon-

---

11 Die blockübergreifende Friedensbewegung war ein Teil der Friedensbewegung der frühen 1980er-Jahre, der darum bemüht war, die Friedensgruppen beiderseits des »Eisernen Vorhangs« in Ost und West miteinander zu vernetzen, um die (atomare) Aufrüstung in beiden Machtblöcken gleichermaßen zu kritisieren. Sie zielte auf die gänzliche Auflösung der beiden konkurrierenden Machtblöcke ab, um den Frieden in Europa im Angesicht der atomaren Abschreckungspolitik zu sichern. Vgl. Klein, Thomas: »Frieden und Gerechtigkeit!« Die Politisierung der Unabhängigen Friedensbewegung in Ost-Berlin während der 80er Jahre. Köln, Weimar, Wien 2007, S. 169–176.
12 Gabriele Potthast, Jg. 1955, Lehrerin und Politikerin der Grünen, von März 1983 bis April 1985 Mitglied des Deutschen Bundestages und stellvertretende parlamentarische Geschäftsführerin der Grünen-Bundestagsfraktion.

frontation zum Staat begeben, weil sie sich als »Friedensgruppe« verstehe. Lebensansprüche, die in der DDR nicht zu verwirklichen seien, müssten über die Grenzen des Staates hinaus bekannt gegeben werden; damit sei gleichzeitig die Rolle des Staates in der Öffentlichkeit bloßzustellen. In der Diskussion wurde darauf verwiesen, den »Prozess der Verbreiterung« zu führen, auf den Arbeitsstellen, in Wahlversammlungen, während Veranstaltungen des DFD,[13] der *Urania* usw. aufzutreten, Fragen zu stellen, die Anwesenden mit »anderen« Meinungen zu konfrontieren. Ferner solle man sich weiter in Gruppen zusammenschließen, gegenseitig Erfahrungen austauschen und untereinander Solidarität üben. Die *Mehner* unterstellte dem Ministerium für Volksbildung der DDR, den Schülern im Geschichtsunterricht Lügen zu vermitteln (Verschweigen der Existenz von Konzentrationslagern in der UdSSR während der Stalin-Zeit). Unter Verweis auf einen Brief ihrerseits an den Leiter des Staatlichen Amtes für Atomsicherheit und Strahlenschutz der DDR behauptete sie, »Atomkraftexperten« der DDR würden gleichfalls die Bevölkerung mit Lügen überhäufen. (Der genannte Brief wurde von der *Mehner* in Abstimmung mit weiteren, dem MfS hinlänglich bekannten feindlich-negativen Kräften formuliert und im Januar 1985 mit dem Ziel versandt, einen »Dialog« auf diesem Gebiet zwischen oppositionellen Kräften und staatlichen Einrichtungen in Gang zu bringen sowie eventuelle schriftliche Beantwortungen für feindlich-negative Zwecke zu missbrauchen.)[14] In diesem Zusammenhang wurde in der Diskussion herausgearbeitet, eine geeignete Form, politische Verantwortung zu tragen, bestehe im Abfassen derartiger Schreiben und Eingaben.

Gesprächgruppe »Möglichkeiten, als Frau Verantwortung zu tragen« – Leitung: Elisabeth Gibbels[15]

Die Organisatoren dieser Gesprächsgruppe hatten ein Informationsmaterial vorbereitet und in Plakatform ausgestellt. Unter der Rubrik »Was kön-

---

13 Der Demokratische Frauenbund Deutschlands entstand 1947. Er war bis Ende 1989 die einzige offiziell anerkannte Frauenorganisation in der DDR (bzw. zuvor SBZ). Seinem Gründungsselbstverständnis nach war der DFD zwar ein überparteilicher Interessenverband der Frauen, doch entwickelte er sich schnell zu einer weitgehend von der SED gesteuerten Massenorganisation.

14 Laut MfS wurde der Brief an den Leiter des Amtes für Atomsicherheit und Strahlenschutz auf einem Treffen eines Philosophiezirkels in einer Berliner Privatwohnung abgefasst. Die Verfasserinnen und Verfasser um Rommy Mehner bzw. Baumann hätten den Brief demnach bewusst naiv formuliert und darauf geachtet, dass er nicht wie eine Gruppeninitiative wirkt, um eine ernsthafte Antwort mit Informationen von der Behörde zu erhalten, die sie dann weiterverbreiten könnten. Brief und Einschätzungen des MfS zum Entstehungskontext: Vgl. BArch, MfS, HA XX/9 1725, Bl. 228–232.

15 Elisabeth Gibbels, Jg. 1960, Übersetzerin und Dolmetscherin, 1978–83 Studium der Anglistik und Slawistik an der HU Berlin, ab 1983 bei den »Frauen für den Frieden« aktiv, im September 1983 14 Tage in Stasi-Haft nachdem sie versucht hatte, an einer Menschenkette von der US-Botschaft zur Botschaft der UdSSR in Ostberlin teilzunehmen, 2003 Promotion an der Universität Wien, Englisch-Lektorin an der HU Berlin.

nen wir tun?« wurden Antworten vorgegeben wie: »Beteilige Dich an gemeinschaftlicher Friedensarbeit in einer Gruppe«, »übe Solidarität mit allen, die wegen ihres Friedensengagements im Gefängnis sind ... Verbreite Informationen über sie«, »Erziehe Deine Kinder zur Gewaltfreiheit, Wahrhaftigkeit und Toleranz« oder »Verweigere Dich allem, was der Militarisierung dient«.

Das Tafelwerk beinhaltete ferner Hinweise über die personelle Zusammensetzung der gewählten Volksvertretungen in der DDR (angeblich zu geringer Frauenanteil) sowie Problemstellungen aus der Arbeits- und Strafgesetzgebung der DDR. In den Gesprächen wurde u. a. angeregt, von den zuständigen Organen der DDR zu fordern: Ermöglichung der Teilzeitbeschäftigung für Frauen und Männer, Durchsetzung der Gleichberechtigung bezogen auf die Gewährung des Hausarbeitstages,[16] weitere Einschränkung der Schichtarbeit für Frauen (gemäß §§ 160 (4), 185, 243 (2) Arbeitsgesetzbuch der DDR)[17] sowie ein Unterstrafe-Stellen der »Vergewaltigung innerhalb der Ehe« (§ 121 Strafgesetzbuch).[18] Die *Gibbels* machte auf eine angebliche Schulreform in der DDR aufmerksam, von der die Bevölkerung keine Kenntnis habe. Dazu kam es zu einer intensiven Diskussion, in deren Verlauf ablehnende Positionen zur staatlichen Orientierung über die Berufsauswahl entsprechend gesellschaftlichen Erfordernissen, zu bestehenden Auswahlkriterien zum Besuch der Erweiterten Oberschule bzw. der Zulassungsordnung zum Studium eingenommen wurden. Im Ergebnis der in dieser Arbeitsgruppe geführten Diskussion wurde resümiert. Das in der DDR bestehende Frauenbild richte sich jeweils nur nach den ökonomischen Erfordernissen. Die Gesellschaft werde von Männern beherrscht. Der Leistungsdruck wachse ständig.

---

16 1952 führte die DDR für vollbeschäftigte verheiratete Mütter einen monatlichen »Haushaltstag« ein, an dem sie von ihren Betrieben für Haushaltstätigkeiten freigestellt wurden. Ab 1965 durften auch unverheiratete Mütter und ab 1970 teilweise auch verheiratete Frauen ohne Kinder den Tag in Anspruch nehmen. Im Endeffekt zementierte diese Regelung traditionelle Geschlechterrollen, in dem Frauen selbstverständlich die Hausarbeit zugewiesen wurde, auch wenn sie berufstätig waren. Vgl. Kaminsky, Anna: Frauen in der DDR. Berlin 2020, S. 100–142.

17 § 160 (4) betraf das Recht von Frauen, die aufgrund besonderer familiärer Verpflichtungen besonders belastet waren, auf eigenen Willen in Teilzeit zu arbeiten. § 185 regelte den Haushaltstag. § 243 legte fest, dass Mütter von Kindern im Vorschulalter Nachtarbeit und Überstunden ablehnen durften. Vgl. Staatssekretariat für Arbeit und Löhne (Hg.): Arbeitsgesetzbuch und andere ausgewählte Rechtsvorschriften. Berlin 1983.

18 § 121 des Strafgesetzbuches der DDR definierte den Zwang zu »außerehelichem« Geschlechtsverkehr als Vergewaltigung. Vgl. Ministerium der Justiz (Hg.): Strafgesetzbuch der Deutschen Demokratischen Republik (StGB) und angrenzende Gesetze und Bestimmungen. Textausgabe mit Anmerkungen, Hinweisen und Sachregister. Berlin 1978, S. 56. Auch in der Bundesrepublik existierte lange kein Gesetz, das Vergewaltigung in der Ehe unter Strafe stellte. Erst 1997 strich der Bundestag das Merkmal »außerehelich« aus dem Tatbestand der Vergewaltigung in § 177 StGB.

Damit könne man sich nicht mehr abfinden, und die Strukturen in der Gesellschaft müssten verändert werden. Der vornehmlichste Weg dazu wäre der Weg der umfassenden Eingabentätigkeit.

Gesprächsgruppe »Kann man Verantwortung teilen?« – Leitung: Sigrid Koppen[19]

In der Diskussion wurde darauf verwiesen, dass ein Entzug aus der individuellen Verantwortung nicht möglich sei, weil man dem Staat nicht das Feld überlassen könne. Verantwortung müsse auf unterer Ebene überall und durch jeden übernommen werden, wozu auch gehöre, ständig auf die Existenz von »Frauenfriedensgruppen« aufmerksam zu machen, sich mehr zu akzentuieren. Andererseits solle man keine konkrete Verantwortung in staatlichen und kirchlichen »Institutionen« übernehmen, da diese in der Lage seien, Zwänge auszuüben, denen man sich nur schwer entziehen könne. Die *Köppen* schlussfolgerte, um besser wirksam werden und möglichen Sanktionen des Staates ausweichen zu können, seien Kompromisse notwendig. Dabei dürfe man seine »reale Haltung« nicht aufgeben.

Während der Diskussion wurde gleichfalls auf die »Feindbildproblematik« eingegangen und orientiert, die vom sozialistischen Staat aufgebauten »Feindbilder« durch Schaffung vielfältiger Kontakte zu Personen aus nichtsozialistischen Staaten zu unterlaufen.

Gesprächsgruppe »Verantwortung für die ganze Welt« – Leitung: Irena Kukutz/Bärbel Bohley

Vorbereitend waren auch für diese Gruppe inhaltliche Thesen erarbeitet und auf einem Plakat dargestellt worden. Die Diskussion war wesentlich durch das negative Auftreten von Mitgliedern der Gruppe »Frauen für den Frieden« Berlin, insbesondere der *Bohley* und *Kukutz*, geprägt, die ihre antisozialistischen Auffassungen, während bisheriger Aktivitäten gewonnene Erfahrungen und daraus resultierende Schlussfolgerungen weitervermittelten. Wiederholt versuchten sie, die Diskussion auf die Problematik der Veränderung der gesellschaftlichen Verhältnisse in der DDR zu lenken. In diesem Zusammenhang wurde von ihnen gefordert,
- man müsse, wenn es notwendig sei, Verantwortung bis zur letzten Konsequenz (auch Haft) tragen,
- man müsse noch mehr aus der Anonymität heraus und in die Öffentlichkeit gehen,
- alle Bindungsfaktoren an den Staat abzubauen, um unbefangen an die Übernahme von Verantwortung heranzugehen,
- jedoch alle sich bietenden Möglichkeiten zu nutzen, um mit staatlichen Stellen in Kontakt zu kommen, um die eigenen oppositionellen Positionen darzulegen und sich letztlich selbst einem offiziellen Status näherzu-

---

19 Sigrid Köppen, Jg. 1954, Soziologin, 1978–84 Tätigkeit an der Akademie der Wissenschaft im Bereich Pädagogik/Familiensoziologie, ab 1984 selbstständige Schneider-Tätigkeit.

bringen. (Hierzu verwies die *Bohley* auf einen Briefwechsel ihrer Gruppe mit dem Komitee »Ärzte der DDR zur Verhinderung eines Nuklearkrieges«,[20] im Ergebnis dessen ein Gespräch über »interessierende Fragen« vereinbart wurde, das als Beginn eines möglichen Dialogs auf dieser Ebene angesehen werde.)

Die Teilnehmer dieser Gesprächsgruppe wurde in ihrer feindlich-negativen Haltung durch das Auftreten von Generalsuperintendent *Krusche* bestärkt. Während eines kurzen Besuches (ca. zehn Min.) brachte er u. a. zum Ausdruck: »Ich sehe, euch geht es gut; die Veranstaltungen sind mit Gottesdiensten durchsetzt, Negatives konnte ich nicht feststellen. Also kann uns auch nichts passieren«.

Das Treffen wurde im Plenum aller Teilnehmer fortgeführt (Leitung: Bärbel *Bohley*).

Seitens der Teilnehmer wurden Vorschläge, Schlussfolgerungen und Vorstellungen hinsichtlich der weiteren Arbeit der Frauengruppen unterbreitet. Sie stellen wesentliche Ergebnisse der Diskussion in den Arbeitsgruppen dar, wurden in der Mehrzahl von den Anwesenden akzeptiert und lassen damit eine einheitlichere Ausrichtung dieser Kräfte hinsichtlich weiterer Aktivitäten erwarten. Auch hier traten vordergründig Mitglieder der Gruppe um die *Bohley* in Erscheinung. Folgende Absichten wurden popularisiert/bekannt gegeben:
– Installierung sogenannter Bildungsseminare in allen Territorien der DDR nach dem Vorbild der sogenannten fliegenden Universitäten konterrevolutionärer Kräfte in der VR Polen;[21]

---

20 Auf Initiative des sowjetischen Herzchirurgen Jewgeni Tschasow und des amerikanischen Kardiologen Bernhard Lown wurde im März 1981 die Organisation »Internationale Ärzte für die Verhütung eines Nuklearkriegs« (IPPNW) gegründet. Der internationale Zusammenschluss von Medizinern setzte sich für eine vollständige Abrüstung aller atomaren Waffen ein. 1982 entstanden auch in den beiden deutschen Staaten IPPNW-Sektionen. Die DDR-Regierung achtete dabei auf eine enge staatliche Anbindung der Akteure und gründete dafür das Komitee »Ärzte der DDR zur Verhütung eines Nuklearkrieges« mit ausgesuchten Vertretern der Ärzteschaft unter der Leitung des Berliner Urologen Moritz Mebel. Kontakte der IPPNW mit unabhängigen Friedensgruppen in der DDR sollten auf diese Weise verhindert werden. Erst auf internationalen Druck gestattete die SED-Führung im November 1985 auch die Einzelmitgliedschaft von Ärzten, um diese allerdings über neugeschaffene Bezirkskomitees der IPPNW intensiv zu überwachen. Die Einzelmitglieder fanden sich in unabhängigen Gruppen zusammen, etwa der am 4.9.1982 ins Leben gerufene Hallenser Arbeitskreis »Christliche Mediziner in sozialer Verantwortung«. Vgl. Hofmann, Volker: Christliche Mediziner in sozialer Verantwortung. Eine widerständige Ärztegruppe in Halle 1982–89. In: Ärzteblatt Sachsen-Anhalt, 25(2014)11, S. 52–55.
21 Die fliegende Universität (polnisch: Uniwersytet Latający) gründete auf einer Tradition in Polen aus dem 19. Jahrhundert. Um staatliche Kontrolle zu umgehen organisierten Studenten und Wissenschaftler im kommunistischen Polen inoffizielle Vorlesungsreihen in privaten Räumen zu Themen, die an den staatlichen Bildungseinrichtungen keinen Platz hatten. Der

- Schaffung von »Frauenstützpunkten« in Wohngebieten als »Zusammenkunftsobjekte gleichgesinnter Familien«;
- Nutzung aller Formen gesellschaftlicher Organisationsmöglichkeiten für die Tarnung des eigenen politischen Wirkens und Nutzung öffentlicher Veranstaltungen zur Artikulierung politischer Auffassungen;
- Bestätigung der Bärbel *Bohley* als sogenannte Koordinierungsperson für alle Frauengruppen, die ihrerseits konkrete »Verbindungsfrauen« benennen sollen;
- Profilierung einer Person (sogenannte Litfaßsäule), die als zentrale Informationsstelle für alle Frauengruppen fungiert (Hinweise zu Inhaftierungen, staatlichen Gegenmaßnahmen und dergleichen) und gleichzeitig für den Informationsaustausch mit Kräften im Ausland verantwortlich ist (Vorliegenden internen Informationen zufolge planen feindlich-negative Kräfte das Projekt »Litfaßsäule« für alle bestehenden feindlich-negativen Gruppierungen auszubauen.):
- In Verantwortung der Gruppe »Frauen für den Frieden« Berlin wird ein Protokoll über Inhalt und Verlauf des Frauentreffens erarbeitet und allen Gruppen in der DDR sowie »Bezugspersonen« in nichtsozialistischen Staaten zur Verfügung gestellt;
- entsprechend dem bereits in Halle 1984 festgelegten Modus, halbjährlich Folgetreffen durchzuführen, wurde auf ein derartiges Treffen im Spätsommer/Herbst 1985[22] orientiert.

Das Plenum wurde von feindlich-negativen Kräften genutzt, um gezielt auf weitere Aktivitäten ihrer Gruppen aufmerksam zu machen, die Teilnehmer zur Nachahmung zu inspirieren, politische Konzeptionen zu verbreiten.

So wurden Unterschriften geleistet auf einem 50 × 100 cm großen Tuch mit der Aufschrift »Frauenfriedensseminar« und dem biologischen Symbol der Weiblichkeit (Kreis mit umgekehrten Kreuz). Dieses Tuch soll in die USA verbracht werden und im Rahmen der Aktion »Frauenfriedensbewegung« am 6. August 1985 in eine Tuchkette um das Pentagon in Washington eingebunden werden.

Weiterhin wurde allen Teilnehmern ein Pamphlet verleumderischen Inhalts gegen den 40. Jahrestag des Sieges über den Hitlerfaschismus und der Befreiung des deutschen Volkes zugänglich gemacht.

Nach dem Treffen äußerte die ehemalige Bundestagsabgeordnete der Partei »Die Grünen« der BRD, *Potthast*, dass
- es eine gelungene Veranstaltung gewesen sei, die Zeichen gesetzt habe, und auf deren Grundlage ein Ausbau der Basis möglich sei;

Name dieser Veranstaltungen spielte auf die wegen drohenden Repressionen häufig wechselnden Veranstaltungsorte an.
22 Handschriftliche Unterstreichung in schwarz »Treffen im Spätsommer/Herbst 1985«.

- die im Entstehen begriffene »Emanzipationsbewegung« in der DDR als ein Bestandteil der »Friedensbewegung« gesehen werden müsse und auch in diese zu integrieren sei;
- in Zukunft verstärkte Aktivitäten zur Erweiterung des Aktionsradius der »Emanzipationsbewegung« in der DDR unternommen werden müssen, wofür durch die »westeuropäischen Freunde« jegliche Unterstützung zugesagt werden könne;
- es künftig darauf ankomme, auf der Grundlage gemeinsamer Positionen – ausgehend von den Gegebenheiten – Aktionen durchzuführen und nicht einfach die der Gegenseite zu kopieren.

In Auswertung gewonnener Erkenntnisse im Zusammenhang mit dem Treffen sogenannter Frauenfriedensgruppen vom 29. bis 31. März 1985 in der Hauptstadt der DDR, Berlin, wird vorgeschlagen:

1. Zur wirksamen Unterbindung der feindlich-negativen Aktivitäten der Gruppe »Frauen für den Frieden« Berlin um Bärbel *Bohley* und zur vorbeugenden Verhinderung der weiteren Herausbildung einer Basis für die Existenz einer »alternativen Frauenbewegung« sollte geprüft werden, in gemeinsamen Beratungen der Parteiorgane mit den zuständigen und weiter einzubeziehenden staatlichen Organen, Einrichtungen und gesellschaftlichen Organisationen und Kräften prinzipielle Überlegungen anzustellen und Entscheidungen zu treffen, in welcher Richtung und wie die weitere offensive politische Auseinandersetzung mit diesen Kräften zu erfolgen hat.

2. Der Staatssekretär für Kirchfragen der DDR, Genosse *Gysi,* sollte in einem Grundsatzgespräch mit Bischof *Forck* diesen darauf hinweisen, dass die staatliche Erwartungshaltung zum Frauentreffen gröblichst missachtet wurde, indem die Kirche durch Inkonsequenz, Toleranz und – bezogen besonders auf Generalsuperintendent *Krusche* – durch deutliche moralische Unterstützung feindlich-negativen Kräften Tür und Tor geöffnet hat. Dies stelle eine ernste Belastung in den Beziehungen Staat – Kirche dar. Eine Wiederholung derartiger politisch-negativ geprägter Veranstaltungen in kirchlichen Einrichtungen könne seitens des Staates nicht mehr geduldet werden.[23]

Die Information ist wegen Quellengefährdung nur zur persönlichen Kenntnisnahme bestimmt.

---

23 Beide Punkte (1. und 2.) jeweils handschriftlich in schwarz links abgehakt.

30. April 1985

Information Nr. 187/85 über die Verhinderung der Ausschleusung einer DDR-Bürgerin unter Missbrauch des touristischen Aufenthaltes einer Schülergruppe aus Berchtesgaden/BRD in der DDR am 29. April 1985

Quelle: BArch, MfS, ZAIG 3456, Bl. 1–3 (10. Expl.).
Serie: Informationen.
Verteiler: Krenz, Fischer – MfS: Mittig, Neiber, Leiter HA VI (Fiedler), Leiter HA IX (Fister), Leiter ZKG (Niebling), Leiter BV Berlin (Schwanitz), Poppitz (ZAIG), Ablage.

Am 29. April 1985, gegen 17.10 Uhr wurde an der Grenzübergangsstelle Hirschberg bei der Ausreisekontrolle einer Schülergruppe mit Betreuer aus der BRD in dem von ihnen benutzten Reisebus, amtliches Kennzeichen BGL – S 720, hinter der Rückenlehne der letzten Sitzbank versteckt und unter Kleidungsstücken verborgen, die Bürgerin der DDR, [Name 1, Vorname] (18), Beruf: ohne, zuletzt Fachverkäuferlehrling bei der HO Fleischwaren, wohnhaft Berlin-Pankow, [Straße, Nr.], entdeckt, welche auf diese Weise in die BRD ausgeschleust werden sollte. Zur Klärung des Sachverhaltes wurde die Reisegruppe zeitweilig aus dem Reisestrom herausgelöst.
  Auf zentralen Entscheid wurde der BRD-Reisegruppe um 19.25 Uhr die Ausreise nach der BRD gestattet.
  Die seitens des MfS bisher geführten Untersuchungen haben ergeben:
  Die [Name 1] besuchte am 28. April 1985 eine Disko-Veranstaltung am Fernsehturm. Im Verlaufe des Abends wurde sie mit einigen Jugendlichen aus der BRD bekannt, die mit einer Schülerreisegruppe am 25. April 1985 in die DDR eingereist waren. Die Reise, welche touristische Sehenswürdigkeiten in Berlin, Stralsund und Lehnitz zum Ziel hatte, war durch das Reisebüro »Hansa-Tourist GmbH« Hamburg beim Jugendreisebüro der FDJ »Jugendtourist« (Nr. HT 5240–332-006) gebucht und organisiert worden. Der Reisegruppe gehörten zwei Betreuer sowie 21 westdeutsche und ein kanadischer Schüler (im Alter von 17 bis 18 Jahren) der Jugenddorf-Christophorus-Schule (kirchliche Einrichtung) Berchtesgaden an.
  Bisherigen Untersuchungen zufolge bekam die DDR-Bürgerin von einer der Schülerinnen, die dabei von drei weiteren Schülern unterstützt wurde, das Angebot, von diesen in einem Reisebus versteckt in die BRD ausgeschleust zu werden. Obwohl die [Name 1] nach ihren bisherigen Angaben vorher niemals eine solche Absicht hatte, sei ihr dieses Angebot so verlockend erschienen, dass sie spontan zusagte.
  Entsprechend den getroffenen Absprachen reiste die DDR-Bürgerin am 29. April 1985 nach Potsdam, wo durch die vier zwischenzeitlich identifizier-

ten Schüler aus der BRD ihre Aufnahme im KOM und die Unterbringung im Versteck erfolgte.

Andere Personen der BRD-Reisegruppe sollen – bisherigen Untersuchungen zufolge – von diesem Vorhaben weder gewusst noch dessen Durchführung bemerkt haben.

Entsprechend bisher vorliegenden Hinweisen sollen von Schülern der BRD-Reisegruppe während der Disko-Veranstaltung am 28. April 1985 in Berlin auch gegenüber zwei weiteren DDR-Bürgerinnen derartige Angebote zur Ausschleusung nach der BRD unterbreitet worden sein. (Maßnahmen zur Identifizierung sind unverzüglich eingeleitet worden.)

Der als Reiseleiter dieser Schülergruppe fungierende BRD-Bürger [Name 2, Vorname] äußerte, dass die Schüler über ein ordnungsgemäßes Verhalten in der DDR belehrt worden seien. Zur Warnung seien die Schüler auch auf das Vorkommnis vom Dezember 1984, als eine Schülergruppe aus Marburg den DDR-Bürger *Bergmann, Bernhard*[1] in einem Bus versteckt über die Grenzübergangsstelle Wartha ausschleuste, was ausführlich in westlichen Medien behandelt wurde, hingewiesen worden.

Gegen die DDR-Bürgerin wurde ein Ermittlungsverfahren gemäß §213 StGB[2] eingeleitet und Haftbefehl erlassen.

Gegen die vier an der beabsichtigten Ausschleusung beteiligten Schüler sowie gegen den Reiseleiter/Betreuer der BRD-Reisegruppe, [Name 2, Vorname] (32, Lehrer), einen weiteren Betreuer, [Name 3, Vorname] (37, Lehrer), die in grober Art und Weise ihre Aufsichtspflicht vernachlässigt haben, sowie den Kraftfahrer erfolgt die Einleitung von Reisesperrmaßnahmen. Sperrmaßnahmen werden ebenfalls für weitere Einreisen mit den von der Reisegruppe benutzten KOM der Firma [Firmenname] Schönau/BRD eingeleitet.

Es wird vorgeschlagen, seitens des Ministeriums für Auswärtige Angelegenheiten gegenüber der Regierung der BRD gegen diesen Missbrauch des Reiseverkehrs zu rechtswidrigen Handlungen in geeigneter Form Protest einzulegen und die Erwartung auszusprechen, dass die Regierung der BRD Maßnahmen trifft, um künftig derartige Handlungen zu unterbinden und jegliche zur Nachahmung anregende öffentliche Verherrlichung und Rechtfertigung der Tat zu verhindern.

---

1 Bernhard Bernd Bergmann, Jg. 1959, Kfz-Schlosser, gelangte im Dezember 1984 versteckt im Reisebus einer Schülergruppe aus Marburg in den Westen. Die Flucht erfuhr anschließend große mediale Aufmerksamkeit in der Bundesrepublik und löste Debatten über die Legitimität dieser Form der Fluchthilfe durch die Schüler aus.

2 §213 des Strafgesetzbuches der DDR regelte den »Ungesetzlichen Grenzübertritt«. Das Strafmaß betrug dafür bis zu zwei Jahre Haft, in »schweren Fällen« bis zu acht Jahre. Schwere Fälle waren illegale Grenzübertritte mit Waffen, mit einer »besonderen Intensität«, mithilfe gefälschter Dokumente, illegale Grenzübertritte mit einer Gruppe von Personen oder Wiederholungstaten. Vgl. Ministerium der Justiz der DDR (Hg.): Strafgesetzbuch der Deutschen Demokratischen Republik (StGB). Berlin 1984, S. 57.

6. Mai 1985

Hinweise über Reaktionen der Bevölkerung der DDR auf den 40. Jahrestag des Sieges über den Hitlerfaschismus und der Befreiung des deutschen Volkes [O/143]

Quelle: BArch, MfS, ZAIG 4193, Bl. 2–7.
Serie: Ablage O (Reaktionen der Bevölkerung).
Verteiler: Kein Nachweis für externe Verteilung – MfS: Mielke, Mittig, Neiber, Geisler, Irmler.
Bemerkungen: Der Verteiler ist auf gesondertem Zettel vermerkt (Bl. 1).

Vorliegenden Hinweisen aus allen Bezirken, einschließlich der Hauptstadt der DDR, Berlin, zufolge, finden die vielfältigen Aktivitäten zur würdigen Begehung des 40. Jahrestages der Befreiung große Beachtung.[1]

Die Meinungsäußerungen von Bürgern aller Bevölkerungsschichten lassen erkennen, dass die zahlreichen Veranstaltungen und propagandistischen Aktivitäten sowie die Beiträge in den Massenmedien der DDR in Vorbereitung auf diesen gesellschaftlichen Höhepunkt eine optimistische sowie kämpferische Atmosphäre hervorgerufen haben, die sich in vielfältigsten Initiativen der Werktätigen widerspiegelt. Die Befreiungstat der Sowjetunion und ihrer Verbündeten wird grundsätzlich anerkannt und gewürdigt.

Die hohe Wertschätzung der Leistung der Sowjetarmee bei der Zerschlagung des Hitlerfaschismus wird häufig verbunden mit der Verpflichtung, an der Verwirklichung der Hauptlehre dieses Krieges, den Frieden dauerhaft zu sichern, mitwirken zu wollen.

Oftmals werden in den Diskussionen über den 40. Jahrestag der Befreiung auch Bezugspunkte zu den neuen Friedensinitiativen der UdSSR[2] hergestellt, und es wird die Kontinuität der sowjetischen Außenpolitik hervorgehoben.

Im Zusammenhang mit den Feierlichkeiten werden auch die unterschiedlichsten Veranstaltungen in den ehemaligen Konzentrationslagern und Ge-

---

1 Gemeint ist der 40. Jahrestag des Endes des Zweiten Weltkrieges in Europa, der sowohl in der DDR als auch der Bundesrepublik große öffentliche Aufmerksamkeit erfuhr und von hoher geschichtspolitischer Bedeutung für die SED war.
2 Ab Herbst 1984 gab es zwischen der Sowjetunion und den USA erste Bemühungen, wieder in einen Dialog zu treten, nachdem 1983 alle gemeinsamen Abrüstungsbemühungen abgebrochen worden waren. Um die USA in den Verhandlungen unter Zugzwang zu setzen, verkündete der gerade neu ins Amt gelangte Generalsekretär der UdSSR, Michail Gorbatschow, im Frühling 1985 ein Moratorium über eigene Initiativen, den Weltraum zu militarisieren und weitere Mittelstreckenraketen in Europa zu stationieren. Wenige Monate später erklärte Gorbatschow, die Sowjetunion würde bis auf Weiteres auf Tests von Atomwaffen verzichten. Den USA schlug Gorbatschow vor, diesem sowjetischen Vorbild zu folgen. Der Prozess mündete schließlich in der Genfer Gipfelkonferenz im November 1985, bei der sich US-Präsident Ronald Reagan und KPdSU-Generalsekretär Gorbatschow persönlich begegneten und einen Prozess der Annäherung der beiden Weltmächte begannen. Vgl. Loth, Wilfried: Die Rettung der Welt. Entspannungspolitik im Kalten Krieg 1950–1991. Frankfurt/M. 2016, S. 245–254.

denkstätten des antifaschistischen Widerstandskampfes sowie die stattgefundenen Treffen sowjetischer und amerikanischer Kriegsveteranen in Torgau [Bezirk] Leipzig[3] und Barth, [Bezirk] Rostock[4] als emotional wirksam eingeschätzt und begrüßt.

(Beachtenswert sind jedoch auch vorliegende Hinweise über Auffassungen besonders älterer Einwohner der Stadt Barth, [Bezirk] Rostock, in denen Unverständnis über die Errichtung eines Ehrenhains für USA-Flieger im ehemaligen Kriegsgefangenenlager in Barth geäußert wird, da sie an den anglo-amerikanischen Terrorangriffen vor allem auf solche Städte wie Chemnitz/Karl-Marx-Stadt und Dresden beteiligt gewesen seien.[5])

Insbesondere DDR-Bürger der älteren Generation argumentieren, man wisse, was Krieg bedeute, mit welchem unbeschreiblichen Schrecken und Leid er verbunden ist.

Darum müsse ihrer Auffassung nach alles getan werden, um
- die Greueltaten des Faschismus nicht in Vergessenheit geraten zu lassen,
- gerade der Jugend immer wieder vor Augen zu führen, welche reale Gefahr vom Imperialismus ausgehe,
- die Bürger unseres Landes zur Wachsamkeit und klassenmäßigen Beurteilung aller Vorgänge im internationalen Geschehen zu erziehen.

In vielen Meinungsäußerungen anlässlich des 40. Jahrestages des Sieges und der Befreiung wird die friedensbedrohende Politik der USA-Administration und der BRD-Regierung scharf kritisiert.

Arbeiter, Angestellte, Genossenschaftsbauern sowie Angehörige der Intelligenz lehnen vielfach die Haltung führender Politiker der BRD ab, den 8. Mai 1945 als Tag der Schande, der Kapitulation und Trauer begehen zu wollen.

---

3 Jedes Jahr am 25. April erinnerten sowjetische und US-amerikanische Veteranen in Torgau an das Aufeinandertreffen der Roten Armee und der US-Truppen an der Elbe wenige Wochen vor Ende des Zweiten Weltkrieges in Europa. Am historischen »Elbe-Day« 1945 sollen die beteiligten Einheiten geschworen haben, nie wieder einen Krieg zulassen zu wollen. In der offiziellen DDR-Geschichtspolitik spielte dieser »Schwur von Torgau« eine Rolle, um westlichen Militarismus anzuprangern.
4 In Barth befanden sich während des Zweiten Weltkrieges ein Kriegsgefangenenlager und ein Außenlager des Konzentrationslagers Ravensbrück. Am 1. Mai 1985 beging die Stadt anlässlich des 40. Jahrestages der Befreiung der Gefangenenlager durch die Rote Armee eine Gedenkveranstaltung, an der auch ehemals gefangene US-Soldaten und Angehörige der Roten Armee teilnahmen. Bereits seit 1966 gab es im Ort ein Mahnmal für das ehemalige KZ-Außenlager. 1985 wurde nun auch ein Ehrenhain in Gedenken an die Kriegsgefangenen eingerichtet. Vgl. Jordan, Hans: Barth gedachte der Befreiungstat. Bewegende Begegnung von DDR-Bürgern mit Kriegsveteranen der UdSSR und der USA. In: ND v. 2.5.1985, S. 2.
5 Gemeint sind die großen Bombenangriffe auf Chemnitz am 5.3.1945 und auf Dresden am 13.2.1945 durch britische und US-amerikanische Flieger. Im Zuge des Kalten Krieges griffen die Sowjetunion und die DDR die NS-Propaganda wieder auf und bewerteten die Bombardements deutscher Städte in den letzten Monaten als »anglo-amerikanischen Terror« gegen unschuldige Zivilisten.

Sie argumentieren,
- wer einen solchen bedeutenden historischen Tag nicht als Grund zur Freude betrachte, müsse selbst noch mit den Ideen des Faschismus verwurzelt sein,
- eine derartige Haltung zeige, wessen Geist in der BRD regiere,
- wer sich in der heutigen Zeit zu den Verfechtern der Konfrontation bekenne, müsse selbst eine aggressive Position beziehen.

In diesem Zusammenhang wird die bekundete Teilnahme sowie das beabsichtigte Auftreten vom Bundeskanzler der BRD, *Kohl*,[6] am »Schlesiertreffen«[7] als unerhörte Provokation vor der Weltöffentlichkeit gewertet.

Vor allem ältere Bürger verweisen mit Besorgnis darauf, dass sich in der BRD selbst junge Menschen als »Vertriebene« fühlten, ohne überhaupt eine persönliche Bindung an die ehemaligen deutschen Gebiete zu haben.

Neben überwiegend zustimmenden Reaktionen auf den Beschluss der Partei- und Staatsführung, den 8. Mai 1985 in der DDR als gesetzlichen Feiertag zu begehen, gibt es teilweise unter Arbeitern und Angestellten aus volkseigenen Betrieben auch ablehnende Meinungen, verbunden mit abwertenden Äußerungen.

Im Mittelpunkt derartiger »Argumentationen« stehen Feststellungen wie:
- Durch Initiativ- und Sonderschichten müsse diese Zeit wieder eingearbeitet werden.
- Als »Feiertag« hätte man sich diesen Tag sparen können. Vielleicht hätte man ihn zum »Tag der höchsten Produktion« erklären sollen, um eingegangene Verpflichtungen umfassend erfüllen zu können.

Vorliegenden Hinweisen zufolge beziehen konfessionell gebundene Personen, darunter vorwiegend kirchliche Amtsträger der evangelischen Kirchen differenzierte Haltungen zum Jubiläum.

Auf politisch realistischen Positionen stehende kirchliche Amtsträger charakterisieren den 40. Jahrestag als ein für die deutsche und Weltgeschichte bedeutendes Ereignis, das vor allem für das deutsche Volk die Chance eines Neubeginns dargestellt habe. Die Kirche wolle, so wurde von ihnen zum Ausdruck

---

6   Helmut Kohl, Jg. 1930, CDU-Politiker, 1973–98 Parteivorsitzender der CDU, 1982–98 Bundeskanzler der Bundesrepublik Deutschland.
7   Seit 1950 organisierte die Landsmannschaft Schlesien regelmäßig »Deutschlandtreffen der Schlesier« in der Bundesrepublik als Treffen der am Ende des Zweiten Weltkrieges aus Schlesien vertriebenen Deutschen. Dabei ging es ihnen u. a. darum, die nach dem Krieg gezogenen Grenzen infrage zu stellen und ein Rückkehrrecht in die ehemals deutschen Gebiete zu fordern oder zumindest Entschädigungen für die Vertriebenen zu erwirken. Das Treffen im Juni 1985 in Hannover sollte ursprünglich unter dem Motto »Schlesien bleibt unser« stattfinden. Nachdem Bundeskanzler Kohl drohte, wegen des offen revanchistischen Mottos seinen Besuch abzusagen, wurde das Motto in »40 Jahre Vertreibung – Schlesien bleibt unsere Zukunft – im Europa freier Völker« geändert. Vgl. Breslauer Nachrichten. In: Der Spiegel 5/1985, S. 21–22.

gebracht, mit diesbezüglichen Veranstaltungen einen Beitrag zum Frieden leisten. Sie sei bemüht, aus der Vergangenheit die richtigen Lehren zu ziehen.

In Einzelfällen wurde durch kirchliche Amtsträger in Meinungsäußerungen zum Ausdruck gebracht,
- das gemeinsame »Wort zum Frieden« der evangelischen Kirchen der DDR und der BRD gewinne angesichts der wachsenden revanchistischen Tendenzen in der BRD immer mehr an Bedeutung,[8]
- es müsse jeder noch mehr dazu beitragen, dass sich die Menschen für den Frieden engagieren,
- ein wichtiges Ergebnis aus den Lehren des Zweiten Weltkrieges sei, dass jetzt in der DDR die Möglichkeit bestehe, den Wehrdienst auch ohne Waffe ableisten zu können.[9]

Darüber hinausgehende Auffassungen beinhalten, sich in diesem Zusammenhang der Schuldfrage zu stellen, die vor dem deutschen Volk stehe. Der einzige Weg zum Frieden sei, vom eigenen Schuldbekenntnis auszugehen und den Weg der Vergebung zu gehen.

Einzelne, vorwiegend reaktionäre kirchliche Kräfte, brachten zum Ausdruck, seitens der Kirche gebe es kaum Möglichkeiten, zu gesellschaftlichen Höhepunkten eigene Aktivitäten ohne staatliche Kontrolle zu entwickeln.

Sie sind der Auffassung,
- nur derjenige habe die richtigen Lehren aus der Geschichte gezogen, der im Sinne des Pazifismus handele,
- man solle sich mehr für die Wehrdienstverweigerung in der DDR[10] engagieren,

---

8 Vgl. Wort zum Frieden: Der Bund der Evangelischen Kirchen in der DDR und die Evangelische Kirche in Deutschland zum 40. Jahrestag des Endes des Zweiten Weltkrieges. In: Junge Kirche 46(1985)4, S. 186–188.
9 In der DDR gab es keine Möglichkeit, den Wehrdienst zu verweigern bzw. zivilen Ersatzdienst zu leisten. Seit der Verabschiedung des Wehrdienstgesetzes vom 24.1.1962 (GBl. I 1962, S. 2–4) bestand in der DDR eine 18-monatige Wehrpflicht. Durch eine Anordnung des Nationalen Verteidigungsrates wurde am 7.9.1964 (GBl. I 1964, S. 129 f.) ein waffenloser Ersatzdienst in Bausoldateneinheiten eingeführt, in dem Wehrpflichtige, die den Dienst an der Waffe aus Gewissensgründen verweigerten, ihre Wehrpflicht ableisten mussten. Vgl. Eisenfeld, Bernd; Schicketanz, Peter: Bausoldaten in der DDR. Die »Zusammenführung feindlich-negativer Kräfte« in der NVA. Berlin 2011.
10 Für Wehrdienstverweigerer sah § 43 des Wehrdienstgesetzes Freiheitsstrafen von bis zu fünf Jahren oder Geldstrafen vor. DDR-Gerichte verurteilten in den 1980er-Jahren jährlich im Schnitt 150 Totalverweigerer. Die Freiheitsstrafen lagen zwischen 18 und 22 Monaten. Erst im Jahr 1985 wurden auf Anweisung des Verteidigungsministeriums Inhaftierung und Verurteilung von Totalverweigerung beendet. Vgl. Eintrag »Wehrdienstverweigerung«. Hg. v. d. Bundeszentrale für politische Bildung und Robert-Havemann-Gesellschaft e.V., letzte Änderung Dezember 2019, online abrufbar unter: www.jugendopposition.de/145369 (letzter Abruf: 11.6.2024).

- von »Befreiung« könne keine Rede sein, da es noch nicht zur »Versöhnung« der Menschen gekommen sei: Haupthindernis sei dafür der Klassenstaat,
- man könne sich nicht befreit fühlen, da man ja »besetzt« wurde; die Befreiung habe für viele Deutsche nur Leid gebracht.

In Einzelfällen griffen Personen Argumentationen westlicher Massenmedien auf und würdigten die Rolle der UdSSR bei der Zerschlagung des Hitlerfaschismus sowie die Bedeutung des 8. Mai 1945 für das deutsche Volk herab. Sie äußerten:
- Der 8. Mai könne in der DDR nicht als Tag des Sieges gefeiert werden, da das deutsche Volk nicht zu den Siegern im Zweiten Weltkrieg gehöre.
- Dieser Tag sei kein Grund zum Jubeln, sondern zur Besinnung bestimmt.
- In der Propaganda hätten auch die »Kriegsopfer« des deutschen Volkes Erwähnung finden müssen, da sie vom Faschismus missbraucht worden seien.

Darüber hinaus wurde vereinzelt unterstellt, dass die Verbündeten der UdSSR im Zweiten Weltkrieg nicht gebührend als Siegermächte hervorgehoben worden seien.

Auf feindlich-negativen Grundpositionen stehende Kräfte brachten in Einzelfällen zum Ausdruck, es dürfe keinesfalls vergessen werden, wie die »Russen« nach 1945 in Deutschland »gehaust« hätten. Die Sowjetarmee habe auf deutschem Boden Schlimmeres getan, als die faschistische Wehrmacht in den besetzten Gebieten.

Im Zusammenhang mit der Vorbereitung zu den Feierlichkeiten zum 40. Jahrestag des Sieges über den Hitlerfaschismus und der Befreiung des deutschen Volkes liegen aus mehreren Bezirken Hinweise zur Medienpolitik vor.

Generell wird anerkannt, dass insgesamt eine wirksame propagandistische Arbeit geleistet wurde, indem interessante Fakten und Beiträge veröffentlicht wurden.

Vor allem ältere Bürger haben die Informationen als willkommenen Rückblick auf die Vergangenheit und den schweren Anfang hoch geschätzt.

Darüber hinaus wird jedoch auch zunehmend kritisch festgestellt, die Fülle der Informationen sei nicht mehr zu verarbeiten; es trete eine Übersättigung ein. Mehrfach äußerten Bürger, darunter vor allem Jugendliche und Studenten,
- die Vielzahl der Sendebeiträge führe dazu, dass deren Inhalt nicht mehr voll erfasst werde,
- ständige Wiederholungen von Berichterstattungen ähnlichen Inhalts ließen die emotionale Wirkung abflachen,
- es sei an der Zeit, sich in den Medien auch wieder anderen Themen zuzuwenden.

15. Mai 1985

Information Nr. 209/85 über ein erneutes Treffen von Vertretern sogenannter Umweltgruppen evangelischer Kirchen in der DDR vom 26. bis 28. April 1985 im Kirchlichen Forschungsheim Wittenberg, [Bezirk] Halle

Quelle: BArch, MfS, ZAIG 3458, Bl. 1–10 (11. Expl.).
Serie: Informationen.
Verteiler: Jarowinsky, Reichelt, Bellmann, Gysi – MfS: Mittig, Leiter HA XVIII (Kleine), Leiter HA XX (Kienberg), HA XX/4, HA XX/AKG, ZAIG/1, Ablage, alle Stellvertreter Operativ der Bezirksverwaltungen (siehe Vermerk).
Vermerk: Im Verteiler direkt unter Ablage handschriftlich: »(15 Ex. z. Weiterltg. an alle BV/Stellv. Op[erativ] am 15.5.85 an HA XX/Ltr. übergeben)«.
Bemerkungen: Die Anlage ist auf Papier mit dem Briefkopf des Kirchlichen Forschungsheims Wittenberg gedruckt. Darin sind Anschrift, Telefonnummer und Bankverbindung enthalten sowie ein Logo. Das Logo zeigt den kursiven Schriftzug »Kichliches Forschungsheim Wittenberg« kreisförmig verlaufend um die graphische Darstellung einer Person, die einen kleinen Vogel in der Hand hält. Das 9. Exemplar ist abgelegt in: BArch, MfS, HA XX/AKG 1044, Bl. 131–140.
Anlage: Wunschliste christlicher Umweltgruppen.

[Faksimile vom Deckblatt zu Information 209/85]

Nach dem MfS streng vertraulich vorliegenden Hinweisen fand in Fortsetzung eines im Marz 1984 durchgeführten zentralen Treffens von Vertretern sogenannter Umwelt- bzw. Ökologiegruppen evangelischer Kirchen in der DDR im Kirchlichen Forschungsheim (KFH)[1] Wittenberg, [Bezirk] Halle in der Zeit vom 26. bis 28. April 1985 ein erneutes derartiges Treffen statt. Daran beteiligten sich – neben den Organisatoren – insgesamt 30 delegierte Vertreter von insgesamt 27 sogenannten Umweltgruppen aus 13 Bezirken und der Hauptstadt der DDR, Berlin. Bei gleichbleibender Teilnehmerzahl hat sich gegenüber dem Treffen von 1984 die Anzahl der vertretenen Umweltgruppen erhöht, da in der Regel jede Umweltgruppe jeweils nur mit einem Vertreter präsent war.

Die Organisierung, Vorbereitung und unmittelbare Leitung des Treffens erfolgte erneut durch den Leiter des Kirchlichen Forschungsheimes Witten-

---

1 Das 1927 von Otto Kleinschmidt gegründete Kirchliche Forschungsheim in der Lutherstadt Wittenberg entwickelte sich unter der Leitung von Hans-Peter Gensichen besonders in den 1980er-Jahren zu einem intellektuellen Zentrum der unabhängigen kirchlichen Umweltbewegung in der DDR. Gensichen und sein wissenschaftlicher Mitarbeiter Gerd Pfeiffer sorgten für eine klare umweltethische Ausrichtung des Instituts. Dazu zählte nicht nur die theologische und naturwissenschaftliche Analyse ökologischer Fragen, sondern auch die Initiierung öffentlichkeitswirksamer Aktionen wie der Umwelttag »Mobil ohne Auto«. Ab 1980 gab das Institut die Umweltzeitschrift »Briefe« heraus, 1988/89 erschienen fünf Ausgaben der »Pusteblume«.

berg, Provinzialpfarrer Dr. Hans-Peter *Gensichen*.[2] Zur Teilnahme am genannten Treffen wurde durch Inserat in dem in unregelmäßigen Abständen vom KFH Wittenberg herausgegebenen innerkirchlichen Informationsblatt für Umweltgruppen »Anstöße« aufgefordert.

Interessenten war seitens *Gensichen* eine schriftliche Rückantwort mit der Bestätigung der Teilnahme und gleichzeitig einer organisatorischen und thematischen Programmübersicht zugestellt worden. Damit sollte eine relativ einheitliche inhaltliche Orientierung der Teilnehmer in Vorbereitung des Treffens gewährleistet werden.

Mit dem Ziel der vorbeugenden Verhinderung des politischen Missbrauchs des Treffens wurden seitens der zuständigen Organe differenzierte und abgestimmte Maßnahmen durchgeführt. In Gesprächen u. a. mit dem Vorsitzenden des Kuratoriums sowie dem Leiter des KFH Wittenberg, Propst *Treu*[3] und Provinzialpfarrer Dr. *Gensichen*, wurden die staatliche Erwartungshaltung erläutert und gleichzeitig – mit der Absicht, das Anliegen des Treffens generell infrage zu stellen – erneut auf die Vielzahl von Möglichkeiten der aktiven Mitarbeit konfessionell gebundener Personen im Rahmen staatlicher und gesellschaftlicher Maßnahmen zur Verbesserung des Umweltschutzes und der Umweltbedingungen für die Bürger verwiesen.

Im Ergebnis dieser Maßnahmen und der bisherigen Durchsetzung der während des Informationsgespräches zuständiger staatlicher Organe (Ministerium für Umweltschutz und Wasserwirtschaft, Staatssekretariat für Kirchenfragen) gegenüber Vertretern des Bundes Evangelischer Kirchen (BEK) in der DDR vom 20. August 1984 erläuterten staatlichen Konzeption zur Einbeziehung umweltbewusster und -engagierter Christen[4] kam es zu keinen Angriffen gegen die sozialistische Staats- und Gesellschaftsordnung der DDR. Die unter Ausschluss der Öffentlichkeit durchgeführte Veranstaltung verlief ohne Vorkommnisse.

Ungeachtet dessen ist das Treffen insgesamt als weiterer Schritt zur Profilierung im Bereich der evangelischen Kirchen in der DDR wirkender sogenannter Umwelt- und Ökologiegruppen einzuschätzen. Es wurden weitere Voraussetzungen für eine Zusammenführung aktiver Umweltgruppen ge-

---

2 Hans-Peter Gensichen, Jg. 1943, evangelischer Theologe, 1975–2002 Leiter des Kirchlichen Forschungsheims Wittenberg.
3 Hans Treu, Jg. 1933, evangelischer Theologe, 1976–97 Propst in Wittenberg.
4 Am 20. August 1984 reagierten Staats- und Kirchenvertreter auf das wachsende Umweltbewusstsein und -engagement in der DDR mit einem Treffen. Beide Seiten bewerteten Umweltschutz grundsätzlich positiv, doch unabhängig organisierte (kirchennahe) Gruppen galten der SED als illegitime Opposition gegen die eigene Wirtschafts- und Umweltpolitik. Die Kirchenleitungen fürchten ihrerseits – ähnlich wie bei den unabhängigen Friedensgruppen im kirchlichen Umfeld – ein weiteres Konfliktfeld, welches das Staat – Kirche-Verhältnis belasten könne. Aus dem Treffen entwickelte sich ein unregelmäßiger Austausch, zu dem auch das Treffen am 2.5.1985 gehörte. Zum Verlauf des Gesprächs am 20.8.1984 vgl. BArch, DO 4/968, Bl. 578 f.; zum Verlauf des Gesprächs am 2.5.1985 vgl. BArch, DO 4/1456, Bl. 89–111.

schaffen, umfassend Erfahrungen der bisherigen praktischen Tätigkeit ausgetauscht und konzeptionelle Vorstellungen beraten und fixiert.

Ausdruck dafür ist die im Ergebnis des Treffens von *Gensichen* angeblich »im Auftrag der Teilnehmer« (dazu konnten keine diesen Fakt bestätigenden Hinweise erarbeitet werden) gefertigte und von ihm am 2. Mai 1985 während eines Fortsetzungsgespräches zum vorgenannten Informationsgespräch vom 20. August 1984 den teilnehmenden Mitarbeitern der staatlichen Organe übergebene sogenannte Wunschliste (Anlage). Dieses Papier steht in seinen Grundzügen im Widerspruch zu den staatlichen Auffassungen und kann als »Forderungskatalog« derjenigen Kräfte angesehen werden, die Positionen einer »eigenständigen ökologischen Mitverantwortung« der Kirche, einer »eigenständigen kirchlichen Umweltschutzbewegung« vertreten. Ausgehend von der Grundthese, »Wahrnahme gesellschaftlicher Mitverantwortung bei Wahrung der Identität (Eigenständigkeit) der Umweltgruppen«, werden generelle Möglichkeiten des praktischen Wirksamwerdens und der gezielten Einflussnahme derartiger Gruppen auf die Arbeit staatlicher Organe und Einrichtungen sowie die Tätigkeit gesellschaftlicher Organisationen aufgezeigt.

Mit diesem Papier verfügen kirchliche Umweltgruppen über eine Rahmenkonzeption als Grundlage einheitlichen Handelns.

Im Ergebnis des Treffens kann eingeschätzt werden, dass hinsichtlich der Profilierung der einzelnen Umweltgruppen noch Niveauunterschiede vorhanden sind. Einige dieser Gruppen, so u. a. die »Ökologiegruppe« in der Kirchengemeinde Berlin-Friedrichsfelde/Ost,[5] die Arbeitsgruppe »Umweltschutz« beim Jugendpfarramt Leipzig,[6] die »ökologische Arbeitsgruppe« beim evangelischen Kirchenkreis Halle[7] und der »ökologische Arbeitskreis

---

5   Der Ökologiekreis der Kirchgemeinde Friedrichsfelde/Ost entstand Anfang der 1980er-Jahre im Umfeld des Friedenskreises Friedrichsfelde, arbeitete schnell jedoch weitgehend selbstständig. Ab 1984 organisierte die Gruppe jährlich die Berliner Ökoseminare, die später von der Umwelt-Bibliothek übernommen wurden.

6   Die »Arbeitsgruppe Umweltschutz« wurde 1981 unter dem Dach des Leipziger Jugendpfarramtes ins Leben gerufen. Die bis zu 70 Mitglieder befassten sich mit praktischen Umweltschutzmaßnahmen im Alltag, ökologischer Mobilität und Umwelterziehung für Jugendliche. Mit westlicher und Samisdat-Literatur bauten sie in den Räumen des Jugendpfarramtes eine Umweltbibliothek auf. Die Mitglieder publizierten zwischen 1981 bis 1989 regelmäßig das hektographierte Informationsblatt »Streiflichter«. Darüber hinaus veröffentlichten sie Sonderhefte, zum Beispiel 1989 das Heft »Die Pleiße« anlässlich des Pleißemarsches. Aus der AG Umweltschutz ging 1987 der radikalere Flügel »Initiativgruppe Leben« hervor, die ökologische Verbesserungen mit politischen Reformen verknüpfen wollte.

7   Die »Ökologische Arbeitsgruppe Halle« (ÖAG) entstand ab 1983 im Umfeld der evangelischen Kirche im Kirchenkreis. Die ÖAG produzierte mit dem »Blattwerk« eine eigene Samisdat-Publikation. Im Jahr 1988 eröffnete sie im Georgengemeindehaus eine Umweltbibliothek. Darüber hinaus beteiligte sich die ÖAG an Aktionen wie »mobil ohne Auto« oder protestierte gegen die Asphaltierung von Waldwegen in der Dölauer Heide in Halle. Vgl. Kuhn, Christoph: Inoffiziell wurde bekannt .... Maßnahmen des MfS gegen die Ökologische Arbeitsgruppe beim Kirchenkreis Halle. Gutachten zum Operativen Vorgang »Heide«.

der drei Dresdner Kirchenbezirke«,[8] verfügen bereits über reifere konzeptionelle Vorstellungen hinsichtlich ihres Wirksamwerdens bis hin zu konkreten Arbeitsplänen über einen stabilen Mitgliederkreis und vielfältige Erfahrungen bei der Durchführung von Aktionen und im Umgang mit staatlichen Organen. Andere Gruppen befinden sich erst im Anfangsstadium ihrer Entwicklung und lassen noch keine verfestigten Auffassungen bezüglich einer »eigenständigen« kirchlichen Umweltschutzarbeit erkennen. Insgesamt zeigt sich jedoch, dass seit dem Treffen der Umweltgruppen im Jahre 1984 und durch wesentliche Einflussnahme von *Gensichen* und um ihn gruppierter Kräfte die sogenannte kirchliche Basisarbeit auch auf diesem Gebiet weiterentwickelt wurde. (Nach vorliegenden Hinweisen existieren gegenwärtig ca. 40 sogenannte kirchliche Umwelt- und Ökologiegruppen.)

Die während des Treffens geführten Diskussionen ließen ein deutliches Interesse der Teilnehmer an einer konkreten Zusammenarbeit mit staatlichen Organen und gesellschaftlichen Organisationen sowie an der Übernahme praktischer Umweltschutzaufgaben in territorialen Bereichen (u. a. Pflege von Grünanlagen) erkennen. Es wurde auf die Notwendigkeit aufmerksam gemacht, das eigene theoretische Niveau auf den Gebieten des Umweltschutzes und der Ökologie anzuheben, auch mit dem Ziel, das »kirchliche Bewusstsein« auf breitere Bevölkerungskreise zu übertragen und wissenschaftlich fundierter die Auseinandersetzung mit staatlichen Stellen (einbezogen gezielte Eingabetätigkeit) führen zu können. Unter Bezugnahme auf das bereits ausgesprochene staatliche Angebot zur Mitarbeit wurde kritisch auf ein angebliches »Misstrauen« und »spürbare Kontrollmaßnahmen« der staatlichen Organe hingewiesen. Stellung genommen wurde gegen die vereinzelte Unterbindung geplanter öffentlichkeitswirksamer demonstrativer Veranstaltungen unter der Flagge des Umweltschutzes seitens der zuständigen staatlichen Organe.

Unzufriedenheit wurde zum Ausdruck gebracht über die Haltung kirchenleitender Personen und Gremien gegenüber den Umweltgruppen. Trotz eines konkreten Beschlusses der Synode des BEK im September 1984 (»Christliche Verantwortung für die Schöpfung«), durch den die kirchlichen Umweltgruppen ermuntert wurden, ihre Tätigkeit und Zusammenarbeit mit den staatlichen Organen weiterzuführen, sei eine mangelnde Unterstützung festzustellen, würden innerkirchliche Disziplinierungsmaßnahmen das Wir-

---

Magdeburg 1996; Berg, Wieland: Das Phantom. Die Aktivitäten der ÖAG Halle gegen die Asphaltierung der Heidewege 1988 und die Reaktionen des MfS. Halle 1999.

8 Der 1980 gegründete »Ökologische Arbeitskreis der Dresdner Kirchenbezirke« war eines der ersten Umweltschutznetzwerke der DDR. Ab 1985 wurde einmal im Jahr die »Woche der Verantwortung für die Schöpfung Gottes« durchgeführt, 1986 eine Umweltbibliothek eingerichtet und umfangreiche Informationsmaterialien hergestellt. Zu den bekanntesten Aktionen des Arbeitskreises gehören »Saubere Luft für Ferienkinder«, »Eine Mark für Espenhain« sowie der Widerstand gegen den Bau des Reinsiliziumwerkes in Dresden-Gittersee.

ken der Umweltgruppen einengen. Diese Haltung kirchenleitender Personen und Gremien wurde als Versuch gewertet, »ihre« Umweltgruppen aus der kirchlichen Integration hinauszudrängen, um Konfliktpotenziale zu beseitigen (sowohl innerkirchlich als auch im Verhältnis Staat – Kirche).

Forderungen nach stärkerer Unterstützung der Umweltgruppen einschließlich ihres Schutzes vor möglichen staatlichen Repressivmaßnahmen durch kirchenleitende Personen und Gremien folgend, orientierte *Gensichen* auf
– ein stärkeres qualitatives und eigenständiges Wirken aller »Basisgruppen« unter Beachtung religiöser Aspekte,
– die Einhaltung der Gesetzlichkeit und das Zusammenwirken mit staatlichen Organen und gesellschaftlichen Organisationen, um mögliche Konfliktsituationen vorbeugend zu verhindern,
– eine verstärkte innerkirchliche Einordnung der Umweltgruppen, damit das Wirken dieser Gruppen Bestandteil der Arbeit in den kirchlichen Gemeinden wird.

In diesem Sinne sprach sich *Gensichen* gegen die Durchführung einer eigenständigen »Umweltwoche« aus (Begründung: »die kirchliche Arbeit ist ohnehin durch eine Vielfalt sich wiederholender Veranstaltungen gekennzeichnet«) und orientierte auf eine themenbezogene Mitarbeit der Umweltgruppen im Rahmen der jährlichen »Friedensdekaden«.[9]

Am Erfahrungsaustausch waren fast alle Vertreter der anwesenden Umweltgruppen beteiligt, teilweise mit vorbereiteten Diskussionsbeiträgen. Diese beinhalteten Angaben über bisher durchgeführte Aktivitäten wie
– Pflege von Grün- und Parkanlagen sowie Waldsäuberungs- und Baumpflanzaktionen,
– Fertigung und Veröffentlichung von Informationsmaterial (u. a. Informationstafeln, Katalogen, Dia-Serien über Umweltbelastungen und -schäden; Herstellung thematischer Informationsblätter – durch die Arbeitsgruppe »Umweltschutz« beim Jugendpfarramt Leipzig und die »ökologische Arbeitsgruppe« beim evangelischen Kirchenkreis Halle werden z. B. in unregelmäßigen Abständen die Informationsblätter »Streiflichter« bzw. »Blatt-

---

9 Am Ende eines Kirchenjahres eine ökumenische Friedensdekade in den Gemeinden durchzuführen, geht auf eine in den Niederlanden entwickelte und im Herbst 1980 in Deutschland aufgegriffene Idee der ökumenischen Jugendarbeit zurück. Die ökumenische Arbeitsgemeinschaft Christlicher Jugend und die Kommission für Kirchliche Jugendarbeit des Bundes der Evangelischen Kirchen in der DDR hatten dazu Material erarbeitet. Die erste Friedensdekade fand im November 1980 unter dem Motto »Frieden schaffen ohne Waffen« statt. Eine Friedensdekade umfasste jeweils ein zehntägiges Programm mit Gottesdiensten und Veranstaltungen in den evangelischen Kirchengemeinden der DDR. Aufgrund starken staatlichen Drucks setzte eine schrittweise Entpolitisierung der Friedensdekaden ein, seit 1983/84 nahmen spürbar weniger Menschen teil. Nur in einzelnen Kirchengemeinden mit besonders engagierten Pfarrern und Pfarrerinnen wurde auch weiterhin Kritik an der Politik der SED geübt.

werk« herausgegeben: sie dienen der Informierung der Gruppenmitglieder und Sympathisanten über territorial durchgeführte bzw. geplante Vorhaben).
- Organisierung von Ausstellungen und Aktionen im Rahmen von »Umweltwochen bzw. -tagen«,
- Entnahme und Analyse von Boden-, Wasser- und Luftproben mit dem Ziel des angeblichen Nachweises der Nichtbeachtung des Umweltschutzes bzw. der Nichteinhaltung gesetzlicher Vorgaben durch Betriebe und Kombinate und ihrer Nutzung im Rahmen gezielter Eingabetätigkeit an staatliche Organe,
- Vermittlung von Ferienkindern aus »umweltbelasteten« Gebieten in umweltfreundliche Gegenden der DDR usw.

Während des Erfahrungsaustausches wurde schwerpunktmäßig auf geplante Vorhaben im Zusammenhang mit dem Weltumwelttag am 5. Juni hingewiesen. So sind u. a. vorgesehen die Durchführung einer »Grünen Woche« vom 1. bis 8. Juni 1985 mit täglichen Veranstaltungen durch die »Ökologiegruppe« in der Kirchengemeinde Berlin-Friedrichsfelde/Ost und einer analogen Veranstaltung im Bereich der Evangelisch-Lutherischen Landeskirche Sachsens, die Fortführung der Aktion »Mobil ohne Auto«[10] in mehreren Bezirken, die Organisierung »offener Abende« zur Erhöhung der Öffentlichkeitswirksamkeit bzw. die Mitwirkung an der inhaltlichen Gestaltung einer Tagung der Evangelischen Akademie der Evangelischen Kirche der Kirchenprovinz Sachsen. *Gensichen* orientierte ferner auf die Beteiligung der Umweltgruppen am »Markt der Möglichkeiten« im Rahmen der Sondertagung der X. Synode der Evangelischen Kirche der Kirchenprovinz, Sachsen am 15. Juni 1985 in Erfurt.[11]

In der Diskussion wurde allgemein Zustimmung geäußert über das vom KFH Wittenberg herausgegebene »Informationsblatt von und für christliche Umweltgruppen« – »Anstöße«.

Es beinhaltet u. a. Hinweise über die Entwicklung und Arbeit kirchlicher Umweltgruppen, durchgeführte und beabsichtigte Aktionen, neueste Erkenntnisse zur Ökologieproblematik. Informiert wird ferner themen- und sachbezogen über Treffen anderer kirchlicher Gruppen (so z. B. über das sogenannte Friedensseminar von »Friedensgruppen« der evangelischen Kirchen

---

10 Bei der 1981 vom Kirchlichen Forschungsheim Wittenberg ins Leben gerufenen Aktion »mobil ohne Auto« ging es darum, jeweils an einem Wochenende im Sommer auf das Autofahren zu verzichten. Der Aufruf erzeugte große Resonanz bei Umweltgruppen in der DDR und später auch in der Bundesrepublik. Begleitet wurden die Aktionstage oftmals von dezentral organisierten Informationsveranstaltungen, Umweltgottesdiensten und Fahrraddemonstrationen.
11 Erstmals veranstaltete die Evangelische Kirche der Kirchenprovinz Sachsen parallel zu ihrer Synode in Erfurt im Juni 1985 einen »Markt der Möglichkeiten«, auf dem sich auch kirchennahe Umwelt-, Friedens- und Frauengruppen präsentieren konnten. Vgl. dazu Information 289/85.

in der DDR im März 1985 in Schwerin)¹² sowie über Ergebnisse von Synoden und Sachgesprächen Staat – Kirche. Die Redaktionsgruppe des Informationsblattes (Leitung: *Gensichen*) bekräftigte, mit diesem Blatt auch künftig den Umweltgruppen Anregung geben zu wollen, sich stärker darauf zu konzentrieren, »vielfältig zu sein, in Form der Veröffentlichung von Ideenbörsen, Literaturankündigungen, Ökospielen und Karikaturen«.

Gensichen gab bekannt, dass durch die im KFH Wittenberg bestehende Arbeitsgruppe »Alternative in der Landwirtschaft« unter »Einbeziehung von Fachexperten« ein Material zum Thema »Forstwirtschaft und Umwelt« erarbeitet wird.

Im Rahmen einer sogenannten Arbeitsgruppe »Mitarbeit in der Gesellschaft« wurden während des Treffens Probleme der als Anlage beigefügten »Wunschliste« diskutiert und Thesen formuliert. Allen Teilnehmern wurde der inhaltliche Grundgehalt dieses Papiers bekannt gegeben und in diesem Zusammenhang zum Ausdruck gebracht: »Die kirchlichen Ökologiegruppen sollen ihre gesellschaftliche Integration durch gesellschaftliche Mitverantwortung nicht nur in der praktischen Arbeit finden, sondern auch die Möglichkeit der öffentlichen Diskussion und der Dialogführung bekommen. Dazu ist auch die Einbeziehung in Entscheidungsfindungen zu sehen.« In diese Richtung solle künftig die Tätigkeit der Umweltgruppen ausgerichtet werden.

Es wurde bekannt gegeben, dass im Jahre 1986 auf Einladung des Ausschusses »Kirche und Gesellschaft« beim BEK in der DDR ein Folgetreffen stattfinden werde und der Teilnehmerkreis sich auf ca. 80 Personen erweitern könne. Ein konkreter Zeitpunkt bzw. der Veranstaltungsort wurden nicht benannt.

In Auswertung gewonnener Erkenntnisse im Zusammenhang mit dem zweiten zentralen Treffen von Vertretern sogenannter Umweltgruppen evangelischer Kirchen in der DDR wird vorgeschlagen, die Stellvertreter der Vorsitzenden der Räte der Bezirke für Inneres in geeigneter Form über wesentliche Aspekte des Treffens zu informieren mit dem Ziel, durch ein einheitliches Vorgehen
– zu verhindern, dass durch feindlich-negative Kräfte, die unter der Flagge des Umweltschutzes agieren, neue Strukturen geschaffen werden,

---

12 Gemeint ist das dritte Treffen »Frieden konkret«, das vom 1. bis 3.3.1985 in Schwerin stattfand. »Konkret für den Frieden«, auch »Frieden konkret«, war das größte Netzwerk von Friedens-, Umwelt- und Bürgerrechtsgruppen der DDR, das entscheidend von Hans-Jochen Tschiche vorangetrieben wurde. Es konstituierte sich im März 1983 mit einem ersten Treffen von 137 Aktivisten aus 37 Friedensgruppen in Berlin, um Erfahrungen auszutauschen, Aktionen zu planen und inhaltlich zu arbeiten (»Konkret für den Frieden I«). Seitdem wurde »Konkret für den Frieden« jährlich veranstaltet. Trotz staatlicher Vorbehalte und Drohungen entwickelte sich »Frieden konkret« zum größten und einflussreichsten oppositionellen Netzwerk unter dem Schirm der evangelischen Kirche. Eine institutionelle Erweiterung erfuhr das »Parlament der Gruppen« im März 1985, als ein sogenannter Fortsetzungsausschuss mit gewählten Regionalvertretern ins Leben gerufen wurde, um zwischen den Jahrestagungen Kontakte aufrechtzuerhalten und zukünftige Seminare vorzubereiten. Vgl. dazu außerdem Information 103/85.

– den Prozess der Differenzierung der im Rahmen sogenannter kirchlicher Umweltgruppen wirkenden Kräfte fortzuführen und jene Personen zu isolieren, die unter Missbrauch der Kirche im feindlich-negativen Sinne zu wirken beabsichtigen bzw. mit einer eigenständigen kirchlichen Umweltschutzbewegung wirksam zu werden versuchen,
– verstärkt konfessionell gebundene Personen in praktische Maßnahmen zur Verbesserung des Umweltschutzes und der Umweltbedingungen für die Bürger einzubeziehen, ihnen Möglichkeiten der aktiven Mitarbeit in entsprechenden gesellschaftlichen Organisationen und Einrichtungen einzuräumen, sofern sie deren Satzungen anerkennen.

Die Information ist wegen Quellengefährdung nur zur persönlichen Kenntnisnahme bestimmt.

Anlage zur Information Nr. 209/85

Wunschliste christlicher Umweltgruppen

4600 Lutherstadt Wittenberg | Mittelstraße 33 Fernruf 2601 | Bankkonto 3592–30-81712 | Wittenberg, den

Delegierte Vertreter christlicher Umweltgruppen (ökologischer Arbeitskreis der Kirche) haben sich vom 26. bis 28. April 1985 in Wittenberg getroffen und dabei unter anderem die folgende Wunschliste für ihre Mitarbeit in der Gesellschaft zusammengestellt und mich einmütig gebeten, sie staatlichen Vertretern zu übermitteln:

Die christlichen Umweltgruppen (ökologischen Arbeitskreise der Kirche) wünschen sich die Wahrnahme gesellschaftlicher Mitverantwortung, den Abbau von Vorurteilen und ein wachsendes Vertrauensverhältnis im Gegenüber zu staatlichen Organen und gesellschaftlichen Einrichtungen.

Praktischer Naturschutz soll dabei die eine, die Einbeziehung in öffentliche Diskussionen und in Entscheidungsfindungen sollen wichtige andere Aspekte der wahrgenommenen Mitverantwortung sein. Über Erreichtes und Nichterreichtes in dieser Frage sollte es regelmäßig Gespräche zwischen Staat, Kirche und gesellschaftlichen Einrichtungen geben.

Für die Wahrnahme gesellschaftlicher Mitverantwortung wünschen sich die ökologischen Arbeitskreise der Kirche (christlichen Umweltgruppen) im Einzelnen:
– Zusammenarbeit mit der Gesellschaft für Natur und Umwelt[13] und anderen gesellschaftlichen Kräften,

---

13 Die Gesellschaft für Natur und Umwelt (GNU) war eine offizielle, im Kulturbund der DDR verankerte Umweltvereinigung, die 1980 aus den »Natur- und Heimatfreunden« hervorging. Den Vorsitz hatte der Forstwissenschaftler Harald Thomasius inne. Obwohl mehrere Zehntausend Bürger in der GNU organisiert waren, fehlte bis Mitte der 1980er-Jahre je-

– Ermöglichung: der Mitarbeit in der Gesellschaft für Natur und Umwelt und anderen Einrichtungen für Glieder der Umweltgruppen,
– Einbeziehung von Mitgliedern der Arbeitskreise in staatliche Aktivitäten,
– Einbeziehung in Planungsfragen (wie Verkehrsplanung, Stadtbebauung, Begrünung) auf regionaler Ebene,
– Ermöglichung der Teilnahme von staatlichen und gesellschaftlichen Vertretern als Referenten und Gesprächspartner bei kirchlichen Umwelt-Veranstaltungen,
– Ermöglichung eigenständig wahrgenommener Projekte (wie Pflegeverträge für Grünanlagen oder Naturschutzobjekte),
– Informationen an die Umweltgruppen über territoriale Umweltprobleme.

Die Wahrnahme gesellschaftlicher Mitverantwortung soll unter Wahrung der Identität der Arbeitskreise (Gruppen) erfolgen.

An den Staat haben die Gruppen diesbezüglich folgende Bitten:
– deutliche staatliche Aussagen in Publikationen, dass der Kirche ein Recht auf ökologische Mitverantwortung zukommt,
– grundsätzliche Anerkennung der Eigenständigkeit der kirchlichen Öko-Arbeitskreise,
– Ermöglichung einer Selbstdarstellung des kirchlichen Umweltengagements in der nichtkirchlichen Öffentlichkeit.

de kritische Auseinandersetzung über die verheerende Umweltsituation der DDR. Das änderte sich erst, als sich einzelne Gruppen innerhalb der GNU zusammenfanden und für politische Reformen eintraten.

23. Mai 1985

Information Nr. 221/85 über die Durchführung des »Katholischen Jugendkongresses« vom 17. bis 19. Mai 1985 in der Hauptstadt der DDR, Berlin

Quelle: BArch, MfS, ZAIG 3459, Bl. 1–7 (10. Expl.).
Serie: Informationen.
Verteiler: Jarowinsky, Naumann, Bellmann, Gysi – MfS: Mittig, Leiter HA XX (Kienberg), HA XX/4, Leiter BV Berlin (Schwanitz) (24.5.), ZAIG/1, Ablage.
Verweise: Informationen 54/85 u. 117/85.

Im Zeitraum vom 17. bis 19. Mai 1985 wurde in der Hauptstadt der DDR, Berlin, der erste »Katholische Jugendkongress« in der DDR durchgeführt, nachdem bis 1961 Großveranstaltungen für junge Katholiken stets im Rahmen der »gesamtdeutschen« Katholikentage eingeordnet waren. Der Kongress stand unter dem Motto: »Christus – unsere Zukunft«.

Mit der Veranstaltung wurde der Forderung des Papstes gefolgt, das »UNO-Jahr der Jugend 1985«[1] in der kirchlichen Arbeit zu berücksichtigen und »mit Leben zu erfüllen«.

Die mit dem »Jugendkongress« verbundene Zielstellung wurde im Januar 1985 in einem »Hirtenwort« der Berliner Bischofskonferenz (BBK) formuliert (vgl. Information des MfS Nr. 54/85 vom 13. Februar 1985).

Nach einer internen Äußerung von Bischof *Huhn*[2] (Görlitz) in Vorbereitung der Veranstaltung sei es Anliegen der katholischen Kirche, mit dem »Jugendkongress« den genauen Standort der katholischen Jugend im Raum der DDR zu bestimmen und davon ableitend die weiteren Schlussfolgerungen für die Jugendarbeit der Gemeinden zu ziehen, größere Aktivitäten in der Studenten- und Gemeindearbeit zu erreichen.

Am »Jugendkongress« nahmen insgesamt 1 000 Jugendliche beiderlei Geschlechts im Alter von 16 bis 20 Jahren teil – ein Delegierter je katholische Gemeinde.

Alle katholischen Bischöfe und Jugendseelsorger aus der DDR wirkten in Vorbereitung und Durchführung der Veranstaltungen mit.

Als Gäste der evangelischen Kirchen in der DDR nahmen am »Jugendkongress« Landesjugendpfarrer *Schwochow*[3] (Potsdam) und Stadtjugendp-

---

1 Die UNO rief das Jahr 1985 zum »Jahr der Jugend« aus. Damit sollte weltweit auf die Bedürfnisse und Vorstellungen junger Menschen aufmerksam gemacht werden.
2 Bernhard Huhn, Jg. 1921, katholischer Theologe, 1953 Priesterweihe, 1954 Kaplan in Görlitz, 1955–59 Diözesanjugendseelsorger im Bereich Görlitz-Cottbus, 1959–63 Rektor des Katechetenseminars in Görlitz, 1964–70 Ordinariatsrat in Görlitz, 1971 Empfang der Bischofsweihe und Ernennung zum Weihbischof von Görlitz, 1972–94 Apostolischer Administrator in Görlitz.
3 Jürgen Schwochow, Jg. 1951, evangelischer Theologe, 1977–82 Gemeindepfarrer in Kalkwitz (Calau), 1982–92 Landesjugendpfarrer für die Mark Brandenburg, engagierte sich in den

farrer *Hülsemann*[4] (Berlin) – beide Evangelische Kirche in Berlin-Brandenburg – sowie zwei Jugendliche evangelischen Glaubens teil. Bereits ausgesprochene Einladungen für Vertreter von Bischofskonferenzen benachbarter Staaten wurden in Reaktion auf staatlicherseits erhobene Einwände zurückgenommen (Kardinal *Kuharić*/Jugoslawien,[5] der am 17. Mai 1985 bei Kardinal *Meisner*[6] weilte, nahm nicht an Veranstaltungen des »Jugendkongresses« teil).[7]

Zu allen Veranstaltungen des »Jugendkongresses«, außer dem öffentlichen Abschlussgottesdienst, waren keine Korrespondenten zugelassen. Streng intern wurde dazu bekannt, dass die Leitung der katholischen Kirche in der DDR interessierte Korrespondenten westlicher Medien (u. a. KNA, »*Die Welt*«) darauf hinwies, diese Festlegungen nicht zu unterlaufen. Vorliegenden Informationen zufolge filmte ein ZDF-Team im Zusammenhang mit dem Eröffnungs- und Abschlussgottesdienst den Ein- und Auszug der jugendlichen Teilnehmer an der Kathedrale.

Insgesamt ist einzuschätzen, dass die katholische Kirche in der DDR mit der Vorbereitung und Durchführung des »Katholischen Jugendkongresses« der staatlichen Erwartungshaltung entsprochen hat und sich an die Festlegungen der Tagung der Berliner Bischofskonferenz vom März 1985 (vgl. Information des MfS Nr. 117/85 vom 25. März 1985) zu inhaltlichen und organisatorischen Fragen hielt.

Die Beratungen und Diskussionen verliefen sachlich, offen und mit kritischen Ansätzen sowohl zu bestimmten gesellschaftlichen Problemen als auch zum Verhältnis der katholischen Kirche zu den jungen Christen.

Aussagen feindlich-negativen Inhalts wurden nicht bekannt. Die in den Beratungsgruppen anwesenden kirchenleitenden Amtsträger waren bestrebt, die Diskussion stets auf die Themenstellungen »Stärkung des katholischen Glaubens unter den sozialistischen Verhältnissen in der DDR« und »Einheit der katholischen Kirche« zu lenken.

Alle Veranstaltungen fanden ausschließlich in kirchlichen Räumen statt und trugen mit Ausnahme des öffentlichen Abschlussgottesdienstes internen

---

1980er-Jahren für die Einführung eines sozialen Friedensdienstes als Alternative zum Wehrdienst, 1982–2002 Mitglied der Landessynode, 1992–2002 Pfarrer in der Auferstehungskirche in Potsdam, ab 2003 Geschäftsführer des Verbandes evangelischer Tageseinrichtungen für Kinder in Berlin und Brandenburg.

4 Wolfram Hülsemann, Jg. 1943, evangelischer Theologe, 1984–91 Stadtjugendpfarrer in Ostberlin, Ende 1989 Moderator des Berliner Runden Tisches, 1991–95 Pfarrer in der evangelischen Berufsschularbeit, 1995–98 Superintendent des Kirchenkreises Königs Wusterhausen.

5 Franjo Kuharić, Jg. 1919, kroatischer katholischer Theologe, 1970–97 Erzbischof von Zagreb, 1970–92 Präsident der jugoslawischen Bischofskonferenz, 1992–97 Präsident der kroatischen Bischofskonferenz.

6 Joachim Meisner, Jg. 1933, katholischer Theologe, 1962 Priesterweihe, 1975–80 Bischof von Erfurt, 1980–89 Bischof von Berlin, ab 1983 Kardinal, 1990–2014 Erzbischof von Köln.

7 Zum Besuch des jugoslawischen Kardinals vgl. Information 151/85.

Charakter. Dadurch wurde der »Jugendkongress« nicht öffentlichkeitswirksam; es kam zu keinen Vorkommnissen.

Die Leitung der katholischen Kirche verzichtete auch auf die vorgesehene Tonübertragung des Abschlussgottesdienstes zum Hof der Kathedrale – intern wurde dazu bekannt, dass man damit den zum gleichen Zeitpunkt stattfindenden Auftritt des Alexandrow-Ensembles[8] auf dem Platz der Akademie berücksichtigte.

Zu allen Veranstaltungen wurden kirchliche Ordnungskräfte eingesetzt, die eine gewissenhafte Einlasskontrolle (nach Teilnehmerkarte) vornahmen und insgesamt disziplinierend und ordnend auf die Teilnehmer und die Durchführung der Veranstaltungen einwirkten.

Von den Organisatoren wurde die festgelegte Zahl der Delegierten maximal ausgenutzt, jedoch nicht überschritten. Die Kongressteilnehmer führten in der Öffentlichkeit keine Sichtelemente und Symbole mit sich.

Durch das Berliner Ordinariat wurde am 19. Mai 1985 eine offizielle Pressemitteilung über die Durchführung des »Katholischen Jugendkongresses« herausgegeben.

Zum Verlauf des »Jugendkongresses« wurde dem MfS streng intern bekannt:

Den Eröffnungsgottesdienst am 17. Mai 1985 in der Zeit von 19.30 bis 20.45 Uhr hielt der für die Jugendarbeit zuständige Bischof *Huhn* (Görlitz). In einem Grußwort würdigte er in Anwesenheit von Kardinal *Meisner* dessen zehnjährige Bischofsweihe. Seine Predigt und die verlesene Botschaft von Papst Johannes Paul II.[9] an die Konferenzteilnehmer enthielten ausschließlich Aussagen theologischen und innerkirchlichen Charakters.

(Der Wortlaut der Botschaft des Papstes – er erinnert darin an das »UNO-Jahr der Jugend« und übermittelt den apostolischen Segen – liegt dem MfS im Wortlaut vor.)

Der zweite Beratungstag bildete den Schwerpunkt des Kongresses und beinhaltet thematische Diskussionen in insgesamt fünf Beratungsgruppen.

Die Durchführung dieser Veranstaltungen erfolgte in Räumlichkeiten von verschiedenen katholischen Kirchengemeinden.

Zu den Themenbereichen »Der junge Christ und die Gemeinde« (Referent: Prof. Dr. *Friemel,*[10] Priesterseminar Erfurt; Vertreter der BBK: Weihbi-

---

8 Das Alexandrow-Ensemble, auch bekannt unter dem Namen »Chor der Roten Armee«, ist ein 1928 gegründeter Soldatenchor, der direkt dem sowjetischen Verteidigungsministerium (und seit dem Ende der Sowjetunion dem russischen Verteidigungsministerium) unterstand. Benannt wurde das Ensemble nach seinem Gründer und ersten Leiter Alexander Alexandrow, dem Komponisten der sowjetischen Nationalhymne.
9 Johannes Paul II. (bürgerlich Karol Józef Wojtyła), Jg. 1920, polnischer katholischer Theologe, 1978–2005 264. Papst der römisch-katholischen Kirche, 2014 Heiligsprechung.
10 Franz Georg Friemel, Jg. 1930, katholischer Theologe, 1955 Priesterweihe, Kaplan in Finsterwalde und Görlitz, Pfarrer in Görlitz, ab 1975 Dozent am Philosophisch-Theologischen Seminar in Erfurt, ab 1978 dort Professor für Pastoraltheologie.

schof *Weinhold*,[11] Dresden) und »Freizeit – Engagement« (Referent: Frau *Ulrich*,[12] katholischer Laie/Berlin; Vertreter der BBK: Bischof *Wanke*,[13] Erfurt) wurden auf der Grundlage vorhandener Erfahrungen und Erkenntnisse der Teilnehmer vorwiegend religiöse und kirchliche Problemstellungen diskutiert.

Wiederholt wurden Forderungen nach größerer Unterstützung seitens der verantwortlichen Seelsorger für die Jugendarbeit erhoben.

Zum Themenbereich »Partnerschaft, Freundschaft, Ehe« (Referent: Prof. Dr. *Ernst*,[14] Priesterseminar Erfurt; Vertreter der BBK: Weihbischof *Hubrich*,[15] Magdeburg) äußerten die Anwesenden Standpunkte, die überwiegend mit den Grundauffassungen der sozialistischen Ethik und Moral übereinstimmen. Es wurde ferner Verständnis für die Haltung des katholischen Klerus bezogen u. a. auf Probleme der Schwangerschaftsunterbrechung und des außerehelichen Zusammenlebens entgegengebracht. Gleichzeitig wurde darauf verwiesen, dass man sich in der Praxis diesen Problemen oft »hilflos ausgeliefert« sehe. Auch hier erwarte man vom zuständigen Gemeindepfarrer mehr »praktische Lebenshilfe«.

In den Beratungsgruppen »Beruf und Arbeit« (Referenten: Pfarrer *Nowak*,[16] Priesterseminar Erfurt[17] und Herr *Haase*,[18] katholischer Laie, Magdeburg; Vertreter der BBK: Bischof *Huhn*/Görlitz) und »Zeugnis in der Öffentlichkeit« (Referent: Prof. Dr. *Feiereis*,[19] Priesterseminar Erfurt; Vertreter

11 Georg Weinhold, Jg. 1934, katholischer Theologe, 1959 Priesterweihe, Kaplan in Kamenz und Leipzig-Connewitz, 1968–71 Pfarrvikar bzw. Pfarrer in Dippoldiswalde, 1973–2008 Weihbischof in Dresden (bzw. ab 1979 Dresden-Meißen), ab 1990 Domdekan in St. Petri Dresden, 1997–2004 Generalvikar im Bistum Dresden-Meißen.
12 Ulrich, weitere Angaben zur Person konnten nicht ermittelt werden. In Information 117/85 war für diesen Themenbereich noch »Prof. Ullrich/Erfurt« als Referent angekündigt.
13 Joachim Wanke, Jg. 1941, katholischer Theologe, ab 1980 Professor für neutestamentliche Exegese am Priesterseminar in Erfurt, 1980 Bischof, 1981–94 Diözesanbischof des Apostolischen Administrators des Bischöflichen Amtes Erfurt-Meiningen, ab 1994 Bistum Erfurt.
14 Wilhelm Ernst, Jg. 1927, katholischer Theologe, ab 1963 Dozent und ab 1971 Professor für Moraltheologie und Ethik am Priesterseminar Erfurt, mehrfach Rektor, Gastvorlesungen an der Pontificia Universitas Gregoriana in Rom.
15 Theodor Hubrich, Jg. 1919, katholischer Theologe, 1959–72 in leitenden Funktionen bei der Caritas in Magdeburg und Ostberlin, ab 1972 Generalvikar im Erzbischöflichen Kommissariat Magdeburg, 1975–87 Weihbischof in der Apostolischen Administratur Magdeburg, 1988–92 Apostolischer Administrator in Schwerin.
16 Leo Nowak, Jg. 1929, katholischer Theologe, Priesterweihe 1956, 1975–90 Leitung des Seelsorgeamtes Magdeburg, ab 1990 Bischof und Apostolischer Administrator in Magdeburg, 1994–2004 Bischof der neueingerichteten Diözese Magdeburg.
17 Die Verortung Leo Nowaks in Erfurt ist falsch. Zwar hatte er in den 1950er-Jahren seine Ausbildung zum Priester im Priesterseminar Erfurt erhalten, 1985 war er jedoch in Magdeburg tätig.
18 Haase, weitere Angaben zur Person konnten nicht ermittelt werden.
19 Konrad Feiereis, Jg. 1931, katholischer Theologe, 1968–73 Dozent und 1973–93 Professor der Philosophie am Priesterseminar Erfurt, leitete die Erfurter Hochschule mehrmals als

der BBK: Weihbischof *Werbs*,[20] Schwerin) offenbarten sich widersprüchliche Auffassungen und Unklarheiten der Jugendlichen bezogen auf die Haltung von Christen im täglichen Leben.

Nach Meinung vieler Delegierter würde sich das »Christsein« in der sozialistischen Gesellschaft der DDR immer zwischen den beiden Polen »Anpassung« oder »Anderssein« bewegen. Diesen Widerspruch positiv aufzulösen, erfordere, sich ständig den kirchlichen und gesellschaftlichen Aufgaben zu stellen, ohne zu resignieren. Hilfe bei der Bewältigung derartiger Probleme könne man durch ein vorbildliches Auftreten als Christ im Berufsleben finden.

Verwiesen wurde ferner darauf, dass sich die jungen Katholiken auch im Zusammenhang mit Fragen und Problemen der Volksbildung, des Wehrunterrichtes[21] und des Wehrdienstes[22] mit den »Ansprüchen« des sozialistischen Staates konfrontiert sähen. Zu diesen Fragen, Problemen, möglichen Konflikten und Widersprüchen gebe es jedoch keine Patentlösungen.

Es wurde darauf hingewiesen: Wer sich in diesen Fragen nicht anzupassen verstehe, habe im weiteren Leben mit Schwierigkeiten zu rechnen. Auch in diesem Zusammenhang wurde von den Geistlichen gefordert, den jungen Christen noch mehr mit Rat und Tat beizustehen.

Nach Abschluss der Gruppenberatungen fanden sich alle Kongressteilnehmer in der Corpus-Christi-Kirche, Stadtbezirk Berlin-Prenzlauer Berg, zu einer »Stunde der Kirche« zusammen. In Anwesenheit aller Bischöfe wurden nochmals interessierende Fragen aus den Beratungsgruppen aufgegriffen und diskutiert. Es kam zu keinen abweichenden Auffassungen. Der »Stunde

---

Rektor, Herausgeber der Erfurter Theologischen Schriften, Gemeindepfarrer in Erfurt-Gispersleben.

20 Norbert Werbs, Jg. 1940, katholischer Theologe, ab 1971 Pfarrer in Parchim, 1975–80 Pfarrer in Neubrandenburg, ab 1981 Weihbischof in Schwerin, 1995 Eingliederung des Bischöflichen Amtes Schwerin in das Erzbistum Hamburg, ab diesem Zeitpunkt Bischofsvikar in Mecklenburg des Erzbischofs von Hamburg, 1983–90 und ab 1995 Vorstandsvorsitzender der Caritas in Mecklenburg.

21 Der Wehrkundeunterricht, auch Wehrerziehung genannt, fand ab dem 1.9.1978 Einzug in die Lehrpläne der 9. und 10. Klassen der POS. Ab Mai 1981 gab es ihn auch in den 11. Klassen der EOS. Am Ende der 9. Klasse mussten die Jungen in ein zwölftägiges Wehrlager. Die Mädchen und diejenigen Jungen, die aus Gesundheitsgründen nicht am Lager teilnehmen konnten oder die Ausbildung an Waffen verweigerten, hatten einen zwölftägigen Lehrgang in Zivilverteidigung zu absolvieren.

22 In der DDR gab es keine Möglichkeit den Wehrdienst zu verweigern bzw. zivilen Ersatzdienst zu leisten. Seit der Verabschiedung des Wehrdienstgesetzes vom 24.1.1962 (GBl. I 1962, S. 2–4) bestand in der DDR eine 18-monatige Wehrpflicht. Durch eine Anordnung des Nationalen Verteidigungsrates wurde am 7.9.1964 (GBl. I 1964, S. 129 f.) ein waffenloser Ersatzdienst in Bausoldateneinheiten eingeführt, in dem Wehrpflichtige, die den Dienst an der Waffe aus Gewissensgründen verweigerten, ihre Wehrpflicht ableisten mussten. Vgl. Eisenfeld, Bernd; Schicketanz, Peter: Bausoldaten in der DDR. Die »Zusammenführung feindlich-negativer Kräfte« in der NVA. Berlin 2011.

der Kirche« folgte in der Zeit von 20.00 bis gegen 22.00 Uhr das vorgesehene Abendgebet (rein religiösen Charakters).

Der öffentliche Abschlussgottesdienst wurde am Sonntag, den 19. Mai 1985, in der Zeit von 10.00 bis 12.00 Uhr in der St. Hedwigs-Kathedrale durchgeführt. Daran nahmen ca. 1 200 Personen teil.

Kardinal *Meisner* appellierte in seiner Predigt an die Jugendlichen, am katholischen Glauben festzuhalten, nicht mit »zwei Köpfen, zwei Herzen oder zwei Zungen zu leben, sondern als aufrichtige Christen zu entscheiden[«].[23] Man solle, auch wenn es schwer sei, »zu den Ideologien mit ihren Idolen« *Nein* sagen. Vorbilder seien darin Thomas *Morus*[24] und die Geschwister *Scholl*[25] (die für ihre Überzeugung ihr Leben gaben). In diesem Sinne wertete *Meisner* den »Katholischen Jugendkongress« als »ermutigendes Zeugnis des katholischen Glaubens«.

Kardinal *Meisner* wies in seiner Predigt auf den Besuch des Vorsitzenden des Staatsrates der DDR, Genossen Erich *Honecker*,[26] beim Papst hin (wurde mit Beifall von den Anwesenden aufgenommen). Er äußerte die Hoffnung, dass sich dieser Besuch vor allem für die Jugendlichen positiv auswirken werde.[27]

(Der Wortlaut der Predigt wurde bereits übermittelt.)

Die Information ist wegen Quellengefährdung nur zur persönlichen Kenntnisnahme bestimmt.

---

23 Abführungszeichen fehlen im Original.
24 Thomas Morus (englisch: More), Jg. 1478, englischer Jurist, Humanist, Staatsmann und katholischer Märtyrer, Verfasser des philosophischen Werkes »Utopia« (1516), 1535 hingerichtet wegen Hochverrat, weil er die katholische Lehre verteidigte indem er in seiner Funktion als Lordkanzler seinem König Heinrich VIII. die Unterstützung verweigerte, dessen Ehe zu annullieren.
25 Sophie, Jg. 1921, und Hans Scholl, Jg. 1918, Widerstandskämpfer gegen das NS-Regime, Mitglieder der Gruppe »Weiße Rose«, die u. a. Flugblätter gegen den NS herstellte und verbreitete, 1943 verhaftet, vom Volksgerichtshof zum Tode verurteilt und hingerichtet.
26 Erich Honecker, Jg. 1912, SED-Funktionär, 1958–89 Mitglied des Politbüros, ab 1971 Erster Sekretär, ab 1976 Generalsekretär der SED, 1971–89 Vorsitzender des Nationalen Verteidigungsrates, 1976–89 Vorsitzender des Staatsrates.
27 Im Rahmen seines Staatsbesuches in Italien traf Erich Honecker am 24.4.1985 Papst Johannes Paul II. bei einer persönlichen Audienz im Vatikan. Vgl. Audienz im Vatikan. Erich Honecker von Papst Johannes Paul II. empfangen. In: ND v. 25.4.1985, S. 1., sowie Information 139/85.

29. Mai 1985

Information Nr. 232/85 über die Durchführung eines »3. Nachtgebetes der Frauen« am 22. Mai 1985 in der Auferstehungskirche in Berlin-Friedrichshain

Quelle: BArch, MfS, ZAIG 3460, Bl. 1–8 (13. Expl.).
Serie: Informationen.
Verteiler: Jarowinsky, Naumann, Bellmann, Gysi – MfS: Mittig, Leiter HA XX (Kienberg), Leiter BV Berlin (Schwanitz), HA XX/2, HA XX/4, HA XX/AKG, ZAIG/1, BV Berlin/AKG, Ablage.

Am 22. Mai 1985 fand in der Zeit von 20.00 Uhr bis gegen 22.00 Uhr in Fortsetzung bereits im Jahre 1984 durchgeführter analoger Veranstaltungen[1] das »3. Nachtgebet der Frauen« unter dem Motto »Gottesdienst für Trümmerfrauen«[2] in der Auferstehungskirche in Berlin-Friedrichshain statt. Als Initiatoren und Organisatoren traten erneut die hinlänglich bekannten Führungskräfte der Gruppe »Frauen für den Frieden«,[3] Berlin sowie Pastorin *Sengespeick*[4] und weitere Mitglieder des Gemeindekirchenrates der Auferstehungsgemeinde in Erscheinung.

---

1 Zu den beiden 1984 durchgeführten Nachtgebeten vgl. die Informationen 221/84 u. 273/84.
2 Als Trümmerfrauen werden Frauen bezeichnet, die nach Ende des Zweiten Weltkrieges an der Beseitigung von Kriegstrümmern in deutschen Städten beteiligt waren. In beiden deutschen Staaten wurden sie zu Symbolen des (weiblichen) Aufbaugeistes nach den Kriegszerstörungen. Die jüngere Forschung betrachtet die Bedeutung der Trümmerfrauen als Mythos: Nur in Berlin und der sowjetischen Besatzungszone waren Frauen in größerer Zahl an den Arbeiten beteiligt. Doch auch hier taten sie dies weder freiwillig noch hatten sie im Gesamtmaßstab einen entscheidenden Anteil an der Trümmerbeseitigung. Vgl. Treber, Leonie: Mythos Trümmerfrau: deutsch-deutsche Erinnerungen. In: APuZ 65(2015)16–17, S. 28–34.
3 Die Gruppe »Frauen für den Frieden« entstand im Oktober 1982 in Ostberlin, um sich gegen die zunehmende Militarisierung der Gesellschaft in der DDR zu wenden. Hintergrund war das DDR-Wehrdienstgesetz von 1982, das im Fall der Mobilmachung auch Frauen im Militärdienst vorsah. Bärbel Bohley, Katja Havemann, Almut Ilsen, Irena Kukutz, Ulrike Poppe, Bettina Rathenow und Karin Teichert verfassten daraufhin ein Protestschreiben an Erich Honecker, das von 150 Frauen unterschrieben wurde. Später gründeten sich in weiteren Städten Frauengruppen, die sich zu einem DDR-weiten Netzwerk zusammenschlossen. Seit 1984 fanden jährliche DDR-weite Frauentreffen statt, u. a. 1988 in Karl-Marx-Stadt zum Thema »Frauen und Autoritätsstrukturen«.
4 Christa Sengespeick-Roos, Jg. 1952, evangelische Theologin, 1982–89 Pfarrerin der Gemeinde der Auferstehungskirche (Berlin-Friedrichshain), ab 1983 Mitarbeit in der Oppositionsgruppe »Frauen für den Frieden« und beim »Pankower Friedenskreis«, Organisation von Gemeindetagen und Nachtgebeten in der Auferstehungskirche, 1989 Übersiedlung in die Bundesrepublik, 1991–2005 Pfarrerin in der evangelischen St. Paulsgemeinde Frankfurt/Main, 2005–16 Pfarrerin in der evangelischen Andreasgemeinde Frankfurt/Main.

Zur Verschleierung des politischen Charakters dieser Veranstaltung wurde das »Nachtgebet« im Rahmen der Festwoche anlässlich des 90-jährigen Bestehens der Auferstehungskirche durchgeführt. Anwesend waren ca. 200 überwiegend weibliche Personen (im Vorjahr durchschnittlich 350 Personen) im Alter zwischen 20 und 35 Jahren. Unter den Teilnehmern befanden sich die zum Kern der Gruppe »Frauen für den Frieden«/Berlin zählenden Bärbel *Bohley*,[5] Ulrike *Poppe*[6] und Annedore *Havemann*,[7] die Pastoren Ruth[8] und Hans-Jürgen *Misselwitz*/Berlin[9] sowie

---

[5] Bärbel Bohley, Jg. 1945, Malerin, Mitbegründerin der Oppositionsgruppe »Frauen für den Frieden« (1982) und der Initiative Frieden und Menschenrechte (1985/86), Januar 1988 Verhaftung nach Protestaktionen während der Liebknecht-Luxemburg-Demonstration und Abschiebung nach England, August 1988 Rückkehr in die DDR, September 1989 Mitbegründerin des »Neuen Forums«, Mai–Dezember 1990 Mitglied der Berliner Stadtverordnetenversammlung, September 1990 Mitbesetzerin der MfS-Zentrale in Berlin, Initiatorin des »Runden Tisches von unten«, 1991 Mitarbeiterin der Fraktion »Neues Forum«/Bürgerbewegung im Berliner Abgeordnetenhaus, 1994 Spitzenkandidatin des »Neuen Forums« zur Europawahl, 1996 Gründungsvorsitzende des Bürgerbüros zur Aufarbeitung von Folgeschäden der SED-Diktatur, 1996–99 EU-Beauftragte in Sarajewo für die Rückkehr von Flüchtlingen und den Wiederaufbau.

[6] Ulrike Poppe, Jg. 1953, Angestellte, seit 1982 Mitglied in der Gruppe »Frauen für den Frieden«, im Dezember 1983 zusammen mit Bärbel Bohley vom MfS verhaftet, nach internationalen Protesten nach sechs Wochen entlassen. Ab 1986 Mitglied der Initiative Frieden und Menschenrechte, 1987 Arbeitskreis »Absage an Praxis und Prinzip der Abgrenzung«, Mitbegründerin von »Demokratie Jetzt« (DJ), Dezember 1989–90 DJ-Vertreterin am Zentralen Runden Tisch, 1990 Mitarbeiterin der Volkskammerfraktion Bündnis 90/Die Grünen, 2009–17 Beauftragte des Landes Brandenburg zur Aufarbeitung der Folgen der kommunistischen Diktatur.

[7] Katja (Annedore) Havemann, Jg. 1947, Erzieherin, 1974 Heirat mit Robert Havemann, 1982 Mitbegründerin von »Frauen für den Frieden«, ab 1986 Mitglied der Initiative Frieden und Menschenrechte, 1989 Mitbegründerin des »Neuen Forums«.

[8] Ruth Misselwitz, Jg. 1952, evangelische Theologin, ab 1981 Pfarrerin der Evangelischen Kirchengemeinde Alt-Pankow, gründete 1981 mit anderen Bürgerrechtlern den Friedenskreis Pankow, der sich zu einer der bedeutendsten Oppositionsgruppen der DDR entwickelte.

[9] Hans-Jürgen Misselwitz, Jg. 1950, Biochemiker und SPD-Politiker, 1970–74 Studium Biologie und Biophysik in Jena und Berlin, 1974–81 wissenschaftlicher Assistent an der Akademie der Wissenschaften in Berlin-Buch und an der HU Berlin, 1980 Ende der wissenschaftlichen Karriere wegen Verweigerung der Einberufung zur NVA, 1981–84 Theologiestudium am Sprachenkonvikt Berlin, November 1981 Mitgründer des Friedenskreises Pankow, Oktober 1989 Mitgründer der SDP, 1990 Abgeordneter der Volkskammer (SPD) und Parlamentarischer Staatssekretär im Außenministerium der DDR, Oktober 1990–Dezember 1990 Mitglied des Bundestages (SPD), 1991–99 Leiter der Brandenburger Landeszentrale für politische Bildung, 1999–2005 Leiter des Büros von Wolfgang Thierse im Parteivorstand der SPD.

Ralf *Hirsch*,[10] Lutz *Rathenow*[11] und Rüdiger *Rosenthal-Teichert*[12] und weitere aktive Mitglieder sogenannter Frauenfriedensgruppen aus der Hauptstadt der DDR und die Vertreterin einer Schweriner Frauenfriedensgruppe. Festgestellt wurden ferner ein namentlich bekannter Mitarbeiter der Ständigen Vertretung der BRD in der DDR, der in der DDR akkreditierte BRD-Korrespondent *Baum*[13] (»Frankfurter Rundschau«) und mehrere weibliche Vertreter der kirchlichen Partnergemeinde der Auferstehungskirche aus Gelsenkirchen/BRD.

Als Vertreter der Kirchenleitung der Evangelischen Kirche in Berlin-Brandenburg waren Generalsuperintendent *Krusche*[14] und Superintendentin *Laudien*[15] zugegen. Beide Amtsträger traten nicht in Erscheinung.

Zur vorbeugenden Verhinderung des politischen Missbrauchs der Veranstaltung wurden insbesondere Gespräche durch zuständige leitende Mitarbeiter staatlicher Organe mit Bischof Dr. *Forck*[16] und mit dem amtierenden Su-

---

10 Ralf Hirsch, Jg. 1960, Schlosser und Bürgerrechtler, 1977 Einweisung in den Jugendwerkhof Torgau wegen »fehlgeleiteter politischer Anschauungen«, ab 1980 in der kirchlichen Jugendarbeit aktiv, unter anderem als Organisator der Blues-Messen von Rainer Eppelmann in der Ostberliner Samariter-Gemeinde, 1982 Erstunterzeichner des »Berliner Appells«, 1982–84 Wehrdienst als Bausoldat, 1986 Mitbegründer und Sprecher der Initiative Frieden und Menschenrechte, Mitherausgeber der Samisdat-Schrift »grenzfall«, 1988 Ausbürgerung nach Festnahme bei der Liebknecht-Luxemburg-Demonstration, ab 1992 Angestellter beim Berliner Senat.

11 Lutz Rathenow, Jg. 1952, Schriftsteller und Lyriker, 1973–75 Gründer und Leiter des Arbeitskreises Literatur und Lyrik in Jena, 1977 Exmatrikulation aus politischen Gründen von der Friedrich-Schiller-Universität Jena, Verhaftung im November 1980 nach einer Buchveröffentlichung in der Bundesrepublik, nach seiner Freilassung infolge internationaler Proteste intensive Überwachung durch das MfS, in den 1980er-Jahren freischaffender Schriftsteller und Dramaturg in Ostberlin mit engen Kontakten zu oppositionellen Kreisen, 2011–21 Sächsischer Landesbeauftragter für die Aufarbeitung der SED-Diktatur.

12 Rüdiger Rosenthal, Jg. 1952, Schriftsteller und Journalist, publizierte unter Pseudonym in westdeutschen und österreichischen Medien, in der DDR wurden Auftritts-, Publikations- und Reiseverbote gegen Rosenthal verhängt, der in unabhängigen Friedens-, Umwelt- und Bürgerrechtsgruppen aktiv war, 1987 Übersiedlung nach Westberlin, ab Ende 1989 Tätigkeiten als Pressesprecher für die Grüne Partei in der DDR, später Bündnis 90/Die Grünen und Umweltverbände.

13 Karl-Heinz Baum, Jg. 1941, Autor und Journalist, 1977–90 DDR-Korrespondent der »Frankfurter Rundschau«, von 1985 bis 1989 berichtete er auch für die »Westdeutsche Allgemeine Zeitung«.

14 Günter Krusche, Jg. 1931, evangelischer Theologe, 1956–58 Pfarrer in Taucha, 1958–66 Studieninspektor im sächsischen Predigerseminar in Lückendorf, 1966–69 Referent im Landeskirchenamt Sachsen und Pfarrer in Dresden, 1969–74 Studiendirektor in Lückendorf, ab 1974 Dozent am Sprachenkonvikt Berlin, 1983–92 Generalsuperintendent des Sprengels Berlin der Evangelischen Kirche Berlin-Brandenburg.

15 Im Original: »Laudin«. Ingrid Laudien, Jg. 1934, evangelische Theologin, 1976–94 Pfarrerin der Evangelischen Galiläa-Samariter-Kirchengemeinde und Superintendentin des Kirchenkreises Berlin-Friedrichshain.

16 Gottfried Forck, Jg. 1923, evangelischer Theologe, 1954–59 Studentenpfarrer an der HU Berlin, 1959–63 Pfarrer in Lautawerk (Niederlausitz), 1963–72 Leiter des Predigerseminars

perintendenten Pfarrer *Schneider*/Berlin-Friedrichshain[17] geführt. Ihnen wurde – auch unter Bezugnahme auf die im Jahr 1984 stattgefundenen »Nachtgebete« – erneut die staatliche Erwartungshaltung, in kirchlichen Räumen ausschließlich Handlungen religiösen Inhalts und Charakters zuzulassen, erläutert. Bischof Dr. *Forck* sicherte zu, seine Verantwortung wahrnehmen zu wollen.

Außerdem betonte er, die Kirchenleitung versuche mit der Integration der Gruppe »Frauen für den Frieden« in die Gemeindearbeit »unerwünschte Effekte« ihrer Arbeit zu neutralisieren.

Im Ergebnis der durchgeführten vorbeugenden Maßnahmen wurden einzelne feindlich-negative Kräfte verunsichert. Dies widerspiegelte sich darin, dass sie ihre längerfristig vorbereiteten Beiträge für die Veranstaltung »entschärften«.

Inhalt und Verlauf des »Nachtgebetes« machten jedoch deutlich, dass die gegenüber den kirchenleitenden Kräften ausgesprochenen staatlichen Erwartungshaltungen von ihnen nicht eingehalten wurden. Zahlreichen Führungskräften und aktiven Mitgliedern feindlich-negativer Gruppierungen in der Hauptstadt der DDR wurde mit Wissen und Duldung kirchenleitender Kräfte der Evangelischen Kirche in Berlin-Brandenburg erneut in kirchlichen Räumen die Möglichkeit einer Zusammenkunft gewährt. Die Organisatoren nutzten diese Veranstaltung analog dem Vorgehen beim »1. Nachtgebet« im Mai 1984, die Anwesenden auch durch den Einsatz von auf emotionale Wirkung abzielenden gestalterischen Mitteln in ihrem »Zusammengehörigkeitsgefühl« zu bestärken und pseudopazifistisches Gedankengut wirksam zu propagieren. Einige Aussagen in den vorgetragenen sogenannten Fürbitten enthielten zum Teil offene Angriffe gegen Teilbereiche der sozialistischen Staats- und Gesellschaftsordnung.

Zum Verlauf des »3. Nachtgebetes der Frauen« wurden folgende bedeutsame Hinweise bekannt:

Nach der Begrüßung der Teilnehmer durch die Vorsitzende des Gemeindekirchenrates, Jutta *Kraeusel*,[18] wurde unter Regie der Pastorin *Sengespeick* ein »geschichtlicher Abriss zur Trümmerfrau« durch einzelne Sprecherinnen vorgetragen. Dabei wurde scheinbar wahllos aus Briefen, persönlichen Erin-

---

Brandenburg, 1972–81 Generalsuperintendent des Sprengels Cottbus, 1981–91 Bischof der Evangelischen Kirche Berlin-Brandenburg – Bereich Ost, 1984–87 Vorsitzender des Rates der Evangelischen Kirche der Union für den Bereich DDR.

17 Hans-Peter Schneider, Jg. 1941, evangelischer Theologe, seit Mitte der 1970er-Jahre Pfarrer der Andreas-Markus-Gemeinde in Ostberlin, engagiert in der Friedensbewegung, in der »Kirche von Unten« und für das »Grün-ökologische Netzwerk Arche«, später Pfarrer in Dobbrikow.

18 Jutta Kraeusel, Jg. 1938, Buchhalterin, ab 1974 Vorsitzende des Gemeindekirchenrates der Evangelischen Auferstehungsgemeinde in Berlin-Friedrichshain, 1985–99 Sekretärin im Paulinum Berlin, vorher Buchhalterin bei der Bewag, 1989 Mitbegründerin der SDP (Ost-SPD) im Bezirk Berlin-Mitte.

nerungen und Presseveröffentlichungen aus den Jahren 1945 bis 1947 zur Problematik »Trümmerfrauen« zitiert, verbunden mit dem Hinweis, es handele sich um authentisches Material »ohne Deutung ihres Stellenwertes für die Gegenwart«.

Die ohne Kommentar vorgetragenen Texte waren von der Grundtendenz her gekennzeichnet durch Hoffnungslosigkeit und Pessimismus. Bestimmte Textstellen enthielten jedoch Aussagen, die die Zuhörer offensichtlich zu Vergleichen mit der Gegenwart anregen sollten.

Es wurden u. a. solche Äußerungen getätigt:
- »Politik ist eine Gewalt. Gegen sie kann man nichts machen, dafür will ich erst recht nichts tun. Ich will auf keinen Fall mit einer Partei zu tun haben.«
- »Von der nächsten Zukunft erwarte ich nur eine Besserung der gröbsten Not; es wird uns noch jahrelang schlecht gehen.«
- »Den Frieden habe ich mir friedlicher vorgestellt. Von außen erwarte ich keine Hilfe.«
- »Meine ganze Hoffnung setze ich jetzt in die Demokratisierung; bloß keine Diktatur mehr.«

Im Anschluss daran wurden Auszüge aus einem Leserbrief an eine katholische Frauenzeitung aus dem Jahre 1946 verlesen, der die Aufforderung enthält, »alle Frauen und Mütter sollen sich zu einem Bund zusammenschließen und immer und überall den Mut besitzen, dem Krieg entgegenzutreten«. An anderer Stelle heißt es wörtlich: »Vielleicht wäre es möglich, ein Abzeichen zu tragen, welches die Trägerin auch äußerlich als Kriegsgegnerin kennzeichnet. ... Gewiss wird sich der notwendige, zunächst kleine Kreis opferwilliger Frauen finden, um ein Werk ins Leben zu rufen, das sicher dazu beiträgt, die Menschheit von ihrer furchtbaren Geisel zu befreien.«

In der darauffolgenden Predigt interpretierte Pastorin *Sengespeick* die Ostergeschichte im »Neuen Testament« mit Anspielungen auf »militante Systeme und Diktaturen« und »Kriminalisierung von Humanisten«. Wörtlich erklärte sie: »Und alle die sich auf den Weg machten aus Liebe zum Leben, machen auch diese Erfahrung; da kann man jemanden einsperren und kriminalisieren, so wie man es mit Jesus gemacht hat, doch die Würde desjenigen wird größer sein.«

Unter Anspielung auf das Motto »Trümmerfrauen« wurden die Anwesenden im zweiten Teil der Veranstaltung von der Pastorin *Sengespeick* aufgefordert, die »geistigen Trümmer zu benennen, die uns die Zukunft verbauen«. Circa 30 bis 40 vor dem Altar aufgebaute Kartons, versehen mit solchen Aufschriften, wie »Hass«, »Gleichgültigkeit«, »Hierarchie«, »Gefängnisse«, »Feindbild«, »Brutalität«, »Passivität«, »Angst« und Ähnliches sollten derartige geistige Trümmer symbolisieren und im Rahmen von sogenannten Fürbitten »abgetragen« werden.

Die Mehrzahl der in diesem Zusammenhang gehaltenen Beiträge (15 Personen) beinhaltete pseudopazifistisches Gedankengut. Teilweise enthielten sie offene Angriffe, insbesondere gegen die Schutz- und Sicherheitsorgane, die sozialistische Wehrerziehung[19] und Zivilverteidigung und gegen das sozialistische Bildungssystem. Darüber hinaus erfolgte eine verzerrte Darstellung der Rolle der Frauen in der sozialistischen Gesellschaft und der sozialpolitischen Maßnahmen für kinderreiche Familien.

Unter Hinweis auf »persönliche Erlebnisse und Eindrücke« wurden u. a. folgende Probleme aufgeworfen:
- Die Situation an unseren Schulen habe sich weiter verschlechtert, und den Kindern werde noch immer ein militärisch motiviertes Feindbild vermittelt: In den psychologischen Beratungsstellen wachse die Anzahl der Kinder mit neurologischen Störungen weiter an.
- Erzieher und Eltern haben Kenntnis von der Einlagerung von Luftschutzmasken und ihrer Erprobung an den Schulen.
- Die für den Zivilverteidigungsunterricht verwendeten Lehrbücher an den Schulen werden unter Verschluss aufbewahrt. (In diesem Zusammenhang wurde die Frage aufgeworfen, ob die Eltern nicht das Recht haben, »zu wissen, mit welchem Wissen ihre Kinder belastet werden«.)
- »Jede Form, ob Vor- oder Nachrüstung«, sei »verantwortlich für den Hungertod von Millionen, für Klimaerwärmung durch Umweltverschmutzung«. (Verantwortlich seien dafür »patriarchalische Machtstrukturen, Hierarchien in Parteien, Gewerkschaften, Hochschulen und in der Kirche«.)
- Das Recht auf Bildung werde gebrochen, wenn es davon abhängig ist, ob derjenige sich »loyal gegenüber der Politik dieses Staates erklärt, wenn junge Leute genötigt werden, ihre eigene Meinung zu unterdrücken«.
- Nicht alle Menschen, die einmal scheiterten (angespielt wurde auf einen Jugendlichen, der die DDR ungesetzlich verlassen hat), könne man als »Verbrecher abstempeln«.

Die Schutz- und Sicherheitsorgane der DDR werden in einzelnen Beiträgen beschuldigt, »Andersdenkende zu diskriminieren und zu kriminalisieren«.

In einigen Fällen trugen die »Fürbitten« den Charakter von Forderungen. Sie wurden verbunden mit dem Appell, sich zusammenzuschließen, sich der »Diskriminierung« zu widersetzen und verstärkt Eingaben an staatliche Organe zu richten.

---

19 Der Wehrkundeunterricht, auch Wehrerziehung genannt, fand ab dem 1.9.1978 Einzug in die Lehrpläne der 9. und 10. Klassen der POS. Ab Mai 1981 gab es ihn auch in den 11. Klassen der EOS. Am Ende der 9. Klasse mussten die Jungen in ein zwölftägiges Wehrlager. Die Mädchen und diejenigen Jungen, die aus Gesundheitsgründen nicht am Lager teilnehmen konnten oder die Ausbildung an Waffen verweigerten, hatten einen zwölftägigen Lehrgang in Zivilverteidigung zu absolvieren.

Die Resonanz der Anwesenden auf die »Fürbitten« war gekennzeichnet durch Beifall bzw. sarkastisches Gelächter.

Zum Abschluss wurden die Teilnehmer aufgefordert, sich an einer Kollekte für »bedürftige Frauen, die für den Frieden kämpfen« und für die »Hungernden in Äthiopien« zu beteiligen.

Nach dem MfS streng intern vorliegenden ersten Hinweisen wertete die *Bohley* das Ergebnis dieser Veranstaltung als nicht herausragend, aber besser als das am 7. Juni 1984 durchgeführte »2. Nachtgebet«. (In Vorbereitung und Durchführung des »2. Nachtgebetes« hatten die kirchenleitenden Kräfte der Evangelischen Kirche in Berlin-Brandenburg mehr darauf Einfluss genommen, der Veranstaltung einen religiösen Charakter zu verleihen und offene Angriffe gegen die sozialistische Staats- und Gesellschaftsordnung zu verhindern.)

In Auswertung des »3. Nachtgebetes der Frauen« werden folgende Maßnahmen vorgeschlagen:

1. Der Hauptabteilungsleiter im Staatssekretariat für Kirchenfragen, Genosse Heinrich,[20] sollte auf der Grundlage einer Gesprächskonzeption mit dem Leiter des Sekretariats des Bundes der Evangelischen Kirchen in der DDR, Oberkirchenrat Ziegler/Berlin,[21] eine umfassende Auswertung der Veranstaltung vornehmen. In diesem Gespräch sind die dort getätigten Angriffe gegen Teilbereiche der sozialistischen Staats- und Gesellschaftsordnung als eine offene Einmischung in staatliche Angelegenheiten zu werten und entschieden zurückzuweisen. Es sollte nachgewiesen werden, dass die auf der Veranstaltung von hinreichend bekannten Personen vorgenommenen verzerrten und zum Teil verfälschten Darstellungen bestimmter gesellschaftlicher Entwicklungsprozesse dem Inhalt nach übereinstimmen mit den von gewissen westlichen Massenmedien ständig neu entfachten Hetz- und Verleumdungskampagnen gegen die DDR.

Gleichzeitig sollte das Unverständnis über die Nichteinhaltung der von kirchenleitenden Kräften der Evangelischen Kirche in Berlin-Brandenburg gegebenen Zusicherungen hinsichtlich der Verhinderung des politischen Missbrauchs dieser Veranstaltung zum Ausdruck gebracht und erklärt werden, dass ein derartiges Verhalten im krassen Gegensatz zu den politisch realistischen Aussagen der Kirchenleitungen aller Ebenen auf den kirchlichen Veranstaltungen anlässlich des 40. Jahrestages der Befreiung steht. Das Gespräch sollte außerdem genutzt werden, unter Hinweis

---

20 Peter Heinrich, Jg. 1940, SED-Funktionär, 1967–74 Hauptreferent für Kirchenfragen beim Rat der Stadt Leipzig, 1982–90 Hauptabteilungsleiter im Staatssekretariat für Kirchenfragen zuständig für Rechtsfragen, arbeitete zugleich als OibE für die HA XX/4 des MfS.

21 Martin Ziegler, Jg. 1931, evangelischer Theologe, 1968–74 Superintendent in Merseburg, 1975–83 Direktor des Diakonischen Werkes der Inneren Mission, übernahm 1983 als Oberkirchenrat und Nachfolger von Manfred Stolpe die Leitung des Sekretariats des Bundes der Evangelischen Kirchen in der DDR.

auf weitere geplante Veranstaltungen im Bereich der Evangelischen Kirche in Berlin-Brandenburg (Blues-Messen[22] am 16. Juni 1985[23] in der Erlöserkirche in Berlin-Lichtenberg; Friedenswerkstatt am 29./30. Juni 1985[24] in der Erlöserkirche) die Forderung zu erheben, dass kirchenleitende Amtsträger dieser Landeskirche stärker als bisher ihrer Verantwortung nachkommen und gegenüber den Organisatoren derartiger Veranstaltungen disziplinierend wirken.

2. Durch den Stellvertreter des Oberbürgermeisters der Hauptstadt der DDR für Inneres, Genossen *Hoffmann*,[25] und durch den Leiter des Sektors für Kirchenfragen beim Magistrat der Hauptstadt der DDR, Genossen *Mußler*,[26] sollten analog dem unter Punkt 1 genannten Vorschlag Gespräche mit dem Generalsuperintendenten *Krusche* bzw. mit Superintendentin *Laudien* geführt werden.

3. Mit in Betrieben oder gesellschaftlichen Einrichtungen beschäftigten Teilnehmern am »Nachtgebet« sollten durch zuständige leitende Kader Auseinandersetzungen mit dem Ziel der Disziplinierung und der Abstandnahme von einer Beteiligung an weiteren Veranstaltungen ähnlichen Charakters geführt werden.

4. In enger Zusammenarbeit der Parteiorgane mit zuständigen staatlichen Organen, Hochschuleinrichtungen in der Hauptstadt der DDR und gesellschaftlichen Organisationen sollten die Möglichkeiten der Auswahl

---

22 Blues-Messen nannte sich die ab 1979 in der Berliner Samariter-Gemeinde von Günter Holwas und Rainer Eppelmann entwickelte Form der offenen Arbeit der Evangelischen Kirche, bei denen auch kirchenferne unangepasste Jugendliche zu Lesungen und Konzerten in gottesdienstähnliche Veranstaltungen kommen konnten. Die erste Blues-Messe fand am 1.6.1979 während des Pfingsttreffens der FDJ statt. In der Folgezeit entwickelte sich die Mischung aus Textlesungen, Musik- und Theatereinlagen, Fürbitten und Sketchen zu Großereignissen mit bis zu 6 000 Teilnehmern. Neben der Friedrichshainer Samariter- und Auferstehungskirche wurde auch die Erlöserkirche in Berlin-Lichtenberg mit einbezogen. Die Messen boten einen neuartigen Rahmen, um politische Themen zu diskutieren und persönliche Nöte von Jugendlichen anzusprechen. Vgl. Moldt, Dirk: Zwischen Haß und Hoffnung. Die Blues-Messen 1979–1986. Berlin 2008.
23 Zu den Blues-Messen im Juni 1985 vgl. die Informationen 207/85 u. 255/85.
24 Die seit 1982 praktizierten Friedenswerkstätten waren eintägige kirchliche Großveranstaltungen mit Gottesdiensten, Galerien, Kleinkunstaufführungen, Ausstellungen und Diskussionsforen. Gestaltet wurden sie von kirchlichen Basisgruppen mit ihren Themen Ökologie, Frieden, Abrüstung und Menschenrechte. Überregionale Bedeutung gewann vor allem die Friedenswerkstatt der Berliner Erlöserkirche. Der Aktionstag wurde zu einem Höhepunkt der unabhängigen Friedensbewegung in der DDR. Bis 1986 folgten weitere Werkstätten, bevor die Kirchenleitung auf Drängen des Staates die Treffen untersagte. Als Protest fanden sich die Aktivisten im Jahr 1987 zum »Kirchentag von Unten« als alternatives Forum zum stark entpolitisierten offiziellen Kirchentag in Berlin zusammen. Zur Friedenswerkstatt 1985 in der Erlöserkirche vgl. Information 286/85.
25 Günter Hoffmann, Jg. 1928, SED-Funktionär, 1976–90 Stellvertreter des Oberbürgermeisters Ostberlins und Stadtrat für Inneres.
26 Stefan Mußler, Jg. 1953, Jurist, Leiter der Sektion Kirchenfragen beim Ostberliner Magistrat.

und des Einsatzes befähigter und qualifizierter Kader bei derartigen Veranstaltungen noch intensiver genutzt und diese Kräfte umfassend über ein politisch kluges und taktisch richtiges Auftreten und Verhalten instruiert werden.

Die Information ist wegen Quellengefährdung nur zur persönlichen Kenntnisnahme bestimmt.

[ohne Datum]

Information Nr. 236/85 über die bisherigen Ergebnisse der Untersuchung im Ermittlungsverfahren gegen den Bürger der DDR, Zeitz, Udo

Quelle: BArch, MfS, ZAIG 3462, Bl. 1–5.
Serie: Informationen.
Verteiler: Kein Nachweis für externe oder interne Verteilung.
Datum: Datierung durch den Bearbeiter: 4.6.1985 (die in der Information erwähnte »Kontraste«-Sendung lief am Abend des 3.6.1985 in der ARD).
Vermerk: Dokumentenkopf, maschinenschriftlich: »Geht nicht raus (durch Genossen Minister mit Genossen Krenz persönlich ausgewertet)«.

[Faksimile vom Deckblatt zu Information 236/85]

Nach vorliegenden Hinweisen hat sich die Fraktionssprecherin der Partei »Die Grünen« im Bundestag der BRD, *Hönes*,[1] in einem Brief an den Generalsekretär des ZK der SED und Vorsitzenden des Staatsrates der DDR, Genossen Erich *Honecker*,[2] für die »Freilassung« eines in der DDR inhaftierten »Umweltschützers« eingesetzt.[3]

Bereits am 27. Mai 1985 war dazu durch das BRD-Nachrichtenmagazin »*Der Spiegel*« Nr. 22/85 eine entsprechende Veröffentlichung erfolgt.[4]

Eine ähnliche Publizierung erfolgte am 3. Juni 1985 durch das Fernsehen der BRD in der Sendung »*Kontraste*«.[5]

Die bisherigen Untersuchungen zu der in den vorgenannten Veröffentlichungen genannten Person haben ergeben:

Bei dem genannten DDR-Bürger handelt es sich um den *Zeitz*, Udo[6] (30), wohnhaft 1296 Biesenthal, [Straße, Nr.], erlernter Beruf: Facharbeiter für

---

1 Hannegret Hönes, Jg. 1946, Journalistin und Grünen-Politikerin, 1981–83 Mitglied des Landesvorstands der Grünen Baden-Württemberg, 1985–87 Bundestagsabgeordnete.
2 Erich Honecker, Jg. 1912, SED-Funktionär, 1958–89 Mitglied des Politbüros, ab 1971 Erster Sekretär, ab 1976 Generalsekretär der SED, 1971–89 Vorsitzender des Nationalen Verteidigungsrates, 1976–89 Vorsitzender des Staatsrates.
3 In ihrem Brief argumentierte Hönes, dass das Engagement des Inhaftierten nach ihrem Verständnis auch in der DDR legal und sogar wünschenswert sei, um das aus ihrer Sicht notwendige ökologische Problembewusstsein in der DDR zu verbreiten. Vgl. Brief von der Bundestagsabgeordneten der Grünen Hannegret Hönes an den Vorsitzenden des Staatsrates und Generalsekretär des ZK der SED Erich Honecker v. 30.5.1985; BArch, DY 30/2404, Bl. 125 f.
4 Vgl. Ständig Treibel. Grüner Protest unerwünscht. Eine Umwelt-Initiative wurde zerschlagen, ihr Gründer kaltgestellt und festgenommen. In: Der Spiegel 22/1985.
5 Am 3.6.1985 brachte das ARD-Magazin »Kontraste« einen Beitrag über Udo Zeitz.
6 Udo Zeitz, Jg. 1954, Klempner- und Installateurmeister, zunächst Ausbildung zum Möbeltischler, später Klempner- und Installateurmeister, bis zu seinem Engagement für die Gründung der »Gemeinschaft Progress« selbstständig in Biesenthal, 1985 nach 5,5 Monaten in Untersuchungshaft nach Westberlin abgeschoben, dort bis 1989 angestellt als Klempner-

Holztechnik, Klempner und Installateur, von 1981 bis 1983 Mitglied der LDPD.

Inspiriert durch eine nach der BRD übergesiedelte Person (seit dem Zeitpunkt der Übersiedlung dieser Person unterhielt *Zeitz* ständigen fernmündlichen sowie brieflichen Kontakt und stimmte sein gesamtes diesbezügliches Vorgehen mit ihr ab) beantragte *Zeitz* am 25. Januar 1984 beim Rat des Kreises Bernau, Abteilung Inneres, die Genehmigung zur Bildung einer »Gemeinschaft Progress«.

Als Zielstellung wurde vorgegeben, dadurch »die Lebensqualität der Bürger ständig verbessern, dem Umweltschutz mehr zur Geltung verhelfen zu wollen«.

Durch die Untersuchungsergebnisse wird zweifelsfrei bestätigt, dass die beantragte Bildung einer solchen »Gemeinschaft« ausschließlich dem Ziel dienen sollte, die Behörden der DDR zu provozieren.

Zu diesem Zweck hatte *Zeitz* mit dem oben genannten Bürger der BRD und einem weiteren Bürger der DDR – dessen strafrechtliche Verantwortlichkeit zurzeit geprüft wird – vereinbart, dass nach der von ihnen erwarteten Ablehnung des Antrages zur Bildung der »Gemeinschaft Progress« diese Entscheidung als Anlass zur Stellung von Übersiedlungsersuchen in die BRD genutzt werden sollte.

Nachdem der »Antrag« durch den Leiter der Abteilung Inneres beim Rat des Kreises Bernau am 21. März 1984 gegenüber *Zeitz* mündlich abgelehnt worden war, verbunden mit ausführlichen Erläuterungen, sich im Rahmen des Kulturbundes der DDR aktiv an Umweltschutz-Aktivitäten zu beteiligen, stellte *Zeitz* bei den Organen für Inneres des Kreises Bernau ein Ersuchen zwecks Übersiedlung nach der BRD. In der Folgezeit forderte er im Zusammenhang mit ihm diesbezüglich mehrfach geführter Aussprachen jedes Mal erneut seine Übersiedlung nach der BRD.

Am 24. Januar 1985 forderte er bei den Organen für Inneres erneut die Zulassung einer »Gemeinschaft Progress«. In einer Aussprache am 13. Februar 1985 wurde *Zeitz* durch den Leiter der Abteilung Inneres beim Rat des Bezirkes Frankfurt/Oder und dem Leiter der Abteilung Inneres beim Rat des Kreises Bernau die erneute Ablehnung des »Antrages« mitgeteilt.

Trotz der wiederholten Ablehnung der Gründung einer derartigen Organisation durch die zuständigen staatlichen Organe der DDR und des mehrfachen Hinweises, seine Aktivitäten zum Umweltschutz im Rahmen der Mitarbeit im Kulturbund der DDR zu entwickeln, versuchte *Zeitz* seit Anfang 1984, mehrere ihm bekannte Übersiedlungsersuchende zu gewinnen, sich der »Gemeinschaft Progress« anzuschließen. Wie vorliegende Aussagen bestätigen, teilte *Zeitz* diesen Personen mit, dass die Bildung der »Gemeinschaft

---

meister, ab 1989 wieder selbstständig mit einem eigenen Betrieb (zunächst in Westberlin, später auch wieder in Biesenthal).

Progress« der Sammlung von Übersiedlungsersuchenden und der gemeinsamen Durchführung von Aktivitäten zur Durchsetzung von Übersiedlungsersuchen dienen sollte.

Darüber hinaus gab er übersiedlungswilligen Personen »Ratschläge« zur inhaltlichen Ausgestaltung ihrer Ersuchen und bot sich als »Rechtsberater« an. Weiter forderte er Übersiedlungsersuchende zum hartnäckigen Beharren auf ihren Positionen gegenüber den staatlichen Organen auf.

Wie die Untersuchungen weiter ergaben, beauftragte *Zeitz* einen ihm bekannten Bürger der DDR mit der Wahrnehmung eines Treffs im Juli 1984 in der ČSSR mit dem eingangs genannten BRD-Bürger. Im Verlaufe dieser Zusammenkunft forderte der BRD-Bürger *Zeitz* auf, eine Liste von mindestens zwanzig Übersiedlungsersuchenden zu übermitteln, die er dem bayerischen Ministerpräsidenten *Strauß*[7] übergeben wollte. Darüber hinaus beauftragte er den *Zeitz* zur Fortsetzung der Informationsübermittlung hinsichtlich der Übersiedlungsaktivitäten und der weiteren Handlungen zur Bildung der »Gemeinschaft Progress«.[8]

Im Ergebnis dieses Treffens übersandte *Zeitz* auftragsgemäß u. a. an den Bürger der BRD Durchschriften seiner Übersiedlungsersuchen sowie der Anträge auf Zulassung der »Gemeinschaft Progress« und die Personalien von sechs übersiedlungsersuchenden Bürgern der DDR mit dem Ziel, von der BRD aus Druck auf die zuständigen staatlichen Organe der DDR zur Übersiedlung dieser Personen zu veranlassen.[9]

Darüber hinaus hat *Zeitz* an den Bürger der BRD sämtliche Unterlagen im Zusammenhang mit der von ihm am 25. Mai 1984 beim Generalstaatsanwalt der DDR erstatteten Anzeige wegen fahrlässiger Körperverletzung seiner vierjährigen Tochter – angebliche Vergiftung durch das Pflanzenschutzmittel Dimilin[10] – gegen einen Oberforstmeister des Staatlichen Forstwirtschaftsbetriebes Bernau und den Leiter für Wasserwirtschaft und Umweltschutz beim Rat des Kreises Bernau übersandt.

---

7 Franz Josef Strauß, Jg. 1915, CSU-Politiker, 1961–88 Vorsitzender der CSU, 1953–55 Bundesminister für besondere Aufgaben, 1955/1956 Bundesminister für Atomfragen, 1956–62 Bundesminister der Verteidigung, 1966–69 Bundesminister der Finanzen, 1978–88 bayerischer Ministerpräsident.

8 Seitdem sich Franz Josef Strauß im Anschluss an einen Besuch im Jahr 1983 in Dresden erfolgreich für die Ausreise von DDR-Bürgern eingesetzt hatte, wandten sich viele Ausreisewillige an den bayerischen Ministerpräsidenten.

9 In einem Telefonat mit dem Bearbeiter am 12.2.2024 berichtete Udo Zeitz, dass er im Jahr 1985 Kontakt zu weiteren Übersiedlungswilligen DDR-Bürgern hergestellt hat, um eine Sammelpetition über die UNO-Beschwerdeführerin Brigitte Klump an die UNO zu richten.

10 Im Original: »Dimilien«. Dimilin ist ein Pflanzenschutzmittel, das auf dem Wirkstoff Diflubenzuron basiert. Es wurde hauptsächlich zur Bekämpfung des Eichenprozessionsspinners und des Schwammspinners in Waldgebieten eingesetzt. Seit 2014 wird es in Deutschland nicht mehr verwendet.

(Nach Feststellung der behandelnden Ärzte hatte die Tochter lediglich einen grippalen Infekt und befand sich vom 18. bis 22. Mai 1984 im Krankenhaus Eberswalde.)[11]

Im Verlaufe einer am 20. März 1985 mit ihm geführten Aussprache drohte *Zeitz* gegenüber Mitarbeitern der Abteilung Inneres an, zur Durchsetzung seines Übersiedlungsersuchens »ein Repertoire an Mitteln umzusetzen«. Er äußerte in diesem Zusammenhang weiter: »Sie werden spüren, dass ich mein Vorhaben durchsetze. Ich will den Mitteln nicht vorgreifen.«

Außerdem weigerte er sich im Verlaufe dieser Aussprache, wieder eine Arbeit aufzunehmen und brachte zum Ausdruck: »Ich bin nicht bereit, mit meiner Arbeitskraft diesen Staat zu unterstützen.«

Im Ergebnis der daraufhin geführten ersten Untersuchungen wurde gegen *Zeitz* am 2. April 1985 ein Ermittlungsverfahren wegen des dringenden Verdachts der Beeinträchtigung staatlicher oder gesellschaftlicher Tätigkeit gemäß § 214 StGB[12] eingeleitet und Haftbefehl erlassen.

Ausgehend von den bisherigen Ergebnissen der Untersuchungen ist vorgesehen, das Ermittlungsverfahren zügig weiterzuführen, dabei insbesondere die Mitwirkung feindlicher Zentren, Kräfte und anderer Hintermänner in der BRD und deren damit verfolgte Zielstellung sowie der Aktivitäten des *Zeitz* zum Zusammenschluss weiterer feindlich-negativer Kräfte in der DDR weiter aufzuklären und das Verfahren zur Anklageerhebung an den Staatsanwalt zu übergeben.

---

11 In einem Telefonat mit dem Bearbeiter am 12.2.2024 erklärte Udo Zeitz, der Arzt habe zunächst eine Vergiftung mit Pflanzenschutzmitteln als Ursache für die Erkrankung der Tochter diagnostiziert. Erst später habe der Arzt diesen Befund mündlich auf »grippalen Infekt« geändert. Zeitz vermutet daher, der Arzt sei von staatlichen Stellen dazu gedrängt worden.

12 § 214 des StGB der DDR befasste sich mit der »Beeinträchtigung staatlicher und gesellschaftlicher Tätigkeiten« bzw. der »Missachtung staatlicher Gesetze« und »der öffentlichen Ordnung«. Damit gehörte der Paragraf zum politischen Strafrecht der DDR. Besonders in den 1980er-Jahren spielte er für die Staatssicherheit bei der Bekämpfung Ausreisewilliger eine große Rolle. Vgl. Strafgesetzbuch sowie angrenzende Gesetze und Bestimmungen. Hg. v. Ministerium der Justiz. Berlin 1979, S. 57.

6. Juni 1985

Information Nr. 234/85 über einige Probleme im Zusammenhang mit Erfordernissen der weiteren Reduzierung von Schäden und Verlusten im Transportprozess und der dazu notwendigen weiteren Ausgestaltung entsprechender rechtlicher Regelungen

Quelle: BArch, MfS, ZAIG 3461, Bl. 1–10 (9. Expl.).
Serie: Informationen.
Verteiler: Werner Krolikowski, Mittag, Alfred Neumann, Arndt – MfS: Mittig, Neiber, Leiter HA XIX (Braun), Leiter HA XVIII (Kleine), Giersch (ZAIG), Ablage.

Das MfS führte gemeinsam mit Experten in verschiedenen Industriezweigen Untersuchungen mit dem Ziel der Unterstützung der Zurückdrängung von Schäden und Verlusten im Transportprozess durch.

Im Ergebnis der durch die Partei- und Staatsführung eingeleiteten und im Verantwortungsbereich des Ministeriums für Verkehrswesen wirksam gewordenen Maßnahmen (offener Brief des ZK der SED vom April 1984,[1] Beschluss des Ministerrates über den verstärkten Einsatz von Paletten und Containern vom 26. April 1984,[2] Auswertung mit Kommandokadern und leitenden Mitarbeitern der politischen Organe der Deutschen Reichsbahn) ist grundsätzlich einzuschätzen, dass es durch zielgerichteten und komplexen leitungsmäßigen Einfluss gelungen ist, die seit Jahren steigende Tendenz bei Transportschäden und -verlusten aufzuhalten und in einigen Betrieben sowie bei ausgewählten Gut-Arten erstmals Senkungen in den Verlustquoten zu erreichen.

So konnte z. B. auf der Grundlage eines vom Vorsitzenden des zentralen Transportausschusses bestätigten Programms zur Qualitätssicherung im Gütertransport eine spürbar engere Zusammenarbeit zwischen den Kombinaten und Betrieben der Volkswirtschaft und den jeweiligen Verkehrsträgern erreicht werden.

---

1   Gemeint ist ein offener Brief an das ZK der SED und dessen Generalsekretär Erich Honecker vom 4.4.1984 im Namen der Eisenbahner, der u. a. vom Minister für Verkehrswesen und dem Generaldirektor der Deutschen Reichsbahn unterzeichnet wurde. Der Brief versicherte die Einsatzbereitschaft der Eisenbahner beim Ausbau der elektrifizierten Gleisabschnitte und der Steigerung des Gütertransportes auf der Schiene. Vgl. Eisenbahner versichern dem Zentralkomitee der SED: Höchste Leistungen für die allseitige Stärkung der DDR. In: ND v. 7./8.4.1984, S. 3.
2   Vgl. Beschluss über die Maßnahmen zum Ausbau des Container- und Palettentransports in der DDR v. 26.4.1984 (inklusive Anlagen); BArch, DC 20-I/3/2035, Bl. 195–236.

Diese Ergebnisse wurden auch durch den verstärkten Einsatz wissenschaftlich-technischer Kapazitäten zur Entwicklung qualitätsgerechter und effektiver Verpackungs-, Transport-, Umschlags- sowie Lagertechnologien erzielt.

Die im Ministerium für Verkehrswesen erfolgte Bildung eines Sektors Transportqualität und die im Zentralen Forschungsinstitut des Verkehrswesens zum Wissenschaftsbereich Transportqualität umprofilierte Beratungsstelle und deren Aktivitäten trugen ebenfalls zur Zurückdrängung der Verlustquoten auf einigen Gebieten bei.

Insgesamt wird der Kampf gegen Unordnung, Verantwortungslosigkeit und Schlamperei energischer und konsequenter geführt, konnten begünstigende Bedingungen weiter zurückgedrängt sowie Sicherheit, Ordnung und Disziplin erhöht werden.

Ungeachtet der auf der Grundlage eingangs genannter Dokumente eingeleiteten verstärkten Maßnahmen zur Zurückdrängung von Transportschäden und -verlusten bestätigten die Anfang 1985 geführten Untersuchungen das Vorhandensein einer Reihe von Mängeln und Schwächen, die das Eintreten hoher Schäden und Verluste nach wie vor verursachen bzw. begünstigen.

Diese Feststellungen werden insbesondere durch Untersuchungen in Betrieben der Obst- und Gemüseverarbeitenden Industrie, in der Spirituosenindustrie sowie des Kombinates Bauelemente und Faserstoffe bestätigt, in denen der Anteil der ausgewiesenen Transportschäden und -verluste bis zu 1 % der industriellen Warenproduktion erreicht.

Wie im Verlauf der Untersuchungen besonders deutlich wurde, tragen die in einer Anzahl geltender Erzeugnis-Standards für die Verpackung und den Transport getroffenen, zu allgemein gehaltenen bzw. nicht eindeutig formulierten Festlegungen über die Verantwortung der jeweiligen Produzenten zur Erhaltung der Erzeugnis-Qualität und zur Vermeidung von Verlusten während des Transportprozesses zum Teil in hohem Maße für das Entstehen von ungerechtfertigten Verlustquoten bei.

So ergab die Überprüfung von über 100 ausgewählten Erzeugnis-Standards:
– bei 60 % der Erzeugnis-Standards sind die Festlegungen für Verpackung und Transport zu allgemein bzw. nicht mehr aktuell,
– bei 30 % der Erzeugnis-Standards fehlen Festlegungen zur Verpackung und zum Transport gänzlich und
– bei nur 10 % der Erzeugnis-Standards entsprechen die Festlegungen den Anforderungen bezüglich Verpackung, Transport und Umschlag, die darüber hinaus zum Teil noch durch von den Betrieben entwickelte Laderichtlinien bzw. Ladetechnologien ergänzt wurden.

Der Großteil dieser Erzeugnis-Standards begünstigt somit praktisch die Nichteinhaltung der für die Transportkunden in der Gütertransportverordnung (GTVO) festgelegten Pflicht, »die Güter so zu verpacken und zu verladen, dass diese bei Be- und Entladung, beim Transport und Umschlag nicht in Verlust geraten, nicht verunreinigt, beschädigt oder vernichtet werden«.[3]

Auf eine positive Entwicklung deuten Untersuchungen in Betrieben der Obst- und Gemüseverarbeitenden Industrie (z. B. Versand von Kindernahrung in Glasdosen) hin.

Dort war in den Jahren 1981 bis 1983 im Zusammenhang mit der Verlagerung der Transporte auf die Schiene ein starkes Ansteigen der Transportverluste auf ein Mehrfaches zu verzeichnen.

Im Ergebnis konkreter leitungsmäßiger Maßnahmen auf der Grundlage einer monatlichen Erfassung und Analyse der Transportschäden und -verluste gelang es jedoch, in enger Zusammenarbeit mit der Deutschen Reichsbahn, die Transportverluste im Jahre 1984 wesentlich zu senken.

Die positiven Ergebnisse beim Versand von Kindernahrung in Glasdosen wurden auf der Grundlage einer innerbetrieblichen Laderichtlinie erreicht, deren Erarbeitung auf Eigeninitiative des Betriebes erfolge, da der seit 1976 gültige Erzeugnis-Standard für die Verpackung und den Transport keine eindeutigen Festlegungen zur verlustarmen Beförderung von Kindernahrung enthielt.

Wie weiter festgestellt wurde, wird bei einem Teil der Erzeugnis-Standards konkreten Festlegungen dadurch ausgewichen, indem unzulässigerweise die Belade- und Verpackungsordnung der Deutschen Reichsbahn (BVO) für die Verpackung und Verladung der Erzeugnisse zum Bestandteil der Standards erklärt wird.[4]

Expertenmeinungen zufolge seien die in dieser vordergründig auf die betriebssichere Transportdurchführung der Eisenbahn ausgerichteten Ordnung enthaltenen verbindlichen Festlegungen von den Transportkunden zwar einzuhalten, könnten jedoch nicht als Ersatzlösung im Sinne der Anforderungen für die Standardisierung zur Sicherung der Erzeugnis-Qualität vom Produzenten bis zum Verbraucher akzeptiert werden.

Derartige Unzulänglichkeiten seien ursächlich für unkonkrete, nicht für alle am Transportprozess Beteiligte verbindlich geregelte Anforderungen an die Verantwortung zur transportsicheren Verpackungs- und Verladeweise.

Dadurch wird gleichzeitig die Untersuchung von Pflichtverletzungen und die eindeutige Herausarbeitung der Verursacher von Transportschäden und

---

3 Vgl. § 17 (1c) der Verordnung über den öffentlichen Gütertransport durch Eisenbahn, Binnenschifffahrt und Kraftverkehr (Gütertransportverordnung, GTVO) vom 10.12.1981; BArch, DC 20-I/3/1785, Bl. 1–47, hier 22.
4 Die Belade- und Verpackungsordnungen der Deutschen Reichsbahn (BVO) wurden im jeweils gültigen »Deutsche Eisenbahn-Gütertarif« festgehalten.

-verlusten erschwert und die materielle Verantwortlichkeit in vielen Fällen teilweise unmöglich gemacht.

So musste z. B. von im Jahre 1984 im Binnengüterverkehr der Deutschen Reichsbahn eingetretenen ca. 58 000 Schadensfällen mit einem Gesamtschaden von ca. 61,3 Mio. Mark bei ca. 20 000 Fällen eine Schadensanerkennung durch die Deutsche Reichsbahn versagt werden.

Wie die durchgeführten Untersuchungen bestätigten, wurden diese Zurückweisungen seitens der Deutschen Reichsbahn in der Regel offensichtlich zu Recht ausgesprochen. Ein hoher Anteil der als Transportverluste bzw. Transportschäden angegebenen Verluste war eindeutig nicht im Transport-, sondern bereits im Produktionsprozess bzw. als Folgen von Mängeln und Unordnung im Lagerprozess entstanden.

Die Untersuchungen machten jedoch gleichzeitig deutlich, dass die in vielen Fällen praktizierte Art der Behandlung von Schadensfällen falsche Aussagen in den Finanzberichterstattungen der Betriebe ermöglicht bzw. begünstigt, indem die objektiven Schadensursachen nicht erkannt oder verschleiert werden. Die Feststellung der tatsächlich beim Transport entstandenen Schäden wird zumindest erheblich erschwert.

So wurden durch den VEB Nordbrand Nordhausen im Jahre 1984 6 192 000 Mark als Transportverluste ausgewiesen. Wie im Verlauf der Prüfung jedoch festgestellt wurde, waren alle vom Großhandel reklamierten Fehlmengen, Bruch- und andere Schäden einfach als Transportverluste erfasst und kostenmäßig entsprechend verbucht worden. Hinzu kommt, dass zu fast 80 % der 1984 gegenüber dem VEB Nordbrand Nordhausen reklamierten Schäden und Fehlmengen mit der Begründung, verdeckte Mängel teilweise erst drei bis sechs Monate nach Abschluss des Transportprozesses Ersatzforderungen erhoben wurden, die der VEB Nordbrand auch akzeptierte, ohne entsprechende Beweise zu fordern.

Dabei zeigten sich jedoch grobe Vernachlässigungen sowohl bei der Eingangskontrolle der Waren in den Lagern des Großhandels als auch bei der Ausarbeitung der Tatbestandsaufnahmen seitens der Deutschen Reichsbahn. Hinzu kommen grundsätzliche Mängel in der Erfassung und Nachweisführung von Transportschäden selbst, die – wie bereits angeführt – letztlich die Manipulierung von Warenverlusten und die Begehung anderer strafbarer Handlungen begünstigen.

So wird z. B. bei der eingangsseitigen Warenübernahme durch den Großhandel in der Regel nur ein Viertel der insgesamt als Transportschäden und -verluste reklamierten Bruchschäden und Fehlmengen festgestellt. Als Grundlage für Schadenersatzansprüche werden z. B. im Großhandelslager Erfurt lediglich »Strichlisten« geführt, aus denen weder Angaben über Liefertag, Sendungs-Nummer, Container-Nummer und Transportmittel zu erkennen sind und die jederzeit und beliebig verändert werden können.

Ähnliche Missstände wurden im Zusammenhang mit den Tatbestandsaufnahmen bei der Deutschen Reichsbahn bekannt. Bei einer Reihe von Güterabfertigungen wurde im Gegensatz zu den verbindlichen Regelungen des § 24 der GTVO[5] festgestellt, dass die Mehrzahl der Tatbestandsaufnahmen bei genannten Gut-Arten durch die Güterabfertigungen allein aufgrund fernmündlicher Schadensmeldungen nach »Angaben des Empfängers« erfolgt und keine Prüfung vor Ort vorgenommen wird.

Die Höhe der erfassten Transportschäden und -verluste bewegt sich im Jahre 1984 zwischen 0,48 % des Gesamtumsatzes (Lager Karl-Marx-Stadt) und 1,39 % (Lager Berlin-Lichtenberg Nordost). Diese erheblichen Unterschiede bei gleicher Gut-Art deuten zwingend auf die Notwendigkeit einer systematischen analytischen Arbeit zur Ursachenermittlung und die gezielte Einleitung schadensabwendender Maßnahmen hin.

Die Bedeutung einer konsequenten leitungsmäßigen Einordnung von Maßnahmen zur Senkung von Transportschäden wird auch am Beispiel des VEB Kombinat Bauelemente und Faserbaustoffe Leipzig sichtbar, wo trotz vorhandener Konzeptionen und Maßnahmepläne bisher keine entscheidende Senkung der Transportschäden erreicht werden konnte bzw. diese sogar bei der Gut-Art Asbest-Zement-Erzeugnisse 1984 gegenüber 1983 um ca. 35 % anstiegen.

Eine wesentliche Ursache dafür ist nach Expertenmeinungen eine völlig unzureichende leitungsmäßige Konsequenz bei der Durchsetzung festgelegter richtiger Maßnahmen.

So wurden keine Transportbruchanalysen durchgeführt, entsprechen die Verladerichtlinien nicht den Transportbedingungen und der zur leitungsmäßigen Einflussnahme auf die Senkung der Transportschäden gebildete Verpackungsausschuss unter Leitung des Direktors für Produktion wurde noch nicht wirksam. Das ermöglichte z. B. einen erheblichen Teil der an Dachbelägen aufgetretenen Schäden, die eindeutig auf Hitzeeinwirkung zurückzuführen sind, bewusst und wider besseres Wissen nach wie vor als Transportschäden auszuweisen.

Wie die geführten Untersuchungen, insbesondere zum Eisenbahntransport, ergaben, wirken vor allem ungenügende bzw. mangelhafte, nicht TGL-gerechte Verpackung und Umschlagstechnologien, unzweckmäßige bzw. vorschriftswidrige Beladung von Güterwagen und Containern, insbesondere mangelhafte Ladegutsicherung und nicht qualitätsgerechte Arbeit im Transportprozess nach wie vor hemmend auf das weitere Zurückdrängen von Transportschäden und -verlusten.

Eine Reihe von Versendern hat sich auf die aus dem Prozess der Verlagerung der Transporte von der Straße auf die Schiene entstandenen höheren Anforderungen an die Verpackungs- und Transporttechnologie nach wie vor noch nicht im erforderlichen Umfang eingestellt. So werde die Verpackung

---

5 § 24 der GTVO behandelt die Aufnahme von Verlusten oder Beschädigungen transportierter Güter. Vgl. GTVO v. 10.12.1981; BArch, DC 20-I/3/1785, Bl. 1–47, hier 29–31.

unverändert beibehalten, die Ursachen für steigende Transportschäden und -verluste ungenügend oder nicht erforscht und die eigenen Möglichkeiten zur Verbesserung der Situation nicht ausreichend genutzt.

Wesentlichen Einfluss auf die Ursachenermittlung von Transportschäden und -verlusten im Eisenbahnwesen hat der Einsatz von Stoßmessgeräten. Durchgeführte Kontrollen zum Einsatz der Stoßmessgeräte machten jedoch deutlich, dass die Anzahl der zur Verfügung stehenden Geräte nicht ausreicht und die vorhandenen technisch veraltet, zu schwer und stark störanfällig sind. (Ende März 1985 waren von den der Deutschen Reichsbahn zur Verfügung stehenden 189 Stoßmessgeräten 93 Geräte wegen hoher Störanfälligkeit nicht einsetzbar.)

Die verfügbaren Geräte kommen nicht durchgängig und schwerpunktbezogen zum Einsatz. Von zentraler Ebene erfolgt keine Koordinierung, ihr Einsatz erfolgt vielmehr nach territorialem Ermessen und zu sporadisch. Darüber hinaus werden die gefährdeten Transportgutarten einschließlich der dazu festliegenden Transportwege unzureichend berücksichtigt.

In Anbetracht des Umfangs des Transportes von besonders gefährdeten Gut-Arten durch die Deutsche Reichsbahn und der noch ungelösten Probleme bei der Verladung und Verpackung durch die Kombinate und Betriebe wird es im Interesse des konsequenten Zurückdrängens bzw. der Verhinderung von Transportschäden und -verlusten für erforderlich gehalten, die Durchführung einer Reihe von Maßnahmen zu prüfen bzw. zu entscheiden, die nach übereinstimmenden Aussagen die Situation auf diesem Gebiet positiv beeinflussen könnten.

Auch unter dem Gesichtspunkt der Erschließung weiterer Reserven in Vorbereitung des XI. Parteitages der SED[6] wäre es zweckmäßig, unverzüglich verbindliche Maßnahmen in nachfolgend genanntem Sinne zu veranlassen.

Es sollte rechtlich verbindlich geregelt werden, die Verantwortlichkeit der Leiter der Kombinate und Betriebe auch für die Qualitätssicherung im Gütertransport und die Pflicht zur Gewährleistung einer planmäßigen analytischen Arbeit über Transportschäden und -verluste nach einheitlichen Grundsätzen festzulegen, um exakte Angaben zu den Ursachen, begünstigenden Bedingungen und den Schadensumfang bei Schwerpunktgutarten zu erhalten und auf dieser Grundlage eine wirksame vorbeugende Tätigkeit entwickeln zu können.

Im Zusammenhang mit Transportverlagerungen von der Straße auf die Schiene sollten verbindliche Maßnahmen zur Anpassung der Verpackung, Ladegutsicherung und Transporttechnologie an diese neuen Bedingungen, einschließlich der Bilanzierung notwendiger Ressourcen dafür, sowie der Anpassung der Erzeugnis-Standards im Abschnitt »Verpackung, Transport

---

6   Der XI. Parteitag der SED fand vom 17. bis 21.4.1986 statt.

und Lagerung« unter umfassender Einbeziehung von Wissenschaft und Technik festgelegt werden.

Die verantwortlichen Leiter von Kombinaten und Betrieben sollten zur Ausarbeitung von zweckmäßigen »Richtlinien für die Verpackung, Verladeweise und den Transport von Gütern mit der Eisenbahn (Laderichtlinien)« verpflichtet werden für Güter, die besonders bruch- und stoßgefährdet und somit beim Eisenbahntransport hohen Belastungen ausgesetzt sind bzw. die wegen ihres Wertes besondere volkswirtschaftliche Bedeutung besitzen und an deren Verladeweise zur Schadenssenkung demzufolge besondere Anforderungen zu stellen sind.

Das Ministerium für Verkehrswesen sollte beauftragt werden, den leitungsmäßigen Einfluss zur konsequenten Umsetzung des Programms zur Erhöhung der Qualität im Gütertransport sowie dessen ständige Aktualisierung zu verstärken und die Untersuchungen zur Senkung der Beanspruchung der Güter beim Rangieren fortzusetzen sowie entsprechende Beförderungsrichtlinien für bruchempfindliche Güter auszuarbeiten. Weiterhin sollte die Zahl der Güterwagenumstellungen entscheidend reduziert und die Neuentwicklung von Stoßmessgeräten sowie ein zentral abgestimmter Einsatz der vorhandenen Geräte gewährleistet werden.

Zur weiteren Senkung und vorbeugenden Verhinderung von Transportschäden und -verlusten sollte der Kampf in allen Bereichen der Volkswirtschaft zur Erhöhung von Sicherheit und Ordnung unter Einbeziehung aller gesellschaftlichen Kräfte mit größerer Konsequenz als bisher organisiert werden.

In diesem Zusammenhang ist verstärkt Einfluss darauf zu nehmen, die gesetzlichen Regelungen, Vorschriften und Weisungen zur Qualitätssicherung im Gütertransport in allen Stufen des volkswirtschaftlichen Reproduktionsprozesses kompromisslos durchzusetzen.

30. Juli 1985

Information Nr. 321/85 über die beabsichtigte Einreise des Dr. Albert Prinz von Sachsen, Herzog zu Sachsen, im Zeitraum vom 30. August bis 8. September 1985 in den Bezirk Dresden

Quelle: BArch, MfS, ZAIG 33343, Bl. 48–50 (1. Expl.: zurückgegebenes Krenz-Exemplar).
Serie: Informationen.
Verteiler: Krenz, Fischer/Herbert Krolikowski – MfS: Mittig, Neiber, Großmann, Leiter HA VI (Fiedler), Leiter HA XX (Kienberg), Leiter BV Dresden (Böhm), Göbel (ZAIG), Ablage.
Bemerkungen: Der Akte liegt die Kopie eines Schreibens des Außenministers Oskar Fischer an Erich Honecker bei (Bl. 6). Darin informiert Fischer über die Reisepläne von Albert Prinz von Sachsen und schlägt vor, den Mitgliedern der ehemaligen sächsischen Königsfamilie die Einreise in die DDR zu versagen. Im Briefkopf des Schreibens handschriftlicher Vermerk: »Zustimmung des Gen. Honeckers liegt vor«, daneben Unterschrift [nicht zuordenbar] und Datum 31.7.85. Des Weiteren ein auf den 31.7.85 datierter Notizzettel (Bl. 5), darauf handschriftlich: »1=) Gen. Generalmajor Vogel, HA VI, über Entscheidung informiert. Ltr. leitet entsprechende Maßnahmen in ZA [Zusammenarbeit] mit der BV Dresden ein; 2=) Gen. Schröter – Ablage zur Ausgangsinformation«, Unterschrift (vermutlich) Hackenberg, Datum 31.7.85. Das 10. Exemplar ist abgelegt in: BArch, MfS, ZAIG 3471, Bl. 1–3.

Nach dem MfS zuverlässig vorliegenden Hinweisen beabsichtigt der Bürger der BRD, Dr. Albert Prinz von Sachsen,[1] Herzog zu Sachsen (50), wohnhaft München 90, [Straße, Nr.], in der Zeit vom 30. August bis 8. September 1985 aus touristischen Gründen in den Bezirk Dresden einzureisen.

Dr. Albert Prinz von Sachsen, Herzog zu Sachsen ist der Enkel des letzten Königs von Sachsen, Friedrich August III.,[2] ein Nachkomme des ehemaligen Sächsischen Königshauses Wettin.

Nach weiter vorliegenden Erkenntnissen handelt es sich bei ihm um eine exponierte Persönlichkeit der Revanchisten-Organisation »Landsmannschaft

---

1   Albert Prinz von Sachsen, Jg. 1934, Historiker, Studium und Promotion in München, leitete die von seiner Familie gegründete »Studiengruppe für Sächsische Geschichte und Kultur e.V.«
2   Friedrich August III., Jg. 1865, König von Sachsen, ab 1904 letzter Monarch Sachsens, Verzicht auf den Thron im Zuge der Novemberrevolution 1918.

Sachsen« im »Bund der Mitteldeutschen«[3] und den Präsidenten der »Studiengruppe für Sächsische Geschichte und Kultur e.V.«[4] in München.

Bisher erfolgten 1982 und 1983 für jeweils neun Tage über den VEB Reisebüro der DDR beantragte Einreisen als Einzeltourist, gemeinsam mit seiner Ehefrau, Prinzessin Elmira von Sachsen,[5] sowie dem Kraftfahrer und Sekretär, den Bürger der BRD, [Name, Vorname] (44) nach Dresden.

Letztmalig hielt er sich als Teilnehmer einer Reisegruppe der BRD im April 1985 für zwei Tage in Dresden auf.

Während der bisherigen Aufenthalte wurden durch beide Personen umfangreiche Kontakte vorrangig zu Personenkreisen der katholischen Kirche hergestellt sowie umfangreiche Aktivitäten unternommen, um mit staatlichen und kommunalen Stellen des Bezirkes Dresden ins Gespräch zu kommen und auf diesem Wege in das Blickfeld der Öffentlichkeit zu geraten.

Das Ziel der neuerlichen Einreise, zu deren Vorbereitung durch [Name, Vorname] umfangreiche Aktivitäten unternommen werden, besteht in der Teilnahme an der 800-Jahr-Feier der Stadt Nossen, da nach seinen Angaben die Gründung dieser Stadt eng mit dem Haus Wettin verbunden sei. (Die Wettiner überreichten 1185 der Stadt Nossen die Urkunde zur Stadterhebung.)

Darüber hinaus versucht [Name] zu erwirken, dass der Prinz durch den Oberbürgermeister von Dresden sowie den Bürgermeister von Nossen zu Gesprächen empfangen wird.

Ausgehend von den bereits gegenwärtig absehbaren beabsichtigten öffentlichkeitswirksamen Aktivitäten im Zusammenhang mit der geplanten Einreise des Prinzen sowie der in Vorbereitung darauf vorgesehenen weiteren Einreisen des [Name] in die DDR wird – wie bereits seitens des Ministeriums für Auswärtige Angelegenheiten empfohlen – vorgeschlagen,

dem Prinzen und seinem Sekretär und Kraftfahrer [Name] befristet auf einen angemessenen Zeitraum unmittelbar vor, während und nach den Jubiläumsfeierlichkeiten der Stadt Nossen Einreisen in die DDR nicht zu genehmigen;

---

3   Der »Bund der Mitteldeutschen« war die größte Verbandsorganisation von DDR-Flüchtlingen. Er ging 1969 aus der Fusion des »Gesamtverbandes der Sowjetzonenflüchtlinge« mit den »Vereinigten Landsmannschaften Mitteldeutschlands« hervor. Vgl. dazu Bader, Werner: Geborgter Glanz. Flüchtlinge im eigenen Land. Organisationen und ihr Selbstverständnis. Berlin, Bonn 1979; Amos, Heike: Vertriebenenverbände im Fadenkreuz. Aktivitäten der DDR-Staatssicherheit 1949–1989. München 2011, S. 226 ff.
4   1961 gründete die Familie des ehemaligen sächsischen Königshauses in München die »Studiengruppe für Sächsische Kultur und Geschichte e.V.«. Sie veranstaltete Vorträge und Führungen zu (kunst-)historischen Themen bezogen auf die Geschichte Sachsens und der Familie der Wettiner.
5   Elmira von Sachsen, Jg. 1930, ab 1980 durch Heirat Prinzessin von Sachsen, übernahm nach dem Tod ihres Mannes 2012 die Leitung der »Studiengruppe für Sächsische Geschichte und Kultur e.V.«.

dem [Name] bei der nächsten für die Zeit vom 9. bis 16. August 1985 geplanten Einreise in die DDR durch die zuständigen Organe offiziell mitzuteilen, dass im Zeitraum der Jubiläumsfeierlichkeiten ein Aufenthalt in der DDR durch den Prinzen und ihn [Name] nicht erwünscht ist. Darüber hinaus wird erwartet, dass er seinen jetzigen Aufenthalt nicht erneut zu umfangreichen, seitens der DDR unerwünschten Aktivitäten der Aufnahme von Kontakten zu staatlichen und kommunalen Stellen in der DDR missbraucht.

8. August 1985

Hinweise über einige aktuelle Gesichtspunkte der Reaktion der Bevölkerung der DDR [O/147]

Quelle: BArch, MfS, ZAIG 4158, Bl. 59–63.
Serie: Ablage O (Reaktionen der Bevölkerung).
Verteiler: Kein Nachweis für externe Verteilung – MfS: Mielke, Mittig, Neiber, Irmler, ZAIG/1.
Bemerkungen: Der Verteiler ist auf gesondertem Zettel vermerkt (Bl. 58).

Hinweisen aus allen Bezirken, einschließlich der Hauptstadt der DDR, Berlin, zufolge ist unter breiten Teilen der Bevölkerung ein gewachsenes Interesse an den Reden des Generalsekretärs des ZK der KPdSU, Genossen *Gorbatschow*,[1] festzustellen. Das bezieht sich insbesondere auf seine Äußerungen zu innenpolitischen Problemen, wie beispielsweise auf der Beratung zu Fragen des wissenschaftlich-technischen Fortschritts in Moskau[2] sowie anlässlich seiner Besuche in verschiedenen Unionsrepubliken der UdSSR.

In der Mehrzahl dazu bekannt gewordener Meinungsäußerungen werden vor allem die seit der Wahl des Genossen *Gorbatschow* zum Generalsekretär des ZK der KPdSU verstärkt sichtbar gewordenen Anstrengungen der Partei- und Staatsführung der UdSSR gewürdigt, eine schöpferische und zugleich kritischere Atmosphäre zur Durchsetzung der Parteibeschlüsse auf höchster Ebene zu schaffen.

Insbesondere politisch engagierte Werktätige aus Schwerpunktbereichen der Volkswirtschaft der DDR, darunter Leitungskader, aber auch Personen aus staatlichen Organen und Einrichtungen, werten die Reden als bedeutungsvoll, da grundlegende Probleme der weiteren wirtschaftlichen Entwicklung der UdSSR ihrer Auffassung nach offen angesprochen werden und gleichzeitig eine prinzipielle Auseinandersetzung mit noch vorhandenen Mängeln erfolge. Dieses Vorgehen, so wird argumentiert, sei Ausdruck der Anwendung des Leninschen Arbeitsstils in der Parteiarbeit. Genosse *Gorbatschow* spreche neuralgische Punkte an und zeige konstruktiv sowie vorwärtsweisend Lösungswege für die beschleunigte Intensivierung der Produktion in allen volkswirtschaftlichen Bereichen auf.

---

1 Michail S. Gorbatschow, Jg. 1931, KPdSU-Funktionär, März 1985 bis August 1991 Generalsekretär des Zentralkomitees der KPdSU, 1986 Propagierung des politischen und gesellschaftlichen Erneuerungsprogramms von »Glasnost« (Offenheit) und »Perestroika« (Umstrukturierung), 1988 Aufgabe der Breschnew-Doktrin, 1990 Friedensnobelpreis.
2 Gorbatschows Rede zu Grundfragen der Wirtschaftspolitik der KPdSU ist abgedruckt in: Die Grundfrage der Wirtschaftspolitik der Partei. Referat von Michail Gorbatschow auf der Beratung zu Fragen des wissenschaftlich-technischen Fortschritts in Moskau, in: ND v. 13.6.1985, S. 5.

Charakteristisch dafür sind folgende Argumente:
- Die Partei- und Staatsführung der UdSSR verstehe es, alle Probleme offen und kritisch anzusprechen.
- Eine solche Vorgehensweise sei zu begrüßen, denn nur so könnten die gesellschaftliche und volkswirtschaftliche Entwicklung hemmende Faktoren überwunden werden.
- Genosse *Gorbatschow* habe neue Maßstäbe gesetzt und »frischen Wind« in die Parteiarbeit gebracht.

Beachtenswert erscheint, dass im Zusammenhang mit der weiteren Auswertung der 10. Tagung des ZK der SED[3] häufig direkte Vergleiche hinsichtlich der Beurteilung/Bewertung der Entwicklung in der UdSSR und der DDR, vorwiegend im Bereich der Volkswirtschaft, angestellt werden.

Arbeiter, Angestellte und Angehörige der Intelligenz aus allen Bezirken der DDR äußerten sich wiederholt unter Hinweis auf die konkrete Lage in ihrem eigenen Tätigkeitsbereich dahingehend, die vom Genossen *Gorbatschow* gezeigte Konsequenz bei der Aufdeckung und Beseitigung von Mängeln/Missständen würde auch in der DDR notwendig sein, zumal sich die Probleme in der UdSSR und DDR nach ihrer Auffassung einander ähnelten.

Das konsequente Vorgehen der Partei- und Staatsführung in der UdSSR gegenüber leitenden Kadern im Staatsapparat und in der Wirtschaft, die ihrer Verantwortung nicht gerecht geworden sind, wird begrüßt (nur in Einzelfällen werden Bedenken über ein derartiges Vergehen geäußert), verbunden mit dem Hinweis, auch in der DDR müsste gegenüber Kadern in staats- und wirtschaftsleitenden Organen bei nachgewiesenen Pflichtverletzungen entschiedener durchgegriffen werden.

Besonders langjährig tätige Facharbeiter kritisieren bei aller Würdigung der erzielten Leistungen, dass vor allem in Betrieben auftretende Probleme und Mängel verharmlost oder verschwiegen und stattdessen »schöngefärbte« Berichte an übergeordnete Leitungsorgane weitergeleitet und sich Leiter inkonsequent z. B. gegenüber Erscheinungen mangelnder Arbeitsdisziplin verhalten würden. In diesem Zusammenhang betonen sie, eine kritischere Bewertung des erreichten Standes und prinzipielleres Auftreten von Leitungskadern aller Ebenen gegenüber subjektiv bedingten Mängeln hätte ein stärkeres Engagement der Werktätigen zur Überwindung von Hemmnissen zur Folge.

Es wurde wiederholt – besonders in individuellen Gesprächen – die Erwartung ausgesprochen, dass künftig auf Tagungen des ZK der SED anstehende Probleme der gesellschaftlichen Entwicklung sowie dabei erkannte

---

3 Die 10. Tagung des Zentralkomitees der SED fand vom 20. bis 21.6.1985 statt. Der Bericht des Politbüros wurde von Joachim Herrmann vorgetragen, er ist abgedruckt in: ND v. 21.6.1985, S. 6–11.

Schwachstellen konkreter, für alle Bürger deutlicher erkennbar bzw. verständlicher dargelegt werden.

So behaupteten z. B. Absolventen der Agrar-Ingenieur-Schule Neubrandenburg, die Dokumente der SED würden nur deshalb oberflächlich studiert, da sie zu schwer zu durchdringen seien und sich oft in den Formulierungen glichen; deshalb ließen sich kaum konkrete Schlussfolgerungen ableiten. Durch angeblich zu stark verallgemeinerte Aussagen würden die Dokumente für den Einzelnen an Wert verlieren.

Unmittelbar verbunden mit der weiteren Auswertung der 10. Tagung des ZK der SED werden in unterschiedlichem Umfang unter allen Bevölkerungskreisen zunehmend Erwartungshaltungen geäußert und wird spekuliert über mögliche Beschlüsse des XI. Parteitages,[4] besonders auf sozialpolitischem Gebiet.

Schwerpunkte bilden dabei Maßnahmen bezüglich
– der Herabsetzung des Rentenalters,
– Lohnerhöhungen für Werktätige mit relativ geringem Verdienst,
– der Verkürzung der Wochenarbeitszeit.

Erwartet wird eine generelle Herabsetzung des Rentenalters für alle Werktätigen (diskutiert werden Herabsetzungen von zwei bis fünf Jahren). Dabei wird von älteren Bürgern zum Ausdruck gebracht, die DDR sei das einzige Land in Europa, in dem ein relativ hohes Rentenalter festgelegt sei. Es wäre nach ihrer Meinung jedoch angemessen, neue Regelungen zu treffen, da es bei den ständig steigenden Anforderungen im Berufsleben immer schwerer falle, mit zunehmendem Alter die geforderten Leistungen zu erbringen.

Unter Berufskadern der NVA gibt es Vorstellungen über eine mögliche Berentung ab 50. Lebensjahr bzw. nach 30 Dienstjahren.

Im Zusammenhang mit Spekulationen über Lohnerhöhungen wurden mehrfach Meinungen geäußert, der Staat fördere zu sehr die jungen Menschen mit sozialpolitischen Maßnahmen. Die älteren Bürger sowie Rentner hätten schon mehr als sie für den Aufbau unserer Republik getan und deshalb auch höhere Zuwendungen verdient. Teilweise wird auch Bezug auf die gegenwärtige Preisentwicklung und damit verbundene höhere Lebenshaltungskosten genommen.

Werktätige aus verschiedensten Bereichen diskutieren insbesondere über die Einführung einer 40-Stunden-Arbeitswoche für alle Berufstätigen. In diesem Zusammenhang erhoffen sich vorwiegend Pädagogen, aber auch Eltern schulpflichtiger Kinder den Wegfall des Unterrichts an Sonnabenden.

---

4 Der XI. Parteitag der SED fand vom 17. bis 21.4.1986 statt.

Darüber hinaus werden von unterschiedlichsten Personenkreisen, wenn auch in geringerem Umfang, solche Erwartungshaltungen geäußert wie:
- Erweiterte Reisemöglichkeiten in das NSA (Senkung des Reisealters, großzügigere Regelungen bei Reisen in dringenden Familienangelegenheiten),
- Verlängerung des Urlaubs,
- Verkürzung der Wartezeiten für Pkw-Bestellungen,
- gleiche Steuervergünstigungen für Männer und Frauen über 40 Jahre,
- bessere ärztliche Betreuung im ambulanten Bereich und in der stationären Versorgung der Patienten sowie in der Arzneimittelversorgung.

Außerdem wurde wiederholt die Erwartung ausgesprochen, der XI. Parteitag möge verbindliche Aussagen zur künftigen Preisentwicklung in der DDR treffen. Diesbezüglich wird auch damit gerechnet, dass Festlegungen über die Sicherung eines stabilen Warenangebots, speziell in den mittleren und unteren Preisgruppen, getroffen werden.

Aus allen Bezirken der DDR liegen Hinweise vor über zahlreiche Meinungsäußerungen zu angeblichen kaderpolitischen Veränderungen in der Partei- und Staatsführung im Zusammenhang mit dem XI. Parteitag.

Feststellungen ergaben, dass derartige Spekulationen nach entsprechenden Sendungen westlicher Funkmedien (so z. B. am 12. April und 29. April 1985 in den Sendern *RIAS* und SFB) verstärkt auftraten.

Mit den bekannt gewordenen kaderpolitischen Veränderungen in der Partei- und Staatsführung der UdSSR haben derartige Spekulationen an Umfang und Intensität zugenommen.

So wird verbreitet, es erfolge eine personelle Trennung zwischen der Funktion des Generalsekretärs des ZK der SED und des Vorsitzenden des Staatsrates der DDR. Meinungsäußerungen zufolge werde Genosse *Krenz*[5] neuer Generalsekretär und Genosse *Honecker*[6] über ausschließlich die Funktion des Vorsitzenden des Staatsrates aus. Als Indiz dafür wird gewertet, dass Genosse *Krenz* immer stärker ins Blickfeld rücke.

---

5 Egon Krenz, Jg. 1937, SED-Funktionär, 1971–90 Abgeordneter der Volkskammer der DDR, 1973–83 1. Sekretär des Zentralrates der FDJ, 1983–89 Mitglied des Politbüros und Sekretär des ZK der SED für Sicherheitsfragen, Jugend, Sport, Staats- und Rechtsfragen, 1984 stellvertretender Vorsitzender des Staatsrates, im Mai 1989 Leiter der Zentralen Wahlkommission, 18.10. bis 3.12.1989 Generalsekretär des ZK der SED, 24.10. bis 6.12.1989 Vorsitzender des Staatsrates der DDR und Vorsitzender des Nationalen Verteidigungsrates.
6 Erich Honecker, Jg. 1912, SED-Funktionär, 1958–89 Mitglied des Politbüros, ab 1971 Erster Sekretär, ab 1976 Generalsekretär der SED, 1971–89 Vorsitzender des Nationalen Verteidigungsrates, 1976–89 Vorsitzender des Staatsrates.

Außerdem wird behauptet, der Vorsitzende des Ministerrates der DDR, Genosse *Stoph*,⁷ würde berentet. Für diese Funktion sei künftig Genosse *Mittag*⁸ vorgesehen. Derartige Spekulationen werden zum Teil auch von Mitgliedern der Partei widerspruchslos hingenommen bzw. weiterverbreitet.

---

7 Willi Stoph, Jg. 1914, SED-Funktionär, ab 1931 KPD-Mitglied, während der NS-Zeit illegale politische Arbeit, 1935–37 und 1940–45 Wehrmacht, 1945 sowjetische Kriegsgefangenschaft, ab 1945 Parteifunktionär für Wirtschaftsfragen, 1953–89 Mitglied des Politbüros, 1973–76 Vorsitzender des Staatsrates, 1976–89 Vorsitzender des Ministerrates.
8 Günter Mittag, Jg. 1926, SED-Funktionär, 1953–61 Leiter der Abteilung Eisenbahn, Verkehr und Verbindungswesen im ZK der SED, 1958–61 Sekretär der Wirtschaftskommission beim Politbüro, ab 1962 Mitglied des ZK der SED, 1966–89 Mitglied des Politbüros der SED, 1976–89 Sekretär des ZK der SED für Wirtschaft, 1976–89 Leiter der Wirtschaftskommission beim Politbüro des ZK der SED.

2. September 1985

Information Nr. 375/85 über die Festnahme einer jugendlichen Einwohnerin von Berlin (West) nach erfolgtem ungesetzlichen Grenzübertritt in die Hauptstadt der DDR, Berlin

Quelle: BArch, MfS, ZAIG 3475, Bl. 4–5 (4. Expl.).
Serie: Informationen.
Verteiler: Fischer – MfS: Leiter HA IX (Fister), ZAIG/1/AG 3, Ablage.

Am 1. September 1985, gegen 19.10 Uhr drang die Einwohnerin von Berlin (West), [Name, Vorname] (17), geboren am [Tag, Monat] 1967 in Berlin, Tätigkeit Lehrling – Metallverarbeitung, wohnhaft 1 Berlin (West) 65, [Straße, Nr.], ohne Ausweisdokumente, im Bereich Berlin-Pankow, Leonhard-Frank-Straße – zusammen mit drei weiteren jugendlichen Personen – in das Territorium der DDR ein und bestieg die dortige Grenzmauer. Unmittelbar danach verlor sie den Halt und stürzte in den Handlungsraum der Grenztruppen der DDR, worauf ihre Festnahme erfolgte.

Sie hat durch den Sturz keine Verletzungen erlitten.

Die anderen beteiligten Personen entfernten sich in Richtung Berlin (West).

Wie die Untersuchungen ergaben, ist die [Name] schon wiederholt angefallen. Sie gehört seit 1983 einer Gruppierung in Berlin (West) an, die vorwiegend aus Jugendlichen besteht und mehrfach durch Handlungen an der Staatsgrenze der DDR in Erscheinung trat. Dabei kam es u. a. zum widerrechtlichen Betreten des Staatsgebietes der DDR, zum Besteigen der Grenzsicherungsanlagen sowie zu Versuchen der Kontaktaufnahme mit eingesetzten Grenzposten.

Es wird vorgeschlagen,
- gegenüber dem Senat von Berlin (West) durch das Ministerium für Auswärtige Angelegenheiten der DDR wegen der Duldung der fortgesetzten Grenzprovokationen zu protestieren,
- die [Name] über Jugendhilfe unverzüglich nach Berlin (West) zurückzuführen,
- im Zusammenhang mit dem Protest gegenüber dem Senat darauf hinzuweisen, dass diese großzügige Entscheidung in Anbetracht des jugendlichen Alters der [Name] unter der Berücksichtigung der besonderen Verantwortung des Senats für derartige Vorkommnisse ergangen ist.

27. September 1985

Information Nr. 410/85 über das ungesetzliche Verlassen der DDR durch einen Angehörigen der Deutschen Volkspolizei/Wasserschutz am 19. September 1985 nach Westberlin

Quelle: BArch, MfS, ZAIG 16174, Bl. 1–5 (5. Expl.).
Serie: Informationen.
Verteiler: Krenz – MfS: Neiber, HA VII, ZKG, Ablage.
Bemerkungen: Der Akte liegen noch viele weitere Dokumente bei (Bl. 6–44). Darunter u. a. detaillierte Hintergrundinformationen zum geflohenen Volkspolizisten, Kopien von westlichen Presseberichten sowie mehrere MfS-Berichte zur Flucht.

Am 19. September 1985, gegen 12.00 Uhr hat der Obermeister der VP, *Röhricht*, Joachim[1] (34), geboren am [Tag, Monat] 1951 wohnhaft Potsdam, [Straße, Nr.], Bootsführer und Maschinist VPKA Potsdam, Wasserschutzrevier Potsdam, Mitglied der SED, unter Missbrauch seiner dienstlichen Befugnisse sowie Nutzung begünstigender Bedingungen und Umstände, mit dem Dienstboot WS-12, während seines Dienstes im Bereich des Grenzgewässers Havelwasserstraße, unter Mitführung seiner Dienstpistole und 16 Patronen, die DDR ungesetzlich nach Westberlin verlassen.[2]

(Das Wasserschutzboot wurde – nach entsprechender Forderung der DDR – am 23. September 1985 durch die Westberliner Seite übergeben.)

Zu den Motiven seiner Handlung liegen keine gesicherten Erkenntnisse vor.

Röhricht ist seit 1977 Angehöriger der Deutschen Volkspolizei und seit Oktober 1982 als Bootsführer und Maschinist im Wasserschutzrevier des VPKA Potsdam in den Grenzgewässern zu Westberlin eingesetzt.

Er wurde 1980 von seiner Ehefrau geschieden, lebte jedoch seit 1981 wieder mit ihr und zwei gemeinsamen Kindern in einem Haushalt.

Seitens seiner Dienstvorgesetzten wurde ihm eine ordnungsgemäße Dienstdurchführung bescheinigt. Gesellschaftspolitisch trat er kaum in Erscheinung.

Im April 1984 erfolgte die Übersiedlung der Schwester seiner geschiedenen Ehefrau und im Mai 1985 die Übersiedlung [von] deren Mutter nach der BRD. In diesem Zusammenhang und aufgrund seiner gesellschaftlichen Inaktivität erfolgten durch die Dienstvorgesetzten mehrere Auseinandersetzun-

---

1 Joachim Röhricht, Jg. 1951, Volkspolizist, Baufacharbeiter und Straßenbahnfahrer, ab 1980 als Wasserschutzpolizist bei der Volkspolizei (zuvor Baufacharbeiter), nach der Flucht ab 1986 Straßenbahnfahrer in Mülheim an der Ruhr.
2 Der Fluchtfall und der Umgang des MfS damit, inklusive Fotografien, die das MfS von der Fluchtroute angefertigt hat, sind (anonymisiert) dokumentiert in: Strehlow, Hannelore: Der gefährliche Weg in die Freiheit. Fluchtversuche aus dem ehemaligen Bezirk Potsdam. Potsdam 2004, S. 76–83.

gen mit *Röhricht,* in deren Ergebnis er sich von den übersiedelten Personen distanzierte. Diesen verbalen Einlassungen des *Röhricht* vertrauend, wurden weder im Wasserschutzrevier noch im VPKA Potsdam weitergehende Maßnahmen, wie z. B. seine Herauslösung aus dem Dienst in den Grenzgewässern der DDR, in Erwägung gezogen.

Im Ergebnis der geführten Untersuchungen wurde bekannt, dass *Röhricht* seine Straftat offenkundig bereits über eine bestimmte Zeit vorbereitete, ohne andere Personen in sein Vorhaben einzubeziehen. So wurden mit Datum vom 23. August 1985 eine Schenkungsurkunde seines Pkw »Trabant« an seine geschiedene Ehefrau und vom 15. September 1985 eine Vollmacht zum Abheben von Geld von seinem Konto, die er beide in den Kfz-Brief eingelegt hatte, aufgefunden.

Am 19. September 1985 war *Röhricht* (als Maschinist) gemeinsam mit einem Obermeister der VP (Bootsführer) und einem Meister der VP (Einsatzkraft) seit 4.45 Uhr mit dem Wasserschutzboot WS-12 auf der Transit-Binnenwasserstraße zum Dienst eingesetzt, wobei keine Besonderheiten im Verhalten des *Röhricht* festgestellt wurden.

Gegen 11.30 Uhr legten sie an der Bootsanlegestelle der Bootskompanie des Grenzregimentes – 44 Potsdam – Babelsberg an (befohlener Pausenort) und begaben sich zur Einnahme des Mittagessens in das Objekt, wobei der Täter weisungsgemäß die Schlüssel des Bootes (Zünd- und Kajütschlüssel) an sich nahm. Die Maschinenpistole und die Munition verblieben während dieser Zeit auf dem Boot.

Nach dem Mittagessen suchten die zwei anderen Besatzungsmitglieder die Verkaufsstelle des Objektes auf.

Diesen Umstand nutzend, begab sich *Röhricht* allein durch das durch einen Angehörigen der Grenztruppen gesicherte Tor zum Hafen, startete das Boot, fuhr mit normaler Geschwindigkeit die übliche Kontrollfahrstrecke, legte unmittelbar vor dem Überqueren der Staatsgrenze auf einem im Wasser befindlichen Doppeldalben[3] die Maschinenpistole, drei Magazine mit 90 Patronen, eine Leuchtpistole mit Munition, die Dienstunterlagen und die Dienstflagge des Bootes ab und wurde nach Westberlin flüchtig.

Im Ergebnis der Untersuchungen wurden folgende Umstände und Bedingungen herausgearbeitet, die das ungesetzliche Verlassen der DDR durch *Röhricht* begünstigten:

Den zur Sicherung des Hafens der Bootskompanie eingesetzten Angehörigen der Grenztruppen der DDR waren die dienstlichen Pflichten der Angehörigen/Besatzungen der Wasserschutzpolizei für das Benutzen und Verlassen der Boote (gemeinsam durch die vollständige Besatzung) nicht bekannt. Seit längerer Zeit wurde durch die Bootsbesatzungen der Wasserschutzpoli-

---

3   Dalben sind in den Gewässergrund gerammte Pfähle, die Fahrrinnen markieren oder als Anlegestelle dienen.

zei gegen diese Weisungen verstoßen. Diese zur Gewohnheit gewordenen Verstöße nutzte der *Röhricht* für die Tatausführung.

In der Führungs- und Leitungstätigkeit des Leiters des Wasserschutzreviers Potsdam und seines Stellvertreters wurde eine Reihe von Mängeln festgestellt, die zunehmend zu Erscheinungen der Unzufriedenheit und Dienstunlust unter den Angehörigen dieses Reviers führten. Derartige Mängel zeigten sich insbesondere in der Planung und Organisation des Dienstes, im persönlichen Umgang der Dienstvorgesetzten mit den Unterstellten, der Vernachlässigung der Hilfe und Anleitung, der politisch-ideologischen Motivierung der Angehörigen sowie der Einhaltung der Kaderprinzipien für den Dienst an der Staatsgrenze der DDR.

Im Ergebnis der Untersuchung des Vorkommnisses wird vorgeschlagen:
– im Ministerium des Innern eine gründliche und differenzierte Auswertung des Vorkommnisses mit dem Ziel durchzuführen, die politische und fachliche Führung der an der Staatsgrenze der DDR, insbesondere auf den Grenzgewässern eingesetzten Angehörigen der DVP auf eine konsequente Erfüllung der befohlenen Aufgabe auszurichten, die auf der Grundlage der Befehle und Weisungen des MdI durch die BdVP getroffenen Festlegungen zur Sicherung der Grenzgewässer den konkreten territorialen Bedingungen besser anzupassen sowie die unbedingte Einhaltung der Kaderprinzipien zu sichern und eine jederzeit revolutionäre Wachsamkeit zu garantieren;
– durch das Ministerium des Innern sowie die Grenztruppen der DDR prüfen zu lassen, inwieweit die zwischen den Dienststellen der DVP und den Grenztruppen der DDR getroffenen Vereinbarungen zum Zusammenwirken der Kräfte und Mittel zur Sicherung der Staatsgrenze der DDR und zur Gewährleistung von Sicherheit und Ordnung sowie deren Wirksamkeit den konkreten territorialen und aufgabenbezogenen Anforderungen entsprechen;
– zu prüfen, die Wasserschutzboote durch das Verwenden mehrerer Schlüssel für das Starten eines Bootes zusätzlich vor missbräuchlicher Benutzung zu sichern (analog wie bei den Grenztruppen der DDR, wo mindestens zwei Schlüssel benötigt werden, um ein Boot zu starten, wobei je einen Schlüssel der Bootsführer und der Motorenmeister ständig bei sich tragen).

8. Oktober 1985

Information Nr. 412/85 über die 5. ordentliche Tagung der IV. Synode des Bundes der Evangelischen Kirchen (BEK) in der DDR vom 20. bis 24. September 1985 in Dresden

Quelle: BArch, MfS, ZAIG 3447, Bl. 63–81 (8. Expl.).
Serie: Informationen.
Verteiler: Jarowinsky, Bellmann, Gysi – MfS: Mittig, Leiter HA XX (Kienberg), HA XX/4, Rebohle (ZAIG), Ablage.
Verweis: Information 398/85.

Vom 20. bis 24. September 1985 fand im Gemeindehaus der Christuskirchgemeinde Dresden-Strehlen die 5. ordentliche Tagung der IV. Synode des Bundes der Evangelischen Kirchen (BEK) in der DDR statt.

Sie war die letzte Tagung der laufenden Legislaturperiode vor der konstituierenden Tagung der V. Synode des BEK vom 31. Januar bis 2. Februar 1986 in der Hauptstadt der DDR, Berlin.

Das Ziel dieser langfristig und streng intern vorbereiteten Synodaltagung bestand darin, am Ende der 4. Legislaturperiode des BEK Bilanz zu ziehen zu Schwerpunkten der kirchlichen Arbeit und dem Stand der Beziehungen Staat – Kirche und davon ausgehend schlussfolgernd Orientierungen zu geben für die künftige Arbeit der Evangelischen Kirchen in der DDR.

Charakteristisch für die Phase der Vorbereitung und für den Verlauf der Synode waren die Bemühungen der kirchenleitenden Kräfte, im Vorfeld des XI. Parteitages der SED[1] eine gewisse Kontinuität des Hineinwachsens der Evangelischen Kirchen in der DDR in die sozialistische Gesellschaft zu dokumentieren, das Erreichte nicht zu gefährden, sondern zu festigen und auszugestalten.

Ausdruck dessen sind die entsprechenden Aussagen im Bericht der Konferenz der Evangelischen Kirchenleitungen (KKL) in der DDR[2] an die Synode und die wiederholten Bekundungen von auf realistischen Positionen stehen den Synodalen zu den Ergebnissen der Gespräche vom 6. März 1978[3]

---

1   Der XI. Parteitag der SED fand vom 17. bis 21.4.1986 statt.
2   Die Konferenz der Evangelischen Kirchenleitungen (KKL) war ein Leitungsgremium der evangelischen Kirche in der DDR. Spätestens mit dem Mauerbau 1961 war die gesamtdeutsche Organisation der evangelischen Kirche nicht mehr möglich. Darum entstanden im Laufe der 1960er-Jahre eigenständige Strukturen in der DDR wie der Bund der Evangelischen Kirchen in der DDR mit seinem zweimonatlich tagenden Leitungsgremium, der KKL.
3   Am 6.3.1978 kam es zu einem Treffen des Staatsratsvorsitzenden Erich Honecker mit der Evangelischen Kirchenleitung. Neben Delegationsleiter Albrecht Schönherr nahmen Manfred Stolpe, Christina Schultheiß und Werner Krusche teil. Das Gespräch verdeutlicht die Einsicht in die fortdauernde Existenz von sozialistischer Staatsordnung und christlichem Gemeindeleben in der DDR. Am Ende stand ein Stillhalteabkommen: Die Kirche verzichtete auf politische Konfrontationen und behielt dafür ihre institutionelle Eigenständigkeit

und vom 11. Februar 1985[4] mit dem Generalsekretär des ZK der SED und Vorsitzenden des Staatsrates der DDR, Genossen Erich *Honecker,*[5] sowie für ein erneutes derartiges Gespräch auf höchster Ebene.

Dieser Position entsprach auch das Verhalten besonders der kirchenleitenden Amtsträger, bestimmte »Konfliktstoffe« zu neutralisieren oder auszuklammern und dafür stärker den Gedanken des Selbstverständnisses für die Existenz einer Kirche im Sozialismus[6] in die Beratung hineinzutragen, auf konkrete Probleme der innerkirchlichen Arbeit, der Gemeindearbeit, zu orientieren.

Der Tagungsverlauf verdeutlicht insgesamt die gegenwärtige Polarisierung der Kräfte in der Synode: Einer Mehrheit auf realen Positionen stehender kirchenleitender Amtsträger (u. a. Landesbischof *Hempel,*[7] Konsistorialpräsident *Stolpe,*[8] Präses *Wahrmann*[9]) und loyaler Synodalen aus der kirchlichen Praxis

bei. Honecker gestattete überdies innerkirchliche Druckerzeugnisse und Organisationsfreiheit, christliche Gefängnisseelsorge, staatliche Zuschüsse für evangelische Kindergärten und einen begrenzten Auftritt kirchlicher Vertreter in Rundfunk und Fernsehen.

4   Am 11.2.1985 trafen sich der Vorsitzende des BEK Johannes Hempel und Erich Honecker zu einem Gespräch, an dem auch der Staatssekretär für Kirchenfragen Klaus Gysi, der Sekretär des Staatsrates Heinz Eichler und der Leiter des Sekretariats des BEK Martin Ziegler teilnahmen. Bei dem Treffen ging es in erster Linie darum, das Spitzengespräch vom 6.3.1978 symbolisch zu erneuern, das eine neue Beziehung zwischen SED-Führung und evangelischer Kirche in der DDR eingeleitet hatte. Vgl. Begegnung Erich Honecker mit Landesbischof Dr. Johannes Hempel. In: ND v. 12.2.1985, S. 1. Vgl. dazu auch Informationen 64/85 u. 84/85.

5   Erich Honecker, Jg. 1912, SED Funktionär, 1958–89 Mitglied des Politbüros, ab 1971 Erster Sekretär, ab 1976 Generalsekretär der SED, 1971–89 Vorsitzender des Nationalen Verteidigungsrates, 1976–89 Vorsitzender des Staatsrates.

6   Die Formel »Kirche im Sozialismus« entstand auf der Synode des Bundes der Evangelischen Kirchen in der DDR im Jahr 1971 in Eisenach. Damals erklärte der Vorsitzende des BEK, Albrecht Schönherr: »Wir wollen Kirche nicht neben, nicht gegen, sondern Kirche im Sozialismus sein.« Diese Aussage war kein Bekenntnis zum Sozialismus, sondern die Akzeptanz seiner staatlichen und gesellschaftlichen Realität. Statt auf eine baldige Überwindung der politischen Verhältnisse zu hoffen, sollte sich Kirche nach den Vorstellungen Schönherrs in der gegebenen Gesellschaft engagieren, ohne zu einem Instrument des Staates zu werden. Die Kurzformel blieb bis zum Ende der DDR vage und umstritten. Für die einen galt sie als Voraussetzung für ein Mindestmaß an Autonomie in den eigenen Räumen. Für die anderen als unzumutbare Ein- und Unterordnung in den SED-Staat. Vgl. Mau, Rudolf: Der Protestantismus im Osten Deutschlands (1945–1990). Leipzig 2005, S. 108–116; Thumser, Wolfgang: Kirche im Sozialismus. Geschichte, Bedeutung und Funktion einer ekklesiologischen Formel. Tübingen 1996.

7   Johannes Hempel, Jg. 1929, evangelischer Theologe, 1958–63 Pfarrer an der Thomas-Kirche in Leipzig, 1963–71 Studentenpfarrer in Leipzig, ab 1972 Landesbischof der Evangelisch-Lutherischen Kirche Sachsens, 1982–86 Vorsitzender des BEK, 1983–86 Leitender Bischof der VELKD.

8   Manfred Stolpe, Jg. 1936, Kirchenjurist und SPD-Politiker, 1969–81 Oberkonsistorialrat und Leiter des Sekretariats des Bundes der Evangelischen Kirchen in der DDR, 1982–90 Konsistorialpräsident der Evangelischen Kirche in Berlin-Brandenburg, 1990–2002 Ministerpräsident des Landes Brandenburg.

9   Siegfried Wahrmann, Jg. 1918, Kaufmann, 1970–87 Präses der Landessynode der Evangelisch-Lutherischen Landeskirche Mecklenburgs, ab 1973 Vize- und 1977–85 Präses der Bundessynode, 1967–89 inoffizieller Mitarbeiter der Staatssicherheit. Zu Wahrmanns IM-Tätigkeit vgl. Besier, Gerhard: Der SED-Staat und die Kirche. Höhenflug und Absturz.

steht eine kleinere – jedoch nach wie vor gewissen Einfluss ausübende und Wirkung erzielende – Gruppe reaktionäre Standpunkte vertretender Synodalen gegenüber (u. a. die Pfarrer *Passauer*/Berlin,[10] *Wutzke*/Gartz,[11] *Pilz*/Mittelherwigsdorf,[12] *Bretschneider*/Dresden[13] und die Jugenddelegierten *Günther*/Ludwigslust[14] sowie *Frenzel*/Dresden[15]), die im Sinne von Konfrontation und Verleumdung der Politik von Partei und Regierung der DDR auftraten. Im Unterschied zu zurückliegenden Synodaltagungen konnten letztere jedoch nicht durchgängig offen politisch-negative Positionen beziehen, sondern waren gezwungen, ihre Haltungen teilweise zu korrigieren. Das ist Ergebnis des entschiedeneren Zurückweisens solcher Haltungen durch realistische kirchenleitende Kräfte und der insgesamt erreichten Erhöhung der Wirksamkeit staatlicher und gesellschaftlicher Einflussnahme gegenüber solchen Kräften im Vorfeld der Synode. Zu beachten ist in diesem Zusammenhang, dass realistische Kräfte frühzeitiger und energischer als sonst politisch-negative Aussagen zurückwiesen, diesbezüglich auf die Erarbeitung von Vorlagen/Antworten an die Synode Einfluss zu nehmen und persönlich auf bestimmte Synodale disziplinie-

---

Frankfurt/M. 1995, S. 483–486; Frank, Rahel: »Realer – Exakter – Präziser«? Die DDR-Kirchenpolitik gegenüber der Evangelisch-Lutherischen Landeskirche Mecklenburgs von 1971 bis 1989. 2., überarb. Aufl., Schwerin 2009, S. 250–265.

10 Martin-Michael Passauer, Jg. 1943, evangelischer Theologe, engagierte sich als erster Stadtjugendpfarrer in Ostberlin von 1976 bis 1983 für die kirchliche Friedensbewegung und Friedensbewegung und Offene Jugendarbeit, u. a. mit arbeit, u. a. mit der Organisation von Stadtjugendsonntagen, Blues-Messen und Friedenswerkstätten, 1984–2008 Pfarrer der Berliner Sophienkirche, 1988–91 persönlicher Referent von Bischof Gottfried Forck, 1992–96 Superintendent für den Kirchenkreis Berlin-Stadt III (Mitte und Prenzlauer Berg) und ab 1996 Generalsuperintendent des Sprengels Berlin der Evangelischen Kirche Berlin-Brandenburg.

11 Oswald Wutzke, Jg. 1936, evangelischer Theologe und CDU/DA-Politiker, 1966–90 Pfarrer in Hohenreinkendorf und Gartz, Mitglied der Bundessynode, 1990 Parlamentarischer Staatssekretär im Ministerium für Wirtschaftliche Zusammenarbeit, 1990–92 Kultusminister in Mecklenburg-Vorpommern, 1994–2000 Sonderbeauftragter der Bundesregierung beim Bundesinnenministerium.

12 Günter Pilz, Jg. 1936, evangelischer Theologe, 1961–86 Pfarrer in Mittelherwigsdorf, 1986–94 Superintendent in Flöha, 1994–98 Pfarrer in Wilthen, ab 1972 Mitglied der sächsischen Landessynode, ab 1981 Mitglied der Bundessynode.

13 Harald Bretschneider, Jg. 1942, evangelischer Theologe, ab 1979 Landesjugendpfarrer der Sächsischen Landeskirche, einer der wichtigsten Inspiratoren und Aktivisten der kirchlichen Friedensarbeit, entwarf die Symbole »Schwerter zu Pflugscharen« sowie »Frieden schaffen ohne Waffen«, organisierte im November 1980 die erste Friedensdekade, initiierte 1983 das Forum »Frieden mit der Jugend« in Dresden, ab 1984 für das Netzwerk »Frieden konkret« engagiert.

14 Ernst-Martin Günther, Jg. 1961, weitere Angaben zur Person konnten nicht ermittelt werden.

15 Michael Frenzel, Jg. 1961, Mathematiker, 1980–85 Mathematikstudium, 1985–90 Software-Entwickler am wissenschaftlich-technischen Zentrum der holzverarbeitenden Industrie in Dresden, in den 1980er-Jahren Vorsitzender des Landesjugendkonventes Sachsen, Jugend-Delegierter der Bundessynode und Mitarbeit im Lutherischen Weltbund, ab 1990 selbstständig mit einem eigenen Software-Unternehmen in Dresden.

rend einzuwirken versuchten. Das trifft auch zu auf die vorbeugende Verhinderung von verstärkten Versuchen des Beschaffens von Informationen über die Synode durch akkreditierte Korrespondenten nichtsozialistischer Staaten bzw. deren Zusammenwirken mit auf reaktionären Positionen stehenden Synodalen.

Der Verlauf und die Ergebnisse der Synodaltagung lassen deutlich erkennen, dass trotz des Fortschreitens des innerkirchlichen Differenzierungsprozesses zugunsten reale Positionen vertretender Synodalen diese Kräfte sich nicht durchgängig durchsetzen konnten und insgesamt die mit dem Bericht der KKL an die Synode angestrebte Zielstellung nur auf Teilgebieten erreicht wurde. Wesentlich trug dazu die Tatsache bei, dass die Mehrheit auf loyalen Positionen stehender Synodalen und auch kirchenleitende Amtsträger auf dieser letzten Tagung vor der Neuwahl auffällige Zurückhaltung zeigten.

Sowohl die geführten Diskussionen als auch der Inhalt der Beschlüsse und des Konferenzberichtes blieben in ihrer politischen und gesellschaftlichen Aussage hinter den insgesamt realistischen und annehmbaren, den Stand der Entwicklung des Verhältnisses Staat – Kirche entsprechenden Positionen im Bericht der KKL an die Synode des BEK zurück.

Jedoch ist die Differenz zwischen den Aussagen des Berichtes an die Synode und deren Beschluss nicht so augenscheinlich wie bei zurückliegenden Tagungen.

Im Folgenden wird über beachtenswerte Aspekte des Verlaufs der Synodaltagung informiert:

An der Tagung nahmen 58 der 60 gewählten und berufenen Synodalen sowie sieben von acht leitenden Amtsträgern der Gliedkirchen des BEK teil. (Bischof *Gienke*/Greifswald[16] war wie bereits bei der Vorbereitungssitzung der KKL, auch auf der Synode des BEK nicht anwesend.)

Im Mittelpunkt der Synodaltagung standen folgende Schwerpunkte: Bericht der KKL, Arbeitsbericht 1984/85 des Sekretariats des BEK, Bericht der Kommission kirchliche Jugendarbeit (KKJ) zu »Zielen und Inhalten kirchlicher Jugendarbeit«, innerkirchliche und theologische Berichte.

Der Synode lagen insgesamt 18 Eingaben vor (u. a. Forderung nach Einrichtung eines sozialen Friedensdienstes/zivilen Ersatzdienstes/waffenlosen Reservistendienstes[17] und Bildung eines ad hoc-Ausschusses »Frieden« der

---

16 Horst Gienke, Jg. 1930, evangelischer Theologe, 1969–89 Mitglied der Synode des BEK und der Konferenz der Kirchenleitungen, 1972–89 Bischof der Evangelischen Landeskirche Greifswalds, 1973–76 und 1987–89 Vorsitzender des Rates der Evangelischen Kirche der Union in der DDR, 1982 Leiter der Delegation des Kirchenbundes zur Weltkonferenz »Religiöser Vertreter für die Rettung der heiligen Gabe des Lebens vor einer nuklearen Katastrophe« in Moskau, November 1989 Vertrauensentzug durch die Landessynode und Rücktritt vom Bischofsamt, galt als Verfechter des Konzepts einer »Kirche im Sozialismus«, die an einer Zusammenarbeit mit staatlichen Institutionen interessiert war.
17 Die Forderung nach einer Alternative zum Militärdienst bei der NVA, die über den Dienst als Bausoldat hinausging und tatsächlich zivilen und sozialen Charakter trug, war 1980 von Christoph Wonneberger mit den Mitgliedern seines Friedenskreises in Dresden in einem

Synode, Probleme des Wehrunterrichts,[18] der Reisethematik). Sie wurden ohne Erörterung zur Behandlung an die entsprechenden Synodalausschüsse verwiesen und fanden Eingang in die Beschlussvorlagen.

An der Synodaltagung nahm eine Reihe offizieller Gäste teil, darunter Erzbischof *Feodosi*/Exarch[19] der Russisch-Orthodoxen Kirche in Mitteleuropa, Oberkirchenrat Dr. *Hofmann*/Mitglied[20] des Rates der Evangelischen Kirchen in Deutschland (EKD)/BRD, Direktor *Nisser*/Schwedisches[21] kirchliches Institut für Unterweisung und Ausbildung.

Die Grußworte der Gäste an die Synode trugen innerkirchlichen und theologischen Charakter. Lediglich das Grußwort von Oberkirchenrat Dr. *Hofmann*/BRD war politisch akzentuiert. Er unterstrich das Festhalten der EKD am Bekenntnis der »besonderen Gemeinschaft« zwischen den evangelischen Kirchen in der DDR und der BRD und verwies auf deren Ausgestaltung durch beiderseitige Begegnungen in der DDR und in der BRD (für die Zukunft sähe man noch mehr Möglichkeiten für derartige Begegnungen). Im Verhältnis des BEK in der DDR und der EKD (BRD) – so stellte er fest – könne man sich durchaus kritisch begegnen, ohne diese »besondere Gemeinschaft« infrage zu stellen. Unter Bezugnahme auf die Vorbereitung eines »Friedenskonzils«[22] der Kirchen forderte *Hofmann* die verstärkte Integration der sogenannten Basisgruppen in diesen Prozess.

Aufruf an die Volkskammer formuliert und als Rundbrief bekannt gemacht worden. Vgl. Silomon, Anke: Schwerter zu Pflugscharen und die DDR. Die Friedensarbeit der evangelischen Kirchen in der DDR im Rahmen der Friedensdekaden 1980–1982. Göttingen 1999.

18 Der Wehrkundeunterricht, auch Wehrerziehung genannt, fand ab dem 1.9.1978 Einzug in die Lehrpläne der 9. und 10. Klassen der POS. Ab Mai 1981 gab es ihn auch in den 11. Klassen der EOS. Am Ende der 9. Klasse mussten die Jungen in ein zwölftägiges Wehrlager. Die Mädchen und diejenigen Jungen, die aus Gesundheitsgründen nicht am Lager teilnehmen konnten oder die Ausbildung an Waffen verweigerten, hatten einen zwölftägigen Lehrgang in Zivilverteidigung zu absolvieren.

19 Feodosi (bürgerlich: Igor I. Prozjuk), Jg. 1927, russisch-orthodoxer Theologe, 1978–84 Erzbischof von Smolensk, 1985–86 Exarch des Moskauer Patriarchats für Berlin und Mitteleuropa.

20 Werner Hofmann, Jg. 1931, Kirchenjurist, 1958 Eintritt in den Kirchendienst als Kirchenanwalt, ab 1965 Oberkirchenrat, 1972–96 Leiter des Landeskirchenamtes der Evangelischen Kirche in Bayern, 1973–97 Mitglied des Rates der EKD.

21 Per Olof Nisser, Jg. 1931, schwedischer evangelischer Theologe, 1957 Priesterweihe, ab 1971 Sekretär für Ausbildung bei der Schwedischen Kirche, ab 1985 Direktor für Unterweisung und Ausbildung bei der Schwedischen Kirche, ab 1989 Diakon in Linköping, Experte für Hymnologie und Psalmen.

22 Auf der Vollversammlung des ÖRK in Vancouver 1983 hatte die Delegation aus der DDR den Anstoß für den »konziliaren Prozess« gegeben, einer Initiative für einen christlichen Bund für Frieden, Gerechtigkeit und die Bewahrung der Schöpfung. Auf dem 21. Deutschen Evangelischen Kirchentag in Düsseldorf im Juni 1985 erhielt diese Initiative neuen Schwung, indem der prominente Intellektuelle Carl Friedrich von Weizsäcker für ein »Konzil des Friedens« warb. Im Jahr 1990 mündete der »konziliare Prozess« schließlich in der ökumenischen Weltversammlung in Soul, die »zehn Grundüberzeugungen« christlicher Kirchen verabschiedete.

Mit Zustimmung des Ministeriums für Auswärtige Angelegenheiten der DDR nahmen zeitweise 14 in der DDR akkreditierte Korrespondenten westlicher Medien an der Synodaltagung teil, darunter *Röder*/BRD[23] (epd), *Jennerjahn*/BRD[24] (dpa), *Klein*[25] und *Röntgen*/BRD[26] (ARD-Fernsehen bzw. -Hörfunk), *Flyckt*/Dänemark[27] (Kristeligt Dagblad)[28]. In Anbetracht der Vielzahl interessierter Korrespondenten und deren spekulativer Erwartungshaltung wurde als Verhaltensorientierung für die Synodalen durch den Leiter des Sekretariats des BEK, Oberkirchenrat *Ziegler*,[29] in Abstimmung mit dem Vorstand der KKL ein Schreiben herausgegeben. Darin heißt es: »Wir haben bei früheren Synodaltagungen nicht immer ermutigende Erfahrungen mit Presse und Fernsehen gemacht. Deshalb bittet Sie der Vorstand dringend darum, dass Interviews nicht ohne vorherige Absprache mit dem Vorsitzenden der Konferenz gegeben werden. Es muss eine Rückkopplung zum Präsidium der Synode erfolgen.«

In diesem Sinne äußerte sich auch Landesbischof *Hempel* im Plenum der Synode gegenüber anwesenden Korrespondenten, indem er feststellte, dass diese nicht nur bzw. nicht vorrangig das publizieren, was kritisch gesagt, sondern auch jenes, was an Gutem vorgebracht werde.

Diese erstmalig in dieser Deutlichkeit erfolgte vorbeugende Einflussnahme auf Synodalen wirkte sich positiv aus. Die Mehrheit der Korrespondenten nutzte jedoch die ihnen gebotenen Möglichkeiten erneut zur intensiven Informationssammlung und Einflussnahme auf Tagungsteilnehmer sowie zu einer tendenziösen Berichterstattung.

---

23 Hans-Jürgen Röder, Jg. 1946, Journalist, ab 1975 Redakteur der Westberliner Zeitschrift »Kirche im Sozialismus«, 1979–90 Korrespondent für den Evangelischen Pressedienst in der DDR, danach Chefredakteur und Geschäftsführer des epd-Landesdienstes Ost.
24 Hartmut Jennerjahn, Jg. 1944, Journalist, 1980–88 als Korrespondent der dpa in der DDR akkreditiert.
25 Wolfgang Klein, Jahrgang 1946, ab den 1970er-Jahren beim WDR, später stellvertretender Leiter des ARD-Studios in Ost-Berlin, Moderator des Weltspiegels, Brüssel-Korrespondent, 1996–98 Nachrichtenchef bei ProSieben, danach Redaktionsleiter der ARD-Talkshow mit Sabine Christiansen, ab 2007 Redaktionsleiter der ZDF-Talkshow mit Maybritt Illner.
26 Robert Röntgen, Jg. 1930, Journalist, ab 1954 Redakteur für Rundfunk und Fernsehen, 1965–80 ARD-Korrespondent in Washington, 1981–86 ARD-Hörfunkkorrespondent für die DDR, ab 1987 Korrespondent für den Südwestfunk in Berlin.
27 William Flyckt, Jg. 1935, dänischer Journalist, Musikmanager und Geschäftsmann, ab 1969 einige Jahre Manager und Ehemann der US-amerikanischen Jazz-, Gospel- und Bluessängerin Etta Cameron, später Handel und Verleih westlicher Tontechnik und Musikinstrumente in der DDR, 1981–86 Journalist u. a. für die dänische Zeitung »Kristeligt Dagblad«, ab 1965 als IM »Major« bzw. »Bill« bzw. »Henry« tätig für das MfS.
28 Im Original: »Christiligt Dagsblad«.
29 Martin Ziegler, Jg. 1931, evangelischer Theologe, 1968–74 Superintendent in Merseburg, 1975–83 Direktor des Diakonischen Werkes der Inneren Mission, übernahm 1983 als Oberkirchenrat und Nachfolger von Manfred Stolpe die Leitung des Sekretariats des Bundes der Evangelischen Kirchen in der DDR.

(Die Veröffentlichungen in westlichen Medien ließen erkennen, dass die positiven und mit der Politik von Partei und Regierung der DDR übereinstimmenden Grundaussagen sowohl des Berichtes der KKL an die Synode als auch entsprechender Diskussionen dazu fast völlig ignoriert und nahezu ausschließlich negative Gesichtspunkte kolportiert wurden.)

Wie bei zurückliegenden Synodaltagungen hielten sich mehrere Diplomaten aus Botschaften westlicher Länder in der DDR (BRD, USA, Großbritannien) am Tagungsort auf, besuchten einzelne Veranstaltungen im Rahmen der Synode und entwickelten intensive Kontaktaktivitäten zu Synodalen. Nach vorliegenden streng internen Informationen erfolgte u. a. seitens der Mitarbeiter der Ständigen Vertretung der BRD in der DDR, Dr. *Hellbeck*[30] und *Kolitzus*,[31] eine zielgerichtete Informationsabschöpfung zu Problemen wie »Situation unter der Jugend der DDR/Entwicklungstendenzen, Schwierigkeiten, Zwänge«, »Inhalt der Arbeit, Aktivitäten von sogenannten alternativen Gruppen in der DDR« und zur »Reisetätigkeit«. Wie weiter intern bekannt wurde, fand auf Einladung von *Kolitzus* ein ca. zweistündiges Gespräch mit dem Referenten der Theologischen Studienabteilung beim BEK, *Garstecki*,[32] statt, bei dem Dr. *Hellbeck* und der 2. Sekretär der Botschaft der USA in der DDR, Sandford,[33] anwesend waren.

---

30 Hannspeter Hellbeck, Jg. 1927, Jurist und Diplomat, 1943–45 Kriegsdienst, ab 1956 im Auswärtigen Dienst der Bundesrepublik Deutschland, 1958–63 Konsul am bundesdeutschen Generalkonsulat in Hongkong, 1963–66 im Dienstrechtsreferat des Auswärtigen Amtes, 1966–72 stellvertretender Generalkonsul in Hongkong, 1972–77 Leiter des Ostasien-Referates im Auswärtigen Amt, 1977–80 Politischer Gesandter in Paris, 1980–86 stellvertretender Leiter der Ständigen Vertretung der BRD bei der DDR und damit auch der Leiter der Politischen Abteilung, 1986–87 stellvertretender Leiter der Rechtsabteilung im Auswärtigen Amt, 1987–92 Botschafter in China.
31 Henner Kolitzus, Jg. 1940, Jurist, persönlicher Referent der Berliner Bürgermeister Dietrich Stobbe und Richard von Weizsäcker, 1983–88 in der Ständigen Vertretung der Bundesrepublik in der DDR.
32 Joachim Garstecki, Jg. 1942, katholischer Theologe (doch ab den frühen 1970er-Jahren für die evangelische Kirche tätig), 1971–90 Studienreferent für Friedensfragen der Theologischen Studienabteilung beim Bund Evangelischer Kirchen, 1983–90 Mitarbeit im Netzwerk »Frieden konkret«, 1991–2000 Generalsekretär von Pax Christi Deutschland, 2001–07 geschäftsführender Studienleiter der Stiftung Adam von Trott Imshausen (Hessen).
33 Im Original: »Sandfort«. Gregory W. Sandford, Jg. 1947, US-amerikanischer Diplomat und Historiker, ab 1980 im diplomatischen Dienst der USA, 1980–81 Konsularbeamter bei der US-Botschaft in Barbados, 1981–84 Mitarbeiter im US-Außenministerium, 1984–88 politischer Mitarbeiter bei der US-Botschaft in Ostberlin, 1988–91 politischer Mitarbeiter bei der US-Botschaft in Südafrika, 1991–93 verantwortlicher Mitarbeiter im Deutschland-Referat des US-Außenministeriums, ab 1993 stellvertretender US-Generalkonsul in München.

Der Bericht der KKL an die Synode wurde von Landesbischof *Hempell* Dresden, Präsidentin *Schultheiß*/Stadtroda[34] und Superintendent *Große/ Saalfeld*[35] vorgetragen.

Im politischen Teil des Berichtes (liegt im Wortlaut vor) wird u. a. versucht, eine Analyse der Friedensbemühungen von Staat und Kirche vorzunehmen und die gegenwärtige internationale politische Situation einzuschätzen.

In diesem Zusammenhang wird hervorgehoben, dass alle offenen Fragen hinter der Aufgabe zurücktreten müssten, den Frieden zu erhalten; dazu könnten auch die Kirchen verschiedener Länder beitragen, indem sie sich an der Schaffung einer »Koalition der Vernunft« beteiligen. Ein »tiefes Unverständnis« wurde zu den SDI-Plänen der USA[36] geäußert.

Erneut bekräftigt wurde die Auffassung, wonach die Entwicklung des Verhältnisses Staat – Kirche in der DDR – unter Beachtung aller innen- und außenpolitischen Entwicklungsfaktoren – als Beitrag zum Entspannungsprozess angesehen werden müsse.

Dem gegenüber wurden jedoch im Bericht auch bekannte kirchliche Positionen angesprochen wie
- Aufgaben der Erhaltung des Friedens können heute nicht mehr einen Vorrang der militärischen Mittel zur Friedenssicherung begründen (»Militarisierung« des gesellschaftlichen Lebens in der DDR);
- Beachtung der »Grundsätze der Gleichberechtigung und Gleichachtung« auf dem Gebiet des Bildungswesens;
- Bedeutung sozialer bzw. kollektiver Menschenrechte für die Verwirklichung von Frieden und Gerechtigkeit (»Defizite in den Rechten des Einzelnen oder einzelner Gruppen«, – u. a. Verweigerung von Reisemöglichkeiten);
- Engagement der Kirche für bestimmte gesellschaftliche Gruppen (Frauen; Menschen mit Lebensgestaltungsnormen, die von dem Durchschnitt der Gesamtbevölkerung abweichen; Menschen, die unbequeme und kritische Fragen stellen usw.).

---

34 Christina Schultheiß, Jg. 1918, Bauingenieurin, 1978–90 Präsidentin der Landessynode der Evangelisch-Lutherischen Kirche in Thüringen, Mitglied der Synoden des Bundes der Evangelischen Kirchen in der DDR (BEK) und der Vereinigten Evangelisch-Lutherischen Kirche in der DDR, Mitglied des Vorstandes der Konferenz Evangelischer Kirchenleitungen in der DDR.
35 Ludwig Große, Jg. 1933, evangelischer Theologe, 1970–88 Superintendent in Saalfeld, 1977–89 Mitglied der Kirchenleitung der VELK in der DDR, ab 1988 Leiter des Dezernats für Ausbildung in der Thüringischen Landeskirche als Oberkirchenrat.
36 Im Jahr 1983 begannen die USA unter Präsident Reagan mit dem Aufbau eines Schutzschirms zur Abwehr gegen mögliche sowjetische interkontinentale Atomraketen. Dieses Programm mit dem Namen »Strategic Defense Initiative« beinhaltete auch im Weltraum stationierte Beobachtungssatelliten und hochenergetische Laserkanonen. Darum wurde das Programm in Anlehnung an den Hollywood-Film als »Star Wars« bzw. »Krieg der Sterne« bezeichnet. Nach Ende des Kalten Krieges beendeten die USA das Programm.

Zum gemeinsamen »Wort zum Frieden« des BEK und der EKD[37] zum »40. Jahrestag des Kriegsendes« wird erklärt, die Konferenz sei dafür dankbar, weil die Gemeinschaft und die Zusammenarbeit mit den evangelischen Christen und Kirchen in der BRD wesentlich sei.

Nach der Berichterstattung fand eine geschlossene Aussprache statt. Streng intern vorliegenden Hinweisen zufolge war damit beabsichtigt, mögliche kritischere bzw. politisch-negative Auffassungen zum Bericht der KKL unter Ausschluss besonders der Vertreter westlicher Massenmedien zu behandeln. Diese Aussprache war insgesamt durch Sachlichkeit geprägt.

Landesbischof *Hempel* und Konsistorialpräsident *Stolpe* gaben eine Information über ihr Gespräch mit dem SPD-Vorsitzenden Willy *Brandt*[38] am 19. September 1985 (vgl. dazu Information des MfS Nr. 398/85 vom 23. September 1985).[39]

Oberkirchenratspräsident *Müller*/Schwerin[40] berichtete über die im August 1985 in Ottawa/Kanada durchgeführte sogenannte Menschenrechtskonsultation des »Ökumenischen Rates der Kirchen« (ÖRK).[41]

Müller erklärte, dass persönliche Gespräche mit dem Leiter der USA-Delegation erkennen ließen, dass dieser keinerlei Interesse an der Verabschiedung eines Kommuniqués mit konstruktiven Aussagen hatte, sondern vielmehr diese Veranstaltung als Plattform für Provokationen gegen die sozialistischen Länder nutzte.

Pfarrer *Schorlemmer*/Wittenberg,[42] der Jugenddelegierte *Günther*/Ludwigslust und Bischof *Forck*/Berlin[43] nutzten die geschlossene Beratung zu

---

37 Wort zum Frieden: Der Bund der Evangelischen Kirchen in der DDR und die Evangelische Kirche in Deutschland zum 40. Jahrestag des Endes des Zweiten Weltkrieges. In: Junge Kirche 46(1985)4, S. 186–188.
38 Willy Brandt, Jg. 1913, SPD-Politiker, 1957–66 Regierender Bürgermeister von Berlin, 1964–87 Parteivorsitzender der SPD, 1966–69 Bundesaußenminister, 1969–74 Bundeskanzler, 1976–92 Präsident der Sozialistischen Internationale.
39 Vgl. zum Treffen mit Willy Brandt Information 398/85.
40 Peter Müller, Jg. 1939, Kirchenjurist, nach Ausbildung zum Werkzeugmacher plante Müller ein Studium an der FU Berlin, das er aufgrund des Mauerbaus 1961 nicht aufnehmen konnte, Ausbildung zum Kirchenjuristen in Naumburg, 1977–93 Oberkirchenratspräsident der Evangelisch-Lutherischen Landeskirche Mecklenburgs.
41 Der Ökumenische Rat der Kirchen (ÖRK), auch als Weltkirchenrat (engl. World Council of Churches – WCC) bekannt, wurde am 23.8.1948 in Amsterdam gegründet und gilt seitdem als zentrales Organ der ökumenischen Bewegung. Er ist ein weltweiter Zusammenschluss von etwa 350 Mitgliedskirchen in mehr als 120 Ländern auf allen Kontinenten.
42 Friedrich Schorlemmer, Jg. 1944, evangelischer Theologe, Mitglied der Friedens-, Menschenrechts- und Umweltbewegung, 1978–92 Dozent am Evangelischen Predigerseminar und Pfarrer der Schlosskirche in Wittenberg, 1989 Mitbegründer des Demokratischen Aufbruchs, 1990 Wechsel zur SPD, 1990–94 SPD-Fraktionsvorsitzender im Wittenberger Stadtparlament, 1992–2007 Studienleiter bei der Evangelischen Akademie Wittenberg, ab 2006 Mitherausgeber der Wochenzeitung »Freitag«.
43 Gottfried Forck, Jg. 1923, evangelischer Theologe, 1954–59 Studentenpfarrer an der HU Berlin, 1959–63 Pfarrer in Lautawerk (Niederlausitz), 1963–72 Leiter des Predigerseminars

provokatorischen Anfragen/Meinungsäußerungen (Schorlemmer warf das Problem des dreijährigen Waffendienstes als angebliche Grundbedingung für ein Hochschulstudium auf und wies auf angebliche Verschärfungen gegenüber christlich gebundenen Bürgern bei den diesjährigen Elternaktivwahlen an den Schulen hin; *Günther* bezweifelte die Aussagen im Arbeitsbericht des Sekretariats des BEK über die Verbesserung des Bausoldatendienstes;[44] *Forck* orientierte, den *Günther* unterstützend, auf die Alternative eines »sozialen Friedensdienstes«).

Zu jeder dieser Anfragen/Meinungsäußerungen wurde eine politisch-realistische, zum Teil auf eigenen positiven Erfahrungen von Synodalen beruhende Antwort gegeben.

Die öffentliche Diskussion zum Bericht der KKL fand unter starker Präsenz von Vertretern westlicher Massenmedien statt. Mit politisch-realistischen Positionen traten hier Pfarrer *Otto*/Radebeul,[45] Dipl.-Ing. *Krause*/Berlin,[46] Diakon *Pfuhl*/Hirschluch[47] und – im Gegensatz zu vorher – Pfarrer *Schorlemmer* auf. Sie würdigten u. a. die kontinuierliche Politik von Partei und Regierung in Kirchenfragen, hoben dabei die gute Zusammenarbeit Staat – Kirche auf Teilgebieten hervor (Aktion »Brot für die Welt«, Informationsbeziehungen ADN – »Neue Zeit«)[48].

Pfarrer *Schorlemmer*/Wittenberg begrüßte die Wandlung innerhalb der Kirchen, die es jetzt ermögliche, vom 8. Mai 1945 als vom Tag der Befreiung zu sprechen, würdigte die Teilnahme kirchlicher Vertreter an staatlichen Veranstaltungen anlässlich des 8. Mai als Ausdruck staatlichen Vertrauens gegenüber den Kirchen und forderte dazu auf, durch den Ausbau von Kontakten

---

Brandenburg, 1972–81 Generalsuperintendent des Sprengels Cottbus, 1981–91 Bischof der Evangelischen Kirche Berlin-Brandenburg – Bereich Ost, 1984–87 Vorsitzender des Rates der Evangelischen Kirche der Union für den Bereich DDR.

44 In der DDR gab es keine Möglichkeit den Wehrdienst zu verweigern bzw. zivilen Ersatzdienst zu leisten. Seit der Verabschiedung des Wehrdienstgesetzes vom 24.1.1962 (GBl. I 1962, S. 2–4) bestand in der DDR eine 18-monatige Wehrpflicht. Durch eine Anordnung des Nationalen Verteidigungsrates wurde am 7.9.1964 (GBl. I 1964, S. 129 f.) ein waffenloser Ersatzdienst in Bausoldateneinheiten eingeführt, in dem Wehrpflichtige, die den Dienst an der Waffe aus Gewissensgründen verweigerten, ihre Wehrpflicht ableisten mussten. Vgl. Eisenfeld, Bernd; Schicketanz, Peter: Bausoldaten in der DDR. Die »Zusammenführung feindlich-negativer Kräfte« in der NVA. Berlin 2011.

45 Günther Otto, Jg. 1928, evangelischer Theologe, 1954–68 Pfarrer in Wernsdorf bei Glauchau, ab 1968 bei der Inneren Mission der sächsischen Landeskirche, 1980–91 Bevollmächtigter von »Brot für die Welt« in der DDR.

46 Ludwig Krause, Jg. 1941, Diplomingenieur und Stadtplaner, 1967–90 wissenschaftlicher Mitarbeiter am Institut für Städtebau und Architektur der Bauakademie Berlin. 1978–84 Mitglied im Kreiskirchenrat und der Landessynode, 1982–89 Mitglied der Bundessynode.

47 Erich Pfuhl, Jahrgang 1934, Diakon, tätig in der Jugendarbeit der evangelischen Landeskirche Brandenburg, ab 1977 Leiter der evangelischen Jugendbildungs- und Begegnungsstätte Hirschluch bei Storkow, später Krankenhausseelsorger im Johannesstift Berlin-Spandau.

48 Die Neue Zeit war das täglich erscheinende Zentralorgan der Blockpartei CDU in der DDR.

zu Bürgern der UdSSR, der VR Polen und der Ungarischen VR die Versöhnung zu dokumentieren.

Mehrere Synodale, darunter Dipl.-Ing. *Krause,* Dr. *Wessel*/beide Berlin,[49] Prof. Dr. *Hertzsch*/Jena,[50] Pfarrer *Schorlemmer* und Dr. *Nollau*/Dresden[51] forderten dazu auf, kirchlicherseits zur Unterstützung des Vorschlages zur Bildung einer chemiewaffenfreien Zone in Mitteleuropa, zur Verurteilung der Apartheid-Politik in Südafrika und zur Absage an das SDI-Projekt Erklärungen abzugeben.

Demgegenüber traten die Pfarrer *Passauer*/Berlin, *Pilz*/Mittelherwigsdorf, *Wutzke*/Gartz und Dipl.-Ing. *Semper*/Oranienburg[52] politisch-negativ in Erscheinung (*Passauer* und *Wutzke* zeigten bereits während zurückliegender Synodaltagungen ähnlich negatives Verhalten).

So sprach sich *Passauer* erneut für die Schaffung eines »zivilen Wehrersatzdienstes« aus. Er forderte ferner eine Zusammenfassung aller zum Bausoldatendienst Willigen, die aufgrund der »Nichtanerkennung ihres Status« in der DDR inhaftiert seien, die Erstellung einer entsprechenden »Fürbitteliste« sowie die Aufstellung aller derjenigen ehemaligen Bausoldaten, die ein Hochschulstudium absolvieren konnten.

Pfarrer *Pilz* erklärte unter Bezugnahme auf die Aussage, dass »mehr Waffen nicht mehr Sicherheit bringen«, dass auch die DDR aufgrund der Diskrepanz zwischen Erklärungen und Taten unglaubwürdig werde. In diesem Zusammenhang forderte er die Schaffung einer »gesamtdeutschen Verantwortungsgemeinschaft für den Frieden«.

Auf den Fahneneid eingehend stellte *Pilz* die Frage, weshalb Christen in der DDR nicht gleichberechtigt wie ausgereiste ehemalige DDR-Bürger behandelt würden, die bekanntlich vom Fahneneid entbunden worden seien.

---

49 Walter Wessel, Jg. 1938, Mathematiker (und SPD-Politiker), 1962–91 wissenschaftlicher Mitarbeiter an der Akademie der Wissenschaften Berlin, 1982–90 Bundessynodaler, 1982–94 Mitglied der EKU-Synode, ab 1991 Mitglied der EKD-Synode, 1990 Mitglied der Ostberliner Stadtverordnetenversammlung für die SPD.

50 Klaus-Peter Hertzsch, Jg. 1930, evangelischer Theologe, 1957–59 Vikar in Cospeda/Jena, 1959–66 Studentenpfarrer in Jena, 1966–69 Leiter der Geschäftsstelle der evangelischen Studentengemeinden der DDR in Berlin, ab 1969 Dozent und ab 1973 Professor für Praktische Theologie an der Theologischen Sektion der Friedrich-Schiller-Universität Jena, 1979–84 Direktor der Theologischen Sektion, 1978–90 Mitglied der Synode des Bundes der Evangelischen Kirchen in der DDR.

51 Volker Nollau, Jg. 1941, Mathematiker und CDU-Politiker, 1966 Promotion und 1971 Habilitation in Dresden, ab 1978 Mitglied der Synode der Evangelischen Landeskirche Sachsens, ab 1982 außerordentlicher Dozent an der TU Dresden, 1990–2007 ordentlicher Professor an der TU Dresden, 1990/91 Mitglied des sächsischen Landtages und Parlamentarischer Staatssekretär im sächsischen Wissenschaftsministerium.

52 Udo Semper, Jg. 1937, Geophysiker, 1978–83 Programmierer im VEB Kombinat Robotron in Berlin und Oranienburg, anschließend bei der Deutschen Reichsbahn tätig, 1969–77 und ab 1981 Mitglied der Synode des Bundes der Evangelischen Kirchen in der DDR sowie 1969–77 Mitglied der KKL.

Dipl.-Ing. *Semper* wandte sich gegen jegliche Gewaltanwendung und militärisches Sicherheitsdenken. Wurzel und Ausdruck dieses abzulehnenden Sicherheitskonzepts sehe er im Werben für militärische Berufe.

Pfarrer *Wutzke* brachte zum Ausdruck, an der deutschen Geschichte und Gegenwart zu leiden. Der 8. Mai 1945 sei eine Befreiung gewesen, aber nach wie vor seien die gegenwärtigen Beziehungen zur VR Polen gestört, könne man nicht von Versöhnung sprechen. Auf eine Barlach-Skulptur[53] verweisend, charakterisierte er das »Menschenbild« und das Leben in der DDR als »geknechtet, verzweifelt, traurig, schweigend, taub und stumm«. Ferner wandte er sich in seinen weiteren Ausführungen dagegen, dass nur die »Hohen« reisen dürfen und erklärte, dass er »nach 40 Jahren endlich in Freiheit leben« möchte; 16 Mio. DDR-Bürger seien angeblich aufgrund bestehender Reisebeschränkungen in der DDR »eingesperrt«.

Der Jugenddelegierte *Frenzel*/Dresden (auch er trat bereits während zurückliegender Synoden politisch-negativ in Erscheinung) sprach sich gegen den Bericht der KKL aus und bemängelte, dass die Aussagen der Bundessynode 1982 in Halle zur Problematik Wehrdienst keine Aufnahme im KKL-Bericht gefunden hätten.[54]

Frenzel forderte die KKL auf, zur Beschleunigung der Vorbereitung des »Friedenskonzils« ein »Zeichen« zu setzen und schlug vor, dieses »Friedenskonzil« gleichzeitig »in beiden Teilen Berlins« durchzuführen.

(Nach streng internen Hinweisen führten nach der Diskussion u. a. Landesbischof *Hempel*, Konsistorialpräsident *Stolpe* und Oberkonsistorialrat *Plath*/Greifswald[55] mit den vorgenannten Synodalen persönliche Gespräche zur Disziplinierung.

Im Ergebnis dessen ersuchte z. B. Pfarrer *Wutzke* in internen Gesprächen die Vertreter westlicher Massenmedien, seine vor dem Plenum getätigten Äußerungen nicht in die Berichterstattung über die Synodaltagung aufzunehmen.)

Die abgestimmten Antworten der KKL auf die Anfragen der Synode zu ihrem Bericht waren vorwiegend politisch-realistischen und sachlichen Inhalts; direkte und offene Auseinandersetzungen mit dem Inhalt politisch-negativer Diskussionsbeiträge einzelner Synodalen wurden nicht geführt.

---

53 Ernst Barlach, Jg. 1870, Bildhauer, Graphiker und Schriftsteller, 1888–96 Studium in Hamburg, Dresden und Paris, danach Reisen nach Russland und in die Ukraine, Tätigkeit als Lehrer an einer Keramikfachschule, Zeichner für Zeitschriften, Mitglied der »Berliner Secession«, ab 1910 Atelier in Güstrow, ab 1919 Mitglied der Preußischen Akademie der Künste, während der NS-Zeit galt seine Kunst als »entartet«, seine Werke wurden beschlagnahmt und er erhielt Ausstellungsverbot.
54 Zur Bundessynode 1982 in Halle vgl. Information 510/82.
55 Siegfried Plath, Jg. 1931, evangelischer Theologe, ab 1975 Oberkonsistorialrat in Greifswald, 1975–85 Leiter des Greifswalder Konsistoriums, Mitglied der Konferenz der Evangelischen Kirchenleitungen, pflegte während seiner Amtszeit enge Kontakte zum MfS.

Im Verlaufe der Diskussion äußerten sich Bischof *Forck*/Berlin, Superintendent *Jaeger*/Nordhausen,[56] Konsistorialpräsident *Kramer*/Magdeburg,[57] Oberkirchenrat *Ziegler*/Berlin und Oberkonsistorialrat *Völz*/Görlitz[58] sowie Präsident *Domsch*/Dresden[59] zu innerkirchlichen und theologischen Fragen (Gottesherrschaft; Gemeindesituation; innerkirchliche Strukturen; Verhältnis evangelische – katholische Kirchen; kirchliche Medienarbeit; Pfarrerbesoldung).

Einige weitere Diskussionsredner nahmen Stellung zu gesellschaftspolitisch bedeutsamen Fragen.

Kirchenpräsident *Natho*/Dessau[60] ging ein auf »verantwortbare Alternativen« des Wehrdienstes und verwies auf die Erklärung der KKL von Buckow 1981, wonach die jeweilige Alternative (Dienst mit der Waffe, Bausoldatendienst, Verweigerung aus christlichem Bekenntnis) eine »gleichgestellte Gewissensentscheidung jedes einzelnen Christen« darstelle.[61]

Justitiar *Kupas*/Berlin[62] ging auf die Problemkrise Baubilanzen in Mark der DDR, Bausoldatendienst und Fahneneid ein.

Er erklärte, dass durch Baubilanzen in Mark der DDR für die evangelischen Kirchen »selbstverständlich ein erheblicher Bedarf der örtlichen Gemeinden und Einrichtungen abgesichert« worden sei, derzeit jedoch die Frage nach erforderlichen Mehrzuweisungen stehe. Ohne einen »quantitativen Schub« von jährlich fünf bis sechs Mio. Mark Baubilanzen für die Werterhaltung kirchlicher Objekte gelänge es nicht, solche Vorkommnisse wie den Zu-

---

56 Im Original: »Jäger«. Joachim Jaeger, Jg. 1935, evangelischer Theologe, 1973–77 Studentenpfarrer in Halle, 1977–94 Superintendent in Nordhausen, ab 1986 Propst der Propstei Südharz in der Kirchenprovinz Sachsen.
57 Martin Kramer, Jg. 1933, evangelischer Theologe, Pfarrer der Magdeburger Paulusgemeinde in Stadtfeld Ost, 1964–90 Mitglied der Synode der Landeskirche Sachsens, 1980–90 Präsident des Konsistoriums der Evangelischen Kirche der Kirchenprovinz Sachsen (Magdeburg).
58 Eberhard Völz, Jg. 1936, Finanzökonom, 1972–95 Oberkonsistorialrat im Konsistorium der Evangelischen Kirche Görlitz, dort verantwortlich für Recht, Bauen und Finanzen, ab 1973 Mitglied im Finanzausschuss des Bundes der Evangelischen Kirchen in der DDR.
59 Kurt Domsch, Jg. 1928, Bauingenieur, 1970–75 Präsident der Generalsynode der Vereinigten Evangelisch-Lutherischen Kirche, 1975–89 Präsident des Sächsischen Landeskirchenamtes, leitender Angestellter im VEB Brücken- und Hochbau Neustadt/Sachsen.
60 Eberhard Natho, Jg. 1932, evangelischer Theologe, 1970–94 Kirchenpräsident der Evangelischen Landeskirche Anhalts, ab 1971 Pfarrer in der St.-Georg-Gemeinde in Dessau, 1981–90 Vorsitzender der Arbeitsgemeinschaft Christlicher Kirchen in der DDR.
61 Wahrscheinlich ist die Stellungnahme der 79. Tagung der KKL aus dem März 1982 gemeint. Vgl. dazu die Anlage zu Information 143/82.
62 Malte Kupas, Jg. 1945, Jurist, 1970–81 Richter am Vertragsgericht Potsdam, 1981–90 Justitiar und Leitender Jurist beim Sekretariat des BEK, dabei ab 1984 stellvertretender Leiter des BEK-Sekretariats, 1990 Ressortleiter Justiz der Bezirksverwaltungsbehörde Potsdam, 1990–96 Abteilungsleiter im Ministerium der Justiz und für Bundes- und Europaangelegenheiten in Brandenburg, ab 1996 Direktor des Landtages von Brandenburg.

sammensturz des Kirchturms in Pasewalk[63] zu verhindern. Seiner Auffassung nach wären im Zeitraum 1986 bis 1990 insgesamt ca. 53 Mio. Mark an Baubilanzen erforderlich.

Auf den Bausoldatendienst und den Fahneneid eingehend, verwies *Kupas* auf die Tätigkeit der bestehenden Arbeitsgruppe Wehrdienstfragen beim BEK in der DDR, die in »kontinuierlicher Gesprächsführung« mit den staatlichen Organen stehe und stellte fest, in der DDR seien derzeit insgesamt weniger als zehn Personen aufgrund von Verweigerung des Wehrdienstes bzw. des Reservistendienstes[64] mit der Waffe nach erfolgtem Fahneneid inhaftiert.

Die Verweigerung des Wehrdienstes müsse jedoch in gesetzlichen Bezug gestellt werden, demzufolge der Wehrdienst eine Pflicht jedes männlichen Bürgers ist. Hinsichtlich der Ablehnung des Reservistendienstes mit der Waffe nach erfolgtem Fahneneid sollten im Ergebnis weiterer Verhandlungen mit staatlichen Organen Möglichkeiten geschaffen werden, auch einen waffenlosen Reservistendienst einzuführen.

Kupas unterstrich, dass das die weitere Verbesserung der gehandhabten Praxis und Schaffung neuer rechtlich gesicherter Möglichkeiten erfordere. Er führte ferner aus, viele der ehemaligen Bausoldaten hätten ohne Schwierigkeiten einen Studienplatz erhalten. Bei anstehenden Problemen seien durch Gespräche mit staatlichen Organen Einzelregelungen zu deren Klärung möglich gewesen.

In diesem Zusammenhang unterstützte *Kupas* die Herausgabe von »Fürbittelisten«.

Konsistorialpräsident *Stolpe* ging auf die Problematik der Erweiterung bestehender Reisemöglichkeiten für Bürger der DDR ein.

So erklärte er, die »erstreisenden Laien« zum Kirchentag 1985 in Düsseldorf[65] hätten demonstriert, dass sie ihrer Rolle als »Friedensbotschafter und Vertreter ihres Landes« gerecht geworden seien.

---

63 Am 3.12.1984 stürzte ein Teil des Turmes der über 700 Jahre alten baufälligen St.-Marien-Kirche in Pasewalk ein. Vgl. BArch, DO 4/980, Bd. 2.
64 In der DDR gab es keine Möglichkeit, den Wehrdienst zu verweigern bzw. zivilen Ersatzdienst zu leisten. Seit der Verabschiedung des Wehrdienstgesetzes vom 24.1.1962 (GBl. I 1962, S. 2–4) bestand in der DDR eine 18-monatige Wehrpflicht. Durch eine Anordnung des Nationalen Verteidigungsrates wurde am 7.9.1964 (GBl. I 1964, S. 129 f.) ein waffenloser Ersatzdienst in Bausoldateneinheiten eingeführt, in dem Wehrpflichtige, die den Dienst an der Waffe aus Gewissensgründen verweigerten, ihre Wehrpflicht ableisten mussten. Für Wehrdienstverweigerer sah § 43 des Wehrdienstgesetzes Freiheitsstrafen von bis zu fünf Jahren oder Geldstrafen vor. DDR-Gerichte verurteilten in den 1980er-Jahren jährlich im Schnitt 150 Totalverweigerer. Die Freiheitsstrafen lagen zwischen 18 und 22 Monaten. Erst im Jahr 1985 wurden auf Anweisung des Verteidigungsministeriums Inhaftierung und Verurteilung von Totalverweigerung beendet. Vgl. Eintrag »Wehrdienstverweigerung«. Hg. v. d. Bundeszentrale für politische Bildung und Robert-Havemann-Gesellschaft e.V., letzte Änderung Dezember 2019, online abrufbar unter: www.jugendopposition.de/145369 (letzter Abruf: 11.6.2024).
65 Der 21. Deutsche Evangelische Kirchentag fand vom 5. bis 9. Juni 1985 in Düsseldorf statt.

Diese Personen hätten sich keineswegs vom Wohlstand der westlichen Welt verblenden lassen, sondern die »harte Kehrseite der westlichen Profitgesellschaft« deutlicher erkannt; das habe zu einer weiteren »Wertschätzung ihrer Heimat« beigetragen. Das durch die Reisemöglichkeit in sie gesetzte Vertrauen würden sie durch verstärkte Mitarbeit danken.

Stolpe verwies in diesem Zusammenhang auf die »anstehende Entscheidung« über eine Erweiterung der Verordnung über Besuchsreisen in Form einer Erweiterung der Anlässe und des Kreises der Berechtigten.[66]

Das Gespräch des Generalsekretärs des ZK der SED und Vorsitzenden des Staatsrates der DDR, Genossen Erich *Honecker,* mit dem Vorsitzenden der SPD, Willy *Brandt,* bezeichnete *Stolpe* als »praktizierte Entspannungspolitik« und hob besonders den Vorschlag zur Schaffung einer chemiewaffenfreien Zone in Mitteleuropa im unterzeichneten »bemerkenswerten« Kommuniqué hervor.[67]

Eine Reaktion der Regierung der BRD auf diesen Vorschlag sei wünschenswert. Gleichzeitig forderte *Stolpe* Stellungnahmen des BEK in der DDR und der EKD (BRD) zu diesem Vorschlag.

Landesbischof *Hempel* ging in seinem Beitrag auf das Verhältnis Staat – Kirche in der DDR ein und erklärte, in den kontinuierlichen Gesprächen zwischen Staat und Kirche seien bisher alle vakanten Probleme angesprochen. Es seien viele Ergebnisse erzielt worden, da ihnen die staatlichen Vertreter als »hör- und handlungsbereit« begegnet wären. Seiner Auffassung nach existiere die fundamentale Sicherheit, dass die Handlungsfreiheit der Kirchen in der DDR auf lange Dauer gewährleistet sei. Die Ausgestaltung derselben sei jedoch auch durch Phasen von Auseinandersetzungen gekennzeichnet.

Auf die sogenannte deutsche Frage eingehend erklärte *Hempel* im Verlaufe seiner weiteren Ausführungen, dass die Grundlage dieser Frage die Anerkennung der Existenz von zwei souveränen deutschen Staaten und des Status quo sei. Wer dies nicht wahrhaben wolle, gefährde den Frieden.

Der 62-seitige Arbeitsbericht 1984/85 des Sekretariats des BEK in der DDR, der den Synodalen schriftlich ausgehändigt wurde, beinhaltet die Rechenschaftslegung über die seit der 4. Tagung der IV. Synode des BEK in der

---

66 1982 löste eine neue Anordnung über Regelungen zum Reiseverkehr von Bürgern der DDR die Regelung von 1972 ab. Mit der neuen Anordnung bekamen mehr DDR-Bürger die Möglichkeit, Besuchsreisen in nichtsozialistische Staaten und Westberlin anzutreten, indem der Katalog der »dringenden Familienangelegenheiten«, die eine Reise begründen konnten, erweitert wurde. Zu Geburten, Eheschließungen und schweren Erkrankungen bzw. Sterbefällen von Familienangehörigen kamen nun auch runde Geburtstage, Konfirmationen und Erstkommunionen sowie runde Ehejubiläen hinzu. Vgl. Anordnung über Regelungen zum Reiseverkehr von Bürgern der DDR, 15.2.1982. In: GBl. I Nr. 9 1982, S. 187–188.
67 Vgl. Treffen Erich Honeckers mit dem SPD-Vorsitzenden Willy Brandt. Kommuniqué über den Meinungsaustausch im Amtssitz des Staatsrates der DDR. In: ND v. 20.9.1985, S. 1.

DDR (September 1984) geleistete innerkirchliche und theologische Arbeit des BEK.
(Allgemeine Aufgaben des BEK in der DDR, Tätigkeit der Kommissionen und Facharbeitskreise usw.)
In dem Arbeitsbericht wird die Kontinuität des Verhältnisses von Staat und Kirche auf der Grundlage der Gespräche vom 6. März 1978 und vom 11. Februar 1985 unterstrichen.
Als Ausdruck dieser Entwicklung und als Anerkennung und Würdigung der Arbeit des Diakonischen Werkes wird mit Dankbarkeit das »großzügige Entgegenkommen des Staates« in Form der Vereinbarung über die Rentenversorgung der Diakonissen gewertet.[68]
Gleichzeitig werden jedoch auch hier noch »offene Probleme« im Verhältnis Staat – Kirche angesprochen wie
– anstehende Festlegung über handhabbare Richtlinien für die weitere Verwirklichung der Gleichberechtigung und Gleichachtung christlicher Bürger in der Gesellschaft;
– Regelungen zum Bausoldatendienst;
– Erweiterung der Baubilanzen in der DDR.

Im weiteren Verlaufe der Synodaltagung wurde die Vorlage »Ziele und Inhalte kirchlicher Jugendarbeit« der »Kommission kirchliche Jugendarbeit« (KKJ) durch den Sekretär der KKJ, Pfarrer *Dorgerloh*/Berlin,[69] sowie weitere Mitglieder dieser Kommission erläutert.[70]
In der Vorlage ist insgesamt eine Profilierung kirchlicher Jugendarbeit an Kirche und Theologie vorbei zu erkennen. In ihr wird u. a. eine Einordnung der kirchlichen »Jugendarbeit im Gesamtfeld der kirchlichen Arbeit« vollzo-

---

68 Zwischen Diakonie und Staat gab es in der DDR immer wieder Konflikte über den Status der Beschäftigten in kirchlichen Einrichtungen. Am 1.3.1985 erreichten beide Seiten eine Vereinbarung über die Rentenversorgung der Diakonissen, die deren Renten mit denen der übrigen Werktätigen in der DDR gleichstellte. Vgl. Grelak, Uwe; Pasternack, Peer: Das kirchliche Berufsbildungswesen in der DDR (HoF-Arbeitsbericht 105). Halle 2018.
69 Fritz Dorgerloh, Jg. 1932, evangelischer Theologe, 1980–88 Sekretär der Kommission »Kirchliche Jugendarbeit« beim BEK.
70 Vgl. Vorlage »Ziele und Inhalte kirchlicher Jugendarbeit«, in: EZA 101/5400. Aus dem Protokoll der Synode geht hervor, dass die Vorlage von Mitgliedern der Synode stark kritisiert wurde. Protokollierte Äußerungen zur Vorlage kritisierten sie als zu unkonkret und oberflächlich und bemängelten eine fehlende Entwicklungsperspektive (vgl. Protokoll 5. ordentliche Tagung der IV. Synode des BEK vom 20. bis 24.9.1985 in Dresden. In: EZA 101/2969). Dementsprechend formulierte die Synode ihren Beschluss zur Vorlage der KKJ auch als Arbeitsauftrag, »daran [dem Konzept] weiterzuarbeiten«. Die Jugendarbeit sollte mehr Wert darauf legen, die eigene Arbeit mit dem sonstigen Gemeindeleben zu verknüpfen und für Begegnungen zwischen den Jugendlichen und den älteren Gemeindemitgliedern zu sorgen. Außerdem zeigte sich die Synode in ihrem Beschluss besorgt, dass immer weniger Mitarbeiter und insgesamt zu wenig Frauen im Bereich der Jugendarbeit aktiv wären (vgl. Beschluss der Synode des Bundes zum Bericht Ziele und Inhalte kirchlicher Jugendarbeit v. 24. September 1985. In: EZA 118/241).

gen. Dabei werden als wesentliche Faktoren für die Ausprägung der kirchlichen Jugendarbeit in der DDR »die strikte Trennung von Kirche und Staat, der zunehmende Prozess der Säkularisierung und Minorisierung sowie die Notwendigkeit, die Aufgabe und Stellung der Kirche und ihrer Jugendarbeit innerhalb eines sozialistischen Staates zu bestimmen«, festgehalten. Betont wird, dass »das Gegenüber zu einer atheistisch geprägten Weltanschauung die kirchliche Jugendarbeit herausgefordert und geformt hat«. Gleichzeitig zur formulierten Zielstellung, dass kirchliche Jugendarbeit zur Persönlichkeitsentfaltung und zur Alltagsbewältigung beitragen und befähigen soll, heißt es in der Vorlage, dass »Kirche für viele Jugendliche eine Alternative bleibt, weil Freiräume da sind«.

Ferner wird festgestellt, dass es besonders »in Zeiten, in denen Konflikte und Spannungen zwischen Kirche und Gesellschaft die Aufmerksamkeit der Jugendlichen erregen«, zur Integrierung Jugendlicher in die kirchliche Jugendarbeit komme. Es nehme dann besonders auffällig der Anteil jener Jugendlichen zu, die in ihrer Biographie vorher keinerlei kirchliche Berührung hatten.

Kommentierend zu diesem Bericht erklärte Landesjugendpfarrer *Bretschneider*/Dresden, in der kirchlichen Jugendarbeit herrsche »beängstigende Atemnot, Sprachlosigkeit und lähmende Resignation«. Es existieren Spannungen zwischen den Visionen der Jugend und den im gesellschaftlichen Umfeld liegenden Hemmnissen zur Verwirklichung derselben. So gäbe es eine Vielzahl »überangepasster Jugendlicher« in der DDR. Die Hilferufe und das Abreagieren der Jugendlichen drückten sich nicht nur in Haartracht und Kleidung aus, sondern auch in aggressiven Verhaltensweisen. Diese Hilferufe müsse man ernstnehmen. Es müsse die Frage gestellt werden, ob die Kirche noch ein Gespür für die Ungerechtigkeiten und den Freiheitsdruck gegenüber den Jugendlichen habe.

In der sich anschließenden Synodalaussprache wurde sachlich und kritisch zu den Problemen kirchlicher Jugendarbeit Stellung genommen. So erklärt u. a. Superintendent *Große*/Saalfeld,[71] die Kirche habe derzeit auch keine Antworten auf Fragen Jugendlicher und wisse nicht, wie die Jugendarbeit aussehen solle. *Große* stellte den Antrag zu prüfen, für die 5. Legislaturperiode der Synode des BEK den Jugenddelegierten das Stimmrecht einzuräumen.

Prof. Dr. *Hertzsch* ging auf die Formulierung in der Vorlage der KK[72] ein, wonach Jugend notwendig als heilsame Unruhe sei und fragte an, ob das als »Solidarität der Ratlosen, als Solidarität der Resignierenden« zu verstehen sei, indem sowohl Jugendliche wie auch die Kirche keine Antworten hätten.

---

71 Im Original: »Grosze«.
72 Gemeint ist vermutlich die bereits erwähnte Vorlage der »Kommission für Kirchliche Jugendarbeit« (KKJ).

Pfarrer *Schorlemmer* erklärte in seinem Diskussionsbeitrag, dass in kirchlicher Jugendarbeit die Gefahr liege, sich zur »Subkultur« zu entwickeln. Kirchliche Jugendarbeit lebe von den Defiziten der Gesellschaft. Von daher bestehe die Gefahr das »Desengagement« zu kultivieren.

Konsistorialrätin *Cynkiewicz*/Berlin[73] fragte nach den Ursachen für »überangepasste Jugendliche«. Die Kirche müsse zuerst bei sich selbst Ursachen suchen und aufdecken, erst danach hätte man das Recht, bei staatlichen Stellen vorzusprechen, um eine Atmosphäre zu schaffen, die Angst überflüssig mache.

Nach Auffassung von Pfarrer *Adolph*/Struppen[74] sei die Konzeption für die kirchliche Jugendarbeit in der Vorlage der KKJ unklar geblieben. Kirchliche Jugendarbeit müsse ein Dialog mit der Jugend sein, und die Kirche dürfe sich nicht einfach Haltungen der Jugendlichen »überstülpen« lassen. Die Kirche müsse auch das Recht haben, Fragen an die Jugendlichen zu stellen.

Im weiteren Verlauf der Synodaltagung wurde eine Vielzahl innerkirchlicher und theologischer Probleme erörtert (Bericht des Diakonischen Werkes, Weiterarbeit an der Gestaltung der theologischen Ausbildung, Haushaltsplan, Grundartikel usw.).

Auf Antrag des Pfarrers *Passauer*/Berlin wurde im Rahmen der Synodaltagung eine Kollekte in Höhe von 3 204,50 Mark für die Erdbebenopfer in Mexiko[75] gesammelt.

Im Ergebnis der 5. Tagung der IV. Synode des BEK in der DDR wurden neben einer Reihe innerkirchlicher und theologischer Beschlüsse folgende gesellschaftspolitisch bedeutsamen Beschlüsse verabschiedet:

1. Beschluss des Berichtsausschusses
Im Beschluss der Synode zum KKL-Bericht werden die Grundaussagen dieses Berichtes bekräftigt, ohne jedoch alle politisch-realistischen Positionen des KKL-Berichtes auszuweisen. So wird erneut die Aussage unterstrichen, dass »die Verantwortung für den Frieden die zentrale Frage ihres Zeugnisses vor Jesus Christus« ist.

---

[73] Rosemarie Cynkiewicz, Jg. 1936, evangelische Theologin, ab 1968 Pfarrerin in Berlin-Prenzlauer Berg, ab 1977 Oberkonsistorialrätin im Konsistorium der Evangelischen Landeskirche Berlin-Brandenburgs, ab 1978 Mitglied der Synode des BEK, ab 1986 Vizepräses des Konsistoriums, 1990/91 Präses der Synode des BEK, ab 1991 Mitglied des Rates der EKD.
[74] Roland Adolph, Jg. 1946, evangelischer Theologe, 1977–85 Gemeindepfarrer in Struppen bei Pirna, anschließend Gemeindepfarrer in Neustadt, ab 1988 Rektor des Diakoniehauses Moritzburg, 1978–94 Mitglied der Landessynode Sachsen.
[75] Am 19. und 20. September 1985 starben mehrere zehntausend Menschen in Mexiko-Stadt, als binnen 32 Stunden zwei starke Erdbeben die Region erschütterten. Es handelte sich um die bis dahin verheerendste Erdbebenkatastrophe in der Geschichte Mexikos.

Die Entwicklung von Weltraumwaffen wird abgelehnt und die Vorschläge zur Schaffung einer »chemiewaffenfreien Zone in Europa« und einer »atomwaffenfreien Zone in Mitteleuropa«[76] finden Unterstützung.

In den Aussagen zum Verhältnis Staat – Kirche in der DDR werden die Grundaussagen der Gespräche vom 6. März 1978 und vom 11. Februar 1985 bekräftigt. Gleichzeitig damit hält die Synode jedoch gegenwärtig »grundsätzliche Sachgespräche zur vollen Verwirklichung der Gleichberechtigung und Gleichachtung im Bildungswesen für vordringlich«.

Durch die Fixierung der Position der politisch-negativen Kräfte in der Synode werden im Beschluss unter Bezugnahme auf den Problemkreis der Verwirklichung der Menschenrechte Gebiete im Bereich der Rechte des Einzelnen angesprochen, »in denen die Praktizierung der Menschenrechte erweitert oder deutlicher wahrgenommen werden soll«.

Es handelt sich dabei um die innerhalb des Berichtes der KKL, der Diskussion zum Bericht und der Antworten der KKL angesprochenen Fragen zur Bildungspolitik, zur Erweiterung der Reisemöglichkeiten sowie zur Modifizierung des Bausoldatendienstes und der Einrichtung eines zivilen Wehrersatzdienstes.

2. Erklärung der Synode zum »Konzil des Friedens«
In diesem Beschluss wird darauf hingewiesen, dass die wesentlichen Gedanken des »Konzils des Friedens« in die Weltkonferenz des ÖRK »Frieden, Gerechtigkeit und die Bewahrung der Schöpfung« 1990 Eingang finden sollten.

Bis 1990 sollte eine »konzentrierte und stufenweise Vorbereitung des Konzils des Friedens« erfolgen, wobei »Friedensdekaden«,[77] Kirchentage,

---

76 Gemeint ist ein Memorandum, das von einer unabhängigen internationalen Kommission unter Leitung des schwedischen Ministerpräsidenten Olof Palme zwischen 1980 und 1982 erarbeitet und im Juni 1982 der 2. UNO-Sondervollversammlung für Abrüstung übergeben wurde. Darin wurden folgende Empfehlungen unterbreitet: Reduzierung der Truppen in Europa, Abbau von strategischen Waffen, Einrichtung von atom- und chemiewaffenfreien Zonen in Europa, weltweites Verbot von Atomtests, Verbot von Weltraumwaffen und Abbau der Mittelstreckenraketen in Europa. Vgl. Der Palme-Bericht. Bericht der Unabhängigen Kommission für Abrüstung und Sicherheit. Berlin 1982.
77 Am Ende eines Kirchenjahres eine ökumenische Friedensdekade in den Gemeinden durchzuführen, geht auf eine in den Niederlanden entwickelte und im Herbst 1980 in Deutschland aufgegriffene Idee der ökumenischen Jugendarbeit zurück. Die ökumenische Arbeitsgemeinschaft Christlicher Jugend und die Kommission für Kirchliche Jugendarbeit des Bundes der Evangelischen Kirchen in der DDR hatten dazu Material erarbeitet. Die erste Friedensdekade fand im November 1980 unter dem Motto »Frieden schaffen ohne Waffen« statt. Eine Friedensdekade umfasste jeweils ein zehntägiges Programm mit Gottesdiensten und Veranstaltungen in den evangelischen Kirchengemeinden der DDR. Aufgrund starken staatlichen Drucks setzte eine schrittweise Entpolitisierung der Friedensdekaden ein, seit 1983/84 nahmen spürbar weniger Menschen teil. Nur in einzelnen Kirchengemeinden mit besonders engagierten Pfarrern und Pfarrerinnen wurde auch weiterhin Kritik an der Politik der SED geübt.

Gemeindetage und andere Gelegenheiten – auch im Zusammenhang mit dem UNO-Jahr des Friedens 1986[78] – genutzt werden sollen.

3. Beschluss zur kirchlichen Jugendarbeit
Der Beschluss orientiert auf die feste Integrierung der kirchlichen Jugendarbeit in das Gemeindeleben und auf die Qualifizierung der Ausbildung von Mitarbeitern der kirchlichen Jugendarbeit. Der Beschluss enthält keine politisch-negativen Aussagen.

4. Erklärung zu Südafrika
Die Synode bringt ihre »tiefe Betroffenheit über die ständige Eskalation der Gewalt in Südafrika« zum Ausdruck und erklärt, »dass Apartheid Sünde gegen Gottes Gebot« sei. Sie fordert die Gemeinden auf, »dass ihnen mögliche zu tun, um den Unterdrückten im südlichen Afrika in ihrem Kampf um gerechte und menschenwürdige Verhältnisse beizustehen.«

(Alle Materialien der Synodaltagung liegen im Originalwortlaut vor.)

In Auswertung der 5. ordentlichen Tagung der IV. Synode des Bundes der Evangelischen Kirchen in der DDR wird vorgeschlagen, unter Nutzung aller im Zusammenhang mit der 100. Tagung der KKL[79] und der Synodaltagung in Dresden gewonnenen Erkenntnisse die politisch-ideologische Arbeit im Sinne der Orientierungen der 10. Tagung des ZK der SED[80] in Vorbereitung des XI. Parteitages gegenüber kirchenleitenden Kräften und Laienchristen zu intensivieren, den Differenzierungsprozess unter kirchenleitenden Amtsträgern, anderen kirchlichen Mitarbeitern und Synodalen insgesamt ergebnisbezogener fortzuführen.

Die Information ist wegen Quellengefährdung nur zur persönlichen Kenntnisnahme bestimmt.

---

78 Die UNO rief das Jahr 1986 zum »Jahr des Friedens« aus, um ein Zeichen für die Beilegung und Verhinderung gewaltsamer Konflikte zu setzen.
79 Zur 100. Tagung der KKL vgl. Information 386/85.
80 Die 10. Tagung des Zentralkomitees der SED fand vom 20. bis 21.6.1985 statt. Der Bericht des Politbüros wurde von Joachim Herrmann vorgetragen, er ist abgedruckt in: ND v. 21.6.1985, S. 6–11.

11. Oktober 1985

Hinweise auf beachtenswerte Reaktionen der Bevölkerung der DDR im Zusammenhang mit der Vorbereitung des XI. Parteitages der SED [O/150]

Quelle: BArch, MfS, ZAIG 4199, Bl. 2–11.
Serie: Ablage O (Reaktionen der Bevölkerung).
Verteiler: Kein Nachweis für externe Verteilung – MfS: Mielke, Mittig, Neiber, Kleine, Irmler.
Bemerkungen: Verteilervorschlag ist auf gesondertem Zettel vermerkt (Bl. 1).

Das Stimmungsbild unter breiten Teilen der Bevölkerung ist im Zusammenhang mit der weiteren Auswertung der 10. Tagung des ZK der SED,[1] den vertrauensvollen individuellen Gesprächen mit den Genossen der Partei und den sich weiter entwickelnden schöpferischen Initiativen der Werktätigen zunehmend von der Vorbereitung des XI. Parteitages der SED[2] geprägt.

Die durch die 10. Tagung des ZK der SED ausgelöste breite Volksbewegung zum XI. Parteitag findet u. a. ihren Niederschlag vor allem in der Vorbereitung und Durchführung von Initiativ- und Höchstleistungsschichten sowie Absichtsbekundungen, in allen gesellschaftlichen Bereichen mit hohem Engagement den Parteitag mit besten Leistungen vorbereiten zu wollen. Es werden verstärkt persönliche Verpflichtungen abgegeben, die auf die Anwendung des wissenschaftlich-technischen Fortschritts, der maximalen Auslastung der Grundfonds sowie auf eine hohe Qualitätsarbeit ausgerichtet sind.

Unter verantwortlichen Kadern verschiedenster Leitungsebenen in der materiellen Produktion werden Anstrengungen unternommen, um durch eine gute Leitungstätigkeit und exakte Organisation der Produktionsabläufe trotz bestehender komplizierter Probleme eine hohe Dynamik und Kontinuität in der täglichen Arbeit zu gewährleisten.

Mit den Bekundungen zur noch bewussteren Wahrnehmung der Verantwortung seitens der Werktätigen im Zusammenhang mit der Erhöhung ihres eigenen Beitrages zur Leistungssteigerung gibt es gegenwärtig zunehmend Diskussionen dahingehend, noch bessere Voraussetzungen für eine plan- und termingerechte Erfüllung der gestellten Aufgaben zu schaffen. In nicht geringem Umfang gibt es kritische Hinweise zu Diskontinuität der Produktion im eigenen Arbeitsbereich sowie zu zum Teil unregelmäßigen bzw. qualitäts-

---

1   Die 10. Tagung des Zentralkomitees der SED fand vom 20. bis 21.6.1985 statt. Der Bericht des Politbüros wurde von Joachim Herrmann vorgetragen, er ist abgedruckt in: ND v. 21.6.1985, S. 6–11.
2   Der XI. Parteitag der SED fand vom 17. bis 21.4.1986 statt.

geminderten produktionswichtigen Materiallieferungen und fehlenden Ersatzteilen. Diese seit längerer Zeit anhaltende und, so wird argumentiert, auch übergeordneten Leitungsebenen bekannte Situation, führe immer wieder zu Schwierigkeiten bei der Planerfüllung.

Derartige Hinweise liegen aus allen Bereichen der materiellen Produktion, vorwiegend aus Ballungszentren der Arbeiterklasse, aber auch aus landwirtschaftlichen Produktionszweigen vor.

In diesem Zusammenhang wird insbesondere von Produktionsarbeitern teilweise eine ablehnende Haltung zur Ableistung von Überstunden und Sonderschichten eingenommen, da ihrer Meinung nach dadurch nur entstandene Planrückstände kompensiert würden, für die sie im Allgemeinen nicht verantwortlich wären.

Darüber hinaus werden ihrer Meinung nach schon genügend zusätzliche Einsätze durchgeführt.

Typische Auffassungen zum Problem Sonderschichten/Überstunden sind:
– Bei den Initiativ- und Sonderschichten sei alles durchorganisiert, ausreichend Material vorhanden, doch am nächsten Tag begännen die Probleme erneut.
– Wozu wolle man »Rekordleistungen« erzwingen, wenn diese objektiv keine Dauerleistungen werden können?
– Eine bessere Planung der täglichen Arbeit sei wichtiger, denn die Werktätigen leisteten schon genug Überstunden.
– Die gemeldeten Planerfüllungen ständen im Widerspruch zur erlebten Realität. Dabei wird u. a. auf häufige Stillstandszeiten verwiesen.

In Einzelfällen wurden Befürchtungen dahingehend geäußert, die bei den Höchstleistungsschichten erzielten Ergebnisse hätten Auswirkungen auf neue Normfestlegungen.

In zahlreichen Meinungsäußerungen wird neben der Bereitschaft zur Erfüllung und Überbietung der gestellten Planaufgaben aber auch eine wachsende Unzufriedenheit unter den Werktätigen über diese Unzulänglichkeiten sichtbar. Das äußert sich teilweise in Erscheinungen von Gleichgültigkeit und Desinteresse betrieblichen Problemen gegenüber.

Mit Hinweis auf weitere Unzulänglichkeiten wie eine sich angeblich verschlechternde Pausen- und Arbeiterversorgung in einzelnen Betrieben, wie z. B. mangelnde Qualität des Essens und ungenügende Versorgung vor allem in den Spät- und Nachtschichten, eine teilweise als ungerechtfertigt empfundene Differenzierung in der Entlohnung für gleiche Tätigkeiten in verschiedenen Kombinatsbetrieben oder auch Wirtschaftszweigen wird geschlussfolgert, die Arbeits- und Lebensbedingungen der Werktätigen würden sich insgesamt verschlechtern.

In Verbindung mit Meinungsäußerungen zu Lohnproblemen wird – bisher nur aus dem Bezirk Cottbus vorliegenden Hinweisen zufolge – auch verstärkt darüber diskutiert, dass staatliche Leiter und Meister oftmals weniger verdienen würden als Facharbeiter und diesbezüglich kein Anreiz für eine weitere Qualifizierung gegeben sei.

Einzelfällen zufolge führten objektive Schwierigkeiten in der Produktion auch zu resignierenden Verhaltensweisen, indem unter Arbeitern und Angestellten Vorbehalte zur Übernahme von staatlichen Leitungsfunktionen und freiwilliger gesellschaftlicher Tätigkeit geäußert wurden. Diesbezügliche Argumente beinhalten,
- der gegenwärtig praktizierte Leitungsstil und »Bürokratismus« ließe zu wenig Zeit, eine Erhöhung der Effektivität in der Arbeit durchzusetzen,
- die materielle Stimulierung für Leiter der verschiedensten Leitungsebenen sei ungenügend ausgeprägt,
- bei allen betrieblichen Vergünstigungen wie Ferienplätze, Lohnsteuer, Zuschläge werde der Produktionsarbeiter bevorzugt.

Anhaltend sind unter allen Bevölkerungsschichten umfangreiche Diskussionen zu Versorgungsfragen, die sich insbesondere auf immer wiederkehrende Probleme und Schwierigkeiten bei der bedarfs- und sortimentsgerechten Versorgung beziehen. Bei Anerkennung eines im Allgemeinen als stabil eingeschätzten Angebots an Waren des Grundbedarfs gibt es wiederholt und territorial unterschiedlich kritische Hinweise zum Angebot an Fleisch- und Wurstwaren sowie frischem Obst und Gemüse.

In diesem Zusammenhang kritisieren vor allem berufstätige Frauen ein nicht über die gesamte Ladenöffnungszeit durchgängiges Angebot vorgenannter Nahrungsmittel. Neben mangelnder Qualität dieser Erzeugnisse verweisen sie auch immer wieder auf Niveauunterschiede bei der Versorgung zwischen Hauptstadt, Bezirksstädten und Landgemeinden.

Unverständnis ruft nach wie vor das unzureichende Angebot an bestimmten Industriewaren und Konsumgütern hervor. Vorrangig bezieht sich das auf modische und die Käufer ansprechende Oberbekleidung für Damen und Herren, Kinderkonfektion, Schuhwaren aus Leder, hochwertige Konsumgüter sowie das Angebot an »1 000 kleinen Dingen«.

Es wird argumentiert, die Regale seien voll, aber das Angebot entspreche nicht den Wünschen der Käufer. Mangelnde Qualität und Attraktivität vor allem preiswerter Erzeugnisse riefen immer wieder Unzufriedenheit hervor.

Sich häufende Kritiken beziehen sich erneut auf die sich ständig verlängernden Lieferzeiten für den Kauf eines neuen Pkw und das mangelnde Angebot an für die Gewährleistung der Betriebs- und Verkehrssicherheit der Fahrzeuge insgesamt notwendigen Ersatzteile wie z. B. Karosserieteile, Auspuffanlagen und Gummiprofile.

Dafür bringen die Bürger kein Verständnis mehr auf.

Bedingt durch fehlende Ersatzteile zur Reparatur bzw. Instandsetzung auch anderer hochwertiger Gebrauchsgegenstände treten weiterhin, so wird verbreitet festgestellt, unvertretbar lange Reparaturwartezeiten auf. Verschiedentlich wird unter Bezug auf die Reduzierung von Kundendienstleistungen, wie z. B.

Abholung und Rücklieferung von Gegenständen durch ein beschränktes Kraftstoffkontingent, auch von Beschäftigten entsprechender Einrichtungen behauptet:
- Ohne Beziehungen sei es nicht mehr möglich, notwendige Ersatzteile zu erhalten.
- Es treffe immer wieder den einfachen Arbeiter.
- Das erreichte gute Niveau bei den Dienstleistungen werde schrittweise »demontiert«.

Darüber hinaus würde die Geduld vieler Werktätiger, notwendigen Dingen unbestimmte Zeit »hinterherlaufen« zu müssen, in einer unzumutbaren Weise strapaziert und schränke die zur Erholung dienende Freizeit in nicht geringem Umfang ein.

Vereinzelt wird in diesem Zusammenhang geäußert, der Handel leiste keinen würdigen Beitrag zur Vorbereitung des XI. Parteitages, sondern untergrabe das Vertrauensverhältnis der Bürger zur Politik der Partei.

Massiv sind unter breiten Teilen der Bevölkerung solche Diskussionen vorhanden, in der DDR finde bei vielen Waren eine stete Preiserhöhung statt. Es gebe ihrer Meinung nach eine Entwicklung, die dahin führe, dass qualitativ gute und hochwertige bzw. modische Erzeugnisse nur noch in Delikat- bzw. Exquisit-Läden[3] erhältlich seien.

Man bekomme kaum noch Preiswertes in der Qualität »wie vor Jahren« und sei daher auf den Einkauf in derartigen Geschäften »angewiesen«.

So wird vor allem von Werktätigen aus Arbeiterzentren Unverständnis über den Verkauf beispielsweise von bestimmten Fleisch- und Wurstwaren in Delikat-Läden geäußert, die bisher in normalen Läden zu entsprechenden Preisen angeboten und nun dort »wegrationalisiert« wurden.

Analoge Hinweise liegen auch zu Erzeugnissen der Damen- und Herrenoberbekleidung vor.

In diese Diskussionen ist auch die sogenannte Aufpreispolitik beim Pkw »Trabant« einzuordnen. Der tatsächliche Verkaufspreis werde gegenüber dem Grundpreis immer höher.

Charakteristische Reaktionen zur Preispolitik sind:
- Der Bürger müsse durch die »Preiserhöhungen« immer mehr Aufwendungen für seine Lebenshaltungskosten treffen.
- Die Preisentwicklung führe zur Verstärkung sozialer Unterschiede unter der Bevölkerung (in Einzelfällen wird unterstellt, es entstehe in der DDR eine »neue sozialistische Klassengesellschaft«).

---

3 In den 1966 eröffneten »Delikatläden« wurden hochwertige Lebensmittel und Delikatessen zu hohen Preisen verkauft, die im regulären Einzelhandel nicht oder nur äußerst selten erhältlich waren. In den 1962 eingerichteten »Exquisit-Läden« wurden hochwertige Kosmetika und Bekleidung zu hohen Preisen verkauft.

– Löhne und Gehälter müssten diesen neuen Bedingungen angepasst werden, da sich mit Hinweisen staatlicherseits auf stabile Preise bei Mieten, bestimmten Tarifen sowie Grundnahrungsmitteln »echte Mangelerscheinungen« auf die Dauer nicht überdecken ließen.

Unter Bürgern verschiedener Bevölkerungskreise, darunter auch Mitarbeiter des Handels und Angehörige der Intelligenz, gibt es Meinungsäußerungen dahingehend, dass das Warenangebot vor allem in den unteren Preisgruppen keine Beachtung mehr finde. Mit Hinweis auch auf Schwierigkeiten in anderen sozialistischen Ländern und der Praxis, darüber offen zu berichten, sei es an der Zeit, in den Massenmedien der DDR über die Preisentwicklung zu informieren.

Von Lehrern unterschiedlicher Bildungseinrichtungen wurde darüber hinaus der Standpunkt vertreten, für sie sei es wichtig, Argumente zur Preisproblematik zu erhalten, um in Gesprächen richtig argumentieren zu können.

Im Zusammenhang mit Diskussionen über die Preisentwicklung bei einer Vielzahl von Erzeugnissen wird wiederholt geäußert, das Lebensniveau der Bevölkerung der DDR habe sich trotz umfangreicher sozialpolitischer Maßnahmen nicht wesentlich verbessert. Erfolgte Lohn- und Gehaltserhöhungen hielten mit den »Preissteigerungen« nicht mehr Schritt.

Auch unter Mitgliedern der SED sind Auffassungen vorhanden, wonach z. B. manche neuen hochwertigen Konsumgüter zu Preisen angeboten würden, die weder einer spürbaren Gebrauchswerterhöhung noch der Lohn- und Gehaltsentwicklung entsprächen.

Daher gebe es solche – wenn auch im geringen Maße – Tendenzen, während der regulären Arbeitszeit nur das Nötigste zu tun, um nach Arbeitsschluss ausgeruht einer Feierabendarbeit nachgehen zu können. Positive Denk- und Verhaltensweisen vergangener Jahre würden teilweise immer weiter verdrängt, die »Konsumgesellschaft« weite sich auch in der DDR weiter aus.

Hinweisen aus den Bezirken Rostock und Frankfurt/Oder zufolge fühlten sich insbesondere Ärzte und mittleres medizinisches Personal nicht mehr genügend materiell stimuliert.

Sie vertraten u. a. folgende Meinungen:
– Die Grundgehälter für Ärzte und Krankenschwestern seien trotz »Preissteigerungen« seit Jahren gleich.
– Assistenzärzte würden in den ersten Jahren ihrer Tätigkeit nicht über den Durchschnittsverdienst eines DDR-Bürgers hinauskommen. Seit mehr als 15 Jahren erfolgten für sie keine Gehaltserhöhungen.

Vorliegenden Hinweisen aus den Bezirken Rostock und Halle zufolge wird die Erweiterung des Netzes der Intershop-Verkaufseinrichtungen[4] von den

---

4 In den seit 1962 eingerichteten Läden der Intershop-Einzelhandelskette konnten ausländische Besucher mit westlichen Währungen Westwaren und andere schwer erhältliche Produkte einkaufen. Die dadurch eingenommenen Devisen gingen an den Bereich Kommerziel-

Bürgern, darunter Werktätigen entsprechender Arbeiterzentren, weiterhin abgelehnt.

Unter Hinweis auf die angebliche Notwendigkeit der Verbesserung des Netzes normaler Verkaufs- und Dienstleistungseinrichtungen insbesondere in Neubaugebieten sei der Ausbau des Forum-Handels[5] Ausgangspunkt vielfältiger Diskussionen. Indem Vergleiche gezogen werden zwischen dem Angebot in einschlägigen Geschäften und dem in den Intershops dargebotenen Sortimenten, äußern vor allem Anwohner derartiger Einrichtungen:
– Diese Form des Handels habe nichts mehr mit Sozialismus zu tun.
– Unser Geld sei nichts mehr wert, man könne im Intershop für »harte Währung« DDR-Artikel kaufen, die sonst »Mangelwaren« seien.
– Mit der Eröffnung solcher Läden werde die »schlechte« Versorgungslage in der DDR eingestanden.
– Eine solche Entwicklung käme einer »Selbstaufgabe« der bisherigen Parteipolitik gleich.
– Man schaffe ein Land mit zwei Kategorien Menschen, einfachen Bürgern und »Privilegierten«.

Während zahlreiche Personen, darunter Mitglieder der SED, negative ideologische Auswirkungen erwarten, äußern vereinzelt Pädagogen, sie könnten ihren Schülern nicht mehr überzeugend gegenübertreten.

In unmittelbarem Zusammenhang mit den vielschichtig geführten Diskussionen zu wichtigen Fragen der gesellschaftlichen Entwicklung in der DDR werden in differenziertem Umfang unter allen Bevölkerungskreisen anhaltend Erwartungshaltungen und Spekulationen über mögliche Beschlüsse des XI. Parteitages der SED geäußert.

Sie betreffen weiterhin vor allem sozialpolitische Maßnahmen, Probleme der volkswirtschaftlichen Entwicklung, aber auch Kaderveränderungen in der Partei- und Staatsführung. Nach wie vor bilden Schwerpunkte der Meinungsäußerung
– die Herabsetzung des Rentenalters,
– Lohnerhöhungen für Werktätige mit relativ geringem Verdienst,
– eine Verkürzung der Wochenarbeitszeit.

le Koordinierung des Ministeriums für Außenhandel der DDR. Mit der Änderung der Devisengesetze im Februar 1974 war auch DDR-Bürgern der Besitz ausländischer Währungen erlaubt. Sie durften bis zu 500 DM besitzen und in Intershop-Läden einkaufen, sodass sich ein doppeltes Währungssystem etablierte. Die Zahl der Intershop-Läden erhöhte sich in der Folgezeit auf 416 Shops im Jahr 1988. Der Umsatz stieg innerhalb weniger Jahre von 170 Mio. DM (1971) auf 705 Mio. DM (1977) und ab 1985 auf über eine Milliarde DM. Vgl. Schneider, Franka: Der Intershop. In: Sabrow, Martin (Hg.): Erinnerungsorte der DDR. München 2009, S. 376–388.
5 Praktisch erfolgte ab 1979 der Einkauf in Intershops für DDR-Bürger mit sogenannten Forumschecks, in die die Kunden ihre westlichen Währungen zuvor umtauschen mussten. »Forum-Handel« ist somit eine Umschreibung für den Einkauf in Intershops.

Insbesondere unter Hinweis auf in der Vergangenheit erfolgte sozialpolitische Maßnahmen die jüngere Generation betreffend sollten, so wird argumentiert, auch weitere Maßnahmen zugunsten der älteren Werktätigen getroffen werden; die ständig steigenden physischen und psychischen Anforderungen in allen gesellschaftlichen Bereichen im täglichen Arbeitsprozess ließen eine generelle Herabsetzung des Rentenalters bzw. eine schrittweise Verkürzung der Wochenarbeitszeit gerechtfertigt erscheinen (diskutiert wird die Einführung der 40-Stunden-Arbeitswoche bzw. die Reduzierung des Arbeitszeitvolumens für langjährig im Berufsleben stehende Bürger bei gleichbleibendem Lohn).

Weitere in unterschiedlichem Umfang diskutierte Erwartungshaltungen/ Spekulationen betreffen
- die Verlängerung des Urlaubs,
- Maßnahmen zur Verkürzung der Lieferzeiten für Pkw-Bestellungen,
- die Sicherung einer niveauvollen bedarfs- und sortimentsgerechten Versorgung der Bevölkerung,
- Aussagen zur Preisentwicklung und zum weiteren Ausbau des Delikat- und Exquisit-Handelsnetzes.

Wiederholt werden in einzelnen Meinungsäußerungen Maßnahmen zur Verbesserung der Wohnungssituation (eigener Wohnraum, altersgerecht, Wohnungsgröße) erwartet, um die Wohnungsfrage als soziales Problem bis 1990 lösen zu können.

In diesem Zusammenhang wird vereinzelt vom Parteitag eine klare Aussage darüber erwartet, ob Baukapazitäten aus den Bezirken der DDR auch nach der 750-Jahr-Feier Berlins[6] in der Hauptstadt eingesetzt werden.

Vor allem in der materiellen Produktion Tätige, darunter Angehörige der wissenschaftlich-technischen Intelligenz, erhoffen vom XI. Parteitag Maßnahmen zur Gewährleistung der konsequenten Durchsetzung der Wirtschaftsstrategie der Partei, indem alle Reserven zur Herbeiführung positiver Veränderungen in der Volkswirtschaft erschlossen werden. Sie erwarten beispielsweise die noch bessere Durchsetzung eines sozialistischen Leitungsstils »ohne Formalismus und Schönfärberei«, sowie die Beseitigung von Missständen, Schlamperei und unzweckmäßiger Arbeitsorganisation.

---

6   Im Jahr 1987 beging Berlin seine 750-Jahr-Feier. Die besondere Situation der geteilten Stadt im Kalten Krieg erzeugte in beiden Stadtteilen einen regelrechten Wettbewerb der Festlichkeiten. Die DDR stufte das Jubiläum schon früh als Staatsereignis ein. In den Jahren zuvor begann bereits eine rege Bau- und Sanierungstätigkeit, um die Stadt für das Jubiläum herzurichten. So entstand etwa das Nikolaiviertel nach historischem Vorbild neu oder der damalige Platz der Akademie (heute Gendarmenmarkt) wurde mit seinen historischen Bauten, wie dem Schauspielhaus, wieder instand gesetzt. Vgl. Thijs, Krijn: Klopfzeichen und Feierkonkurrenz. Das Stadtjubiläum von 1987 in Ost- und West-Berlin. In: Deutschland Archiv v. 9.10.2017, online abrufbar unter: www.bpb.de/themen/deutschlandarchiv/257400 (letzter Abruf: 11.6.2024).

Die bereits bekannten Spekulationen über mögliche kaderpolitische Veränderungen in der Spitze der Partei- und Staatsführung der DDR, wonach eine personelle Trennung zwischen der Funktion des Generalsekretärs des ZK der SED und Vorsitzenden des Staatsrates der DDR auf dem XI. Parteitag beschlossen werde, halten weiter an.

6. November 1985

Information Nr. 454/85 die Entwicklung der Einnahmen aus der Durchführung des verbindlichen Mindestumtausches für die Zeit vom 28. Oktober 1985 bis 3. November 1985

Quelle: BArch, MfS, ZAIG 3424, Bl. 89–90 (4. Expl.).
Serie: Informationen.
Verteiler: König (MdF) – MfS: Abteilung Finanzen, Göbel (ZAIG), Ablage.

Für die Zeit vom 28. Oktober 1985 bis 3. November 1985 wurden aus dem verbindlichen Mindestumtausch bei der Einreise von Bürgern der BRD zum Tagesaufenthalt in grenznahe Gebiete der DDR sowie von Personen mit ständigem Wohnsitz in nichtsozialistischen Staaten und in Westberlin bei der Einreise in die Hauptstadt der DDR und über die Grenzübergangsstellen des Bezirkes Potsdam Einnahmen in Höhe von *1 355 176 00* Valuta-Mark (Vergleichswoche des Vorjahres 1 404 625,50 VM) realisiert.[1]

Die Einnahmen setzen sich aus folgenden Positionen zusammen:

[Personen]	[Berichtswoche]	(Vergleichswoche des Vorjahres)
Personen mit ständigem Wohnsitz in Westberlin zur Einreise in die Hauptstadt der DDR	519 039,00 VM	526 042,50 VM
Personen mit ständigem Wohnsitz in Westberlin zur Einreise in die DDR über die GÜST des Bezirkes Potsdam	156 800,00 VM	166 562,50 VM
Bürger der BRD zum Tagesaufenthalt in der Hauptstadt der DDR	376 917,50 VM	381 312,50 VM
Bürger anderer nichtsozialistischer Staaten zum Tagesaufenthalt in der Hauptstadt der DDR	138 824,50 VM	171 745,50 VM

---

1 1964 erließ die DDR-Regierung die »Anordnung über die Einführung eines verbindlichen Mindestumtausches für Besucher, die zum privaten Aufenthalt aus Westdeutschland, den anderen nichtsozialistischen Staaten und Westberlin in die Deutsche Demokratische Republik einreisen« (GBl. II 1964, S. 904), nach der jeder Erwachsene aus Westdeutschland, Westberlin und dem Ausland pro Tag einen festen DM-Betrag zum Kurs von 1:1 in ostdeutsche MDN umzutauschen hatte. Ausgenommen hiervon waren Kinder unter 16 Jahren und Rentner. Das umgetauschte Ostgeld durfte nicht wieder zurückgetauscht oder ausgeführt werden. Die Regelungen des Mindestumtauschs unterlagen Änderungen: Ab 1983 waren Kinder unter 14 Jahren ausgenommen und ab 1984 mussten Rentner statt des vollen Betrags von 25,00 DM pro Tag nur 15,00 DM pro Tag umtauschen.

[Personen]	[Berichtswoche]	(Vergleichswoche des Vorjahres)
Bürger der BRD zur Einreise zum Tagesaufenthalt im grenznahen Gebiet der DDR	163 595,00 VM	158 962,50 VM
Gesamteinnahmen	1 355 176,00 VM	1 404 625,50 VM

14. Dezember 1985

Information Nr. 500/85 über beabsichtigte Aktivitäten der Umweltschutzorganisation »Greenpeace« in der DDR

Quelle: BArch, MfS, ZAIG 3489, Bl. 1–4 (11. Expl.).
Serie: Informationen.
Verteiler: Honecker, Stoph, Keßler – MfS: Mittig, Neiber (siehe Bemerkungen), Leiter HA I (Dietze), Leiter HA VI (Fiedler), Leiter HA VII (Büchner), Frenzel (ZAIG), Ablage.
Bemerkungen: Laut Verteiler ging ein weiteres Exemplar der Information über Gerhard Neiber an seinen Sekretariatsleiter Oberst Falk Rüdiger (»+ 1 Ex. Rüdiger«).
Anlage: »Hinweis zu dem ›Greenpeace‹-Flussschiff ›Beluga‹«. (Anlage nicht ediert → Web-Ausgabe)

Dem MfS vorliegenden Hinweisen zufolge beabsichtigt die Umweltschutzorganisation »*Greenpeace*« in der Woche vom 16. bis 22. Dezember 1985 das Schiff »*Beluga*« in die DDR zu entsenden, um im Bereich des DDR-Abschnittes der Elbe Wasserproben zu entnehmen und diese analysieren zu lassen.

Dabei würde es hauptsächlich um solche von der DDR ausgehenden angeblichen Verschmutzungen der Elbe gehen wie z. B. Einleitung von Phosphaten, Waschmittelrückständen, Lösungsmitteln, Schwermetallen (Blei, Kadmium).

Im Zusammenhang mit der Durchführung dieser »gewaltfreien« Aktion in der DDR kalkuliere man auch »nicht vermeidbare Auseinandersetzungen« ein, da Umweltverschmutzung »keine Grenzen« kenne, was für die Arbeit von »*Greenpeace*« von maßgeblicher Bedeutung sei. (Nähere Einzelheiten wurden bisher noch nicht bekannt.)

Es ist davon auszugehen, dass die durch diese Aktivitäten erzielten Ergebnisse in spektakulärer Form gegen die DDR ausgewertet werden sollen.

Zur Unterbindung diesbezüglicher Aktivitäten der Umweltschutzorganisation »*Greenpeace*« wird vorgeschlagen:
1. Durch das Ministerium für Auswärtige Angelegenheiten sollten in geeigneter Form vom Bundeskanzleramt der BRD Maßnahmen zur Verhinderung des Befahrens des bisher nicht einvernehmlich geregelten Grenzabschnittes der Elbe[1] durch das Flussschiff »*Beluga*« gefordert werden. Dies wäre auf die im Verkehrsvertrag zwischen der DDR und der BRD im Artikel 23 enthaltenen Festlegungen der Gewährleistung eines reibungslosen Binnenschiffsverkehrs zwischen Kilometer 472,6 bis 566,3 der Elbe[2] und unter Be-

---

1   Seit der deutschen Teilung war der Grenzverlauf zwischen Bundesrepublik und DDR im Bereich der Elbe umstritten. Die DDR bestand auf einen Grenzverlauf in der Flussmitte, während die Bundesrepublik das nordöstliche Flussufer als Grenze betrachtete.
2   Der Verkehrsvertrag zwischen der BRD und der DDR regelte ab 1972 erstmals den gegenseitigen grenzüberschreitenden Verkehr auf Straßen, Schienen und Wasserwegen. Beide Seiten verpflichteten sich, diesen Verkehr wie international üblich auf Grundlage von Gegenseitigkeit und Nichtdiskriminierung größtmöglich zu gewährleisten, zu erleichtern und zweckmä-

achtung des Protokollvermerkes vom 29. November 1978, Ziffer 3 zu Artikel 1 des Protokolls zwischen der Regierung der DDR und der Regierung der Bundesrepublik Deutschland über die Überprüfung, Erneuerung und Ergänzung der Markierung der zwischen der DDR und der BRD bestehenden Grenze, die Grenzdokumentation und die Regelung sonstiger mit dem Grenzverlauf im Zusammenhang stehender Probleme möglich, wonach die Arbeiten zu den Grenzabschnitten 7 bis 9 (93,7 Elbkilometer) noch nicht abgeschlossen sind und beide Seiten diesen Umstand bis zur Herbeiführung einer Übereinstimmung zur Vermeidung von Schwierigkeiten bei allen Maßnahmen auch weiterhin berücksichtigen.[3]

2. Im Falle des Befahrens dieses Elbabschnittes durch das Flussschiff »Beluga« sind durch die Einleitung differenzierter Grenzsicherungsmaßnahmen seitens der zuständigen Organe der DDR das Eindringen des Schiffes in DDR-seitige Buhnenfelder[4] und die Häfen Boizenburg und Dömitz, dortiges Ankern und Festmachen, Absetzen sowie Aufnahme von Personen konsequent zu unterbinden.

3. Durch geeignete Maßnahmen der zuständigen Schutz- und Sicherheitsorgane der DDR ist am Grenzpunkt 1 des Grenzabschnittes 10, Elbkilometer 472,6, ca. 200 m östlich der Ortschaft Lütkenwisch, Kreis Ludwigslust, 1,7 km vor dem Kontrollterritorium der Grenzübergangsstelle Cumlosen,

---

ßig zu gestalten. Im Artikel 23 des Vertrages hieß es: »Die Vertragsstaaten gewährleisten einen reibungslosen Binnenschiffsverkehr auf dem Abschnitt zwischen Kilometer 472,6 bis Kilometer 566,3 der Elbe.« Vgl. Vertrag zwischen der Bundesrepublik Deutschland und der Demokratischen Republik über Fragen des Verkehrs (Anhang zum Entwurf eines Gesetzes zu dem Vertrag vom 26. Mai 1972 zwischen der Bundesrepublik Deutschland und der Deutschen Demokratischen Republik über Fragen des Verkehrs). Drucksache VI/3770, online abrufbar unter: dserver.bundestag.de/btd/06/037/0603770.pdf (letzter Abruf: 11.6.2024).

3 Am 29.11.1978 unterzeichneten die Vertreter von DDR und Bundesrepublik in der seit 1972 arbeitenden gemeinsamen Grenzkommission das Regierungsprotokoll über die »Überprüfung, Erneuerung und Ergänzung der Markierung der zwischen der DDR und der BRD bestehenden Grenze, die Grenzdokumentation und die Regelung sonstiger mit dem Grenzverlauf im Zusammenhang stehender Probleme«. Damit regelten beide Seiten den exakten Grenzverlauf und praktische Fragen, die die Grenze betrafen. Ziffer 3 des Protokollvermerks zum Artikel 1 regelte, dass der Verkehrsvertrag auch in den Abschnitten uneingeschränkt gelten solle, in denen die Markierungsarbeiten noch nicht abgeschlossen waren. Vgl. Protokoll vom 29.11.1978 zwischen der Regierung der BRD und der Regierung der DDR über die Überprüfung, Erneuerung und Ergänzung der Markierung der zwischen der DDR und der BRD bestehenden Grenze, die Grenzdokumentation und die Regelung sonstiger mit dem Grenzverlauf im Zusammenhang stehender Probleme. In: Bundesministerium für innerdeutsche Beziehungen (Hg.): Die Grenzkommission. Eine Dokumentation über Grundlagen und Tätigkeit. Bonn 1985, S. 21–31, hier 22 f.

4 Buhnen sind rechtwinklig zum Ufer angelegte Dämme, die dem Küstenschutz am Meer oder der Schifffahrt auf Flüssen dienen. Der Bereich zwischen zwei Buhnen wird als Buhnenfeld bezeichnet. In Flüssen dienen Buhnen meist dazu, die Fließgeschwindigkeit und die Wassertiefe im Bereich der Fahrrinne für Schiffe in der Flussmitte zu erhöhen.

das Einfahren des Schiffes auf der Elbe in das Hoheitsgebiet der DDR zu verhindern.
4. Soweit seitens der Umweltschutzorganisation »*Greenpeace*« eine offizielle Beantragung auf Einreise in die DDR mit dem Flussschiff »*Beluga*« über die Grenzübergangsstelle Cumlosen erfolgt, sollte diesem Anliegen nicht stattgegeben werden.

19. Dezember 1985

Information Nr. 512/85 über die zu erwartenden Einreisen von Personen mit ständigem Wohnsitz in nichtsozialistischen Staaten und Westberlin in die DDR im Zeitraum Weihnachten/Jahreswechsel 1985/86

Quelle: BArch, MfS, ZAIG 3445, Bl. 20–26 (9. Expl.).
Serie: Informationen.
Verteiler: Dickel, Arndt – MfS: Mittig, Neiber, Leiter HA VI (Fiedler), Leiter HA VII (Büchner), ZOS, Göbel (ZAIG), Ablage.
Anlage 1: Erwartete Einreisen in die DDR zum Jahreswechsel.
Anlage 2: Erwartete Einreisen nach Berlin zum Jahreswechsel.

Auf der Grundlage der Erfahrungswerte aus den Einreisen von Personen mit ständigem Wohnsitz in nichtsozialistischen Staaten und Westberlin in die DDR im Zeitraum Weihnachten/Jahreswechsel 1983/84 und 1984/85 sowie unter Berücksichtigung der allgemeinen Entwicklungstendenz des Einreiseverkehrs im Jahre 1985 ist damit zu rechnen, dass in der Zeit vom 20. Dezember 1985 bis 1. Januar 1986 Weihnachtszeitraum/Jahreswechsel) insgesamt *ca. 220 000 bis 237 000 Personen (ca. 59 000 bis 74 000 Kfz)* mit ständigem Wohnsitz in nichtsozialistischen Staaten und Westberlin in die DDR einreisen werden; davon
- *circa 76 500 bis 82 500* Personen mit ständigem Wohnsitz in Westberlin (ca. 18 500 bis 24 500 Kfz),
- *circa 111 000 bis 117 000* Bürger der BRD (ca. 32 500 bis 38 500 Kfz),
- *circa 32 500 bis 37 500* Bürger anderer nichtsozialistischer Staaten (ca. 8 000 bis 11 000 Kfz).

(Die Anzahl der Einreisen von Personen (Kfz) mit ständigem Wohnsitz in nichtsozialistischen Staaten und Westberlin in die DDR ist – bezogen auf die einzelnen Tage im Zeitraum Weihnachten/Jahreswechsel 1985/86 – aus der Anlage 1 ersichtlich.)

Von der Gesamtzahl der zu erwartenden Einreisen von ca. *220 000 bis 237 000 Personen* (ca. 59 000 bis74 000 Kfz) mit ständigem Wohnsitz in nichtsozialistischen Staaten und Westberlin werden ca. *106 000 bis 115 000 Personen* mit ca. *22 000 bis 29 000 Kfz* über die Grenzübergangsstellen der Hauptstadt der DDR, Berlin, einreisen; davon
- *circa 58 000 bis 62 000* Personen mit ständigem Wohnsitz in Westberlin (ca. 14 000 Kfz),
- *circa 24 000 bis 27 000* Bürger der BRD (ca. 5 500 Kfz),
- *circa 24 000 bis 26 000* Bürger anderer nichtsozialistischer Staaten (ca. 6 000 Kfz).

(Die Anzahl der Einreisen von Personen (Kfz) mit ständigem Wohnsitz in nichtsozialistischen Staaten und Westberlin über die Grenzübergangsstellen der Hauptstadt der DDR, Berlin, ist – bezogen auf die einzelnen Tage des Zeitraumes Weihnachten/Jahreswechsel 1985/86 – aus der Anlage 2 ersichtlich.)

Bei der Erarbeitung der Prognose über die zu erwartenden Einreisen von Personen mit ständigem Wohnsitz in Westberlin wurde wie bisher berücksichtigt, dass auch die mit dem Ziel der Weiterreise in andere Bezirke der DDR erfolgenden Einreisen zunächst die Hauptstadt der DDR, Berlin, (Durchreise und möglicher Aufenthalt) belasten können.

Im Zeitraum Weihnachten/Jahreswechsel 1985/86 ist damit zu rechnen, dass ca. 7 000 Bürger der BRD (ca. 3 500 Kfz) zu einem Tagesaufenthalt in grenznahe Kreise der DDR einreisen werden.

An allen Grenzübergangsstellen der DDR wurden entsprechende Maßnahmen getroffen; um die zu erwartenden Reiseströme in der Ein- und Wiederausreise zügig und reibungslos abzufertigen.

Anlage 1 zur Information Nr. 512/85

Zu erwartende Einreisen von Personen (Kfz) mit ständigem Wohnsitz in nichtsozialistischen Staaten und Westberlin in die DDR im Zeitraum vom 20.12.1985 bis 1.1.1986 (Weihnachten/Jahreswechsel)

[Datum]	Personen mit ständigem Wohnsitz in Westberlin	*davon* für einen Tag	Bürger der BRD	*davon* auf Visa zum Tagesaufenthalt	Bürger anderer nichtsozialistischer Staaten	*davon* auf Visa zum Tagesaufenthalt	Gesamteinreisen
Freitag, 20.12. 1985	3 000 (1 000)	2 000	5 500 (1 500)	500	3 500 (1 000)	500	12 000 (3 500)
Sonnabend, 21.12. 1985	9 000 (2 500)	6 000	15 000 (4 500)	1 000	4 000 (1 000)	400	28 000 (8 000)
Sonntag, 22.12. 1985	7 500 (2 000)	4 000	14 500 (4 500)	1 000	2 500 (1 000)	300	24 500 (7 500)

Info Nr. 512/85 vom 19.12.1985   297

[Datum]	Personen mit ständigem Wohnsitz in Westberlin	*davon* für einen Tag	Bürger der BRD	*davon* auf Visa zum Tagesaufenthalt	Bürger anderer nichtsozialistischer Staaten	*davon* auf Visa zum Tagesaufenthalt	Gesamteinreisen
Montag, 23.12. 1985	3 500 (1 000)	2 000	11 500 (3 500)	500	2 500 (1 000)	300	17 500 (5 500)
Dienstag, 24.12. 1985	9 000 (1 500)	4 000	6 500 (2 000)	700	2 000 (500)	400	17 500 (4 000)
Mittwoch, 25.12. 1985	13 000 (3 000)	11 000	6 500 (2 500)	1 000	1 500 (500)	400	21 000 (6 000)
Donnerstag, 26.12. 1985	7 500 (2 000)	6 500	9 500 (3 000)	1 300	2 000 (500)	500	19 000 (5 500)
Freitag, 27.12. 1985	5 000 (1 500)	3 500	12 500 (4 000)	3 000	4 000 (1 000)	1 000	21 500 (6 500)
Samstag, 28.12. 1985	8 500 (2 500)	6 500	12 000 (4 000)	3 000	4 000 (1 000)	1 000	24 500 (7 500)
Sonntag, 29.12. 1985	4 500 (1 500)	3 000	8 000 (2 500)	2 000	2 500 (500)	1 000	15 000 (4 500)
Montag, 30.12. 1985	3 000 (1 000)	2 000	7 000 (2 000)	1 000	3 000 (500)	600	13 000 (3 500)
Dienstag, 31.12. 1985	4 500 (1 500)	1 500	4 000 (1 000)	1 000	2 500 (500)	700	11 000 (3 000)

[Datum]	Personen mit ständigem Wohnsitz in Westberlin	davon für einen Tag	Bürger der BRD	davon auf Visa zum Tagesaufenthalt	Bürger anderer nichtsozialistischer Staaten	davon auf Visa zum Tagesaufenthalt	Gesamteinreisen
Mittwoch, 1.1.1986	1 500 (500)	1 000	1 500 (500)	500	1 000 (500)	300	4 000 (1 500)
Gesamteinreisen	79 500 (21 500)	53 000	114 000 (35 500)	16 500	35 000 (9 500)	7 200	228 500 (66 500)

Anlage 2 zur Information Nr. 512/85

Zu erwartende Einreisen von Personen (Kfz) mit ständigem Wohnsitz in nichtsozialistischen Staaten und Westberlin über die Grenzübergangsstellen der Hauptstadt der DDR, Berlin, im Zeitraum vom 20.12.1985 bis 1.1.1986 (Weihnachten/Jahreswechsel)

[Datum]	Personen mit ständigem Wohnsitz in Westberlin	davon für einen Tag	Bürger der BRD	davon auf Visa zum Tagesaufenthalt	Bürger anderer nichtsozialistischer Staaten	davon auf Visa zum Tagesaufenthalt	Gesamteinreisen
Freitag, 20.12.1985	2 500 (800)	1 500	1 500 (400)	500	2 500 (800)	500	6 500 (2 000)
Sonnabend, 21.12.1985	7 500 (2 000)	5 000	2 500 (500)	1 000	2 500 (800)	400	12 500 (3 300)
Sonntag, 22.12.1985	6 000 (1 000)	3 500	2 000 (400)	1 000	1 500 (500)	300	9 500 (1 900)

Info Nr. 512/85 vom 19.12.1985   299

[Datum]	Personen mit ständigem Wohnsitz in Westberlin	davon für einen Tag	Bürger der BRD	davon auf Visa zum Tagesaufenthalt	Bürger anderer nichtsozialistischer Staaten	davon auf Visa zum Tagesaufenthalt	Gesamteinreisen
Montag, 23.12. 1985	2 000 (500)	1 500	1 500 (400)	500	2 000 (700)	300	5 500 (1 600)
Dienstag, 24.12. 1985	7 000 (1 000)	3 000	1 000 (400)	700	1 000 (400)	400	9 000 (1 800)
Mittwoch, 25.12. 1985	10 000 (2 000)	9 000	1 500 (450)	1 000	1 000 (200)	400	12 500 (2 650)
Donnerstag, 26.12. 1985	6 500 (1 500)	5 500	1 500 (500)	1 300	1 500 (300)	500	9 500 (2 300)
Freitag, 27.12. 1985	4 000 (1 000)	3 000	3 500 (500)	3 000	3 500 (500)	1 000	11 000 (2 000)
Samstag, 28.12. 1985	5 000 (1 500)	4 000	3 500 (500)	3 000	3 000 (500)	1 000	11 500 (2 500)
Sonntag, 29.12. 1985	3 000 (1 000)	2 500	2 500 (500)	2 000	2 000 (300)	1 000	7 500 (1 800)
Montag, 30.12. 1985	2 000 (500)	1 500	1 500 (400)	1 000	2 000 (400)	600	5 500 (1 300)
Dienstag, 31.12. 1985	3 500 (1 500)	1 000	2 000 (400)	1 000	2 000 (400)	700	7 500 (1 800)

[Datum]	Personen mit ständigem Wohnsitz in Westberlin	*davon* für einen Tag	Bürger der BRD	*davon* auf Visa zum Tagesaufenthalt	Bürger anderer nichtsozialistischer Staaten	*davon* auf Visa zum Tagesaufenthalt	Gesamteinreisen
Mittwoch, 1.1.1986	1 000 (200)	500	1 000 (150)	500	500 (300)	300	2 500 (550)
Gesamteinreisen	60 000 (14 000)	41 500	25 500 (5 500)	16 500	25 000 (6 00)	7 200	110 500 (25 500)

19. Dezember 1985

Information Nr. 513/85 über die zu erwartenden Einreisen von Personen mit ständigem Wohnsitz in nichtsozialistischen Staaten und Westberlin im Zeitraum Weihnachten/Jahreswechsel 1985/1986 über die Grenzübergangsstellen der Hauptstadt der DDR, Berlin

Quelle: BArch, MfS, ZAIG 3445, Bl. 27–30 (5. Expl.).
Serie: Informationen.
Verteiler: Schabowski – MfS: HA VI, BV Berlin, Göbel (ZAIG), Ablage.
Anlage: Erwartete Einreisen nach Berlin zum Jahreswechsel (2).

Auf der Grundlage der Erfahrungswerte aus den Einreisen von Personen mit ständigem Wohnsitz in nichtsozialistischen Staaten und Westberlin in die DDR im Zeitraum Weihnachten/Jahreswechsel 1983/84 und 1984/85 sowie unter Berücksichtigung der allgemeinen Entwicklungstendenz des Einreiseverkehrs im Jahre 1985 ist damit zu rechnen, dass in der Zeit vom 20. Dezember 1985 bis 1. Januar 1986 (Weihnachtszeitraum/Jahreswechsel) insgesamt *ca. 106 000 bis 115 000 Personen (ca. 22 000 bis 29 000 Kfz)* mit ständigem Wohnsitz in nichtsozialistischen Staaten und Westberlin in die DDR einreisen werden; davon

- *circa 58 000 bis 62 000* Personen mit ständigem Wohnsitz in Westberlin (ca. 14 000 Kfz); darunter ca. 41 500 Personen zu einem eintägigen Aufenthalt,
- *circa 24 000 bis 27 000* Bürger der BRD (ca. 5 500 Kfz); darunter ca. 16 500 BRD-Bürger auf Visa zum Tagesaufenthalt,
- *circa 24 000 bis 26 000* Bürger anderer nichtsozialistischer Staaten (ca. 6 000 Kfz.); darunter ca. 7 200 Personen auf Visa zum Tagesaufenthalt.

(Die Aufschlüsselung der zu erwartenden Einreisen auf die einzelnen Tage ist aus der *Anlage* ersichtlich.)

Bei der Erarbeitung der Prognose über die zu erwartenden Einreisen von Personen mit ständigem Wohnsitz in Westberlin wurde wie bisher berücksichtigt, dass auch die mit dem Ziel der Weiterreise in andere Bezirke der DDR erfolgenden Einreisen zunächst die Hauptstadt der DDR, Berlin, (Durchreise und möglicher Aufenthalt) belasten können.

An den Grenzübergangsstellen der Hauptstadt der DDR, Berlin, wurden entsprechende Maßnahmen getroffen, um die zu erwartenden Reiseströme in der Ein- und Wiederausreise zügig und reibungslos abzufertigen.

Anlage zur Information Nr. 513/85

Zu erwartende Einreisen von Personen (Kfz) mit ständigem Wohnsitz in nichtsozialistischen Staaten und Westberlin über die Grenzübergangsstellen der Hauptstadt der DDR, Berlin, im Zeitraum vom 20.12.1985 bis 1.1.1986 (Weihnachten/Jahreswechsel)

[Datum]	Personen mit ständigem Wohnsitz in Westberlin	*davon* für einen Tag	Bürger der BRD	*davon* auf Visa zum Tagesaufenthalt	Bürger anderer nichtsozialistischer Staaten	*davon* auf Visa zum Tagesaufenthalt	Gesamteinreisen
Freitag, 20.12.1985	2 500 (800)	1 500	1 500 (400)	500	2 500 (800)	500	6 500 (2 000)
Sonnabend, 21.12.1985	7 500 (2 000)	5 000	2 500 (500)	1 000	2 500 (800)	400	12 500 (3 300)
Sonntag, 22.12.1985	6 000 (1 000)	3 500	2 000 (400)	1 000	1 500 (500)	300	9 500 (1 900)
Montag, 23.12.1985	2 000 (500)	1 500	1 500 (400)	500	2 000 (700)	300	5 500 (1 600)
Dienstag, 24.12.1985	7 000 (1 000)	3 000	1 000 (400)	700	1 000 (400)	400	9 000 (1 800)
Mittwoch, 25.12.1985	10 000 (2 000)	9 000	1 500 (450)	1 000	1 000 (200)	400	12 500 (2 650)
Donnerstag, 26.12.1985	6 500 (1 500)	5 500	1 500 (500)	1 300	1 500 (300)	500	9 500 (2 300)

[Datum]	Personen mit ständigem Wohnsitz in Westberlin	davon für einen Tag	Bürger der BRD	davon auf Visa zum Tagesaufenthalt	Bürger anderer nichtsozialistischer Staaten	davon auf Visa zum Tagesaufenthalt	Gesamteinreisen
Freitag, 27.12. 1985	4 000 (1 000)	3 000	3 500 (500)	3 000	3 500 (500)	1 000	11 000 (2 000)
Samstag, 28.12. 1985	5 000 (1 500)	4 000	3 500 (500)	3 000	3 000 (500)	1 000	11 500 (2 500)
Sonntag, 29.12. 1985	3 000 (1 000)	2 500	2 500 (500)	2 000	2 000 (300)	1 000	7 500 (1 800)
Montag, 30.12. 1985	2 000 (500)	1 500	1 500 (400)	1 000	2 000 (400)	600	5 500 (1 300)
Dienstag, 31.12. 1985	3 500 (1 500)	1 000	2 000 (400)	1 000	2 000 (400)	700	7 500 (1 800)
Mittwoch, 1.1.1986	1 000 (200)	500	1 000 (150)	500	500 (300)	300	2 500 (550)
Gesamteinreisen	60 000 (14 000)	41 500	25 500 (5 500)	16 500	25 000 (6 00)	7 200	110 500 (25 500)

Abkürzungsverzeichnis

Abt.	Abteilung
Abt. XXII	Abteilung XXII – Terrorabwehr
AdK	Akademie der Künste
ADN	Allgemeiner Deutscher Nachrichtendienst (DDR)
AdW	Akademie der Wissenschaften
AG	Arbeitsgruppe
AGM	Arbeitsgruppe des Ministers
AKG	Auswertungs- und Kontrollgruppe
AL	Alternative Liste/Westberlin
APuZ	Aus Politik und Zeitgeschichte
ARD	Arbeitsgemeinschaft der öffentlich-rechtlichen Rundfunkanstalten der Bundesrepublik Deutschland
AS	Aktion Sühnezeichen
AWG	Arbeiterwohnungsbaugenossenschaft
BArch	Bundesarchiv
BBK	Berliner Bischofskonferenz
BdVP	Bezirksbehörde der Deutschen Volkspolizei
BEK	Bund der Evangelischen Kirchen (in der DDR)
BfBR	Büro für Besuchs- und Reiseangelegenheiten
BfVS	Bundesamt für Verfassungsschutz
BGBl.	Bundesgesetzblatt
BGL	Betriebsgewerkschaftsleitung
BRD	Bundesrepublik Deutschland
BStU	Bundesbeauftragte(r) für die Unterlagen des Staatssicherheitsdienstes der ehemaligen Deutschen Demokratischen Republik
BV	Bezirksverwaltung
CDU	Christlich Demokratische Union Deutschlands
CFK	Christliche Friedenskonferenz
CIA	Central Intelligence Agency
ČSSR	Tschechoslowakische Sozialistische Republik
CSU	Christlich-Soziale Union
DA	Demokratischer Aufbruch
DBD	Demokratische Bauernpartei Deutschlands
DDR	Deutsche Demokratische Republik
DEFA	Deutsche Film AG
DFD	Demokratischer Frauenbund Deutschlands
DJ	Demokratie Jetzt
DM	Deutsche Mark
dpa	Deutsche Presseagentur
DV	Dienstvorschrift
DVP	Deutsche Volkspolizei
EDV	Elektronische Datenverarbeitung
EKD	Evangelische Kirche in Deutschland
EKU	Evangelische Kirche der Union
EmK	Evangelisch-methodistische Kirche (DDR)

EOS	Erweiterte Oberschule
epd	Evangelischer Pressedienst
ESG	Evangelische Studentengemeinde
EU	Europäische Union
EZA	Evangelisches Zentralarchiv
FAZ	Frankfurter Allgemeine Zeitung
FDJ	Freie Deutsche Jugend
FU	Freie Universität (Westberlin)
GBl.	Gesetzblatt
Gen.	Genosse
Genn.	Genossin
GI	Geheimer Informator
GmbH	Gesellschaft mit beschränkter Haftung
GMS	Gesellschaftlicher Mitarbeiter Sicherheit
GNU	Gesellschaft für Natur und Umwelt
GSSD	Gruppe der Sowjetischen Streitkräfte in Deutschland
GTVO	Gütertransportverordnung
GÜST	Grenzübergangsstelle
HA	Hauptabteilung
HA I	Hauptabteilung I – Militärabwehr
HA II	Hauptabteilung II – Spionageabwehr
HA VI	Hauptabteilung VI – Passkontrolle, Tourismus, Interhotel
HA VII	Hauptabteilung VII – Bereich Inneres, MdI, Volkspolizei, Strafvollzug
HA VIII	Hauptabteilung VIII – Konspirative Observation und Ermittlung, Festnahmen, Durchsuchungen
HA IX	Hauptabteilung IX – Strafrechtliche Ermittlungen (Untersuchungsorgan des MfS)
HA XVIII	Hauptabteilung XVIII – Volkswirtschaft
HA XIX	Hauptabteilung XIX – Verkehr, Post, Nachrichten
HA XX	Hauptabteilung XX – Staat, Kirche, Untergrund, Parteien
HA PS	Hauptabteilung Personenschutz
Hg.	Herausgeber/herausgegeben ...
HO	(staatliche) Handelsorganisation
HoF	Institut für Hochschulforschung an der Martin-Luther-Universität Halle-Wittenberg
HU	Humboldt-Universität
HV A	Hauptverwaltung A (Aufklärung)
IFM	Initiative Frieden und Menschenrechte
IFOR	International Fellowship of Reconciliation
IGFM	Internationale Gesellschaft für Menschenrechte
IMB	Inoffizieller Mitarbeiter der Abwehr mit Feindverbindung
IM	Inoffizieller Mitarbeiter
IPPNW	International Physicians for the Prevention of Nuclear War
IT	Informationstechnik
K-Bericht/ K-Reihe	ZAIG-Ablage K (Verschiedenes)
KFH	Kirchliches Forschungsheim

Kfz	Kraftfahrzeug
KGB	Komitet Gossudarstwennoj Besopasnosti (pri Sowjete Ministrow SSSR) – (russ.) Komitee für Staatssicherheit (beim Ministerrat der UdSSR)
KKJ	Kommission für kirchliche Jugendarbeit des BEK
KKL	Konferenz der Evangelischen Kirchenleitungen
KNA	Katholische Nachrichtenagentur
KOM	Kraftomnibus
KPD	Kommunistische Partei Deutschlands
KPdSU	Kommunistische Partei der Sowjetunion
KP	Kommunistische Partei
KSZE	Konferenz über Sicherheit und Zusammenarbeit in Europa
KZ	Konzentrationslager
LDPD	Liberal-Demokratische Partei Deutschlands
MdF	Ministerium der Finanzen
MdI	Ministerium des Innern
MDN	Mark der Deutschen Notenbank
MfAA	Ministerium für Auswärtige Angelegenheiten
MfNV	Ministerium für Nationale Verteidigung
MfS	Ministerium für Staatssicherheit
MPi	Maschinenpistole
MSD	Motorisierte Schützendivision
MV	Materialverwaltung
MVM	Militärverbindungsmission
NATO	North Atlantic Treaty Organization
ND	Neues Deutschland
NF	Nationale Front
NKWD	Narodny Komissariat Wnutrennich Del = Volkskommissariat für innere Angelegenheiten (Sowjetunion)
NS	Nationalsozialismus/nationalsozialistisch
NSA	nichtsozialistisches Ausland
NVA	Nationale Volksarmee
NW	Nebenwohnung
O-Bericht/ O-Reihe	ZAIG-Ablage O (Reaktionen der Bevölkerung)
Obv	Oberbauvorschrift
ODH	Offizier des Hauses
OdH	Operativ Diensthabender –
ÖAG	Ökologische Arbeitsgruppe in Halle
OibE	Offizier im besonderen Einsatz
ÖRK	Ökumenischer Rat der Kirchen
OV	Operativer Vorgang
PDS	Partei des Demokratischen Sozialismus
PEN/P.E.N.	Poets – Essayists – Novellists (internationale Schriftstellervereinigung)
PGH	Produktionsgenossenschaft des Handwerks
Pkw	Personenkraftwagen
POS	Polytechnische Oberschule

RBD	Reichsbahndirektion
RG	Rückstoßfreies Geschütz
RIAS	Rundfunk im amerikanischen Sektor
SBZ	Sowjetische Besatzungszone
SDP	Sozialdemokratische Partei (DDR)
SED	Sozialistische Einheitspartei Deutschlands
SFB	Sender Freies Berlin (Westberlin)
SM	Siemens-Martin-Ofen
SPD	Sozialdemokratische Partei Deutschlands
SR	Sozialistische Republik
SS	Schutzstaffel
StGB	Strafgesetzbuch
StUG	Gesetz über die Unterlagen des Staatssicherheitsdienstes der ehemaligen Deutschen Demokratischen Republik
TGL	Technische Normen, Gütevorschriften und Lieferbedingungen
TU	Technische Universität
UdSSR	Union der Sozialistischen Sowjetrepubliken
UNO	United Nations Organization
US	United States
USA	United States of America
VEB	Volkseigener Betrieb
VELK	Vereinigte Evangelisch-Lutherische Kirchen
VELKD	Vereinigte Evangelisch-Lutherische Kirche Deutschlands
VM	Valuta-Mark
VP	Volkspolizei
VPKA	Volkspolizeikreisamt
VR	Volksrepublik
WDR	Westdeutscher Rundfunk
ZA	Zentralausschuss
ZAIG	Zentrale Auswertungs- und Informationsgruppe
ZDF	Zweites Deutsches Fernsehen
ZIG	Zentrale Informationsgruppe
ZK	Zentralkomitee
ZKG	Zentrale Koordinierungsgruppe
ZOS	Zentraler Operativstab

Gesamtübersicht der Dokumente 1985

Alle im folgenden Verzeichnis aufgelisteten Dokumente befinden sich neben den übrigen Texten dieses Buches in der unter https://1985.ddr-im-blick.de aufzurufenden Online-Datenbank und sind dort über verschiedene Ansichts-und Suchfunktionen erschlossen. Die im Verzeichnis fett hervorgehobenen und mit einer Seitenzahl versehenen Dokumente sind im vorliegenden Buch abgedruckt.

Januar 1985

3. Januar 1985	Information Nr. 15/85 über die Entwicklung der Einnahmen aus der Durchfioührung des verbindlichen Mindestumtausches für die Zeit vom 24. Dezember 1984 bis 30. Dezember 1984	
4. Januar 1985	**Zu einigen beachtenswerten Aspekten in der Reaktion der Bevölkerung der DDR im Zusammenhang mit Versorgungsfragen [O/135]**	79
7. Januar 1985	Information Nr. 14/85 über Reaktionen von Leitungskadern und Genossenschaftsbauern aus der Landwirtschaft des Bezirkes Schwerin auf die Bildung und Tätigkeit von Kooperationsräten	
8. Januar 1985	Information Nr. 19/85 über die Entwicklung der Einnahmen aus der Durchführung des verbindlichen Mindestumtausches in für die Zeit vom 31. Dezember 1984 bis 6. Januar 1985	
14. Januar 1985	**Information Nr. 17/85 über die im Ergebnis der Untersuchung eines Jagdunfalls getroffenen Feststellungen zu begünstigenden Bedingungen und Umständen**	82
14. Januar 1985	Information Nr. 36/85 über das Jahrestreffen der »Aktion Sühnezeichen« in der DDR (»AS«) vom 28. bis 30. Dezember 1984 in Berlin-Weißensee	
14. Januar 1985	Erste Hinweise über Reaktionen der Bevölkerung der DDR auf das Treffen der Außenminister der UdSSR und der USA in Genf [O/136]	
15. Januar 1985	Information Nr. 37/85 über die Entwicklung der Einnahmen aus der Durchführung des verbindlichen Mindestumtausches für die Zeit vom 7. Januar 1985 bis 13. Januar 1985	
[ohne Datum]	**Information Nr. 13/85 über den Aufenthalt der Bundestagsabgeordneten der Partei »Die Grünen« der BRD, Dirk Schneider und Antje Vollmer, am 19. Dezember 1984 in der Hauptstadt der DDR, Berlin**	87
16. Januar 1985	**Information Nr. 16/85 über einige im Zusammenhang mit der Aufklärung der Ursachen eines Bahnbetriebsunfalles im Streckenabschnitt Hohenroda–Delitzsch am 20. Juni 1984 festgestellte Verletzungen der Dienstvorschrift zur Verhütung und Bekämpfung von Bahnbetriebsunfällen im Verantwortungsbereich der Reichsbahndirektion Halle**	95
22. Januar 1985	Information Nr. 40/85 über die Entwicklung. der Einnahmen aus der Durchführung des verbindlichen Mindestumtausches für die Zeit vom 14. Januar 1985 bis 20. Januar 1985	
23. Januar 1985	Information Nr. 41/85 über einen Brandanschlag auf das Büro für Besuchs- und Reiseangelegenheiten in Berlin (West)-Kreuzberg, Waterlooufer am 22. Januar 1985	

24. Januar 1985	Information Nr. 38/85 über die 96. ordentliche Tagung der Konferenz der Evangelischen Kirchenleitungen (KKL) in der DDR am 11./12. Januar 1985 in Berlin	
31. Januar 1985	Information Nr. 51/85 über die Entwicklung der Einnahmen aus der Durchführung des verbindlichen Mindestumtausches für die Zeit vom 21. Januar 1985 bis 27. Januar 1985	

Februar 1985

1. Februar 1985	**Information Nr. 52/85 über eine Demonstrativhandlung einer Bürgerin der DDR vor dem Interhotel »Potsdam« in Potsdam** .	100
5. Februar 1985	Information Nr. 53/85 über die Entwicklung der Einnahmen aus der Durchführung des verbindlichen Mindestumtausches für die Zeit vom 28. Januar 1985 bis 3. Februar 1985	
12. Februar 1985	Übersicht über ausgewählte Teilnehmer an der festlichen Wiedereröffnung der Dresdner Semper-Oper am Mittwoch, dem 13. Februar 1985 (1 284 Plätze) [K 3/73]	
13. Februar 1985	Information Nr. 63/85 über die Entwicklung der Einnahmen aus der Durchführung des verbindlichen Mindestumtausches für die Zeit vom 4. Februar 1985 bis 10. Februar 1985	
13. Februar 1985	**Information Nr. 64/85 über erste interne Reaktionen des Vorstandes der Konferenz der Evangelischen Kirchenleitungen in der DDR zum Gespräch zwischen dem Vorsitzenden des Staatsrates der DDR, Genossen Erich Honecker, und dem Vorsitzenden der Konferenz der Evangelischen Kirchenleitungen, Landesbischof Dr. Hempel/Dresden am 11. Februar 1985**	102
15. Februar 1985	Information Nr. 54/85 über das »Hirtenwort der Berliner Bischofskonferenz zur Vorbereitung auf den katholischen Jugendkongress 1985«	
15. Februar 1985	Information Nr. 69/85 über eine Zusammenkunft der katholischen Bischöfe der DDR mit leitenden Mitgliedern des »Zentralkomitees der deutschen Katholiken« der BRD am 30. Januar 1985 in der Hauptstadt der DDR, Berlin	
15. Februar 1985	Information Nr. 71/85 über den Umfang des grenzüberschreitenden Reise-, Touristen- und Transitverkehrs im IV. Quartal 1984	
15. Februar 1985	Information Nr. 72/85 über den Umfang des grenzüberschreitenden Verkehrs im IV. Quartal 1984	
18. Februar 1985	Hinweise über Reaktionen der Bevölkerung der DDR auf die Beratung des Sekretariats des ZK der SED mit den 1. Sekretären der Kreisleitungen [O/137]	
20. Februar 1985	Information Nr. 83/85 über die Entwicklung der Einnahmen aus der Durchführung des verbindlichen Mindestumtausches für die Zeit vom 11. Februar 1985 bis 17. Februar 1985	
21. Februar 1985	Information Nr. 70/85 über das geplante sogenannte Friedensseminar von »Friedenskreisen« der evangelischen Kirchen in der DDR vom 1. bis 3. März 1985 in Schwerin	
21. Februar 1985	Information Nr. 73/85 über Vorbereitungen des 300. Jahrestages des Edikts von Potsdam durch die Evangelische Kirche in Berlin-Brandenburg	
26. Februar 1985	Information Nr. 82/85 über Aktivitäten, Vorkommnisse und rechtswidrige Handlungen von Angehörigen der in Westberlin stationierten westlichen Besatzungstruppen bei der Einreise und dem Aufenthalt in der Hauptstadt der DDR, Berlin, im Zeitraum vom 1. Oktober bis 31. Dezember 1984	

310 Dokumentenverzeichnis

26. Februar 1985	Information Nr. 93/85 über die Entwicklung der Einnahmen aus der Durchführung des verbindlichen Mindestumtausches für die Zeit vom 18. Februar 1985 bis 24. Februar 1985	
27. Februar 1985	Information Nr. 84/85 über weitere Reaktionen kirchenleitender Kräfte in der DDR zum Gespräch zwischen dem Vorsitzenden des Staatsrates der DDR, Genossen Erich Honecker, und dem Vorsitzenden der Konferenz der Evangelischen Kirchenleitungen, Landesbischof Dr. Hempel/Dresden, am 11. Februar 1985	107

März 1985

6. März 1985	Information Nr. 94/85 über die Entwicklung der Einnahmen aus der Durchführung des verbindlichen Mindestumtausches für die Zeit vom 25. Februar 1985 bis 3. März 1985	
7. März 1985	Erste Hinweise über Reaktionen der Bevölkerung der DDR auf die im ND vom 6. März 1985 veröffentlichte Mitteilung »Über 20 000 Ehemalige wollen zurück« [O/138]	116
11. März 1985	Hinweis zu im Zeitraum 1. Januar bis 31. Dezember 1984 bekannt gewordenen Vorkommnissen mit Straftatencharakter unter Beteiligung von Angehörigen der GSSD [K 2/35]	119
11. März 1985	Weitere Hinweise über Reaktionen der Bevölkerung der DDR auf die Veröffentlichungen in unseren Massenmedien zu den Rückkehrabsichten ehemaliger DDR-Bürger (2. Bericht) [O/138a] [SM2]	126
13. März 1985	Information Nr. 103/85 über die Durchführung des sogenannten Friedensseminars von »Friedenskreisen« der Evangelischen Kirchen in der DDR vom 1. bis 3. März 1985 in Schwerin	131
13. März 1985	Information Nr. 104/85 über die Entwicklung der Einnahmen aus der Durchführung des verbindlichen Mindestumtausches für die Zeit vom 4. März 1985 bis 10. März 1985	
14. März 1985	Information Nr. 50/85 über Meinungsäußerungen von Schriftstellern und weiteren im kulturellen Bereich tätigen Personen zu Fragen der Kulturpolitik der DDR	151
15. März 1985	Information Nr. 105/85 über Veranstaltungen der Evangelischen Kirchen in der DDR anlässlich des 500. Geburtstages des lutherischen Reformators Johannes Bugenhagen im Jahre 1985	
15. März 1985	Hinweise zur Reaktion der Bevölkerung der DDR zum Ableben des Generalsekretärs des ZK der KPdSU, Genossen Tschernenko, und zur Wahl des Genossen Gorbatschow in diese Funktion [O/139]	163
19. März 1985	Information Nr. 106/85 über die angeblich schikanöse Abfertigung einer Bürgerin der BRD mit ihrer kranken Tochter an der Grenzübergangsstelle Zarrentin am 3. März 1985	
19. März 1985	Information Nr. 107/85 über die Entwicklung der Einnahmen aus der Durchführung des verbindlichen Mindestumtausches in der Zeit vom 11. März 1985 bis 17. März 1985	
19. März 1985	Weitere Hinweise über Reaktionen der Bevölkerung der DDR auf die Veröffentlichungen in unseren Massenmedien zu den Rückkehrabsichten ehemaliger DDR-Bürger (3. Bericht) [O/138b]	167
22. März 1985	Information Nr. 116/85 über die 97. ordentliche Tagung der Konferenz der Evangelischen Kirchenleitungen in der DDR (KKL) am 8. und 9. März 1985 in Buckow, [Bezirk] Frankfurt/Oder	

25. März 1985	Information Nr. 117/85 über die Tagung der Berliner Bischofskonferenz vom 4. bis zum 6. März 1985 in der Hauptstadt der DDR, Berlin	
26. März 1985	Information Nr. 126/85 über die Entwicklung der Einnahmen aus der Durchführung des verbindlichen Mindestumtausches für die Zeit vom 18. März 1985 bis 24. März 1985	
30. März 1985	**Information Nr. 135/85 über das demonstrative Auftreten von fünf Mitgliedern der Friedensbewegung der BRD in der Hauptstadt der DDR, Berlin, am 29. März 1985**	171
[ohne Datum]	Übersicht über bisher bekannt gewordene operativ zu beachtende Veranstaltungen und anderen Aktivitäten im Zusammenhang mit dem 40. Jahrestag des Sieges über den Hitlerfaschismus und der Befreiung des deutschen Volkes (DDR, BRD, Westberlin) [K 1/153a]	

April 1985

1. April 1985	Information Nr. 136/85 über die zu erwartenden Einreisen von Personen mit ständigem Wohnsitz in nichtsozialistischen Staaten und Westberlin im Zeitraum Ostern 1985 über die Grenzübergangsstellen der Hauptstadt der DDR, Berlin	
1. April 1985	Information Nr. 137/85 über die zu erwartenden Einreisen von Personen mit ständigem Wohnsitz in nichtsozialistischen Staaten und Westberlin im Zeitraum Ostern 1985 über die Grenzübergangsstellen der Hauptstadt der DDR, Berlin	
2. April 1985	Information Nr. 138/85 über die Entwicklung der Einnahmen aus der Durchführung des verbindlichen Mindestumtausches für die Zeit vom 25. März 1985 bis 31. März 1985	
8. April 1985	Anwendung der Schusswaffe durch eine Streife der GSSD gegen Angehörige der GSSD, Garnison Hillersleben, in Haldensleben, Bezirk Magdeburg am 7. April 1985 [K 2/36]	
9. April 1985	Information Nr. 140/85 über die Entwicklung der Einnahmen aus der Durchführung des verbindlichen Mindestumtausches für die Zeit vom 1. April 1985 bis 7. April 1985	
11. April 1985	Information Nr. 139/85 über Meinungsäußerungen des Vorsitzenden der »Berliner Bischofskonferenz«, Kardinal Meisner	
11. April 1985	Information Nr. 150/85 über eine Verlautbarung der »Berliner Bischofskonferenz« zu »Beziehungen zu staatlichen Organen sowie zu politischen und gesellschaftlichen Organisationen«, gerichtet an die katholischen Geistlichen in der DDR	
12. April 1985	**Information Nr. 149/85 über die Frühjahrssynoden der Evangelisch-Lutherischen Landeskirchen Mecklenburgs und Sachsens, der Evangelisch-Lutherischen Kirche in Thüringen und der Evangelischen Kirche des Görlitzer Kirchengebietes im Zeitraum vom 21. bis 27. März 1985**	176
15. April 1985	**Auskunft über Cohrs, Eberhard [K 3/74]**	192
17. April 1985	Information Nr. 161/85 über die Entwicklung der Einnahmen aus der Durchführung des verbindlichen Mindestumtausches für die Zeit vom 8. April 1985 bis 14. April 1985	
20. April 1985	**Information Nr. 170/85 über die Ergebnisse der geführten Überprüfungen im Zusammenhang mit dem am 18. April 1985 in der BRD-Zeitung »Die Welt« veröffentlichten Artikel unter der Überschrift »Papst trifft frühere DDR-Häftlinge«**	195

312 Dokumentenverzeichnis

20. April 1985	Information über die öffentlichkeitswirksame Forderung der ehemaligen Bürger der DDR Hobusch, [Vorname 1] und [Vorname 2] zur Genehmigung der Ausreise ihrer leiblichen Tochter nach der BRD [K 1/148]
20. April 1985	Hinweise über Reaktionen der Bevölkerung der DDR auf das Interview des Generalsekretärs des ZK der KPdSU, Genossen Gorbatschow, für die »Prawda« [O/140]
22. April 1985	Information Nr. 171/85 über beabsichtigte Aktivitäten des Generals a. D. Bastian, Gert während seines Aufenthaltes anlässlich des Treffens in Torgau am 25. April 1985
[ohne Datum]	Information Nr. 172/85 über Meinungsäußerungen aus leitenden vatikanischen Kreisen zum bevorstehenden Gespräch zwischen dem Generalsekretär des ZK der SED und Vorsitzenden des Staatsrates der DDR, Genossen Erich Honecker, mit Papst Johannes Paul II
23. April 1985	Information über die Nichtgewährung einer Einreise des Mitglieds des Landesvorstandes der Partei »Die Grünen« Baden-Württemberg-BRD, Maier, Jürgen [K 1/150]
25. April 1985	Information Nr. 173/85 über die Entwicklung der Einnahmen aus der Durchführung des verbindlichen Mindestumtausches für die Zeit vom 15. April 1985 bis 21. April 1985
26. April 1985	Information Nr. 175/85 über den Umfang des grenzüberschreitenden Reise-, Touristen- und Transitverkehrs im I. Quartal 1985
26. April 1985	Information Nr. 176/85 über den Umfang des grenzüberschreitenden Verkehrs im I Quartal 1985
29. April 1985	Information Nr. 151/85 über eine durch Kardinal Meisner an den Vorsitzenden der Jugoslawischen Bischofskonferenz, Kardinal Kuharic, ausgesprochene Einladung zu einem Besuch in der Hauptstadt der DDR, Berlin
29. April 1985	Information Nr. 152a/85 über die Durchführung des zweiten überregionalen Treffens sogenannter Frauenfriedensgruppen aus der DDR in der Zeit vom 29. bis 31. März 1985 in der Hauptstadt der DDR, Berlin
29. April 1985	Information Nr. 186/85 über den natürlichen Tod eines Bürgers der Bundesrepublik Deutschland im Bereich der Grenzübergangsstelle Marienborn/Autobahn am 26. April 1985
29. April 1985	Hinweise über aktuelle Reaktionen der Bevölkerung der DDR im Zusammenhang mit Versorgungsfragen [O/141]
30. April 1985	**Information Nr. 152b/85 über die Durchführung des zweiten überregionalen Treffens sogenannter Frauenfriedensgruppen aus der DDR in der Zeit vom 29. bis 31. März 1985 in der Hauptstadt der DDR, Berlin (Kurzfassung)** 198
30. April 1985	**Information Nr. 187/85 über die Verhinderung der Ausschleusung einer DDR-Bürgerin unter Missbrauch des touristischen Aufenthaltes einer Schülergruppe aus Berchtesgaden/BRD in der DDR am 29. April 1985** 208

Mai 1985

2. Mai 1985	Information Nr. 188/85 über die Entwicklung der Einnahmen aus der Durchführung des verbindlichen Mindestumtausches für die Zeit vom 22. April 1985 bis 28. April 1985
2. Mai 1985	Zu einigen wesentlichen Erkenntnissen über das Zusammenwirken militanter Kräfte der Partei »Die Grünen« der BRD und der

	»Alternativen Liste«, Westberlin, mit Exponenten politischer Untergrundtätigkeit in der DDR [K 1/151]	
2. Mai 1985	Hinweise über eine geplante sogenannte große Friedensreise der schwedischen Vereinigung »The Great Peace Journey« (»Die Große Friedensreise«) vom 12. Mai bis 24. Mai 1985 durch mehrere europäische Länder [K 1/152a]	
6. Mai 1985	Information Nr. 189/85 über die konstituierende 1. Tagung der 9. Synode der Evangelischen Kirche in Berlin-Brandenburg vom 12. bis 16. April 1985 in Berlin	
6. Mai 1985	Hinweise über Reaktionen der Bevölkerung der DDR auf den Staatsbesuch des Generalsekretärs des ZK der SED und Vorsitzenden des Staatsrates der DDR, Genossen Honecker, in der Italienischen Republik [O/142]	
6. Mai 1985	**Hinweise über Reaktionen der Bevölkerung der DDR auf den 40. Jahrestag des Sieges über den Hitlerfaschismus und der Befreiung des deutschen Volkes [O/143]**	210
9. Mai 1985	Information Nr. 198/85 über die Entwicklung der Einnahmen aus der Durchführung des verbindlichen Mindestumtausches für die Zeit vom 29. April 1985 bis 5. Mai 1985	
10. Mai 1985	Information Nr. 174/85 über Aktivitäten, Vorkommnisse und rechtswidrige Handlungen von Angehörigen der in Westberlin stationierten westlichen Besatzungstruppen bei der Einreise und dem Aufenthalt in der Hauptstadt der DDR, Berlin, im Zeitraum vom 1. Januar bis 31. März 1985	
13. Mai 1985	Information Nr. 207/85 über Reaktionen aus kirchlichen Kreisen auf die Entscheidung der Leitung der Evangelischen Kirche in Berlin-Brandenburg, die ursprünglich für den 5. Mai 1985 vorgesehenen »Blues-Messen« zu verschieben	
13. Mai 1985	Feststellungen zur »Übersicht über bisher bekannt gewordene operativ zu beachtenden Veranstaltungen und andere Aktivitäten im Zusammenhang mit dem 40. Jahrestag des Sieges über den Hitlerfaschismus und der Befreiung des deutschen Volkes (DDR, BRD, Westberlin)« [K 1/153b]	
14. Mai 1985	Hinweis über die beabsichtigte Einreise von Teilnehmern der »Friedensreise in UNO-Länder« der schwedischen Vereinigung »The Great Peace Journey« in die Hauptstadt der DDR, Berlin [K 1/152]	
15. Mai 1985	Information Nr. 208/85 über die 7. Tagung der XVIII. Synode der Evangelischen Landeskirche Anhalts	
15. Mai 1985	**Information Nr. 209/85 über ein erneutes Treffen von Vertretern sogenannter Umweltgruppen evangelischer Kirchen in der DDR vom 26. bis 28. April 1985 im Kirchlichen Forschungsheim Wittenberg, [Bezirk] Halle**	215
15. Mai 1985	Information Nr. 210/85 über die Entwicklung der Einnahmen aus der Durchführung des verbindlichen Mindestumtausches für die Zeit vom 6. Mai 1985 bis 12. Mai 1985	
17. Mai 1985	Information Nr. 211/85 über zu erwartende Einreisen von Personen mit ständigem Wohnsitz in nichtsozialistischen Staaten und Westberlin in die DDR im Zeitraum Pfingsten 1985 sowie im Zeitraum der Durchführung des XII. Parlamentes der FDJ in der Hauptstadt der DDR, Berlin	
17. Mai 1985	Information Nr. 212/85 über zu erwartende Einreisen von Personen mit ständigem Wohnsitz in nichtsozialistischen Staaten und	

	Westberlin über die Grenzübergangsstellen der Hauptstadt der DDR, Berlin, im Zeitraum Pfingsten 1985 sowie im Zeitraum der Durchführung des XII. Parlaments der FDJ in der Hauptstadt der DDR, Berlin	
21. Mai 1985	Hinweise über Reaktionen der Bevölkerung der DDR auf das XII. Parlament der Freien Deutschen Jugend und die Pfingsttreffen der Jugend in den Bezirken [O/144]	
23. Mai 1985	**Information Nr. 221/85 über die Durchführung des »Katholischen Jugendkongresses« vom 17. bis 19. Mai 1985 in der Hauptstadt der DDR, Berlin**	224
23. Mai 1985	Information Nr. 222/85 über die Entwicklung der Einnahmen aus der Durchführung des verbindlichen Mindestumtausches für die Zeit vom 13. Mai 1985 bis 19. Mai 1985	
24. Mai 1985	Hinweis zu Vorkommnissen mit Straftatencharakter durch Angehörige der Gruppe der Sowjetischen Streitkräfte in Deutschland (GSSD) im Zeitraum vom 1. Januar bis 30. April 1985 [K 2/37]	
29. Mai 1985	Information Nr. 231a/85 über die 98. ordentliche Tagung der Konferenz der Evangelischen Kirchenleitungen in der DDR (KKL) am 10. und 11. Mai 1985 in der Hauptstadt der DDR, Berlin	
29. Mai 1985	Information Nr. 231b/85 über die 98. ordentliche Tagung der Konferenz der Evangelischen Kirchenleitungen in der DDR (KKL) am 10. und 11. Mai 1985 in der Hauptstadt der DDR, Berlin (Kurzfassung)	
29. Mai 1985	**Information Nr. 232/85 über die Durchführung eines »3. Nachtgebetes der Frauen« am 22. Mai 1985 in der Auferstehungskirche in Berlin-Friedrichshain**	230
30. Mai 1985	Information Nr. 233/85 über die Entwicklung der Einnahmen aus der Durchführung des verbindlichen Mindestumtausches für die Zeit vom 20. Mai 1985 bis 26. Mai 1985	

Juni 1985

[ohne Datum]	Information Nr. 236/85 über die bisherigen Ergebnisse der Untersuchung im Ermittlungsverfahren gegen den Bürger der DDR, Zeitz, Udo	239
5. Juni 1985	Information Nr. 235/85 über die Entwicklung der Einnahmen aus der Durchführung des verbindlichen Mindestumtausches für die Zeit vom 27. Mai 1985 bis 2. Juni 1985	
6. Juni 1985	**Information Nr. 234/85 über einige Probleme im Zusammenhang mit Erfordernissen der weiteren Reduzierung von Schäden und Verlusten im Transportprozess und der dazu notwendigen weiteren Ausgestaltung entsprechender rechtlicher Regelungen**	243
11. Juni 1985	Information Nr. 245/85 über die Entwicklung der Einnahmen aus der Durchführung des verbindlichen Mindestumtausches für die Zeit vom 3. Juni 1985 bis 9. Juni 1985	
13. Juni 1985	Hinweise über gegen die DDR gerichtete Aktivitäten im Zusammenhang mit dem sogenannten Tag der deutschen Einheit am 17. Juni 1985 [K 1/155]	
17. Juni 1985	Information Nr. 254/85 über die Durchführung eines »Friedensseminars« in Königswalde, Kreis Werdau, Bezirk Karl-Marx-Stadt	
18. Juni 1985	Information Nr. 255/85 über die erneute Durchführung von sogenannten Blues-Messen am 16. Juni 1985 in der Erlöserkirche in Berlin-Lichtenberg	

18. Juni 1985	Information Nr. 264/85 über die Entwicklung der Einnahmen aus der Durchführung des verbindlichen Mindestumtausches für die Zeit vom 10. Juni 1985 bis 16. Juni 1985
25. Juni 1985	Information Nr. 265/85 über die konstituierende 1. Tagung der IV. Generalsynode der Vereinigten Evangelisch-Lutherischen Kirchen (VELK) in der DDR vom 13. bis 16. Juni 1985 in Leipzig
25. Juni 1985	Information Nr. 266/85 über die turnusmäßige Sitzung der katholischen »Berliner Bischofskonferenz« am 3./4. Juni 1985 in der Residenz von Kardinal Meisner
29. Juni 1985	Information Nr. 267/85 über die turnusmäßige Konferenz der Evangelisch-methodistischen Kirche in der DDR (EmK)
29. Juni 1985	Information Nr. 268/85 über die Entwicklung der Einnahmen aus der Durchführung des verbindlichen Mindestumtausches für die Zeit vom 17. Juni 1985 bis 23. Juni 1985

Juli 1985

1. Juli 1985	Information Nr. 285/85 über das Zerreißen und Verbrennen von Blauhemden der FDJ durch jugendliche/jungerwachsene DDR-Bürger in Falkensee, [Kreis] Nauen, [Bezirk] Potsdam
1. Juli 1985	Erste Hinweise zu Reaktionen der Bevölkerung der DDR auf die 10. Tagung des ZK der SED [O/145]
3. Juli 1985	Information Nr. 286/85 über die Durchführung der »Friedenswerkstatt 1985« am 29. und 30. Juni 1985 in der Erlöserkirche in Berlin-Lichtenberg
3. Juli 1985	Information Nr. 287/85 über die Entwicklung der Einnahmen aus der Durchführung des verbindlichen Mindestumtausches für die Zeit vom 24. Juni 1985 bis 30. Juni 1985
6. Juli 1985	Information Nr. 288/85 über den 9. Kirchentag der Evangelischen Landeskirche Greifswald und die Bugenhagen-Ehrungen in Greifswald
8. Juli 1985	Information Nr. 289/85 über die 3. Tagung der X. Synode der Evangelischen Kirche der Kirchenprovinz Sachsen vom 13. bis 16. Juni 1985 in Erfurt
10. Juli 1985	Information Nr. 298/85 über die Entwicklung der Einnahmen aus der Durchführung des verbindlichen Mindestumtausches für die Zeit vom 1. Juli 1985 bis 7. Juli 1985
12. Juli 1985	Information Nr. 307/85 über provokatorisches Verhalten von Teilnehmern einer Reisegruppe der »Konrad-Adenauer-Stiftung« während ihres Aufenthaltes in der DDR
15. Juli 1985	Hinweis zur Reaktion von Auslandsvertretungen auf die Information der DDR über die Verfahrensweise gegenüber Bürgern aus Sri Lanka im Transitverkehr durch die DDR [O/146]
16. Juli 1985	Information Nr. 308/85 über die Entwicklung der Einnahmen aus der Durchführung des verbindlichen Mindestumtausches für die Zeit vom 8. Juli 1985 bis 14. Juli 1985
19. Juli 1985	Information Nr. 309/85 über die 99. Tagung der Konferenz der Evangelischen Kirchenleitungen in der DDR (KKL) am 5. und 6. Juli 1985 in der Hauptstadt der DDR, Berlin
23. Juli 1985	Information Nr. 310/85 über die Entwicklung der Einnahmen aus der Durchführung des verbindlichen Mindestumtausches für die Zeit vom 15. Juli 1985 bis 21. Juli 1985

26. Juli 1985	Information Nr. 320/85 über geplante feindlich-negative Aktivitäten anlässlich des 40. Jahrestages der Atombombenabwürfe auf Hiroshima und Nagasaki	
30. Juli 1985	**Information Nr. 321/85 über die beabsichtigte Einreise des Dr. Albert Prinz von Sachsen, Herzog zu Sachsen, im Zeitraum vom 30. August bis 8. September 1985 in den Bezirk Dresden** . .	250
31. Juli 1985	Information Nr. 323/85 über die Entwicklung der Einnahmen aus der Durchführung des verbindlichen Mindestumtausches für die Zeit vom 22. Juli 1985 bis 28. Juli 1985	

August 1985

5. August 1985	Information Nr. 333/85 über den Verlauf der V. Europäischen Baptistischen Jugendkonferenz in Eisenach	
5. August 1985	Information Nr. 334/85 über Verstöße gegen die Rechtsordnung der DDR durch den Mitarbeiter der Ständigen Vertretung der BRD in der DDR, [Name 1, Vorname 1], und dessen Ehefrau, [Name 1, Vorname 2]	
7. August 1985	Information Nr. 335/85 über die Entwicklung der Einnahmen aus der Durchführung des verbindlichen Mindestumtausches für die Zeit vom 29. Juli 1985 bis 4. August 1985	
8. August 1985	**Hinweise über einige aktuelle Gesichtspunkte der Reaktion der Bevölkerung der DDR [O/147]**	253
9. August 1985	Information Nr. 336/85 über den Umfang des grenzüberschreitenden Reise-, Touristen- und Transitverkehrs im II. Quartal 1985	
9. August 1985	Information Nr. 337/85 über den Umfang des grenzüberschreitenden Verkehrs im II. Quartal 1985	
9. August 1985	Hinweise über von Westberlin aus geplante und vorbereitete Provokationen gegen die DDR anlässlich des 24. Jahrestages der Errichtung des antifaschistischen Schutzwalles – 13. August 1985 [K 1/156]	
12. August 1985	Information Nr. 346/85 über eine Provokation an der Staatsgrenze der DDR zu Westberlin im Grenzabschnitt Görlitzer Bahndamm am 9. August 1985	
14. August 1985	Information Nr. 347/85 über die Entwicklung der Einnahmen aus der Durchführung des verbindlichen Mindestumtausches für die Zeit vom 5. August 1985 bis 11. August 1985	
15. August 1985	Information Nr. 324/85 über Aktivitäten, Vorkommnisse und rechtswidrige Handlungen von Angehörigen der in Westberlin stationierten westlichen Besatzungstruppen bei der Einreise und dem Aufenthalt in der Hauptstadt der DDR, Berlin, im Zeitraum vom 1. April bis 30. Juni 1985	
15. August 1985	Information Nr. 357/85 über den Tod einer Westberliner Bürgerin infolge Herzversagens am 15. August 1985 auf der Grenzübergangsstelle Bahnhof Friedrichstraße	
19. August 1985	Information Nr. 358/85 über den Verkauf von fabrikneuen Panzerketten durch Angehörige der GSSD an den VEB Metallaufbereitung Eberswalde, Außenstelle Finowfurt	
19. August 1985	Hinweis zum Ersuchen des »Frauenbereiches« der »Alternativen Liste« (»AL«) Westberlin, die Gedenkstätte Ravensbrück zu besuchen [K 1/157]	
20. August 1985	Information Nr. 348/85 über einige Probleme im Zusammenhang mit der Versorgung der Volkswirtschaft und der Bevölkerung mit Elektroenergie im Zeitraum 1986 bis 1990	

20. August 1985	Information Nr. 359/85 über die Entwicklung der Einnahmen aus der Durchführung des verbindlichen Mindestumtausches für die Zeit vom 12. August 1985 bis 18. August 1985
23. August 1985	Information Nr. 362/85 über die kurzzeitige Sperrung der Grenzkontrollstelle Friedrich-/Zimmerstraße – »Checkpoint Charlie« durch Angehörige der westlichen Besatzungstruppen
[ohne Datum]	Information Nr. 363/85 über vom amtierenden Direktor der Außenhandelsfirma Tabak begangene Verstöße gegen gesetzliche Bestimmungen bei der Realisierung von Import- und Exportgeschäften mit Rohtabak
24. August 1985	Information Nr. 360/85 über Inhalt und Verlauf des »Friedensseminars« in Vipperow, [Bezirk] Neubrandenburg und der »Sommerwanderung« (»Mobiles Friedensseminar«) in Rostock und Orten des Bezirkes Schwerin
24. August 1985	Information Nr. 361/85 über die Festnahme von zwei Unteroffizieren der 4. Motorisierten Schützendivision (MSD) und eines Soldaten des Pionierbaubataillons-24
27. August 1985	Erste Hinweise über Reaktionen der Bevölkerung der DDR auf das Asylersuchen des ehemaligen Regierungsdirektors im Bundesamt für Verfassungsschutz (BfVS) der BRD, Tiedge, und Veröffentlichungen zu Festnahmen von BRD-Spionen [O/148]
28. August 1985	Information Nr. 372/85 über die Entwicklung der Einnahmen aus der Durchführung des verbindlichen Mindestumtausches für die Zeit vom 19. August 1985 bis 25. August 1985
28. August 1985	Information Nr. 373/85 über eine Provokation im Büro für Besuchs- und Reiseangelegenheiten (BfBR) Kreuzberg (Berlin-West) am 28. August 1985

September 1985

2. September 1985	**Information Nr. 375/85 über die Festnahme einer jugendlichen Einwohnerin von Berlin (West) nach erfolgtem ungesetzlichen Grenzübertritt in die Hauptstadt der DDR, Berlin**	258
3. September 1985	Information Nr. 374/85 über vorliegende Untersuchungsergebnisse zu im Zeitraum 1983 bis Juni 1985 eingetretenen Verlusten in Produktionsbetrieben der Binnenfischerei der DDR	
4. September 1985	Information Nr. 377/85 über die Entwicklung der Einnahmen aus der Durchführung des verbindlichen Mindestumtausches für die Zeit vom 26. August 1985 bis 1. September 1985	
7. September 1985	Weitere Hinweise über Reaktionen der Bevölkerung der DDR auf das Asylersuchen des ehemaligen Regierungsdirektors im Bundesamt für Verfassungsschutz (BfVS) der BRD, Tiedge, und Veröffentlichungen zu Festnahmen von BRD-Spionen [O/148a]	
9. September 1985	Information Nr. 376/85 über die Haltung des SPD-Vorsitzenden Willy Brandt im Zusammenhang mit seinem geplanten Aufenthalt in der DDR (18. bis 20.9.1985)	
11. September 1985	Information Nr. 387/85 über die Entwicklung der Einnahmen aus der Durchführung des verbindlichen Mindestumtausches für die Zeit vom 2. September 1985 bis 8. September 1985	
13. September 1985	Information Nr. 386/85 über die 100. Tagung der Konferenz der Evangelischen Kirchenleitungen in der DDR (KKL) am 30. und 31. August 1985 in der Hauptstadt der DDR, Berlin	

318　Dokumentenverzeichnis

16. September 1985	Information Nr. 388/85 über die Verletzung des Luftraumes der DDR durch ein einmotoriges Flugzeug der BRD am 13. September 1985 im Kreis Worbis, Bezirk Erfurt	
17. September 1985	Hinweis über die Zurückweisung iranischer Bürger auf dem Flughafen Berlin-Schönefeld [K 1/158]	
18. September 1985	Information Nr. 389/85 über die Entwicklung der Einnahmen aus der Durchführung des verbindlichen Mindestumtausches für die Zeit vom 9. September 1985 bis 15. September 1985	
23. September 1985	Information Nr. 399/85 über ein geplantes sogenanntes blockübergreifendes Friedenswochenende mit Beteiligung gegnerischer und feindlich-negativer Kräfte in der Hauptstadt der DDR, Berlin	
23. September 1985	Erste Hinweise über Reaktionen der Bevölkerung der DDR auf das Treffen des Generalsekretärs des ZK der SED und Vorsitzenden des Staatsrates der DDR, Genossen Erich Honecker, mit dem Vorsitzenden der SPD, Willy Brandt [O/149]	
23. September 1985	Information Nr. 398/85 über Äußerungen leitender Vertreter des Bundes der Evangelischen Kirchen in der DDR zum Gesprächsverlauf und zur Wertung ihrer Begegnung mit dem Vorsitzenden der SPD, Brandt, am 19. September 1985 in der Hauptstadt der DDR	
25. September 1985	Information Nr. 401/85 über die Entwicklung der Einnahmen aus der Durchführung des verbindlichen Mindestumtausches für die Zeit vom 16. September 1985 bis 22. September 1985	
27. September 1985	**Information Nr. 410/85 über das ungesetzliche Verlassen der DDR durch einen Angehörigen der Deutschen Volkspolizei/ Wasserschutz am 19. September 1985 nach Westberlin**	259

Oktober 1985

1. Oktober 1985	Information Nr. 411/85 über die Entwicklung der Einnahmen aus der Durchführung des verbindlichen Mindestumtausches für die Zeit vom 23. September 1985 bis 29. September 1985	
8. Oktober 1985	**Information Nr. 412/85 über die 5. ordentliche Tagung der IV. Synode des Bundes der Evangelischen Kirchen (BEK) in der DDR vom 20. bis 24. September 1985 in Dresden**	262
8. Oktober 1985	Information Nr. 413/85 über die Ergebnisse der Untersuchung von Diebstahlshandlungen durch Angehörige des Betriebsschutzamtes Schkopau im Kombinat VEB Chemische Werke Buna	
8. Oktober 1985	Hinweis zu einigen Problemen der Versorgung der Volkswirtschaft und der Bevölkerung mit Energieträgern [K 1/160]	
10. Oktober 1985	Information Nr. 414/85 über die Entwicklung der Einnahmen aus der Durchführung des verbindlichen Mindestumtausches für die Zeit vom 30. September 1985 bis 6. Oktober 1985	
11. Oktober 1985	**Hinweise auf beachtenswerte Reaktionen der Bevölkerung der DDR im Zusammenhang mit der Vorbereitung des XI. Parteitages der SED [O/150]**	282
14. Oktober 1985	Erste Hinweise über Reaktionen der Bevölkerung der DDR auf den offiziellen Besuch des Generalsekretärs des ZK der KPdSU, Michail Gorbatschow, in der Französischen Republik [O/151]	
16. Oktober 1985	Information Nr. 424/85 über die Entwicklung der Einnahmen aus der Durchführung des verbindlichen Mindestumtausches für die Zeit vom 7. Oktober 1985 bis 13. Oktober 1985	

23. Oktober 1985	Information Nr. 433/85 über die Entwicklung der Einnahmen aus der Durchführung des verbindlichen Mindestumtausches für die Zeit vom 14. Oktober 1985 bis 20. Oktober 1985	
30. Oktober 1985	Information Nr. 443/85 über die Entwicklung der Einnahmen aus der Durchführung des verbindlichen Mindestumtausches für die Zeit vom 21. Oktober 1985 bis 27. Oktober 1985	

November 1985

[ohne Datum]	Information Nr. 423/85 über die Durchführung des sogenannten blockübergreifenden Friedenswochenendes mit Beteiligung gegnerischer und feindlich-negativer Kräfte in der Hauptstadt der DDR, Berlin	
6. November 1985	Information Nr. 444/85 über Aktivitäten, Vorkommnisse und rechtswidrige Handlungen von Angehörigen der in Westberlin stationierten westlichen Besatzungstruppen bei der Einreise und dem Aufenthalt in der Hauptstadt der DDR, Berlin, im Zeitraum vom 1. Juli bis 30. September 1985	
6. November 1985	Information Nr. 453/85 über die Herbstsynoden der Evangelisch-Lutherischen Landeskirche Sachsens (12. bis 16. Oktober 1985 in Dresden) und der Evangelischen Kirche der Kirchenprovinz Sachsen (24. bis 27. Oktober 1985 in Magdeburg)	
6. November 1985	**Information Nr. 454/85 die Entwicklung der Einnahmen aus der Durchführung des verbindlichen Mindestumtausches für die Zeit vom 28. Oktober 1985 bis 3. November 1985**	290
7. November 1985	Information Nr. 455/85 über Hinweise zu Plänen und Absichten der evangelischen Kirchen in der DDR und feindlich-negativer Kräfte im Zusammenhang mit der Durchführung der »Friedensdekade« vom 10. bis 20. November 1985	
8. November 1985	Information Nr. 456/85 über den Umfang des grenzüberschreitenden Verkehrs im III. Quartal 1985	
8. November 1985	Information Nr. 457/85 über den Umfang des grenzüberschreitenden Reise-, Touristen- und Transitverkehrs im III. Quartal 1985	
13. November 1985	Information Nr. 466/85 über die Entwicklung der Einnahmen aus der Durchführung des verbindlichen Mindestumtausches für die Zeit vom 4. November 1985 bis 10. November 1985	
18. November 1985	Information Nr. 468/85 über die Herbstsynoden der Evangelischen Landeskirche Greifswald (31.10. bis 3.11.1985 in Züssow) und der Evangelischen Landeskirche Anhalts (1. bis 2.11.1985 in Dessau)	
19. November 1985	Information Nr. 467/85 über die wesentlichsten Probleme im Zusammenhang mit der Energieversorgung im Winterhalbjahr 1985/1986	
20. November 1985	Information Nr. 469/85 über die Entwicklung der Einnahmen aus der Durchführung des verbindlichen Mindestumtausches für die Zeit vom 11. November 1985 bis 17. November 1985	
27. November 1985	Information Nr. 478/85 über die Entwicklung der Einnahmen aus der Durchführung des verbindlichen Mindestumtausches für die Zeit vom 18. November 1985 bis 24. November 1985	

Dezember 1985

2. Dezember 1985	Hinweise auf beachtenswerte Reaktionen der Bevölkerung der DDR [O/152]

4. Dezember 1985	Information Nr. 479/85 über die 101. Tagung der Konferenz der Evangelischen Kirchenleitungen in der DDR (KKL) am 8. und 9. November 1985 in der Hauptstadt der DDR, Berlin
4. Dezember 1985	Information Nr. 480/85 über Verlauf und Ergebnisse der »Friedensdekade 1985« der evangelischen Kirchen in der DDR in der Zeit vom 10. bis 20. November 1985
4. Dezember 1985	Information Nr. 489/85 über die Entwicklung der Einnahmen aus der Durchführung des verbindlichen Mindestumtausches für die Zeit vom 25. November 1985 bis 1. Dezember 1985
10. Dezember 1985	Hinweise über beachtenswerte Reaktionen von Personenkreisen aus der Hauptstadt der DDR, Berlin, auf den Beschluss der 11. Tagung des ZK der SED über die Entbindung des Genossen Naumann von der Funktion eines Mitglieds des Politbüros und Sekretärs des ZK der SED [O/153]
11. Dezember 1985	Information Nr. 498/85 über die Entwicklung der Einnahmen aus der Durchführung des verbindlichen Mindestumtausches für die Zeit vom 2. Dezember 1985 bis 8. Dezember 1985
14. Dezember 1985	**Information Nr. 500/85 über beabsichtigte Aktivitäten der Umweltschutzorganisation »Greenpeace« in der DDR** 292
16. Dezember 1985	Information Nr. 499/85 über die Herbstsynoden der Evangelisch-Lutherischen Landeskirche Mecklenburgs (14. bis 17. November 1985 in Schwerin) und der Evangelisch-Lutherischen Kirche in Thüringen (28. November bis 1. Dezember 1985 in Eisenach)
16. Dezember 1985	Information Nr. 509/85 über bekannt gewordene Äußerungen des SPD-Landesvorsitzenden des BRD-Landes Niedersachsen, Gerhard Schröder, im Zusammenhang mit seinem bevorstehenden Aufenthalt in der DDR im Zeitraum vom 17. bis 19. Dezember 1985
19. Dezember 1985	Information Nr. 510/85 über die Entwicklung der Einnahmen aus der Durchführung des verbindlichen Mindestumtausches für die Zeit vom 9. Dezember 1985 bis 15. Dezember 1985
19. Dezember 1985	**Information Nr. 512/85 über die zu erwartenden Einreisen von Personen mit ständigem Wohnsitz in nichtsozialistischen Staaten und Westberlin in die DDR im Zeitraum Weihnachten/Jahreswechsel 1985/86** 295
19. Dezember 1985	**Information Nr. 513/85 über die zu erwartenden Einreisen von Personen mit ständigem Wohnsitz in nichtsozialistischen Staaten und Westberlin im Zeitraum Weihnachten/Jahreswechsel 1985/1986 über die Grenzübergangsstellen der Hauptstadt der DDR, Berlin** 301
27. Dezember 1985	Information Nr. 522/85 über die Entwicklung der Einnahmen aus der Durchführung des verbindlichen Mindestumtausches für die Zeit vom 16. Dezember 1985 bis 22. Dezember 1985